教育部高职高专教育人才培养模式和
教学内容体系改革与建设项目立项教材

五年制高职高专教材

医 用 化 学

主　编　马祥志
副主编　何彬生
主　审　余淑娴
编　委（以姓氏笔画为序）
马祥志　叶素芳　冯务群　苏建中
杨端华　何彬生　周知行　郭航鸣
唐守勇　唐智宁　曾远芳

北京大学医学出版社

YIYONG HUAXUE

图书在版编目（CIP）数据

医用化学/马祥志主编. —北京：北京大学医学出版社，2003.6（2017.8 重印）

教育部高职高专教育人才培养模式和教学内容体系改革与建设项目立项教材

ISBN 978-7-81071-314-6

Ⅰ. 医… Ⅱ. 马… Ⅲ. 医用化学-高等学校：技术学校-教材 Ⅳ. R313

中国版本图书馆 CIP 数据核字（2003）第 039683 号

医用化学

主　　编：马祥志

出版发行：北京大学医学出版社

地　　址：（100191）北京市海淀区学院路 38 号　北京大学医学部院内

电　　话：发行部 010-82802230；图书邮购 010-82802495

网　　址：http://www.pumpress.com.cn

E-mail：booksale@bjmu.edu.cn

印　　刷：莱芜市圣龙印务有限责任公司

经　　销：新华书店

责任编辑：张彩虹　　**责任校对**：焦　娴　周　励　　**责任印制**：郭桂兰

开　　本：787mm×1092mm　1/16　　**印张**：18.25　　**字数**：466 千字

版　　次：2003 年 6 月第 1 版　2017 年 8 月第 10 次印刷

书　　号：ISBN 978-7-81071-314-6

定　　价：24.00 元

前　言

本书是五年制高职高专教材，是教育部《新世纪高职高专教育人才培养模式和教学内容体系改革与建设项目计划》批准立项的“高职高专教育化学课程教学内容体系改革、建设的研究与实践”的内容之一（项目编号为Ⅲ29－2）。教育部在文件中指出“本次批准立项的项目，是教育部组织的重大教育教学研究项目，对推动我国高职高专教育的改革与建设有着十分重要的意义”。

我们的研究目标是：改革过去不同专业的化学教材内容基本一致的模式，由“化学靠近医学”改革为“医学所需化学”，以培养目标为依据，以实用和够用为基本原则，注意反映相关学科发展的前沿，编写出一部新的高职高专《医用化学》教材。

本书简化了结构理论，删去了深奥的化学反应机理，增加了食品化学、高分子化学、环境化学、药物化学等内容。让学生掌握生活中的化学知识，对防病治病是很有益的，其中药物分子结构与药效活性的关系、药品调剂时的化学配伍禁忌等内容，为学生今后看病和配药提供有用的知识。

本书由湘南医学高等专科学校马祥志担任主编，何彬生担任副主编。参加编写工作的有：何彬生（编写第一、十六、十七章），浙江金华职业技术学院医学院叶素芳（编第二章）、郭航鸣（编第三章）、周知行（编第四章），湖南永州职业技术学院唐守勇（编第六、七章），南京卫生学校唐智宁（编第八、九章），湖南省中医药学校冯务群（编第十、十五章），湖南湘潭卫生学校杨端华（编第十一章），湖南益阳卫生学校苏建中（编第十二章），湖南娄底卫生学校曾远芳（编医用化学实验），马祥志（编第五、十三、十四、十八、十九章）。

本书由南昌大学余淑娴教授主审；参加审定工作的有湘南医学高等专科学校曾明老师。

我们的设想是编出一本新型的实用教材，但由于五年制高职高专教育是新生事物，教材覆盖面从高中一年级至高等专科，编写难度大，加之编者水平有限，不妥和错误之处在所难免，敬请批评指正，以利再版时改进。

编　者

二○○三年四月

目　　录

第一章 化学基本概念

化学的研究对象是物质，是研究物质的组成、性质、制备、应用以及物质发生化学变化时伴随发生的能量转化的一门自然科学。任何物质都有它特定的组成。物质在发生化学变化时，都遵循一定的规律，而且能用化学方程式来表示反应前后的因果关系。

第一节 物　　质

一、物质及其种类

1. 物质

宇宙由物质组成，物质是构成物体的材料。例如，我们常见的水、木材是物质，看不见的光、电、细菌也是物质。

一种物质可构成各种不同的物体，而一种物体往往包括几种不同的物质。如木材这种物质可以制成桌子、椅子、柜子等不同物体；把空气看作一种物体，它包含有氧气、氮气、二氧化碳等多种物质。

2. 物质的种类

我们通常把物质分为纯净物与混合物。当物质的成分一致时，为纯净物，纯净物具有该物质的特有性质。例如，纯净的水具有水的性质。由两种或多种成分组成的物质，称为混合物。例如空气是一种混合物。在混合物中，各组分仍具有其原来的性质，如空气中的氧具有氧的性质，氮仍具有氮的性质。世界上的绝大多数物质都是混合物。混合物的最大特点是可利用人工的方法将其分离成为其原来成分的物质。例如，可以用过滤的方法将泥浆水这种混合物分离成泥沙和水。

若按物质的组成分类，可将物质分为单质和化合物两类。例如，氧气、氮气是单质，而水、硫酸等是化合物。

3. 物质的三种状态

在不同的条件下，物质可以气态、液态和固态三种不同的状态存在。当条件改变时，三种状态可相互转变。例如，在0℃以下，水以固态的冰存在，冰受热就熔化成液态的水，而水再受热则汽化成水蒸气。

物质的三种不同状态，具有不同的特性。

表1-1列举了物质三态主要性质的比较。

表 1－1　物质三态主要性质的比较

状态	形态	体积	密度	压缩性	膨胀性	分子排列情况
气态	不定,充满整个容器	不定,充满整个容器	稀	可压缩	大	毫无规则,分子相互远离
液态	不定,随容器而变	固定	中等	几乎不可压缩	很小	无规则,分子间距较大
固态	一定	固定	稠密	几乎不可压缩	极小	排列整齐而密集

二、物质的性质

1. 物质的性质

物质在一定的条件下，可以发生变化。若物质在变化的过程中，只是状态发生变化，诸如长短、厚薄、形状或三态的变化；受外界条件影响下的发热、发光等，变化后物质的本性未变，即未生成新的物质，这样的变化称为物理变化。若物质发生变化，生成了新的物质，原物质发生了根本性的变化，这样的变化称为化学变化。在不改变原物质的本质就能测量的性质，即物质发生物理变化体现出的性质，称为该物质的物理性质。如铁在常温下为有金属光泽的固体，在高温下能熔化，具有延展性，传热、导电性等，皆是铁的物理性质。物质的化学性质，是指物质本身或与其他物质发生化学变化体现出来的性质。如铁在潮湿的条件下生锈，将铁放入稀盐酸中，有气体生成等，皆是铁的化学性质。

物质的化学性质，必须以实验为基础，或通过实验加以证实。

2. 物质与能量的度量

物质在发生化学变化时，除生成新物质外，往往伴随有能量的变化，为了准确地描述化学变化，必须有一个统一的度量标准。

1960 年国际计量大会公布的国际单位制（SI）是全世界通用的计量单位制度。我国国务院于 1984 年 2 月发布了《关于在我国统一实行法定计量单位的命令》并制定了《中华人民共和国法定计量单位》，它是以 SI 为基础结合我国的具体情况加选一些非国际单位制而制定的。它具有通用性、一贯制，是一种合理单位制度。表 1－2 是 SI 基本单位。

表 1－2　SI 基本单位

量的名称	单位名称	单位符号	
		国际	中文
长　度	米	m	米
质　量	千克（公斤）	kg	千克
时　间	秒	s	秒
电　流	安［培］	A	安
热力学温度	开［尔文］	K	开
物质的量	摩［尔］	mol	摩
发光强度	坎［德拉］	cd	坎

表 1－3 是国际单位制中具有专门名称的导出单位中化学上用到的一些单位。

表 1-3　国际单位制中具有专门名称的导出单位（节选）

量的名称	单位名称	单位符号		其他表示示例
		国际	中文	
频率	赫［兹］	Hz	赫	s^{-1}
力，重力	牛［顿］	N	牛	$kg \cdot m \cdot s^{-2}$
压力、压强、应力	帕［斯卡］	Pa	帕	$N \cdot m^{-2}$
能量、功、热	焦［耳］	J	焦	$N \cdot m$
功率、辐射通量	瓦［特］	W	瓦	$J \cdot s^{-1}$
电荷量	库［仑］	C	库	$A \cdot s$
电位、电压、电动势	伏［特］	V	伏	$W \cdot A^{-1}$
电容	法［拉］	F	法	$C \cdot V^{-1}$
电阻	欧［姆］	Ω	欧	$V \cdot A^{-1}$
电导	西［门子］	S	西	$A \cdot V^{-1}$
密度	千克每立方米	$kg \cdot m^{-3}$	千克·米$^{-3}$	$g \cdot cm^{-3}$
摄氏温度	摄氏度	℃	度	K

第二节　化 学 基 本 定 律

化学是建立在物质和实验的基础上的，而宇宙万物时时刻刻都在变化，研究和利用这些变化是化学的基本任务。大量的实验证明，尽管物质的变化非常复杂，但具有规律性，符合化学的基本定律。

一、质量守恒定律

在化学反应中，参加反应的物质的总质量，一定等于反应后生成物的总质量。也就是说，在化学反应中，质量既不能创造也不能毁灭，只是存在形式上发生了改变。这一规律称为质量守恒定律，也叫物质不灭定律。

例如，2g 氢气与 16g 氧气发生化合反应生成 18g 水。反之，将 18g 水电解，一定是生成 2g 氢气和 16g 氧气。

二、能量守恒定律

在化学反应中，能量既不能创造也不能毁灭，只是形式发生了改变，这称为能量守恒定律。

例如，炭在空气中燃烧，是物质中的化学能转变成热能放出；镁带在空气中燃烧，是物质中的化学能转变成光能放出；将铜片和锌片插入硫酸铜溶液中，用导线将两者连接组成原电池，是化学能转变成电能放出。而在上述变化中，反应前物质中的化学能的总量，一定等于反应后放出的热能、光能或电能的总量。

三、定比定律

任何一种化合物,都有其固定的组成,即所含的元素和各元素之质量比都是一定的,这称为定比定律。根据这一定律,每种化合物皆有一定的组成,因此,这一定律又称定组成定律。

例如，无论以任何方式得到或以不同状态存在的水，都是由氢和氧两种元素组成，而且两者的质量比一定是1:8。

四、倍比定律

如果甲乙两种元素相互间可以形成两种或两种以上的化合物，则在这两种或两种以上的化合物中，与一定量甲元素相化合的乙元素的质量互成简单的整数比，这称之为倍比定律。

例如，碳元素和氧元素之间，可化合成一氧化碳和二氧化碳两种化合物。在一氧化碳中，碳和氧的质量比为3:4；在二氧化碳中，碳和氧的质量比为3:8。在一氧化碳、二氧化碳这两种化合物中，碳分别以2:1的比例与一定量的氧化合。又如，氮与氧可以形成一氧化二氮、一氧化氮、三氧化二氮、二氧化氮和五氧化二氮等多种化合物，在这些化合物中，与一定量的氧化合的氮的质量比为5:4:3:2:1。

第三节　原子与分子

随着科学的发展，人们对物质的组成和结构的研究与认识也不断进步。从1803年道尔顿创立原子学说、1811年阿伏伽德罗提出分子概念以来，对组成物质的“微粒”越挖越深，越来越细。

一、原子与原子量

1. 原子

近代原子概念是由道尔顿提出的，其原子学说的主要内容为：

(1) 一切元素都是由不能再分割、不可毁灭的微粒组成，这种微粒称为原子。

(2) 同一元素的原子具有相同的质量和性质；不同元素的原子的质量和性质均不相同。

(3) 不同元素的原子以简单的整数比结合成化合物。

(4) 化学变化是组成物质的原子重新排列组合成新的物质。

今天，人们认为道尔顿的原子学说基本上是正确的，但对其中几个论点必须加以修正和补充。例如放射性元素的发现，对原子不可再分割和转变的论点必须修正，因为放射性元素的原子可以蜕变和分裂，分割成较小的其他原子。又如同位素的发现，修正了同一元素的原子具有相同的质量和性质的论点，因为同位素原子的大小和化学性质相同，但质量不同。因此，原子可定义为构成化学元素的基本单元和在化学反应中不可再分的最小微粒。

2. 原子量

因原子很小很小，不可能直接测定原子的绝对质量。国际上通用的原子量是一种相对原子质量。以碳的同位素在自然界中含量最多的碳原子的质量的十二分之一为原子量单位，对比得出其他原子的原子量，这样得出的原子量只是一个相对值，是没有质量单位的。

由于大多数元素都含有同位素，查表所得的元素的原子量是该元素包括的各种同位素的平均原子量。

例如，碳元素包括两种同位素，在自然界原子量为12的占98.89%，原子量为13的占1.11%，则碳元素的平均原子量为：$12\times98.89\%+13\times1.11\%=12.01$。

在原子量表中查得的原子量，都是这样算出的平均原子量，所以都不是整数。

二、分子与分子量

1. 分子

分子是由原子组成的，是物质中独立存在而保持其组成和一切化学性质的最小微粒。也就是说，在保持物质化学性质不变的前提下，分子是不可再分的最小微粒。

分子和原子都是构成物质的微粒,但它们有着本质的差别:分子是保持物质化学性质的最小微粒,而原子是在化学反应中不可再分的最小微粒。分子能独立存在,原子一般不能独立存在;对于化合物和绝大多数单质而言,物质由分子组成,分子由原子组成,有少数单质,由单个原子组成。例如,水由水分子聚集而成,而每一个水分子,由一个氧原子和两个氢原子组成;氮气由氮分子聚集而成,氮分子由两个氮原子结合而成;而惰性气体氖,由氖原子聚集而成。

2. 分子量

根据某物质的分子组成，可以计算出该物质的分子量。因为原子量是相对原子质量，所以分子量也是相对的，没有量纲的。例如，1个水分子由2个氢原子和1个氧原子组成，所以水的相对分子质量为它们相对原子质量的总和18。

三、物质的百分组成

化合物中，组成该化合物的各种元素的质量占化合物总质量的百分比，称为该化合物的百分组成。通过测定某化合物的百分组成，可推算出该物质的实验式，再测定其相对分子质量，就可判断该样品为何种化合物。

【例1－1】 某维生素样品2.000mg，用燃烧定量分析法得二氧化碳3.000mg，水0.816 mg。再经质谱仪测得其摩尔质量为$176\mathrm{g\cdot mol^{-1}}$。求该维生素的百分组成和分子式。

【解】 由产生二氧化碳和水的质量计算该维生素中含碳和氢的质量：

$$\text{维生素中含碳的质量}=3.000\times\frac{12}{44}=0.818\mathrm{mg}$$

$$\text{维生素中含氢的质量}=0.816\times\frac{2}{18}=0.0907\mathrm{mg}$$

通过上述计算可知，该维生素不只含碳和氢两种元素，但燃烧定量分析法又未产生其他物质，那么，可以推知除了含有碳和氢两种元素外还含有氧元素，样品中氧元素的质量为：

$$2.000-0.818-0.0907=1.0913\mathrm{mg}$$

则该维生素的百分组成为

$$\text{碳（\%）}=\frac{0.818}{2.000}\times100\%=40.90\%$$

$$\text{氢（\%）}=\frac{0.0907}{2.000}\times100\%=4.53\%$$

$$\text{氧（\%）}=\frac{1.0913}{2.000}\times100\%=54.57\%$$

再根据该维生素的百分组成，求出碳、氢、氧三种元素的原子数最小整数比：

$$\begin{aligned} C:H:O &= \frac{49.90}{12}:\frac{4.53}{1}:\frac{54.57}{16} \\ &= 3.41:4.53:3.41 \\ &= 3:4:3 \end{aligned}$$

则该维生素的实验式为 $C_3H_4O_3$，实验式式量为：

$$12 \times 3 + 1 \times 4 + 16 \times 3 = 88$$

而该维生素的摩尔质量为 176g·mol^{-1}，即相对分子质量为 176，刚好为实验式式量的 2 倍，故该维生素的分子式为 $C_6H_8O_6$。

第四节　物质的量和气体摩尔体积

一、物质的量

1. 物质的量

利用 X 射线，可以测定样品中的真实分子数。科学家们通过大量的实验发现：2g 氢气、32g 氧气和 14g 氮气所含的分子数目相等，都是 6.02×10^{23}个，而 2，32，14 分别是氢、氧、氮的相对分子质量。由此得出结论，任何一种组成物质的微粒（如分子、原子、离子、电子等），当其质量以克为单位，数值上等于其式量（如相对分子质量、相对原子质量等）时，所含的微粒数都是 6.02×10^{23}个，并把 6.02×10^{23}称之为阿伏伽德罗常数，用 N_A 代表。

由于分子或原子等微粒很小，个体研究难以进行，利用 N_A 组成的群体，甚至它的万分之一或更少，也是一个宏观实体，对研究和计算都非常方便。因此，在 1971 年第十四届国际计量大会上，决定新增一个基本物理量，就是表 1－2 中列出的 SI 7 个基本单位中的“物质的量”，符号为 n。它和长度（l）、质量（m）、时间（t）、温度（T）等一样，是一个用来描述物质性质的物理量。

2. 物质的量的单位——摩尔

每个物理量都有其特定单位，如长度的单位是米，质量的单位是千克，而物质的量的单位是摩尔，单位符号是 mol。

在使用摩尔这个单位时，必须标明基本单位所指的具体内容。例如：

1mol H，表示 N_A 个氢原子，其质量为 1g；

1mol H_2，表示 N_A 个氢分子，质量为 2g；

1mol Na^+表示 N_A 个钠离子；

1mol（$Mg + \frac{1}{2}O_2 \longrightarrow MgO$），表示进行了 1mol（$Mg + \frac{1}{2}O_2 \longrightarrow MgO$）反应。

如果写成“1mol 氢”，这就不准确了，不知指的是 1mol 氢原子还是 1mol 氢分子。

3. 摩尔质量

1 摩尔物质的质量称为摩尔质量。摩尔质量用 M 表示，其单位是 g·mol^{-1}或 kg·mol^{-1}。例如，氧气的摩尔质量为 32g·mol^{-1}，水的摩尔质量为 18g·mol^{-1}。

摩尔质量（M）、物质的量（n）和物质的质量（m）是三个完全不同的概念。三者之间的关系是：

$$M = \frac{m}{n}$$

【例1-2】 45g 水的物质的量是多少?

【解】 由氢的相对原子质量为1,氧的相对原子质量为16,得出水的相对分子质量为18。

则 $M(H_2O) = 18g \cdot mol^{-1}$

由 $M = \frac{m}{n}$

$n = \frac{m}{M}$

则 $n(H_2O) = \frac{45g}{18g \cdot mol^{-1}} = 2.5mol$

【例1-3】 已知 $Al_2(SO_4)_3$ 的质量为85.5g,其中含 $n(Al^{3+})$、$n(SO_4^{2-})$ 及 $n(O)$ 各多少?

【解】 因为 $M[Al_2(SO_4)_3] = 342\ g \cdot mol^{-1}$,则

$$n[Al_2(SO_4)_3] = \frac{m[Al_2(SO_4)_3]}{M[Al_2(SO_4)_3]} = \frac{85.5g}{342g \cdot mol^{-1}} = 0.25mol$$

又因为在 1mol $Al_2(SO_4)_3$ 中,含 Al^{3+} 2mol,SO_4^{2-} 3mol,O 12mol,因此在0.25mol 的 $Al_2(SO_4)_3$ 中

$$n(Al^{3+}) = 0.25mol \times \frac{2mol}{1mol} = 0.5mol$$

$$n(SO_4^{2-}) = 0.25mol \times \frac{3mol}{1mol} = 0.75mol$$

$$n(O) = 0.25mol \times \frac{12mol}{1mol} = 3mol$$

答:在85.5g 的 $Al_2(SO_4)_3$ 中,$n(Al^{3+}) = 0.5mol$、$n(SO_4^{2-}) = 0.75mol$、$n(O) = 3mol$。

二、气体摩尔体积

1. 气体的特性

从表1-1中可以看出，气体与液体和固体比较，具有很大的特殊性。在通常情况下，气体分子间的平均距离约为4nm，是分子直径的10倍左右，相同质量不同状态的同种物质，气态时的体积比它在液态或固态时的体积大1000倍左右。因此，与固态和液态相比，气体具有扩散性和可压缩性。由于气体分子间距很大，当外界压强改变时，体积变化很大，如压强增大1倍，气体的体积缩小到原来的1/2；而液体和固体的体积几乎不受影响。由于气体分子间距很大，分子之间的相互作用很小，温度升高时，分子运动加剧，使分子间的平均距离增大；温度降低时，分子间的平均距离减小，因此，气体的体积与温度关系也很大；液体和固体虽然也有热胀冷缩现象，但体积的变化很小。

2. 气体的计量

物质的量和物质的质量是计量物质的基本单位，均可用于计量固体、液体和气体。但在实际工作中，常用体积来计量气体。由于气体的体积与温度和压强关系密切，在用体积计量气体时，必须指明当时的温度和压强，若条件改变，体积也随之改变。事实证明，在不同的温度和压强下，一定量的同种气体，由于分子间的平均距离不同，气体的体积也不相同；在相同的温度和压强下，一定量的不同种气体，由于分子间的平均距离大约相等，气体的体积也大约相等。在相同温度和压强下，任何气体的体积只随分子数目的不同而变化，相同的体

积含有的分子数目也相同。

在相同的温度和压强下，相同体积的任何气体都含有相同数目的分子，这就是阿伏伽德罗定律。

3. 气体摩尔体积

在标准状况（压强为101.325kPa，温度为273K）时，氢气的密度为$0.0899g\cdot L^{-1}$、氧气的密度为$1.429g\cdot L^{-1}$、二氧化碳的密度为$1.977g\cdot L^{-1}$。而氢气、氧气和二氧化碳的摩尔质量分别为$2.016g\cdot mol^{-1}$，$32.00\ g\cdot mol^{-1}$，$44.01\ g\cdot mol^{-1}$。根据这些数据，我们可以计算出1mol上述气体在标准状况下所占的体积：

$$1mol\ 氢气的体积=\frac{2.016g}{0.0899g\cdot L^{-1}}=22.4L$$

$$1mol\ 氧气的体积=\frac{32.00g}{1.429g\cdot L^{-1}}=22.4L$$

$$1mol\ 二氧化碳的体积=\frac{44.01g}{1.977g\cdot L^{-1}}=22.3L$$

通过上述计算可以看出，在标准状况时，1mol三种气体的体积大约都是22.4L。对于其他气体，也可得出相同的结论。

在标准状况下，1mol任何气体所占的体积都约为22.4L，这个体积叫做气体摩尔体积。

4. 有关气体摩尔体积的计算

【例1-4】　在标准状况下，11g二氧化碳的体积是多少升？

【解】　二氧化碳的摩尔质量是$44g\cdot mol^{-1}$，则

$$n（二氧化碳）=\frac{11g}{44g\cdot mol^{-1}}=0.25mol$$

$$11g\ 二氧化碳的体积=22.4L\cdot mol^{-1}\times 0.25mol$$
$$=5.6L$$

答：11g二氧化碳在标准状况下的体积是5.6L。

【例1-5】　在标准状况下，与5.5g氨气体积相等的氧气的物质的量和质量各为多少？

【解】　氨气的摩尔质量为$17g\cdot mol^{-1}$，则

$$n（氨气）=\frac{5.5g}{17g\cdot mol^{-1}}=0.32mol$$

在标准状况下，与5.5g氨气体积相等的氧气的物质的量与氨气的物质的量相等，即

$$n（氧气）=0.32mol$$

因为氧气的摩尔质量为$32g\cdot mol^{-1}$，所以m（氧气）$=0.32mol\times 32g\cdot mol^{-1}=10.24g$

答：在标准状况下，与5.5g氨气体积相等的氧气的物质的量为0.32mol，其质量为10.24g。

第五节　化学反应方程式及其计算

一、化学反应方程式

利用元素符号或分子式来表示化学反应的式子，叫做化学反应方程式。化学反应方程式

是用化学符号来简要说明化学反应进行时所引起的物质组成的改变以及参与化学反应的各物质的对应质量。例如，盐酸与氢氧化钠反应生成氯化钠和水的化学反应方程式为：

$$HCl + NaOH = NaCl + H_2O$$

任何化学反应都遵守质量守恒定律，因此在书写化学反应式时，反应物和生成物中同种原子的数目应该相同。为达此目的，就要在方程式左右两边的每个分子式前配上适当的数字，这种数字称为系数，配系数的过程叫配平。

【例 1-6】 写出过氧化钠与水反应生成氢氧化钠和氧气的化学反应方程式。

【解】 先写出反应物和生成物的分子式，其间用短线连接：

$$Na_2O_2 + H_2O — NaOH + O_2\uparrow$$

再配系数，先配钠原子的个数，再配氧原子的个数：

$$Na_2O_2 + H_2O — 2NaOH + O_2\uparrow$$

$$Na_2O_2 + H_2O — 2NaOH + \frac{1}{2}O_2\uparrow$$

最后把所有的系数变成最小的整数，再把短线改成等号：

$$2Na_2O_2 + 2H_2O = 4NaOH + O_2\uparrow$$

二、根据化学反应方程式的计算

化学反应方程式表示出反应物和生成物之间质和量的关系，因此可以根据化学反应方程式进行一系列的计算。

【例 1-7】 工业上用氯气与氢气化合生成氯化氢的反应来生产盐酸，计算 142kg 氯气与4.12kg 氢气发生化学反应，能生成氯化氢多少千克？

【解】 题目给出了两种反应物的量，应先判断哪种反应物完全反应，哪种反应物有剩余。

	Cl_2	+	H_2	=	$2HCl$
摩尔质量（$kg\cdot mol^{-1}$）	71		2		
质量（kg）	x		4.12		

$$71:2 = x:4.12$$

$$x = \frac{71 \times 4.12}{2} = 184.6kg$$

通过上述计算可知，4.12kg 的氢气可与 184.6kg 氯气完全反应，而题目只有 142kg 氯气，氢气过量了，应根据完全反应的氯气来计算氯化氢的产量。

	Cl_2	+	H_2	=	$2HCl$
摩尔质量（$kg\cdot mol^{-1}$）	71				73
质量（kg）	142				y

$$71:73 = 142:y$$

$$y = \frac{73 \times 142}{71} = 146kg$$

答：能生成氯化氢 146kg。

【例 1-8】 实验室里常用锌与稀盐酸反应制备氢气。在标准状况下制备 6.72L 氢气，需要多少摩尔的 HCl 和 Zn？

【解】 设需要 Zn 和 HCl 的物质的量分别为 x 和 y。

$$\begin{array}{ccccccccc} Zn & + & 2HCl & = & ZnCl_2 & + & H_2\uparrow \\ 1mol & & 2mol & & & & 22.4L \\ x & & y & & & & 6.72L \end{array}$$

则
$$\frac{1mol}{x}=\frac{22.4L}{6.72L}$$

$$x=\frac{1mol\times6.72L}{22.4L}=0.30mol$$

$$\frac{2mol}{y}=\frac{22.4L}{6.72L}$$

$$y=\frac{2mol\times6.72L}{22.4L}=0.60mol$$

答：在标准状况下制备 6.72L 氢气，需 Zn 0.30mol，HCl 0.60mol。

习 题

1. 解释下列名词

(1) 化合物 (2) 化学性质 (3) 质量守恒定律 (4) 物质的量 (5) 气体摩尔体积

2. 区别下列各组名词

(1) 化合物与化合反应 (2) 原子与分子 (3) 物质的量、物质的质量与物质的摩尔质量 (4) 气体的体积与气体摩尔体积

3. 下列变化哪些是物理变化？哪些是化学变化？为什么？

(1) 气体的扩散 (2) 炸药爆炸

(3) 铁器生锈 (4) 衣服褪色

4. 完成下列各种换算

(1) 147g 硫酸的物质的量是多少？

(2) 0.25mol 硫酸的质量是多少？

(3) 0.98g 硫酸含有多少个硫酸分子？

(4) 196g 硫酸与多少克水所含的分子数目相等？

5. 一炼银的原料含 AgCl 60%、AgI 10%、$CaCO_3$ 30%，现有此种原料 1.5 吨，理论上可炼出多少银？

6. 在标准状况下，2L 某气体的质量为 2.5g，该气体的摩尔质量是多少？

7. 在 40.5K 时，固态氮的密度为 $1.026g\cdot mL^{-1}$，在 77.2K 时，液态氮的密度为 $0.808g\cdot mL^{-1}$，在 273K，压强为 101325Pa 时，气态氮的密度为 $1.25g\cdot L^{-1}$，计算 1mol 的氮在固态、液态和气态时的体积各为多少？（在题目所指的条件下）

8. 写出下列反应的化学方程式

(1) 碳在空气中燃烧生成二氧化碳

(2) 铝与硫酸反应生成硫酸铝 [$Al_2(SO_4)_3$]

(3) 碳酸氢铵 (NH_4HCO_3) 受热分解生成氨 (NH_3)、二氧化碳和水

9. 氯酸钾 ($KClO_3$) 在催化剂存在下加热分解得到氯化钾 (KCl) 和氧气。氧化汞 (HgO) 受热分解生成汞和氧气。问多少克氯酸钾分解放出的氧气与 43.4g 氧化汞分解放出的

氧气质量相等?

10. 某化合物的百分组成为 C：92.3%，H：7.7%，而其摩尔质量为 $78g \cdot mol^{-1}$，试推算其分子式。

11. 高锰酸钾（$KMnO_4$）在高温下分解，产生锰酸钾（K_2MnO_4）、二氧化锰和氧气，求 16g 高锰酸钾完全分解时产生的二氧化锰的质量是多少？所产生的氧气在标准状况下占多大体积?

第二章 溶液

人体重量的60%左右是由体液组成的。体液是一种溶液，溶剂是水，水中溶解了许多不同物质而形成溶液。溶液与生命过程的关系极为密切。人的体液，如血液、淋巴液及各种腺体的分泌液等都是溶液。食物的消化吸收，生命过程必需的氧的吸收和二氧化碳等代谢产物的排出以及体内的氧化还原反应等，都是在溶液中进行的，离开溶液，也就没有了生命。人体的体液不仅有一定的成分，而且有一定的分布和含量，这与维持人体正常生理功能有着密切的关系，所以很多药物必须配成一定浓度的溶液才能使用。因此熟悉溶液的某些性质，掌握溶液的组分、含量及其有关计算，熟练进行溶液的配制等，对于医务工作者是十分重要的。

第一节 物质的溶解

一、物质的溶解和溶解度

（一）物质的溶解

把10g氯化钠放入100ml蒸馏水中，用玻璃棒搅拌，变成了澄清透明的液体，这是氯化钠溶解到水中，形成氯化钠溶液。

当把固体溶质加到溶剂中后，溶质表面上的微粒（分子或离子）由于本身的运动和受到溶剂分子的吸引，克服了溶质内部微粒间的引力而逐渐离开溶质表面，并通过扩散作用均匀地分散到溶剂中去，这个过程叫溶解。与此同时，还进行着一个相反的过程，即溶解在溶剂中的溶质微粒，在运动中碰到尚未溶解的溶质时，又可能被吸引，重新回到固体溶质表面上来，固体溶质从溶液中析出的这个过程叫结晶。

溶解和结晶是溶解过程中的一对矛盾，并在一定条件下相互转化。溶解开始时，溶液中溶质的微粒数较少，溶解的速度大于结晶速度。随着溶解的进行，当溶液中溶质的微粒数增加到一定程度时，结晶速度逐渐增大直至和溶解速度相等。此时就建立了如下的动态平衡状态：

$$\text{固体溶质} \underset{\text{结晶}}{\overset{\text{溶解}}{\rightleftharpoons}} \text{溶液中的溶质}$$

在一定温度下，溶解和结晶达到动态平衡时的溶液叫饱和溶液。而在一定温度下，还能继续溶解溶质的溶液叫不饱和溶液。也有这样的情况，把热的饱和溶液（如芒硝 $Na_2SO_4 \cdot 10H_2O$）小心冷却，过量的溶质并不析出，此时溶液中所含溶质的量超过了饱和溶液的值，这种溶液叫过饱和溶液。过饱和溶液很不稳定，当振荡溶液或加入少量的溶质就有晶体析出。

物质在溶解过程中常伴有吸热或放热现象。这是因为物质溶解于水有两个过程：一个是溶质分子（或离子）的扩散过程，要吸收热量，是物理过程；另一个是溶质分子（或离子）和水分子作用，形成水合分子（或水合离子）的过程，要放出热量，是化学过程。若溶解时放出的热量大于吸收的热量，则溶解时表现为放热，溶液温度升高（如氢氧化钠溶于水）。反之，溶解时吸收的热量大于放出的热量，则溶解时表现为吸热，溶液温度降低（如硝酸铵溶于水）。所以说，溶解是既有物理的机械扩散过程，也有化学的溶剂化过程，是个物理化学过程。

物质溶解时，常伴有体积变化。例如，酒精溶于水时体积缩小，即2ml酒精加1ml水所得酒精溶液体积略小于3ml，而苯溶于醋酸时体积增大。但是，对于稀溶液，这一变化很小，在一般计算中可以忽略不计。

（二）物质的溶解度

在一定温度下，饱和溶液中所含溶质的量，就是这种溶质在此溶剂中该温度下的溶解度。表示物质溶解度的方法有以下几种：

1．在一定温度下，100g溶剂形成饱和溶液时所需溶质的质量。例如，在20℃时100g水中最多能溶解35.8g食盐，则20℃时食盐在水中的溶解度就是35.8g。

2．在一定温度下，1L饱和溶液中所含溶质的质量或物质的量。例如18℃时，1L PbI_2 饱和溶液中含 PbI_2 0.6g，则18℃时 PbI_2 的溶解度为 $0.6g \cdot L^{-1}$ 或 $1.3 \times 10^{-3}\ mol \cdot L^{-1}$。

物质溶解度的大小首先取决于溶质与溶剂的本性，其次还受外界温度、压力（对气体而言）等条件的影响。

二、分散系

一种或几种物质被分散成细小颗粒，分布在另一种物质中所得到的体系称为分散系。其中被分散的物质称为分散相或分散质，容纳分散相的物质叫分散介质或分散剂。如生理盐水是氯化钠分散在水中形成的分散系；葡萄糖溶液是葡萄糖分散在水中形成的分散系；泥浆是泥沙分散在水中形成的分散系。这里的氯化钠、葡萄糖、泥沙是分散相，水是分散介质。

根据分散相颗粒的大小，把分散系分成三大类：

（一）分子或离子分散系——溶液

分散相粒子的直径小于1nm的分散系叫做分子或离子分散系。此类分散系也叫做真溶液，简称溶液，如氯化钠溶液、碘酒等。

此分散系分散相粒子是单个分子或离子。如葡萄糖溶液中葡萄糖分子和NaCl溶液中的 Na^+、Cl^-。因分散相颗粒小，不能阻止光线透过，故溶液是透明的；分散相和分散介质之间不存在界面，溶液各个部分是均匀的（均相）；只要外界条件不发生变化（如温度不变，溶剂没有蒸发等），无论放置多久，溶质都不会析出，即溶液具有高度的稳定性。

（二）粗分散系——悬浊液

分散相粒子的直径大于100nm的分散系叫粗分散系。不溶性的固体小颗粒分散在液体中所形成的粗分散系叫做悬浊液，例如泥浆水、氢氧化铝凝胶等。一种液体以液珠的形式分散在与它不相混溶的另一种液体中而形成的粗分散系叫做乳状液，例如牛奶等。

此分散系中分散相粒子是大量分子的聚集体，如泥浆中的泥沙小固体。粗分散系的分散相与分散介质之间有明显的界面，且能阻止光线通过，也易受重力作用沉降，因而这类分散系是不均匀（非均相）的，浑浊而不透明，且不稳定。

粗分散系在医学上有重要意义。如外用皮肤杀菌药硫磺合剂就是悬浊液，又如医学上用的松节油搽剂属乳状液。乳状液在医药上又叫做乳剂。乳剂一般都不稳定，要使乳剂稳定，必须另加一种能使乳剂稳定的物质，这种物质叫乳化剂。乳化剂的作用是在分散相的小珠滴上形成一层乳化剂薄膜，使小珠滴间不易相互聚集。常见的乳化剂有肥皂、合成洗涤剂以及人体内的胆汁酸盐等。乳化剂使乳剂稳定的作用叫做乳化作用。乳化作用对脂肪的消化和吸收有着重要的意义。

(三) 胶体分散系

分散相粒子直径在 1～100nm 之间的分散系叫胶体分散系，这是一种分散相粒子直径大小介于溶液与粗分散系之间的分散系。重要的胶体分散系有溶胶与高分子化合物溶液。

固态分散相分散在液态分散介质中形成的胶体分散系，称胶体溶液，简称溶胶。如碘化银溶胶、氢氧化铁溶胶等。此分散系中分散相粒子是许多小分子、离子、原子聚集而成的胶粒，不能阻挡可见光通过，分散相与分散介质之间有界面，但不易受重力作用和分散介质分离。所以溶胶有一定的透明度，不均匀（非均相），有相对稳定性。

高分子化合物溶液是以单个高分子为分散相分散在分散介质中所形成的体系。如蛋白质溶液等，其单个分子（分子量达几万到几百万）直径已达 1～100nm，故属胶体分散系；又因分散相为单个分子，故为均相、透明、稳定的溶液。三类分散系的比较见表 2－1。

表 2－1　三类分散系的比较

分散系		分散相粒子	粒子直径大小（nm）	特征	实例
分子或离子分散系（真溶液）		低分子或离子	＜1	均相、透明、稳定而不聚沉，分散相粒子能透过滤纸和半透膜	氯化钠、葡萄糖溶液、碘酒等
胶体分散系	溶胶	由多分子聚集成的胶粒	1～100	非均相、透明度不一、相对稳定而不易聚沉，分散相粒子透过滤纸，不能透过半透膜	氢氧化铁、硫化砷溶胶等
	高分子溶液	单个高分子		均相、透明、稳定而不聚沉，分散相粒子透过滤纸，不能透过半透膜	蛋白质、明胶溶液等
粗分散系（悬浊液或乳状液）		固体小颗粒或小液滴	＞100	非均相、不透明、不稳定而易聚沉或分层，固体分散相粒子不能透过滤纸和半透膜	泥浆、乳汁、豆浆等

三、胶体溶液和高分子化合物溶液

构成机体组织和细胞的基础物质，如蛋白质、淀粉、纤维素、核酸、糖原等都是胶体物质，体液如血液、细胞液、淋巴液等都是胶体溶液。人体的许多生理、病理现象，如血液的凝固、血细胞的沉降、水肿的产生、结石的形成等均与胶体性质有关。许多药物是以胶体溶液的形式进行生产和使用。因此，胶体溶液与医学有着密切的关系。

(一) 溶胶的制备

胶体不是一种特殊类型的物质，而是物质以一定分散程度存在的一种状态。例如，AgCl 难溶于水，但它在水中也有一定的溶解度：25℃时为 $1.92\times10^{-3}g\cdot L^{-1}$，说明水中允许极少量的 AgCl 溶解，即当每升溶液中 AgCl 含量小于 $1.92\times10^{-3}g$ 时，分散相粒子直径小于 1nm，得到的是 AgCl 溶液；随着 AgCl 含量的增加，分散相粒子将聚集至直径为 1～100nm 的颗粒时，就形成 AgCl 胶体溶液；当 AgCl 含量再增加，分散相粒子会继续聚集成直径大于 100nm 的颗粒，就形成 AgCl 悬浊液，产生 AgCl 沉淀。可见同为 AgCl 物质分散于水中，因分散程度的不同可形成三类分散系，因此我们制备胶体的目的是用各种物理、化学的方法控制分散相粒子的大小在胶粒直径 1～100nm 范围内。原则上制备溶胶的方法有两种：一种是分散法——将较大颗粒粉碎成胶粒的大小。另一种是凝聚法——使分子或离子聚集成胶粒的大小。

分散法常常是用胶体磨把要分散的物质和分散介质一同反复地研磨，直到所要的分散程度，如在砚台中磨墨成墨汁。在药房和药厂中常用研钵或胶体磨进行研磨。

凝聚法常用的有化学反应法，如水解、复分解反应等凡能生成不溶物者，都可以在适当的浓度和其他条件下使生成的分子聚集成较大的粒子而制得溶胶。例如：

水解反应　向沸水中连续滴加 $FeCl_3$ 溶液至生成红棕色 $Fe(OH)_3$ 溶胶

$$FeCl_3 + 3H_2O \xlongequal{\text{煮沸}} Fe(OH)_3（溶胶）+ 3HCl$$

复分解反应　向 NaCl 的稀溶液中滴加 $AgNO_3$ 稀溶液，至 AgCl 溶胶生成

$$NaCl + AgNO_3 \xlongequal{} AgCl（溶胶）+ NaNO_3$$

（二）溶胶的性质

1．丁铎尔现象

1869 年，英国物理学家丁铎尔发现：当一束强光透过在暗箱中的胶体溶液时，在与光线前进方向相垂直的侧面可以看到胶体溶液中有一道明亮光柱，这种现象叫做丁铎尔现象，如图 2－1 所示。

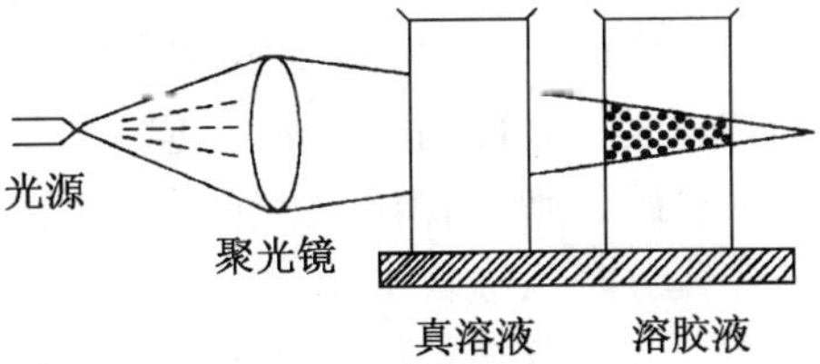

图 2－1　丁铎尔现象

丁铎尔现象的本质是光的散射。如分散相粒子直径大于入射光的波长时，则发生光的反射，体系呈现浑浊；如果分散相粒子直径小于入射光的波长，则发生光的散射。此时分散相粒子就好像一个个的小光源，向各个方向发射出光线，这种光称为散射光或乳光。溶胶的分散相粒子直径在 1～100nm 之间，而可见光的波长在 400～760nm 之间，因而可见光照射到溶胶上时会发生明显的散射作用而产生丁铎尔现象。由于分子或离子分散系（溶液）的分散相粒子直径太小（<1nm），其产生的乳光极弱，肉眼观察不到丁铎尔现象。因此，可以利用丁铎尔现象区别溶胶和真溶液。

2．布朗运动

1827 年英国植物学家布朗用显微镜观察到悬浮在水中的花粉不断地做不规则运动，这种运动称为布朗运动，如图 2－2 所示。后来人们用超显微镜观察到溶胶中粒子的运动也有同样的现象，故称溶胶也具布朗运动，即分散相粒子在分散介质中不停地做无规则的运动。布朗运动的产生是由于分散相粒子受到来自周围各个方向的介质分子的撞击，且合力不为零而引起的。

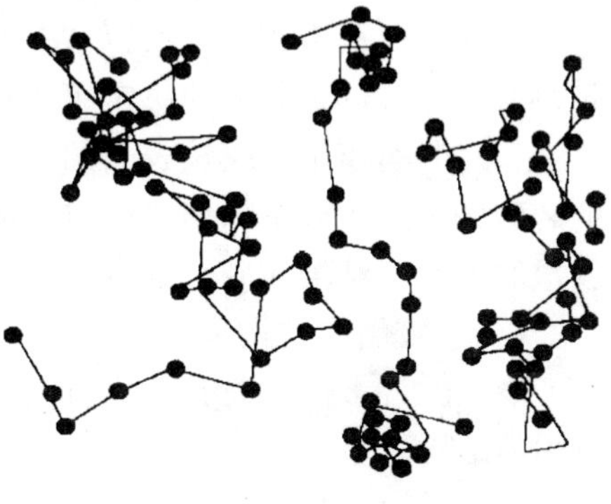
图 2－2　布朗运动示意图

布朗运动使胶体粒子有扩散现象，它抵抗在重力

的作用下胶体粒子的下沉，这是溶胶能保持相对稳定的原因之一。

3．电泳现象

在直流电场作用下，溶胶的分散相粒子在分散介质中的定向移动称为电泳。中性粒子在外电场中不可能发生定向移动，所以电泳现象说明胶粒是带电的。如果把红棕色的 $Fe(OH)_3$ 溶胶置于 U 型管中，在管口插入两个电极（图 2－3），接通直流电源后，阴极附近红棕色变深，表明 $Fe(OH)_3$ 胶体粒子带有正电荷，在电场作用下向阴极移动。而用黄色的 As_2S_3 溶胶进行同样实验，发现阳极附近黄色变深，表明 As_2S_3 胶粒带负电，在电场作用下向阳极移动。

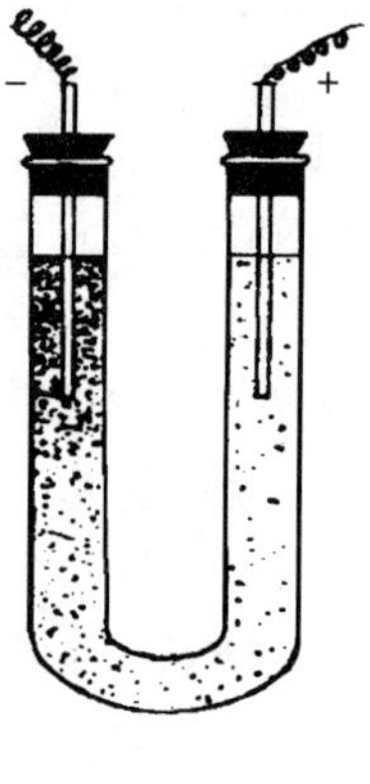

图 2－3 电泳示意图

胶粒带电的主要原因是选择性吸附和电离作用。

(1) 吸附作用　吸附是指物质（主要是固体物质）表面吸附周围介质（液体或气体）中的分子或离子的现象。在多相分散系中，相与相之间存在界面。由于界面上的粒子和固体内部的粒子所处的情况不同（图 2－4），从而能产生吸附现象。

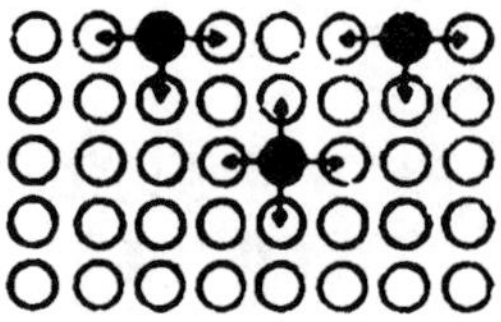
图 2－4 固体界面示意图

在固体内部每个粒子被周围的粒子包围着，各个方面的吸引力是平衡的。但是表面层上的粒子情况却不同，它们向内的引力没有平衡，就在固体表面产生吸附力，把周围介质中的某些离子或分子吸附在它的表面上。由此可见，吸附作用和物质的表面积有关。表面积越大，表面的粒子数就越多，吸附能力越强。若把任何一定量固体粉碎，则所有粒子的总表面积大大增加。例如边长 1cm 的立方体，其总面积为 $6cm^2$，如将其分割为边长 1nm 的小立方体，则总面积变成 $6\times10^7cm^2$，总面积增加了 1000 万倍。这说明固体越分散，粒子越小，粒子数越多，总的表面积越大。

在胶体溶液中，胶体粒子（固体）和分散剂之间存在一定的界面，胶体粒子比较小，具有很大的表面积，因此表现出强烈的吸附作用。由于胶体溶液中存在其他电解质，所以就发生对离子的选择性吸附。一般来说，固体优先吸附与它组成有关的离子。例如用 $AgNO_3$ 和 KI 制备 AgI 溶胶的反应式为：

$$AgNO_3 + KI = AgI + KNO_3$$

溶液中存在的 Ag^+ 和 I^- 都是 AgI 胶体的组成离子，它们都能被吸附在胶粒表面。如果形成胶体时 KI 过量，则 AgI 胶体粒子吸附 I^- 离子而带负电；反之，当 $AgNO_3$ 过量时，则 AgI 胶粒吸附 Ag^+ 而带正电，所以 AgI 胶粒在不同情况下可以带相反的电荷。这说明胶粒的吸附是具有选择性的，并由此决定了胶粒所带的电性。

(2) 电离作用　胶核表面的分子可发生离解，如硅酸（H_2SiO_3）溶胶中，在胶核表面上的硅酸分子在水分子作用下可以离解为 SiO_3^{2-} 和 H^+，H^+ 扩散到介质中去，而 SiO_3^{2-} 则留在胶核的表面，结果使胶粒带负电荷。

（三）胶团的结构

溶胶的许多性质与其结构有关。以过量 KI 与 $AgNO_3$ 生成 AgI 溶胶为例（图 2－5a）说明胶团的结构。

由 m（约 10^3）个 AgI 分子聚集成直径为 1～100nm 范围内的固体粒子，它们是胶体粒子的核心，称为胶核。胶核很小，溶液中所有胶核的总面积就很大，很容易吸附体系中的离子，特别选择性地吸附与其组成有关的、浓度较大的离子。如果制备时 KI 过量，溶液中还

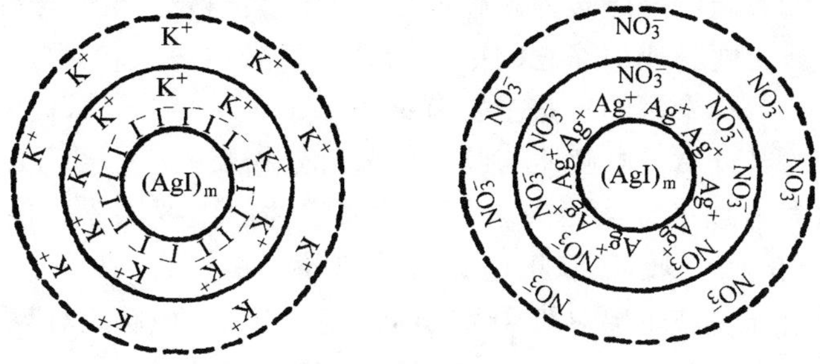

a　　　　　　　　b

图 2-5　胶团结构示意图

a. KI 过量时；b. $AgNO_3$ 过量时

有 K^+、I^-、NO_3^- 等，则胶核优先吸附了与其组成有关的 n（n≪m）个 I^- 离子而带负电荷。由于静电作用力，又吸附了（n－x）个相反电荷的 K^+，称为反离子。反离子与胶核表面吸附的离子共同组成吸附层。吸附层与胶核构成胶粒。较外层的 x 个反离子，由于受到的静电作用力很弱，疏散地分布于离胶粒较远处，形成扩散层。胶粒和扩散层统称胶团，胶团结构也可用简式表示如下：

$$[(AgI)_m \cdot nI^- \cdot (n-x)K^+]^{x-} \cdot xK^+$$

胶核（$(AgI)_m$）；吸附层（$nI^- \cdot (n-x)K^+$）；扩散层（xK^+）；胶粒（$[(AgI)_m \cdot nI^- \cdot (n-x)K^+]^{x-}$）；胶团（整体）

需要注意的是：

胶粒带电而胶团是电中性的。以上由于选择性吸附 I^- 数(n)比吸附反离子 K^+ 数(n－x)多了 x 个,故胶粒带 x 个单位负电荷，即吸附的正、负离子电量不等导致胶粒带电，但胶粒和扩散层电荷符号相反，电量相等，所以胶团是电中性的。另外，电泳现象中向电极作定向移动的是胶粒而不是胶团。由于扩散层与胶粒间结合很松散，在外电场作用下，胶团在吸附层和扩散层之间的界面上发生分离，胶粒作为一个整体向某一电极移动而发生电泳。图 2-5b 是 KI 与过量 $AgNO_3$ 生成 AgI 溶胶的胶团结构示意图。

（四）溶胶的稳定性和聚沉

1．溶胶的稳定性

胶体溶液能在较长时间内保持稳定而不易沉降。如经纯化的金溶胶相当稳定，法拉第制备的金溶胶几十年后才沉淀。溶胶具有较大稳定性的主要原因有：①胶粒带电：胶体溶液内胶粒带有同种电荷，它们互相排斥，从而阻止了胶粒互相接近，使胶粒很难聚集成较大粒子而沉降。②水化膜作用：胶粒中的吸附离子和反离子都是水化的，在胶粒表面形成水化膜而阻止胶粒之间的聚集。另外，由于胶粒比较小，受地心引力也小，因此布朗运动产生的动能足够克服地心对它的吸引力，从而使胶体具有一定的稳定性。总之，溶胶的稳定性都是基于胶粒间存在阻止胶粒互相聚集起来的作用力，所以溶胶具动力稳定性。

2．溶胶的聚沉

有作用力就有能量，体系能量越高就越不稳定。胶粒表面较大的吸附力的存在使它产生较大的表面能，而使溶胶处于热力学不稳定状态。因此，胶粒间互相聚集以减小总表面积，减小吸附力，从而降低表面能，这是体系趋向稳定的必然趋势。也就是说，胶体的稳定性是相对的、有条件的，只要削弱或消除它的稳定因素，就必然使胶粒聚集成更大颗粒而沉降，这个过程称为聚沉。使溶胶聚沉的方法主要有：

(1) 加入一定量的电解质　电解质与胶粒电荷符号相反的离子部分以至全部中和了胶粒的电荷，胶粒间斥力大为减小，从而失去了保持稳定性的主要因素，使粒子聚集而迅速沉降。例如，Fe（OH)$_3$ 溶胶，胶粒带正电，加入少量 Na_2SO_4，其中带负电荷的 SO_4^{2-} 与 $Fe(OH)_3$胶粒正电荷发生部分或全部中和，导致胶粒聚集而沉降。电解质对溶胶聚沉能力的大小通常用聚沉值来表示，即能使溶胶聚沉所需的电解质的最低浓度，常用单位为$mmol \cdot L^{-1}$。聚沉值愈大，表示该电解质聚沉能力愈小。表 2－2 列出了一些电解质的聚沉值。

表 2－2　一些电解质对正、负溶胶的聚沉值

As_2S_3 负溶胶			$Fe(OH)_3$ 正溶胶		
	电解质	聚沉值 ($mmol \cdot L^{-1}$)		电解质	聚沉值 ($mmol \cdot L^{-1}$)
1 价正离子	KCl	50	1 价负离子	KCl	9.0
	NaCl	5		NaCl	9.25
				KNO_3	12.0
2 价正离子	$MgCl_2$	0.72	2 价负离子	K_2SO_4	0.72
	$MgSO_4$	0.80		$MgSO_4$	0.80
	$CaCl_2$	0.65		$K_2Cr_2O_7$	0.65
3 价正离子	$AlCl_3$	0.093	3 价负离子	$K_3[Fe(CN)_6]$	0.093

电解质对溶胶的聚沉作用主要是由与胶粒带相反电荷的离子引起的，这种离子价态愈高，聚沉值愈小，聚沉能力愈强。如在 As_2S_3 负溶胶中加等浓度的 NaCl，$CaCl_2$，$AlCl_3$ 溶液，对溶胶有聚沉作用的是正离子 Na^+，Ca^{2+}，Al^{3+}，故聚沉能力大小为 $AlCl_3 > CaCl_2 > NaCl$；而在 $Fe(OH)_3$ 正溶胶中加等浓度的 KCl，K_2SO_4，$K_3[Fe(CN)_6]$溶液，对溶胶有聚沉作用的是负离子 Cl^-，SO_4^{2-}，$[Fe(CN)_6]^{3-}$，故聚沉能力大小为 $K_3[Fe(CN)_6] > K_2SO_4 > KCl$。

虽然加电解质可使溶胶聚沉，但如果加入过量的电解质，则能使正在聚沉的溶胶重新形成带相反电荷的溶胶。这是因为胶粒吸附层大量吸附反离子后，使胶粒又处于带电状态而使沉淀消失。

(2) 加热　加热有助于溶胶聚沉，因为热运动不利于胶核吸附离子，也就不利于形成水化层，从而减弱了稳定性的主要因素。

(3) 加胶粒带相反电荷的溶胶　将胶粒带相反电荷的两种溶胶混合，由于异性相吸中和电性而发生聚沉。如明矾净水作用，就是利用明矾水解生成$Al(OH)_3$ 正溶胶，与天然水中带负电的胶状污物相互聚沉而使水净化。要达到完全聚沉，两种溶胶的总电荷量必须相等，否则聚沉就不完全，甚至不聚沉。

(五) 高分子化合物溶液

分子量从几千到几万甚至几百万的化合物通常称为高分子化合物，它包括天然存在的蛋白质、核酸、多糖、橡胶等及人工合成的高聚物。高分子化合物与适当的溶剂接触时，吸收溶剂，本身体积胀大，最后溶解在溶剂中，形成均相体系，其溶液称为高分子溶液。高分子溶液中分散相直径大小在胶体分散系范围内，但其粒子是单个高分子，形成的溶液是均匀分布的真溶液，是热力学稳定的。因此，高分子溶液除具有胶体溶液的某些性质之外，还具有

自己的一些特性。

由于高分子化合物具有许多亲水基团，每个分子的周围能形成一层牢固的溶剂（水）化膜，这层水化膜比溶胶粒子水化膜更厚、更紧密。因此，高分子溶液比胶体溶液更稳定，与真溶液相似。若在一定量的溶胶中，加入适量的高分子溶液后，则由于高分子被吸附在胶粒表面，能显著地提高溶胶对电解质的稳定性，这一现象称为高分子溶液对溶胶的保护作用。

这种保护现象在生理过程中起着重要作用。健康人血液中微溶性盐类如 $CaCO_3$，$Ca_3(PO_4)_2$的浓度比在水中大 5 倍，在血液中是以溶胶的形式存在，血液中的蛋白质对其起着保护作用。当蛋白质含量减少时，就会减弱对这些微溶性盐类的保护作用，则易在器官（肾、胆等）中形成结石。

医药用的防腐剂胶体银（如蛋白银），就是利用蛋白质的保护作用而制得的银溶胶。

（六）凝胶

高分子溶液和某些溶胶在适当条件下（温度、浓度、时间），使黏度增大到一定程度，整个体系就变成一种弹性半固体状态，这种现象叫胶凝，形成的弹性半固体物质叫凝胶。如人体的皮肤、毛发、指甲等都是凝胶。

弹性凝胶与适当的液体接触，会自动吸收液体而膨胀，体积增大，这个过程叫膨润。构成人体血管壁的凝胶失去了膨润能力，会使血管硬化。老年人的特殊标志——皱纹，就是与有机体的膨润能力减退有关的。

凝胶放置一段时间后，一部分液体可自动地从凝胶中分离出来，凝胶本身体积缩小，这种现象叫离浆。如新鲜血液搁置一段时间，能逐渐分离出血清，腺体的分泌物、淀粉糊放置后分离出液体等都属凝胶的离浆现象。老年人皮肤含水量减少，这是皮肤凝胶的离浆。

第二节　溶液的浓度

溶液是由溶质和溶剂两部分组成的分散体系，溶液的浓度是指溶液中溶质与溶剂或溶质与溶液的相对含量。为了实际工作的需要，对溶液的浓度规定了相应的标准。同一种溶液，根据不同的需要，可选择不同的浓度表示方法。溶液的浓度表示方法大体可分为两大类，一类用溶质的量和溶剂的量之比表示，另一类用溶质的量与溶液的量之比表示。本章主要讨论医学上常用的浓度表示方法。它们主要用后一类浓度，即浓度 = 溶质的量/溶液的量。其中溶质的量可用质量、物质的量、体积等表示，溶液的量可用质量、体积等表示，根据溶质与溶液采用的物理量不同，浓度表示方法也就不同。

一、溶液浓度的表示方法

（一）物质的量浓度

“物质的量浓度”简称浓度，对溶质为 B 的溶液，其物质的量浓度称为“B 的物质的量浓度”或“B 的浓度”，用符号表示为 c_B。如氢氧化钠溶液的物质的量浓度，记为 c_{NaOH}或 $c(NaOH)$。

B 的物质的量浓度的定义是 B 的物质的量除以溶液的体积，即 B 的物质的量浓度 = $\frac{\text{B 的物质的量}}{\text{溶液的体积}}$，其定义方程式为

$$c_B = \frac{n_B}{V} \text{ 或 } c(B) = \frac{n(B)}{V}$$

物质的量浓度的 SI 单位是 $mol \cdot m^{-3}$，医学上物质的量浓度常用单位是 $mol \cdot L^{-1}$，$mmol \cdot L^{-1}$等。

近年来，世界卫生组织提议凡是相对分子质量已知的物质在人体内的含量，都用物质的量浓度来表示。值得注意的是，在使用物质的量浓度时，必须将该物质的基本单元指明，它可以是原子、分子、离子以及其他粒子或这些粒子的特定组合体，可以是实际存在的，也可以是根据需要而指定的。例如：

$c(H_2SO_4) = 0.1\ mol \cdot L^{-1}$，表示每升溶液中含 0.1mol 的 H_2SO_4，其基本单元为 H_2SO_4；

$c(\frac{1}{2}H_2SO_4) = 0.2\ mol \cdot L^{-1}$，表示每升溶液中含 0.2 mol 的$\frac{1}{2}H_2SO_4$，其基本单元为$\frac{1}{2}H_2SO_4$。

【例 2－1】 将 23.4g NaCl 溶于水中，配成 250ml 溶液，计算所得溶液的物质的量浓度。

【解】 已知 $m(NaCl) = 23.4g$　$M(NaCl) = 58.5\ g \cdot mol^{-1}$　$V = 0.25L$

因为
$$n(NaCl) = \frac{m}{M(NaCl)} = \frac{23.4}{58.5} = 0.4mol$$

故
$$c(NaCl) = \frac{n(NaCl)}{V} = \frac{0.4}{0.25} = 1.6\ mol \cdot L^{-1}$$

答：NaCl 溶液的物质的量浓度为 $1.6\ mol \cdot L^{-1}$。

【例 2－2】 配制 500ml $0.1mol \cdot L^{-1}$ NaOH 溶液，需要 NaOH 的质量是多少？

【解】 已知 $c(NaOH) = 0.1mol \cdot L^{-1}$　$V = 0.5L$　$M(NaOH) = 40\ g \cdot mol^{-1}$

因为
$$c(NaOH) = \frac{n(NaOH)}{V}$$

则
$$n(NaOH) = c(NaOH) \cdot V = 0.1 \times 0.5 = 0.05mol$$
$$m(NaOH) = n(NaOH) \cdot M(NaOH) = 0.05 \times 40 = 2\ g$$

答:配制 500ml $0.1mol \cdot L^{-1}$ NaOH 溶液,需要 NaOH 2g。

【例 2－3】 配制 $0.2mol \cdot L^{-1}$ Na_2CO_3 溶液 0.5L,需要十水碳酸钠($Na_2CO_3 \cdot 10H_2O$)晶体多少克?

【解】 已知 $c(Na_2CO_3) = 0.2mol \cdot L^{-1}$　$V = 0.5L$　$M(Na_2CO_3 \cdot 10H_2O) = 286g \cdot mol^{-1}$

则　$n(Na_2CO_3) = c(Na_2CO_3) \cdot V = 0.2 \times 0.5 = 0.1\ mol$

而　$n(Na_2CO_3 \cdot 10H_2O) = n(Na_2CO_3) = 0.1mol$

故
$$m(Na_2CO_3 \cdot 10H_2O) = M(Na_2CO_3 \cdot 10H_2O) \cdot n(Na_2CO_3 \cdot 10H_2O)$$
$$= 286 \times 0.1 = 28.6\ g$$

答:配制 0.5L $0.2mol \cdot L^{-1}$碳酸钠溶液需十水碳酸钠晶体 28.6g。

【例 2－4】 将 500ml $0.15mol \cdot L^{-1}$ NaCl 溶液与 100ml $0.3mol \cdot L^{-1}$ $CaCl_2$ 溶液混合,求混合后溶液中 Cl^- 物质的量浓度。

【解】 混合液中,由 NaCl 提供的 Cl^- 的物质的量为
$$n(Cl^-)_1 = c(NaCl) \times V_1 \times 1 = 0.15 \times 0.5 \times 1 = 0.075\ mol$$

混合液中,由 $CaCl_2$ 提供的 Cl^- 的物质的量为
$$n(Cl^-)_2 = c(CaCl_2) \times V_2 \times 2 = 0.3 \times 0.1 \times 2 = 0.06\ mol$$

混合液中 Cl^- 的总物质的量为
$$n(Cl^-) = n(Cl^-)_1 + n(Cl^-)_2 = 0.075 + 0.06 = 0.135\ mol$$

则 $$c(Cl^-)=\frac{n(Cl^-)}{V}=\frac{n(Cl^-)}{V_1+V_2}=\frac{0.135}{0.5+0.1}=0.225\ mol\cdot L^{-1}$$

答:混合液中 Cl^- 的物质的量浓度为 $0.225mol\cdot L^{-1}$。

(二) 质量浓度

对于溶质为 B 的溶液,其质量浓度就称为“B 的质量浓度”,用符号表示为 ρ_B。如氯化钠溶液的质量浓度,记为 ρ_{NaCl}或 $\rho(NaCl)$。

B 的质量浓度的定义是 B 的质量除以溶液的体积,其定义方程式为

$$\rho_B=\frac{m_B}{V}$$

质量浓度的 SI 单位是 $kg\cdot m^{-3}$。

使用质量浓度时应注意:

(1)质量浓度的单位医学中多用 $g\cdot L^{-1}$,$mg\cdot L^{-1}$等,其单位中表示质量的单位可以不同,而表示体积的单位一般都用 L,但临床上目前还在用 ml,使用时应知道它们之间转换的数量级关系。

(2)世界卫生组织提议,在注射液的标签上同时写明质量浓度和物质的量浓度。如静脉注射用的氯化钠注射液 $\rho(NaCl)=9g\cdot L^{-1}$,$c(NaCl)=0.15mol\cdot L^{-1}$。

(3)过去用的质量体积百分浓度(%)应废止,改用质量浓度代替。例如,临床上给病人注射的等渗葡萄糖溶液,过去标为 5%($g\cdot ml^{-1}$)即 5g/100ml,现应标为 $50g\cdot L^{-1}$葡萄糖。

(4)质量浓度 ρ_B 和密度 ρ 不可混淆。密度 ρ 是溶液的质量除以溶液的体积,单位多用 $kg\cdot L^{-1}$或 $g\cdot ml^{-1}$。在书写 B 的质量浓度时,溶质 B 应以下角标或括号形式予以指明。

【例 2-5】 10ml $CaCl_2$ 针剂中含 $CaCl_2$ 0.5g,该针剂的质量浓度是多少? 物质的量浓度是多少?

【解】 已知 $m(CaCl_2)=0.5g$ $\quad M(CaCl_2)=111g\cdot mol^{-1}$ $\quad V=0.01L$

则 $$\rho(CaCl_2)=\frac{m(CaCl_2)}{V}=\frac{0.5}{0.01}=50\ g\cdot L^{-1}$$

又 $$n(CaCl_2)=\frac{m(CaCl_2)}{M(CaCl_2)}=\frac{0.5}{111}=0.0045mol$$

故 $$c(CaCl_2)=\frac{n(CaCl_2)}{V}=\frac{0.0045}{0.01}=0.45mol\cdot L^{-1}$$

答:$CaCl_2$ 针剂的质量浓度为 50 $g\cdot L^{-1}$,物质的量浓度为 $0.45mol\cdot L^{-1}$。

【例 2-6】 静脉补钾时氯化钾的浓度一般不超过 3 $g\cdot L^{-1}$,按这个浓度,500ml 输液用的液体中,一般最多只能加几克氯化钾?

【解】 已知 $\rho(KCl)=3\ g\cdot L^{-1}$ $\quad V=0.5L$ 则

$$m(KCl)=\rho(KCl)\cdot V=3\times 0.5=1.5\ g$$

答:500ml 输液用的液体中,一般最多只能加氯化钾 1.5g。

【例 2-7】 配制质量浓度为 $2g\cdot L^{-1}$的硫酸铜溶液 2L 作为治疗磷中毒的催吐剂,问需要五水硫酸铜($CuSO_4\cdot 5H_2O$)晶体多少克?

【解】 已知$\rho(CuSO_4)=2g\cdot L^{-1}$ $\quad V=2L$ $\quad M(CuSO_4)=159.5g\cdot mol^{-1}$

$$M(CuSO_4\cdot 5H_2O)=249.5\ g\cdot mol^{-1}$$

因为 $$m(CuSO_4)=\rho(CuSO_4)\cdot V=2\times 2=4\ g$$

而 $n(CuSO_4 \cdot 5H_2O) = n(CuSO_4) = \frac{m(CuSO_4)}{M(CuSO_4)} = \frac{4}{159.5} = 0.025\ mol$

故 $m(CuSO_4 \cdot 5H_2O) = n(CuSO_4 \cdot 5H_2O) \cdot M(CuSO_4 \cdot 5H_2O)$

$= 0.025 \times 249.5 = 6.2g$

答:配制 $2g \cdot L^{-1}$ 硫酸铜溶液 2L 需五水硫酸铜 6.2g。

【例 2-8】 按照我国药典规定,注射用生理盐水的规格是 0.5L 生理盐水中含 NaCl 4.5g,求:(1)生理盐水的质量浓度是多少?(2)若某病员需补 Na^+ 3.5g,应补生理盐水多少毫升?

【解】 (1)已知 $m(NaCl) = 4.5g \quad V = 0.5L$,故

$$\rho(NaCl) = \frac{m(NaCl)}{V} = \frac{4.5}{0.5} = 9\ g \cdot L^{-1}$$

(2)已知 $m(Na^+) = 3.5g \quad \rho(NaCl) = 9g \cdot L^{-1} \quad M(Na^+) = 23g \cdot mol^{-1}$

$M(NaCl) = 58.5g \cdot mol^{-1}$

因为 $n(NaCl) = n(Na^+) = \frac{3.5}{23} = 0.152mol$

$m(NaCl) = n(NaCl) \cdot M(NaCl) = 0.152 \times 58.5 = 8.89\ g$

故 $V = \frac{m(NaCl)}{\rho(NaCl)} = \frac{8.89}{9} \approx 0.988\ L = 988ml$

答:生理盐水的质量浓度是 $9g \cdot L^{-1}$;补 Na^+ 3.5g,相当于补生理盐水 988ml。

(三)体积分数

对于溶质为 B 的溶液,其体积分数称为"B 的体积分数",用符号表示为 φ_B。体积分数的定义为溶质 B 与溶液在相同温度和压强下的体积之比,其定义方程式为

$$\varphi_B = \frac{V_B}{V}$$

体积分数的量纲为 1,溶质 B 与溶液的体积单位必须相同,表示体积分数的值时可用小数或百分数。例如,消毒用的酒精溶液中酒精的体积分数为 $\varphi_B = 0.75$ 或 $\varphi_B = 75\%$。

【例 2-9】 药典规定,药用酒精的 $\varphi_B = 0.95$,问 500ml 药用酒精中含纯酒精多少毫升?

【解】 已知 $\varphi_B = 0.95$, $V = 0.5L$,根据 $V_B = \varphi_B \cdot V$ 得

$$V_B = 0.95 \times 0.5 = 0.475\ L = 475\ ml$$

答:500ml $\varphi_B = 0.95$ 的药用酒精中含纯酒精 475ml。

(四)质量分数

对于溶质为 B 的溶液,其质量分数称为"B 的质量分数",用符号表示为 w_B。质量分数的定义为溶质 B 的质量与溶液的质量之比,其定义方程式为

$$w_B = \frac{m_B}{m}$$

质量分数的量纲为 1,组分 B(溶质)和混合物(溶液)的质量单位必须相同,表示质量分数的值时可用小数或百分数。例如,市售浓盐酸中 HCl 的质量分数为 $w_B = 0.37$ 或 $w_B = 37\%$,市售的硫酸、硝酸、氨水等也都是用此种方法来表示含量。

【例 2-10】 已知 75ml $2mol \cdot L^{-1}$ NaOH 溶液的质量为 80g。计算该溶液中溶质的质量分数。

【解】 已知 $c(NaOH) = 2mol \cdot L^{-1} \quad M(NaOH) = 40g \cdot mol^{-1} \quad V = 0.075L \quad m = 80g$

则 $n(NaOH) = c(NaOH) \cdot V = 2 \times 0.075 = 0.15\ mol$

$m(NaOH) = n(NaOH) \cdot M(NaOH) = 0.15 \times 40 = 6\ g$

故 $w(\text{NaOH}) = \dfrac{m(\text{NaOH})}{m} = \dfrac{6}{80} = 0.075$

答：该 NaOH 溶液的质量分数为 0.075。

【例 2－11】 500ml，$w_B = 0.36$ 的浓盐酸（密度 $\rho = 1.18\ \text{kg}\cdot\text{L}^{-1}$）中含氯化氢多少克？

【解】 已知 $w_B = 0.36$ $V = 0.5\text{L}$ $\rho = 1.18\text{kg}\cdot\text{L}^{-1}$

根据 $m_B = w_B \cdot m$

而 $m = \rho \cdot V = 1.18 \times 0.5 = 0.59\ \text{kg} = 590\ \text{g}$

故 $m_B = w_B \cdot m = 0.36 \times 590 = 212.4\ \text{g}$

答：500ml，$w_B = 0.36$ 的浓盐酸中含氯化氢 212.4g。

（五）比例浓度

除上述介绍的四种常用浓度表示外，当对浓度要求不是十分精确时，为减少计算和配制的麻烦，可以用比例浓度表示。常用的比例浓度有两种表示方法：

1. 溶质比溶液表示法

药典上将固体溶质 1g 或液体溶质 1ml 配成 $x$ml 溶液，这种浓度表示方法称为比例浓度。用符号 $1:x$ 表示（不特别指明溶剂时，都是以水为溶剂）。例如，1∶1000 的高锰酸钾溶液是指将 1g 高锰酸钾加水溶解成 1000ml 溶液。这种表示方法极为简单，这样的溶液也最容易配制，因此是药物调剂中常用的一种浓度表示法。

2. 溶质比溶剂表示法

一般实验室中用的比例浓度是溶质比溶剂。例如，溴化钾溶液（1∶5）就是 1g 溴化钾溶于 5ml 水中所配成的溶液，硝酸溶液（1∶3）就是 1 体积浓硝酸与 3 体积水配成的溶液。

二、溶液浓度的相互换算

溶液浓度的换算实际上是不同的浓度表示方法之间单位的变换。

（一）物质的量浓度 c_B 与质量浓度 ρ_B 的换算

根据定义：$\rho_B = \dfrac{m_B}{V}$ $c_B = \dfrac{n_B}{V}$

而 $m_B = n_B \cdot M_B$

故 $\rho_B = c_B \cdot M_B$ 或 $c_B = \dfrac{\rho_B}{M_B}$

由此可知，c_B 与 ρ_B 之间的换算实际上是单位 $\text{mol}\cdot\text{L}^{-1}$ 与 $\text{g}\cdot\text{L}^{-1}$ 之间的变换，也就是溶质物质的量（mol）与质量（g）的变换，即 $c_B(\text{mol}\cdot\text{L}^{-1}) \underset{M_B \div}{\overset{\times M_B}{\rightleftharpoons}} \rho_B(\text{g}\cdot\text{L}^{-1})$

例如，$\rho_B = 9\text{g}\cdot\text{L}^{-1}$ 的生理盐水，其物质的量浓度

$$c(\text{NaCl}) = \frac{\rho(\text{NaCl})}{M(\text{NaCl})} = \frac{9}{58.5} = 0.154\ \text{mol}\cdot\text{L}^{-1}$$

需要注意的是目前医药上仍习惯用质量体积百分浓度%（$\text{g}\cdot\text{ml}^{-1}$），它与物质的量浓度之间换算时，可先把它转换为 $\rho_B(\text{g}\cdot\text{L}^{-1})$，再与 $c_B(\text{mol}\cdot\text{L}^{-1})$ 换算。

例如，1.25%（$\text{g}\cdot\text{ml}^{-1}$）$NaHCO_3$ 溶液的 $\rho(\text{NaHCO}_3) = 1.25\%\text{g}\cdot\text{ml}^{-1} \times 1 \times 10^3\ \text{ml}\cdot\text{L}^{-1}$

$= 12.5\text{g}\cdot\text{L}^{-1}$

$$c(\text{NaHCO}_3) = \frac{12.5\ \text{g}\cdot\text{L}^{-1}}{84\ \text{g}\cdot\text{mol}^{-1}} = 0.149\text{mol}\cdot\text{L}^{-1}$$

（二）质量分数 w_B 与物质的量浓度 c_B 的换算

【例 2－12】 市售浓盐酸的质量分数 $w_B = 0.36$，密度 $\rho = 1180g \cdot L^{-1}$，求其物质的量浓度。

【分析】 同一浓盐酸的浓度为定值，浓度大小与计算所用浓盐酸体积多少无关，为计算方便起见，可设浓盐酸体积为 1L 进行计算。

【解】 设浓盐酸体积 $V = 1L$，已知 $w_B = 0.36$ $\rho = 1180g \cdot L^{-1}$ $M_B = 36.5g \cdot mol^{-1}$

1L 盐酸（溶液）的质量：$m = \rho \cdot V = 1180g \cdot L^{-1} \times 1L$

1L 盐酸中含溶质 HCl 的质量：$m_B = m \cdot w_B = 1180g \cdot L^{-1} \times 1L \times 0.36$

1L 盐酸中含溶质 HCl 的物质的量：$n_B = \frac{m_B}{M_B} = \frac{1180g \cdot L^{-1} \times 1L \times 0.36}{36.5g \cdot mol^{-1}}$

则 $$c_B = \frac{n_B}{V} = \frac{1180g \cdot L^{-1} \times 1L \times 0.36}{1L \times 36.5g \cdot mol^{-1}} = \frac{1180g \cdot L^{-1} \times 0.36}{36.5g \cdot mol^{-1}} = 11.6mol \cdot L^{-1}$$

由上例可归纳得出质量分数（w_B）换算成物质的量浓度（c_B）的关系式为：

$c_B = \frac{\rho \times w_B}{M_B}$（$\rho$ 的单位为 $g \cdot L^{-1}$）或 $c_B = \frac{1000 \times \rho \times w_B}{M_B}$（$\rho$ 的单位为 $kg \cdot L^{-1}$ 或 $g \cdot ml^{-1}$）

【例 2－13】 正常人体血液中葡萄糖（简称血糖）的质量分数 w_B 的范围为 0.07%～0.11%，已知葡萄糖的相对分子质量为 180，设血液密度为 $1g \cdot ml^{-1}$，则血糖的物质的量浓度 c_B 的范围为多少 $mmol \cdot L^{-1}$？

【解】 已知 $\rho = 1\ g \cdot ml^{-1}$ $w_{B_1} = 0.07\%$ $w_{B_2} = 0.11\%$ $M_B = 180g \cdot mol^{-1}$

根据 $c_B = \frac{1000 \times \rho \times w_B}{M_B}$ 得

$$c_{B_1} = \frac{1000 \times \rho \times w_{B_1}}{M_B} = \frac{1000 \times 1 \times 0.07\%}{180} = 0.0039\ mol \cdot L^{-1} = 3.9mmol \cdot L^{-1}$$

$$c_{B_2} = \frac{1000 \times \rho \times w_{B_2}}{M_B} = \frac{1000 \times 1 \times 0.11\%}{180} = 0.0061\ mol \cdot L^{-1} = 6.1mmol \cdot L^{-1}$$

答：正常人体血糖的物质的量浓度范围为 $3.9 \sim 6.1mmol \cdot L^{-1}$。

（三）比例浓度 $1:x$ 与质量浓度 ρ_B 的换算

根据定义，比例浓度 $1:x$ 指 $x$ml 溶液中含 1g 溶质，质量浓度 ρ_B 表示 1000ml 溶液中含 ρ_B g 溶质。

即 $$1:x = \rho_B:1000$$

故 $$\rho_B = \frac{1}{x} \times 1000 \text{ 或 } x = \frac{1000}{\rho_B}$$

由于医药上目前仍习惯用质量体积百分浓度 %（$g \cdot ml^{-1}$），有时还需将比例浓度与质量体积百分浓度之间进行换算。

根据定义 $\%(g \cdot ml^{-1}) = \frac{1(g)}{x(ml)} \times 100\%$

【例 2－14】 临床消毒用 1:5000 高锰酸钾溶液的质量浓度 ρ_B 为多少？质量体积百分浓度为多少？

【解】 $\rho_B = \frac{1}{x} \times 1000 = \frac{1000}{5000} = 0.2\ g \cdot L^{-1}$

质量体积百分浓度 $= \frac{1}{5000} \times 100\% = 0.02\%(g \cdot ml^{-1})$

答：1:5000 的高锰酸钾溶液的质量浓度为 $0.2g \cdot L^{-1}$，质量体积百分浓度为 0.02%

$(g \cdot ml^{-1})$。

三、溶液的配制和稀释

(一) 溶液稀释的计算

1. 浓溶液加溶剂稀释

稀释就是在浓溶液中加入溶剂使浓溶液浓度变小的过程,因此稀释的特点是溶液的量改变了,但溶质的量没有改变。即

稀释前溶质的量 = 稀释后溶质的量

或　　稀释前浓度 × 稀释前体积 = 稀释后浓度 × 稀释后体积

表达式为:　　$c_1 V_1 = c_2 V_2$

称为稀释公式。

使用稀释公式必需注意:

(1) c_1, c_2 为广泛意义上的浓度,可以是 c_B, ρ_B, φ_B 等,但不能是 w_B。若浓度为质量分数 w_B 表示,则稀释公式为:

$$w_{B_1} m_1 = w_{B_2} m_2$$

式中 w_{B_1}, w_{B_2} 为稀释前后溶液的质量分数,m_1, m_2 为稀释前后溶液的质量。

(2)稀释前后的浓度 c_1, c_2 单位必须相同,体积 V_1, V_2 单位也必须一致。

(3)为护理临床使用方便起见,稀释公式可表达为:

$$c_2 = c_1 \cdot \frac{V_1}{V_2} \text{或 } c_2 = \frac{c_1}{V_2/V_1} \text{(} V_2/V_1 \text{ 称为稀释倍数)}$$

表示稀释后溶液的浓度等于稀释前溶液浓度除以溶液的稀释倍数。

【例 2-15】 $100g \cdot L^{-1}$ 市售 NaCl 溶液 50ml 可配成生理盐水多少毫升?

【解】 设配成生理盐水体积为 V_2 毫升

已知 $c_1 = 100g \cdot L^{-1}$　$V_1 = 50ml$　$c_2 = 9\ g \cdot L^{-1}$

根据 $c_1 V_1 = c_2 V_2$ 得

$$100 \times 50 = 9 \times V_2 \qquad V_2 = 555.60\ ml$$

答:$100g \cdot L^{-1}$ NaCl 溶液 50ml,可配成生理盐水 555.60ml。

【例 2-16】 配制 $1/6mol \cdot L^{-1}$ 乳酸钠($NaC_3H_5O_3$)溶液 480ml,需 $112g \cdot L^{-1}$ 乳酸钠溶液多少毫升?

【分析】 题中所配乳酸钠溶液浓度 c_B, V 已知,用来配制的浓乳酸钠浓度 ρ_B 已知,求浓乳酸钠溶液体积,属于稀释问题计算,但稀释前后浓度单位未统一,可先将浓溶液 ρ_B 换算成物质的量浓度,再代入稀释公式计算。

【解】 设需 $112g \cdot L^{-1}$ 乳酸钠溶液体积为 V_1ml。

已知 $\rho_{B_1} = 112g \cdot L^{-1}$　$M(NaC_3H_5O_3) = 112g \cdot mol^{-1}$　$c_{B_2} = 1/6mol \cdot L^{-1}$　$V_2 = 480ml$

则　　$$c_{B_1} = \frac{\rho_{B_1}}{M} = \frac{112}{112} = 1\ mol \cdot L^{-1}$$

根据　　$c_{B_1} \cdot V_1 = c_{B_2} \cdot V_2$ 得

$$1 \times V_1 = \frac{1}{6} \times 480 \qquad V_1 = 80\ ml$$

答：配制 1/6mol·L^{-1}乳酸钠溶液 480ml 需 112g·L^{-1}乳酸钠溶液 80ml。

【例 2－17】 配制 0.2mol·L^{-1}盐酸 1000ml，需 $w_B = 0.36$，密度 $\rho = 1.18\text{kg}\cdot\text{L}^{-1}$的浓盐酸多少毫升？

【分析】 题中浓盐酸的浓度 w_B 已知，稀盐酸的浓度 c_B，体积 V 已知，求浓盐酸体积，属于稀释问题的计算，但稀释前后浓度单位未统一，应先将浓盐酸 w_B 换算成物质的量浓度，再代入稀释公式计算。

【解】 已知 $w_{B_1} = 0.36$　$\rho = 1.18\text{kg}\cdot\text{L}^{-1}$　$M_B = 36.5\ \text{g}\cdot\text{mol}^{-1}$　$c_{B_2} = 0.2\text{mol}\cdot\text{L}^{-1}$

$V_2 = 1000\text{ml}$

则
$$c_{B_1} = \frac{1000 \times \rho \times w_{B_1}}{M_B} = \frac{1000 \times 1.18 \times 0.36}{36.5} = 11.6\ \text{mol}\cdot\text{L}^{-1}$$

据
$$c_{B_1} \cdot V_1 = c_{B_2} \cdot V_2 \text{得}$$

$$V_1 = \frac{c_{B_2} \cdot V_2}{c_{B_1}} = \frac{0.2 \times 1000}{11.6} = 17.2\ \text{ml}$$

答：配制 0.2mol·L^{-1}盐酸 1000ml，需 $\rho = 1.18\text{kg}\cdot\text{L}^{-1}$，$w_B = 0.36$ 的浓盐酸 17.2ml。

2. 几种不同浓度（同一溶质）的溶液混合成所需浓度的溶液

根据混合前各分溶液中溶质的量之和等于混合后总溶液中所含溶质的量，即

$$c_1 V_1 + c_2 V_2 + \cdots = cV$$
$$V = V_1 + V_2 + \cdots$$

式中 c_1，c_2…为分溶液的浓度，c 为总溶液的浓度（适用 c_B，ρ_B，φ_B 浓度）；V_1，V_2…为分溶液的体积，V 为总溶液的体积。

但严格地说，混合溶液的总体积不等于分溶液体积之和，因此，当上式用于 c_B，ρ_B，φ_B 等浓度计算时只能得到近似值，在可忽略混合前后溶液体积变化的情况下，可采用此式运算。

同理，当浓度用质量分数 w_B 表示时，则

$$w_{B_1} m_1 + w_{B_2} m_2 + \cdots = w_B(m_1 + m_2 + \cdots)$$

式中 w_{B_1}，w_{B_2}…为分溶液的质量分数，w_B 为总溶液的质量分数；m_1，m_2…为分溶液的质量，$m_1 + m_2 + \cdots$为总溶液的质量。

【例 2－18】 现有 $\varphi_B = 0.95$ 和 $\varphi_B = 0.05$ 的酒精溶液，要配制成 $\varphi_B = 0.75$ 的酒精溶液 500ml，应各取上述浓度的酒精溶液各多少毫升混合？（混合前后溶液体积改变不计）

【解】 已知 $c_1 = 0.95$，$c_2 = 0.05$，$c = 0.75$，$V_1 + V_2 = 500\text{ml}$

根据 $c_1 V_1 + c_2 V_2 = c(V_1 + V_2)$得

$$0.95\ V_1 + 0.05(500 - V_1) = 0.75 \times 500$$

故
$$V_1 = 388.9\ \text{ml}$$
$$V_2 = 500 - V_1 = 500 - 388.9 = 111.1\ \text{ml}$$

答：配制 $\varphi_B = 0.75$ 的酒精溶液 500ml，需 $\varphi_B = 0.95$ 的酒精溶液 388.9ml，$\varphi_B = 0.05$ 的酒精溶液 111.1ml。

（二）溶液的配制和稀释方法

1. 溶液的配制方法

溶液配制方法主要有两种：

(1)用一定质量的溶液中所含溶质的质量来表示溶液的浓度，如用质量分数表示溶液的浓

度。这种溶液的配制是将定量的溶质和溶剂混合均匀即可。其过程可表示为：

(计算所需 m_B，$m_{溶剂}$的量)称取 m_B—加 $m_{溶剂}$—溶解—混匀

如配制 100g，$w_B = 0.1$ 的 NaCl 溶液，先称取 10g 干燥的 NaCl，再加 90g H_2O，溶解后混合均匀即可。

(2)用一定体积的溶液中所含溶质的量表示溶液的浓度，如用体积分数、质量浓度和物质的量浓度等来表示的溶液。由于溶质和溶剂混合后的体积往往比溶质和溶剂单独存在的体积之和增大或缩小，配制这些溶液时，是将一定量的溶质与适量的溶剂混合，使溶质完全溶解，然后再加溶剂到所需体积，混匀即可。其过程可表示为：

固体溶质：(计算所需 m_B)称取 m_B—加适量溶剂溶解—转移入一定体积的容器—加溶剂到所需体积(定容)—混匀

液体溶质：(计算所需 V_B)量取 V_B—加溶剂至所需体积(定容)—混匀

需要注意的是：

(1)若溶质加溶剂过程中热效应很大，则在称量(量取)溶质后，应先在小烧杯中加适量溶剂溶解(稀释)，待溶液恢复到室温后转移入一定体积的容器，再定容，混匀。

(2)若配制的溶液浓度需十分精确时，则不能用台秤称量和用量杯(量筒)量取与配制，而需要用分析天平称量，吸管或移液管量取并用容量瓶配制。

(3)在称量(量取)、转移溶液等过程中，应尽量减少溶质的损失。

例如要配制 $0.1mol \cdot L^{-1}$ Na_2CO_3 溶液 500ml，应先计算出配制溶液所需 Na_2CO_3 质量为 5.3g，用天平称取固体 Na_2CO_3 5.3g，放于烧杯中，先加适量水溶解后，玻璃棒引流转移入 500ml 容量瓶中，再用少量蒸馏水把烧杯及玻璃棒洗 2～3 次，洗液也倒入容量瓶中(此过程以下简称定量转移)，最后再加入蒸馏水直到容量瓶中的液面接近容量瓶刻度 1～2cm 处时，改用胶头滴管滴加蒸馏水至溶液的凹液面与刻度相切。这时，将容量瓶用瓶塞盖好，反复上下颠倒摇匀。

2. 溶液稀释的方法

在实际工作中常用的溶液浓度都比较稀，但许多市售试剂是浓溶液(如硫酸、盐酸等)，而且有少数试剂在浓度很稀时不稳定，通常先配成浓溶液，待用时再稀释。稀释过程可表示为：

(计算所需浓溶液的体积 V_1)量取 V_1—加溶剂到所需体积 V_2(定容)—混匀

若稀释过程中热效应很大的溶液如浓硫酸，应先在小烧杯中用适量水稀释，冷却后，再定量转移至一定体积的容器中定容、混匀。

例如要用市售的 $\varphi_B = 0.95$ 酒精溶液配制 $\varphi_B = 0.75$ 酒精溶液 500ml，应先计算出配制所需 $\varphi_B = 0.95$ 酒精溶液的体积 395ml，再用量筒量取 $\varphi_B = 0.95$ 酒精溶液 395ml 加蒸馏水至 500ml，搅拌均匀。

在实际工作中，我们还应熟悉稀释公式 $c_2 = \frac{c_1}{V_2/V_1}$ 在溶液稀释配制上的应用。例如青霉素皮试液的配制是以每毫升生理盐水中含 500U 青霉素 G 为标准的，具体配制过程如下：若青霉素 1 瓶为 80 万 U，注入 4ml 生理盐水，则 1ml 含 20 万 U——取 0.1ml，加生理水至 1ml，则 1ml 含 2 万 U——取 0.1ml，加生理盐水至 1ml，则 1ml 含 2000U——取 0.25ml，加生理盐水至 1ml，则 1ml 含 500U，即成青霉素皮试液。每次稀释时均须将溶液混合均匀。

【例 2－19】 配制 $3mol \cdot L^{-1}$的硫酸溶液 500ml，需要 $w_B = 0.98$，密度 ρ 为 $1.84g \cdot ml^{-1}$的浓硫酸多少毫升？如何配制？

【解】 先计算所需浓 H_2SO_4 的体积，设为 V_1 毫升。

已知　$c_2 = 3\text{mol}\cdot\text{L}^{-1}$　$V_2 = 500\text{ml}$　$w_B = 0.98$　$\rho = 1.84\ \text{g}\cdot\text{ml}^{-1}$

则
$$c_1 = \frac{1000 \times 1.84 \times 0.98}{98} = 18.4\text{mol}\cdot\text{L}^{-1}$$

根据 $c_1 V_1 = c_2 V_2$ 得

$$V_1 = \frac{3 \times 500}{18.4} = 81.5\ \text{ml}$$

配制方法：用 100ml 干燥量筒量取浓 H_2SO_4 81.5ml，慢慢加入到盛有 200 ~ 300ml 蒸馏水的烧杯中，边加边搅拌，冷却后，定量转移至量杯或量筒中，再加蒸馏水使溶液总体积为 500ml，搅拌均匀。

必须指出的是，用浓 H_2SO_4 配制稀硫酸时，一定要把浓硫酸慢慢地加入水中，不能把水加入浓 H_2SO_4 中，量取浓硫酸的量杯应干燥。医用高效化学消毒剂过氧乙酸（PAA）稀释配制方法与浓硫酸的稀释配制方法类似。

第三节　渗 透 与 渗 透 压

人长时间在淡水中游泳，会觉得眼球胀痛；施过化肥的农作物，需要立即浇水，否则化肥会“烧死”植物；淡水鱼和海水鱼不能互换生活环境；因失水而发蔫的花草，浇水后又可重新复原；临床上给病人大量补液时，生理盐水中 NaCl 的浓度为 $9\ \text{g}\cdot\text{L}^{-1}$，如果输液浓度不当，过浓或过稀都将产生不良后果，甚至造成死亡。这些现象都与溶液的渗透有关。为此，我们需要了解有关渗透现象及渗透压的一些基本知识。

一、渗透现象和渗透压

我们知道在溶液中，溶剂分子、溶质粒子处于不停的运动中，如将几滴红墨水滴入一杯清水中很快就会使整杯水染成红色；在盛有浓蔗糖水的杯子中，在液面上小心地加入一层清水，过一会儿，上层的水也有甜味了，最后得到浓度均匀的糖水。以上现象是由于在无阻隔情况下溶质和溶剂分子相互扩散的结果。当两种不同浓度的溶液互相接触，同样也会发生这种扩散现象，最后成为浓度均匀的溶液。

如果用一种只能让溶剂分子透过而溶质粒子不能透过称为半透膜的理想薄膜将蔗糖溶液和水隔开，并使膜内溶液的液面和膜外的液面相平（图 2 – 6a），则水分子将通过半透膜进入蔗糖溶液，使溶液的体积增大，玻璃管内液面上升，而膜外水的液面下降，如图 2 – 6b 所示。将两种浓度不同的溶液用半透膜隔开，同样可以发生类似现象。

我们把这种溶剂分子通过半透膜由纯溶剂进入溶液或由稀溶液进入浓溶液的扩散现象，称为渗透现象，简称渗透。

常用的半透膜有膀胱膜、硫酸纸、玻璃纸、火棉胶膜等，半透膜的半透性如图 2 – 7 所示。机体内的细胞膜、毛细血管壁等都是生物半透膜，其半透性能不同。

产生渗透现象的原因是水虽然可以双向透过半透膜，但半透膜两侧单位体积内水分子个数不同，同体积纯溶剂（或稀溶液）中水分子数目比溶液（或浓溶液）中水分子数目多，在单位时间内，从纯溶剂（或稀溶液）一方扩散到溶液（或浓溶液）的水分子多，而从溶液（或浓溶液）一方扩散到纯溶剂（或稀溶液）的水分子少，其净结果是水透过半透膜从纯溶剂（或稀溶液）进入了溶液（或浓溶液），使玻璃管内液面升高。可见渗透现象的产生实际上是由于半透膜两侧水分子互相扩散的不平衡所致。

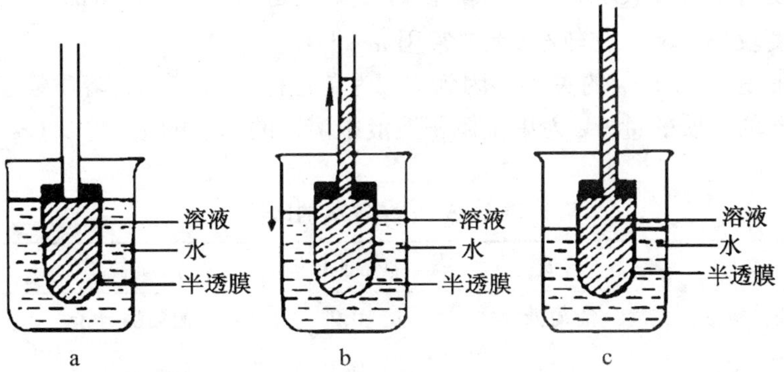

图 2-6　渗透现象和渗透压

a.渗透现象发生前;b.渗透现象发生时;c.渗透平衡时

综上所述,产生渗透现象必须具备两个条件:一是有半透膜;二是半透膜两侧溶液的浓度不相等。

渗透现象不会无止境地发生,随着玻璃管内液面的上升,开始产生静水压力,并逐渐增大,它将阻止溶剂分子向溶液中渗透,同时驱使溶液中溶剂分子加速向溶剂中渗透,当液面上升到一定高度时,溶剂分子进出半透膜的速度达到相等,玻璃管内液面停止上升,达到渗透动态平衡,如图 2-6c 所示。此时,玻璃管内外液面高度差所产生的压力,即这种恰能阻止渗透现象继续发生而达到渗透平衡的压力,称为该溶液的渗透压。须注意的是当两个浓度不等的溶液用半透膜隔开时所产生的渗透压实际为两溶液的渗透压之差。

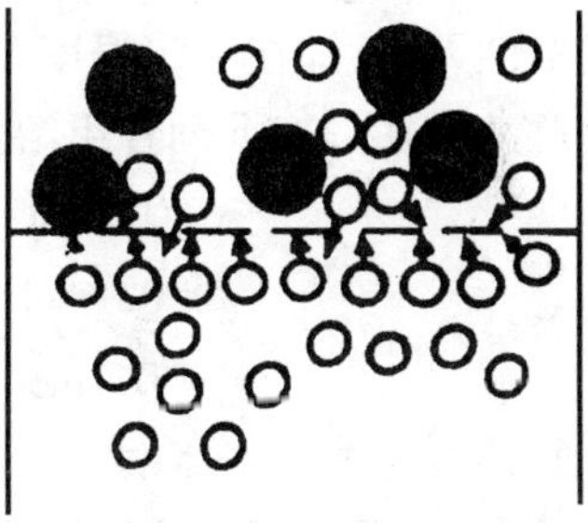

图2-7　半透膜示意图

○溶剂分子　●溶质粒子

溶剂分子透过　溶质粒子透不过

二、渗透压与浓度、温度的关系

荷兰化学家范特荷甫根据实验得出:稀溶液的渗透压与溶液的物质的量浓度及绝对温度成正比,而与溶质的种类无关。这个规律叫做渗透压定律或范特荷甫定律。其表达式为:

$$\Pi = cRT$$

范特荷甫定律是在非电解质的稀溶液情况下得出的,对于电解质溶液,式中 c 需加校正系数 i,并且结合电解质与非电解质溶液的情况,可统一为以下关系式:

$$\Pi = ic_BRT$$

式中:Π 为溶液的渗透压,kPa;c_B 为溶液的物质的量浓度,$mol \cdot L^{-1}$;R 为气体常数,其值等于 $8.31 kPa \cdot L \cdot mol^{-1} \cdot K^{-1}$;$T$ 为热力学温度,K($T = 273 + t$℃);i 为 1mol 溶质溶解产生的溶质粒子的物质的量(非电解质在溶液中不电离,故 $i = 1$,如葡萄糖,蔗糖等;电解质在溶液中发生电离,NaCl 的 $i \approx 2$,$CaCl_2$的 $i \approx 3$)。

三、渗透压在医学上的意义

(一) 医学中的渗透浓度

1. *渗透浓度*

渗透浓度为溶液中能产生渗透现象的各种溶质粒子(分子和离子)——渗透活性物质的总

浓度。渗透浓度可用符号表示为 Cos，其法定计量单位是 $mol \cdot L^{-1}$ 或 $mmol \cdot L^{-1}$，由于在医学上接触的溶液浓度较小，Cos 往往较小，单位常用 $mmol \cdot L^{-1}$。

需要注意的是 Cos 与 c_B 的关系。因为 Cos 为单位体积溶液中的溶质粒子数，即单位体积溶液中溶质粒子的物质的量；c_B 为单位体积溶液中溶质的物质的量，所以 $Cos = ic_B$。c_B 与 Cos 的比较见表 2－3。

表 2－3　c_B 与 Cos 的比较

溶液	溶质	$c_B(mol \cdot L^{-1})$	溶质粒子	$Cos(mol \cdot L^{-1})$
$0.2mol \cdot L^{-1}$ 葡萄糖溶液	葡萄糖	0.2	葡萄糖分子	0.2
$0.2mol \cdot L^{-1}$ NaCl 溶液	NaCl	0.2	Na^+，Cl^-	0.4
$0.2mol \cdot L^{-1}$ $CaCl_2$ 溶液	$CaCl_2$	0.2	Ca^{2+}，Cl^-	0.6

根据上述讨论，温度一定时，溶液的渗透压只与单位体积溶液中的溶质粒子数成正比，与溶质本性无关，即在一定温度下，比较 Cos 的大小就可知道 Π 的相对大小，这是渗透压定律的重要意义所在。如下列各组溶液渗透压大小比较结果是：

$0.1mol \cdot L^{-1}$ NaCl 溶液 > $0.1mol \cdot L^{-1}$ 葡萄糖溶液

$0.1mol \cdot L^{-1}$ 葡萄糖溶液 = $0.1mol \cdot L^{-1}$ 蔗糖溶液

$0.1mol \cdot L^{-1}$ NaCl 溶液 < $0.1mol \cdot L^{-1}$ $CaCl_2$ 溶液

2. 渗透浓度的计算

(1)对于只有一种溶质的溶液，可通过溶液的质量浓度 ρ_B 或物质的量浓度 c_B 求渗透浓度，即

$$\rho_B \xrightarrow{\div M} c_B \xrightarrow{\times i} Cos$$

例如：

$0.1mol \cdot L^{-1}$ 葡萄糖的渗透浓度：$0.1 \times 1 \times 1000 = 100\ mmol \cdot L^{-1}$

$9g \cdot L^{-1}$ NaCl 的渗透浓度：$\frac{9}{58.5} \times 2 \times 1000 = 308\ mmol \cdot L^{-1}$

(2)对于含多种溶质的溶液，渗透浓度应为溶液中所有渗透活性溶质粒子的总物质的量除以溶液总体积，即

$$Cos = \frac{n_{溶质粒子(总)}}{V_{(总)}}$$

例如，临床上使用的复方氯化钠注射液规格是每升溶液中含 NaCl 8.6g，KCl 0.3g，$CaCl_2$ 0.33g，其渗透浓度为：

$$\frac{\frac{8.6}{58.5} \times 2 + \frac{0.3}{74.5} \times 2 + \frac{0.33}{111} \times 3}{1} \times 1000 = 311\ mmol \cdot L^{-1}$$

又如，$50g \cdot L^{-1}$ 葡萄糖溶液与 $9\ g \cdot L^{-1}$ NaCl 溶液等体积混合后溶液的渗透浓度为：

$$\frac{\frac{50}{180} \times V \times 1 + \frac{9}{58.5} \times V \times 2}{2V} \times 1000 = 293\ mmol \cdot L^{-1}$$

(二) 等渗、高渗、低渗溶液

渗透压相等的两种溶液称为等渗溶液。若两种溶液的渗透压不相等，则渗透压高的称为

高渗溶液，渗透压低的称为低渗溶液。如 $0.1mol \cdot L^{-1}$的 NaCl 溶液与 $0.1mol \cdot L^{-1}$的葡萄糖溶液相比是高渗溶液，而 $0.1mol \cdot L^{-1}$ NaCl 溶液与 $0.1mol \cdot L^{-1}$的 $CaCl_2$ 溶液相比却是低渗溶液，可见高渗、低渗是相比较而言的。

在医学上，等渗、高渗或低渗是以正常人体血浆的总渗透压（范围为 280 ~ 320 $mmol \cdot L^{-1}$）作为比较的标准。凡与血浆渗透压相同或接近的溶液，就称为等渗溶液，比正常血浆渗透压高（或低）的溶液就称为高渗（或低渗）溶液。表 2 – 4 列出的是正常人体血浆、细胞内液和组织间液中各种渗透活性物质的渗透浓度。

表 2 – 4　正常人体血浆、细胞内液和组织间液中各种渗透活性物质的渗透浓度

物质	血浆 ($mmol \cdot L^{-1}$)	细胞内液 ($mmol \cdot L^{-1}$)	组织间液 ($mmol \cdot L^{-1}$)
Na^+	144	10	137
K^+	5	141	4.7
Ca^{2+}	2.5	–	2.4
Mg^{2+}	1.5	31	1.4
Cl^-	107	4	112.7
HCO_3^-	27	10	28.3
HPO_4^{2-}, $H_2PO_4^-$	2	11	2
SO_4^{2-}	0.5	1	0.5
磷酸肌酸	–	45	–
肌　肽	–	14	–
氨基酸	2	8	2
肌　酸	0.2	9	0.2
乳酸盐	1.2	1.5	1.2
三磷酸腺苷	–	5	–
一磷酸己糖	–	3.7	–
葡萄糖	5.6	–	5.6
蛋白质	1.2	4	0.2
尿　素	4	4	4
总渗透压	303.7	302.2	302.2

临床上常见的等渗溶液有：$9g \cdot L^{-1}$（$0.154mol \cdot L^{-1}$）NaCl 溶液、$50g \cdot L^{-1}$（$0.278mol \cdot L^{-1}$）葡萄糖溶液、$12.5g \cdot L^{-1}$（$0.149mol \cdot L^{-1}$）$NaHCO_3$ 溶液、19 $g \cdot L^{-1}$（$\frac{1}{6}$ $mol \cdot L^{-1}$）乳酸钠（$NaC_3H_5O_3$）溶液。

临床上给病人大量输液时，等渗输液是一个基本原则。因为红细胞膜具有半透膜性质，在正常情况下，膜内细胞液与膜外血浆是等渗的。若大量滴注高渗溶液，使血浆中可溶物浓度增大，膜内细胞液的渗透压必然低于膜外血浆的渗透压，红细胞内的细胞液将向血浆渗透，结果使红细胞皱缩。若大量滴注低渗溶液,结果使血浆稀释,血浆中的水分子将向红细胞内渗透,使红细胞膨胀,严重者可使红细胞破裂,这种现象叫溶血。所以补液过程中,只有等渗溶液才能使红细胞保持正常的生理功能,图 2-8 示意了红细胞在不同浓度的 NaCl 溶液中的形态。但有时为了治疗上的某种需要,也允许输入少量的高渗溶液,因为少量的高渗溶液缓慢注入体内后将被体液稀释成等渗溶液。

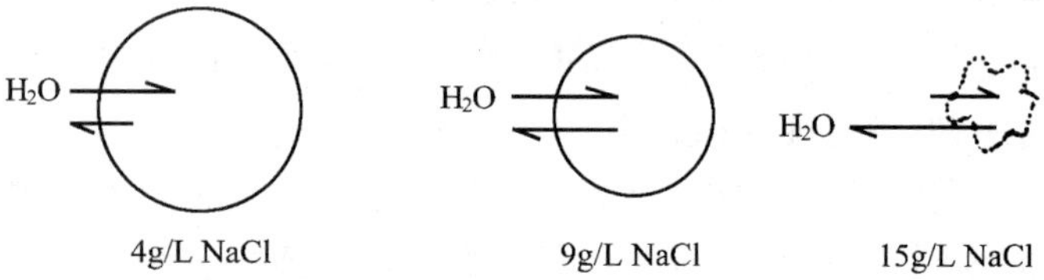

图 2-8　不同浓度的 NaCl 溶液对红细胞的影响示意图

需要说明的是,当葡萄糖溶液作为一种独立于体外的溶液,有其渗透浓度与渗透压,而一旦通过输液慢慢进入体内,就随着血液循环转化为 CO_2 和 H_2O,产生能量,这时葡萄糖对渗透压无影响,可认为是非渗透活性物质。

(三) 晶体渗透压和胶体渗透压

血浆中既有小离子和小分子（如 Na^+、K^+、葡萄糖、尿素等），也有高分子物质（如蛋白质等）。血浆总渗透压为两者产生的渗透压的总和。由小分子、小离子所产生的渗透压称为晶体渗透压，由高分子物质产生的渗透压称为胶体渗透压。正常血浆总渗透压约为 770kPa，其中晶体渗透压约为 766kPa，胶体渗透压仅约为 4kPa。这是因为高分子物质的相对分子质量大，颗粒数目就少，而溶液的渗透压只与单位体积溶液中溶质的颗粒数目成正比，与溶质种类无关，故渗透压低；小分子物质的相对分子质量小，有的又可离解成离子，颗粒数目多，故渗透压就高。可见，血浆渗透压主要来源于晶体渗透压。

人体内各种半透膜的通透性不同，所以晶体渗透压和胶体渗透压的生理功能也不一样。

间隔着细胞内液和外液的细胞膜只允许水分子透过而不允许其他分子、离子自由透过，而晶体渗透压远大于胶体渗透压，所以在正常状态下，血浆晶体渗透压在调节细胞膜内外的水平衡，维持细胞的正常形态和生理功能方面起着重要作用。当人体由于某种原因而缺水时，细胞外液中盐的浓度将相对升高，晶体渗透压增大，于是细胞内液的水分子将透过细胞膜向细胞外液渗透，造成细胞内失水。如果大量饮水或输入过多葡萄糖溶液，则使细胞外液中盐的浓度降低，晶体渗透压减小，细胞外液中的水分子就向细胞内液中渗透，使细胞肿胀，严重时可引起水中毒。向高温作业者供给盐汽水，就是为了保持细胞外液晶体渗透压的恒定。

毛细血管壁是间隔血液和组织间液的一种半透膜，它可以允许水分子和各种小离子自由透过，而不允许蛋白质等高分子物质透过。因此，血浆晶体渗透压虽大，但对水分子进出毛细血管并不起任何调节作用。而胶体渗透压虽然很小，但在调节血容量（人体血液总量）及维持血浆和组织间液之间的水平衡方面都有着重要的作用。如果由于某种疾病造成血浆中蛋白质含量减少时，则血浆的胶体渗透压降低，血浆中的水和盐等低分子物质就会透过毛细血管壁进入组织间液，造成血容量降低而组织间液增多，这是形成水肿的原因之一。因此，临床上对大面积烧伤或由于失血过多而造成血容量降低的患者进行补液时，除补以生理盐水外，同时还需要输入血浆或右旋糖酐等代血浆，以恢复血浆的胶体渗透压并增加血容量。

习　　题

1．解释下列名词

（1）分散系　（2）分散相　（3）渗透浓度　（4）胶体　（5）渗透压

2．溶胶有哪些性质？这些性质与胶体的结构有何关系？

3．溶胶稳定的主要因素有哪些？溶胶聚沉的方法有哪些？

4．为什么高分子溶液对溶胶有保护作用？

5．由 0.02mol·L^{-1} $AgNO_3$ 溶液与 0.04mol·L^{-1} KCl 溶液等体积混合制得 AgCl 溶胶。

（1）写出该胶团结构（简式表示）。

（2）指出其电泳方向。

（3）比较 NaCl，$MgSO_4$，$AlCl_3$ 三种电解质对该溶胶的聚沉能力。

6．临床上用来治疗碱中毒的针剂 NH_4Cl，其规格为 20ml/支，每支含 0.16g NH_4Cl，计算该针剂的物质的量浓度及每支针剂中含 NH_4Cl 的物质的量。

7．比较下列各组溶液中渗透压的高低。若用半透膜将每一组中的两溶液隔开，指出其渗透方向。

（1）50g·L^{-1} $C_6H_{12}O_6$ 溶液与 50 g·L^{-1} $C_{12}H_{22}O_{11}$溶液

（2）1mol·L^{-1} $C_6H_{12}O_6$ 溶液与 1mol·L^{-1}$C_{12}H_{22}O_{11}$溶液

（3）0.5mol·L^{-1} $C_6H_{12}O_6$ 溶液与 0.5mol·L^{-1} NaCl 溶液

（4）0.5mol·L^{-1} NaCl 溶液与 0.5mol·L^{-1} KCl 溶液

（5）0.5mol·L^{-1} NaCl 溶液与 0.5mol·L^{-1} $CaCl_2$ 溶液

8．正常人体血浆的渗透压为 770kPa，37℃时血浆的渗透浓度为多少 mmol·L^{-1}？

9．临床上常用的人工肾透析液，每 10000ml 中含葡萄糖 0.11mol，NaCl 0.95mol，NaAc 0.35mol，KCl 0.01mol，$MgCl_2$ 0.01mol，$CaCl_2$1.7g。问此透析液是等渗、低渗还是高渗？

10．用 3 支（20ml/支）112g·L^{-1}的乳酸钠（$NaC_3H_5O_3$）针剂可配制成 1/6 mol·L^{-1}的乳酸钠溶液多少毫升？

11．配制 0.1%（g·ml^{-1}）新洁尔灭溶液 3000ml，需用 5%（g·ml^{-1}）新洁尔灭溶液多少毫升？若用于浸泡无菌持物钳，需在上述配好的溶液中加亚硝酸钠多少克？（0.1%新洁尔灭溶液用于浸泡无菌持物钳时，加入亚硝酸钠浓度达 0.5%，可防锈）如何配制？

12．配制 0.2mol·L^{-1}的氨水 500ml，需要 $w_B = 0.27$，密度 $\rho = 0.900$kg·L^{-1}的市售浓氨水多少毫升？如何配制？

13．某病人输入生理盐水 500ml，相当于补 Na^+ 多少克？

14．小儿体液疗法中所用 1/2 张溶液可由 500ml 50g·L^{-1}葡萄糖溶液中加 15ml 100g·L^{-1} NaCl溶液和 15ml 112g·L^{-1}乳酸钠溶液配制而成，求该溶液的渗透浓度为多少 mmol·L^{-1}？（认为葡萄糖对渗透无影响）

15．配制 20g·L^{-1}碘酊 1000ml，需用 50g·L^{-1}碘酊多少 ml？如何配制？

16．每 100ml 血浆含 K^+ 和 Ca^{2+} 分别为 19.5mg 和 10mg，试计算它们的物质的量浓度，单位用 mmol·L^{-1}来表示。

第 三 章

原子结构与元素周期律

原子是化学反应中不可再分的最小微粒。在进行化学反应时,是原子重新组合成新的物质的分子。因此,化学是研究原子运动的科学。原子的结构十分复杂,但有其规律性。掌握原子结构的基础知识,就可推测原子结构与元素性质的关系。

第一节 原 子 核

原子是由带正电荷的原子核和带负电荷的电子两部分组成的。

一、原子核

原子核是原子的核心,由质子和中子构成,一个质子带一个单位正电荷,中子是不带电的。因此,原子核中质子的数目就是该原子的核电荷数,用符号 Z 表示。由于质子和中子的质量近似相等,而电子的质量很小,与质子相比,可以忽略不计,因此,原子的质量就等于质子与中子的质量之和。

具有相同核电荷数的原子总称为元素。例如氢、氧、硫、铁等都是元素。不论它们以单质或化合物的形式存在,它们的核电荷数分别是 1,8,16,26。

二、核素和同位素

由一定数目质子和一定数目中子组成的原子核所形成的一种原子,称为核素。含有相同的质子数和不同的中子数的原子核所形成的不同原子,由于质子数和核外电子数相同,只是因中子数不同而导致质量数不同,而化学性质相同,因此这些核素仍属同一种元素,即一种元素可包含几种核素。这种在同一元素中,质子数相同而中子数不同的一组核素,互称为同位素。例如氢有氕(^{1}H 或 H)、氘(^{2}H 或 D)、氚(^{3}H 或 T)三种同位素,氚是紫外光源的重要材料,而重水(D_2O)则是核工业的冷却剂和核反应堆的中子"减速剂"。

由于重原子核(例如^{235}U,^{60}Co,^{131}I 等)不稳定,它们的原子核能自发分解,放射出三种射线,即 α 射线(He^{2+} 氦核流)、β 射线(电子流)和 γ 射线(极短波长的光射线),这种性质叫做物质的放射性,这类物质叫做放射性物质或放射性核素。

放射性核素在医学上应用很广。例如 X 射线用于肺结核、骨折和牙科疾病的诊断、^{60}Co 用于肿瘤的治疗等。

随着科技创新,放射性核素在恶性疾病的早期诊断和治疗上必将会有更广阔的应用前景。

第二节　原子核外电子的运动状态和排布

一、电子云

原子核外的电子,其数目与质子数相同,每个电子带一个单位负电荷,因此原子本身是电中性的。电子在核外高速运动,其运动形式跟一般物体的运动形式不同,电子绕核运动没有确定的轨道,不能准确测出它在某一瞬间所在的位置,这就是海森保测不准原理。但可采用统计性规律,即用电子在空间某一微小区域内出现的几率大小来描述原子核外电子的运动状态。

假如能够设计一个理想的实验方法,对氢原子的一个电子在核外运动的情况进行多次重复观察,并记录电子在核外空间某一瞬间出现的位置,统计其结果,可以得到一个空间图像,其形状就好似在核外笼罩着一团电子形成的云雾,这就是所谓的"电子云",如图 3－1 所示。黑点图中,黑点密集处表示电子出现的几率密度大,而黑点稀疏处电子出现的几率密度小。界面图是指界面以内电子出现的几率达 95%。由于界面图较简单,常用界面图表示电子云的形状。

二、核外电子的运动状态

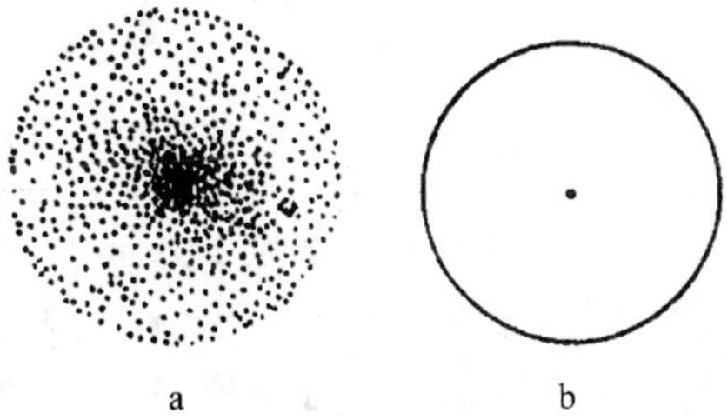

图 3－1　氢原子电子云图

a. 黑点图;b. 界面图

电子是一个很小的微粒,它在绕核高速运动时,既具有粒子性又具有波动性,即具波粒二象性。

根据量子力学,原子核外电子的运动状态须用波函数(Ψ)来描述,每个波函数表示一个原子轨道,即电子运动状态(离核的远近、能量的大小、原子轨道的形状、空间伸展方向和电子的自旋状态等)必须用 4 个量子数来描述。

1. 主量子数 n

描述电子所属电子层,取值如下:

n	1	2	3	4	5	…
电子层	K	L	M	N	O	…

n 是决定电子能量高低的主要因素,n 越大,表示电子层离核越远,电子的能量越高。

2. 角量子数 l

描述电子所处亚层,取值如下:

l	0	1	2	3	…	$n-1$
亚层	s	p	d	f	…	…

l 表示原子轨道的形状,如 s 和 p 轨道的形状见图 3－2 所示。s 轨道呈球形对称,与角度无关。p 轨道为无柄哑铃形,由两个符号相反的球体在原点相切而成。

同一电子层中,电子的能量随角量子数 l 的增加而增加。

电子的能量:$1s < 2s < 3s < 4s$　　$4s < 4p < 4d < 4f$

3. 磁量子数 m

描述原子轨道在空间的伸展方向,取值为 $0, \pm 1, \pm 2, \cdots \pm l$,共$(2l+1)$个。

$l = 0$　　$m = 0$　　　　1 个(s)方向

$l=1$　　$m=0,\ \pm1$　　3个(p_x、p_y、p_z)方向

$l=2$　　$m=0,\ \pm1,\pm2$　　5个方向

$l=3$　　$m=0,\ \pm1,\pm2,\ \pm3$　　7个方向

磁量子数决定波函数在空间的取向,每一取值代表一个伸展方向,每个伸展方向表示一个原子轨道。因此,s亚层、p亚层、d亚层和f亚层分别有1,3,5和7个原子轨道。图3-2表示,s轨道只有1个方向,p轨道有3个伸展方向。

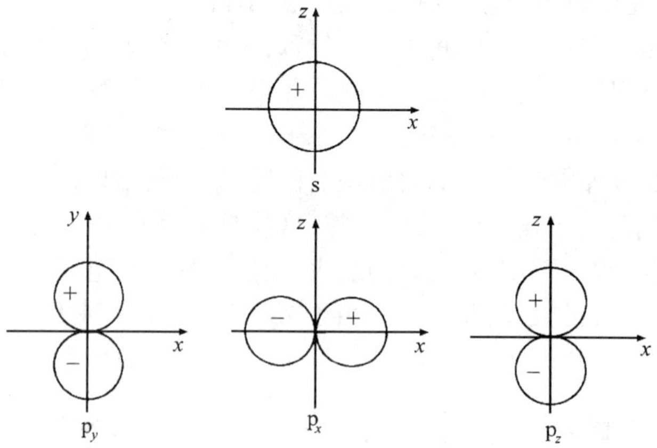

图3-2　s和p轨道的伸展方向

电子的能量与磁量子数 m 无关,即 n 和 l 相同而 m 不同的各原子轨道,其能量完全相同。这种能量相同的原子轨道,称为等价轨道。例如 $2p_x$,$2p_y$ 和 $2p_z$ 能量相同,属于等价轨道。因此同一亚层的3个p轨道,5个d轨道和7个f轨道等都属于等价轨道。

综上所述,n,l,m 三个量子数的组合必须满足取值相互制约的条件,它们的每一合理组合即确定一个原子轨道。

第一层　1s　　　　1个轨道

第二层　2s　2p　　4个轨道

第三层　3s　3p　3d　9个轨道

4.自旋量子数 m_s

描述电子的自旋状态。

电子有两种自旋状态,取值±1/2,分别用"↑"和"↓"表示。

三、原子核外电子的排布

1.保里不相容原理

1925年,奥地利物理学家保里根据光谱实验提出:每个原子轨道最多只能容纳两个自旋方向相反的电子,或者说在同一原子中,找不到4个量子数(n,l,m,m_s)完全相同的电子。根据保里不相容原理,s,p,d亚层分别有1,3,5个轨道,故最多容纳2,6,10个电子。每一个电子层最多容纳 $2n^2$ 个电子。

2.能量最低原理

在不违背保里不相容原理的前提下,电子尽可能优先占据能量较低的轨道。填充顺序(能级组)如下:

第五能级组　5s　4d　5p

第四能级组　4s　3d　4p

第三能级组　3s　3p

第二能级组　2s　2p

第一能级组　1s

（↑ 能量升高）

在多电子原子中，出现能级交错现象。例如，4s 的能量较 3d 低，6s 的能量较 4f 和 5d 低。

3. 洪特规则

在等价轨道上电子将尽可能分占不同的轨道，并且自旋方向相同。

例如：${}^{6}C$ 原子核外电子的排布应为：

$1s^2$　　$2s^2$　　$2p^2$

${}^{7}N$ 原子核外电子的排布应为：

$1s^2$　　$2s^2$　　$2p^3$

这是因为，在等价轨道上电子处于全充满、半充满或全空状态时，能量较低，比较稳定。

全充满：p^6 d^{10} f^{14}

半充满：p^3 d^5 f^7

全　空：p^0 d^0 f^0

根据以上原则并结合光谱实验的结果，可以给出常见原子的核外电子排布式，确定电子层结构，例如：

${}^{19}K$ 原子：$1s^22s^22p^63s^23p^64s^1$

${}^{24}Cr$ 原子：$1s^22s^22p^63s^23p^63d^54s^1$

${}^{29}Cu$ 原子：$1s^22s^22p^63s^23p^63d^{10}4s^1$

一般的化学反应，主要是外层电子的运动状态发生变化，为避免书写电子排布式时过长，通常将内层电子已达到稀有气体电子层结构部分用相应的稀有气体元素符号外加方括号来表示。例如，钾原子的核外电子排布式可写成 $[Ar]4s^1$，铬原子的核外电子排布式可写成 $[Ar]3d^54s^1$。能参与成键的电子称为价电子，价电子所排布的电子层结构称为价电子层结构（或外电子层构型）。

主族　　$ns^{1\sim2}\ np^{1\sim6}$

副族　　$(n-1)d^{1\sim10}ns^{1\sim2}$

例如，磷原子的价电子层结构式为 $3s^23p^3$，铁原子的价电子层结构式为 $3d^64s^2$。周期表中列出了各元素原子的价电子层结构式。

第三节　元素周期律和元素周期表

一、元素周期律

将所有的元素按核电荷数由小到大的顺序排列，则得到一个完整的系列。每种元素的核电荷数就称为该元素的原子序数。现将原子序数为 3～10 和原子序数为 11～18 的两组元素的主要性质分别列入表 3－1 和表 3－2 中。

表 3－1　原子序数为 3～10 的一组元素性质的递变

原子序数	3	4	5	6	7	8	9	10
元素符号	Li	Be	B	C	N	O	F	Ne
最外层电子排布	$2s^1$	$2s^2$	$2s^22p^1$	$2s^22p^2$	$2s^22p^3$	$2s^22p^4$	$2s^22p^5$	$2s^22p^6$
原子半径(10^{-10}m)	1.52	0.89	0.82	0.77	0.75	0.74	0.71	1.60
金属性或非金属性	活泼金属	两性元素	不活泼非金属	非金属	活泼非金属	很活泼非金属	最活泼非金属	惰性气体元素
最高价氧化物的水化物酸碱性	LiOH	$Be(OH)_2$ 两性氢氧化物	H_3BO_3 弱酸	H_2CO_3 弱酸	HNO_3 强酸			
最高正化合价	+1	+2	+3	+4	+5			
气态氢化物及其化合价				CH_4 −4	NH_3 −3	H_2O −2	HF −1	

表 3－2　原子序数为 11～18 的一组元素性质的递变

原子序数	11	12	13	14	15	16	17	18
元素符号	Na	Mg	Al	Si	P	S	Cl	Ar
最外层电子排布	$3s^1$	$3s^2$	$3s^23p^1$	$3s^23p^2$	$3s^23p^3$	$3s^23p^4$	$3s^23p^5$	$3s^23p^6$
原子半径(10^{-10}m)	1.86	1.60	1.43	1.17	1.10	1.02	0.99	1.91
金属性或非金属性	很活泼的金属	活泼金属	两性元素	不活泼非金属	非金属	活　泼非金属	很活泼非金属	惰性气体元素
最高价氧化物的水化物酸碱性	NaOH 强碱	$Mg(OH)_2$ 中强碱	$Al(OH)_3$ 两性氢氧化物	H_2SiO_3 弱酸	H_3PO_4 中强酸	H_2SO_4 强酸	$HClO_4$ 很强酸	
最高正化合价	+1	+2	+3	+4	+5	+6	+7	
气态氢化物及其化合价				SiH_4 −4	PH_3 −3	H_2S −2	HCl −1	

从表3－1和表3－2可以看出，两组元素都是从活泼金属开始，金属性逐渐减弱，非金属性逐渐增强，到最活泼的非金属，并以惰性气体结束。其他的性质（如原子半径、最高氧化物的水化物的性质、化合价等）也是有规律地变化。再将表3－1和表3－2进行纵向对比，原子序数为3和11的元素，原子序数为4和12的元素（依此类推）的性质很相似。通过对比，我们看到元素的性质随着原子序数的递增而呈现周期性的变化，这个规律称为元素周期律。元素周期律是俄国化学家门捷列夫于1869年总结出来的，它是自然科学的基本规律，也是无机化学的基础。

原子结构的研究证明，原子的外层电子构型是决定元素性质的主要因素，而各元素原子的外层电子构型则随原子序数的递增而呈现周期性的重复排列。因此，元素周期律是原子内部结构周期性变化的反映，元素周期表是元素周期律的具体表现形式。

二、元素周期表

1．周期

元素周期表中有7个横行，每一横行组成1个周期，元素周期表中共有7个周期，除第1周期外，每周期元素的原子最外层电子数从1增加到8，且都是从碱金属开始，以稀有气体元素结束，呈现周期性变化。

第1周期有2种元素，第2、3周期各有8种元素，称为短周期；第4、5周期各有18种元素，第6周期有32种元素，称为长周期；第7周期尚未排满，称为未完全周期。

能级组的划分是导致元素周期表中化学元素划分为周期的原因。元素所在周期数与该元素的原子核外电子的最高能级组数一致，也与原子核外电子层数一致。例如钾和铬最高能级组数均为4，电子层数也均为4，所以这两种元素都位于周期表中第4周期。

2．族

元素周期表中有18个纵行，划分为16个族：7个主族（即A族）、7个副族（即B族）、1个零族和1个Ⅷ族。主族既有长周期元素，也有短周期元素，副族只包含长周期元素。

各主族元素最外层中的电子数正好等于其族数，同一主族元素的最外层电子层结构相似，电子数相等，所以彼此间化学性质相似。

副族元素情况较复杂。副族元素的最外层只有1～2个电子，在反应时除失去最外层电子外，还能失去次外层d轨道上的电子。从ⅢB至ⅡB族，元素所在的族数一般等于最高能级组中的电子数。例如钪元素（Sc）原子的核外电子排布式为[Ar] $3d^1 4s^2$，最高能级组中的电子数为3，故钪属于ⅢB族。若次外层电子数小于18，而最高能级组中的电子数等于8或大于8，均属于第Ⅷ族。若次外层电子数等于18，则其族数等于最外层电子数。例如，Fe，Co和Ni均属于第Ⅷ族，而Cu和Zn分别属于ⅠB族和ⅡB族。

3．元素的分区

根据各元素原子的电子层结构特征，可将元素周期表中的元素划分为5个区。

s区元素：最后一个电子填充在s轨道上的元素。其价电子层结构特点为 ns^1 和 ns^2，包括ⅠA和ⅡA两族元素，为活泼的金属元素。

p区元素：最后一个电子填充在p轨道上的元素。除He外，其价电子层结构特点为 $ns^2np^{1\sim6}$，包括ⅢA～ⅦA族和零族元素。p区元素包括了所有非金属元素（除氢以外）及某些金属元素。

d区元素：最后一个电子填充在d轨道上的元素。其价电子层结构特点为 $(n-1)d^{1\sim9}$

$ns^{1\sim2}$,包括ⅢB ~ ⅦB族和第Ⅷ族元素,d 区元素均为金属元素。

ds 区元素:价电子层结构特点为$(n-1)d^{10}ns^{1\sim2}$,包括ⅠB 和ⅡB 两族元素。

d 区和 ds 区元素统称为过渡元素。从价电子层结构看,过渡元素完成了 d 轨道电子填充不完全到电子填充完全的过渡。过渡元素都是金属元素,故又叫过渡金属元素。

f 区元素:最后一个电子填充在 f 轨道上的元素。其价电子层结构特点为$(n-2)f^{1\sim14}(n-1)d^{0\sim2}ns^2$,包括镧系元素和锕系元素。f 区元素还称为内过渡元素。

原子的电子层结构与元素周期律有密切的关系。例如已知某元素的原子序数,就可写出该元素原子的电子层结构,进而判断该元素在周期表中的位置。例如原子序数为 25 的某元素,其原子电子排布式为[Ar] $3d^54s^2$,属第 4 周期第ⅦB 族,为 d 区过渡元素,是锰元素。

三、主族元素

(一) ⅠA 族和ⅡA 族

1. 概述

周期表中ⅠA 族包括氢(H)、锂(Li)、钠(Na)、钾(K)、铷(Rb)、铯(Cs)和钫(Fr) 7 种元素,由于本族元素(氢除外)氧化物的水溶液呈碱性,又称为碱金属。

周期表中ⅡA 族包括铍(Be)、镁(Mg)、钙(Ca)、锶(Sr)、钡(Ba)、镭(Ra)6 种元素,由于钙、锶、钡氧化物的性质兼有碱性和土性(化学上把难溶于水、难熔融的性质称为土性),本族元素又称为碱土金属。

氢是最简单的元素。自然界中氢主要以化合物形式存在,水是含氢最丰富的化合物,所有的动植物组织、石油和许多矿物中氢都是重要的组成部分。

氢是无色无臭的气体,常温下不太活泼,但在高温或催化剂条件下,能与许多非金属、金属氧化物和有机化合物发生还原反应。氢是未来重要的新能源。

2. 氧化物和氢氧化物

碱金属能形成多种氧化物:普通氧化物(M_2O)、过氧化物(M_2O_2)、超氧化物(MO_2)和臭氧化物(MO_3)。

碱土金属氧化物中,普通氧化物(MO)最常见,也能形成过氧化物(MO_2)和超氧化物(MO_4)。

CaO 俗称生石灰,是最常用的干燥剂和建筑材料。

碱金属的氢氧化物都具强碱性,又称苛性碱。氢氧化钠(又名苛性钠或烧碱)和氢氧化钾(又名苛性钾)是常用的强碱,也是重要的化工原料和化学试剂。

苛性碱对纤维、皮肤和眼角膜有强烈的腐蚀性,使用时必须小心。它们也能腐蚀玻璃和陶瓷,因此,苛性碱固体不能存放在玻璃容器中,盛放苛性碱稀溶液的试剂瓶要用橡皮塞。

$Ca(OH)_2$ 价格低廉,来源充足,是常用的强碱。

3. 盐类

钠盐和钾盐都易溶于水,一般钠盐的溶解度大于钾盐。但 $NaHCO_3$ 和 NaCl 具有特殊性,20℃时 $NaHCO_3$ 的溶解度仅为 9.6g,而 NaCl 的溶解度几乎不受温度的影响。钠盐的吸湿性大于钾盐,所以分析化学中的标准试剂多为钾盐,如 $KMnO_4$,$K_2Cr_2O_7$ 等。

钠和钾是生物体必需的重要元素,主要生物功能是维持细胞内、外液渗透压和电荷平衡,以及参与神经信息的传导等。

$MgSO_4$ 又称为泻盐,内服作缓泻剂和十二指肠引流剂。可溶性钡盐对人体有剧毒,致死量为 0.8g。$BaSO_4$ 由于性质稳定，在胃肠道内无吸收，能阻止 X 射线通过，常用于消化道造影。

钙是生物体重要的组成元素，在人体中约占体重的 2%，其中 99% 的钙分布在骨骼和牙齿中，参与维持心脏的正常跳动和神经系统的正常兴奋以及参与某些重要的酶反应等。

葡萄糖酸钙和乳酸钙是常用的补钙药物。$CaSO_4 \cdot 2H_2O$ 又称石膏，内服用于去热泻火，外科用于石膏绷带。

(二) ⅢA 族和ⅣA 族

1. 概述

周期表中第ⅢA 元素称为硼族元素，包括硼(B)、铝(Al)、镓(Ga)、铟(In)和铊(Tl)5 种元素。硼在自然界中含量较少，铝是地壳中含量最丰富的金属元素。镓、铟、铊为稀有分散元素，有剧毒，主要用于电子工业。

周期表中第ⅣA 族元素称为碳族元素，包括碳(C)、硅(Si)、锗(Ge)、锡(Sn)和铅(Pb)5 种元素。碳是有机化合物的主体元素，是所有生物体重要的组成元素，硅在自然界的含量仅次于氧，是组成矿物的重要元素，锗是稀有元素，主要用于半导体材料。铝和铅早在公元前二、三千年就已经被认识和使用。

2. 硼酸和硼砂

H_3BO_3 是一元弱酸，因结合水分子中的 OH^- 而电离出 H^+ 显酸性。

$$B(OH)_3 + H_2O = [B(OH)_4]^- + H^+$$

硼砂($Na_2B_4O_7 \cdot 10H_2O$)是白色结晶粉末，易溶于沸水，在定量分析中用作碱性基准物质。

$$B_4O_7^{2-} + 7H_2O = 4H_3BO_3 + 2OH^-$$

硼酸和硼砂具有杀菌作用，常用的有治疗皮肤病的硼酸软膏和口腔消炎的硼砂冷漱剂。

3. 铝的化合物

氢氧化铝是两性物质，既溶于酸，又溶于碱。

$$Al(OH)_3 + 3HCl = AlCl_3 + 3H_2O$$

$$Al(OH)_3 + NaOH = Na[Al(OH)_4]$$

氯化铝(Al_2Cl_6)是共价化合物，为双聚分子。氯化铝由于水解产生絮状 $Al(OH)_3$ 沉淀，有较强的吸附能力，常用于水的净化。明矾[$KAl(SO_4)_2 \cdot 12H_2O$]也是常用的净水剂和伤口的收敛性止血剂。

4. 碳的化合物

木炭经特殊处理(除去孔隙间的杂质，增大表面积)可制得活性炭。活性炭属非极性吸附剂，常用于除去水溶液中的有机杂质，在制药工业、制糖工业、水质净化和防毒装置中应用广泛。

碳的氧化物有 CO 和 CO_2 两种。CO 是煤气的主要成分，在空气中燃烧产生蓝色的火焰，并放出大量的热。CO 能与血红素中的 Fe^{2+} 形成牢固的配合物，使血红素失去输氧功能而引起中毒。CO_2 是生物氧化脱羧的主要产物。

碳酸为二元弱酸，其盐有正盐和酸式盐两类。铵和碱金属(Li 除外)的碳酸盐易溶于水，其他金属的碳酸盐难溶于水，碱金属和碱土金属的酸式碳酸盐易溶于水，但 $NaHCO_3$ 的溶解度不大。

5. 锡和铅的化合物

$SnCl_2$ 是常用的还原剂，例如可用于汞盐的鉴别。

$$2HgCl_2 + SnCl_2(\text{少量}) = Hg_2Cl_2\downarrow(\text{白}) + SnCl_4$$

$$Hg_2Cl_2 + SnCl_2 = 2Hg\downarrow(\text{黑}) + SnCl_4$$

铅的氧化物有 PbO 和 PbO_2 两种。

$$PbO + 2HCl = PbCl_2 + H_2O$$

$$PbO_2 + 4HCl = PbCl_2 + Cl_2\uparrow + 2H_2O$$

Pb_3O_4 称为铅丹或黄丹，具有直接杀灭细菌、寄生虫和抑制黏液分泌的作用，主要用于配制外用膏药，具有收敛、止痛、消炎和生肌的作用。

(三) ⅤA 族

1. 概述

周期表中第ⅤA 族元素称为氮族元素，包括氮(N)、磷(P)、砷(As)、锑(Sb)和铋(Bi)5 种元素。氮和磷都是生物重要的组成元素，其中锑和铋在自然界主要以矿物的形式存在，其化合物用途很广。

2. 氨和铵盐

氨是无色而具特殊臭味的气体，易溶于水，市售氨水浓度为 28%，密度为 $0.91g\cdot cm^{-3}$，是常用的化学试剂。铵盐一般易溶于水，是常用的化学试剂和化学肥料。

3. 亚硝酸、硝酸及其盐

亚硝酸 HNO_2 是一元弱酸，不稳定，酸性比醋酸略强。

酸性条件下，NO_2^- 与 I^- 的反应能定量进行，用于亚硝酸盐含量的测定。

$$2NO_2^- + 2I^- + 4H^+ = 2NO + I_2 + 2H_2O$$

亚硝酸盐对人体的急性中毒是将血红蛋白中的亚铁氧化成高铁，使其失去输氧能力，在体内还能代谢成亚硝胺而致癌。

硝酸是三大无机酸之一，具有挥发性和氧化性，能与水按任意比例混合。市售浓硝酸浓度为 68% ~ 70%，密度为 $1.42g\cdot cm^{-3}$。硝酸盐一般易溶于水。

浓硝酸受热或见光易分解，溶液逐渐变黄。

$$4HNO_3 = 4NO_2\uparrow + O_2\uparrow + 2H_2O$$

4. 磷酸及其盐

磷酸为中等强度的三元酸，能与水按任何比例混合，无挥发性、无氧化性。市售磷酸为黏稠状液体，密度为 $1.7g\cdot cm^{-3}$，浓度为 85%。

磷酸盐有磷酸正盐、磷酸一氢盐和磷酸二氢盐 3 种。磷酸正盐的水溶液因 PO_4^{3-} 水解而呈强碱性，磷酸一氢盐溶液呈弱碱性，磷酸二氢盐溶液呈弱酸性。

5. 砷的化合物

As_2O_3 俗称砒霜，剧毒药，致死量为 0.1g。外用治疗慢性皮炎、牛皮癣等。也可配成亚砷酸钾溶液内服，用于治疗慢性白血病。

As_4S_4 俗称雄黄，外用和内服可治疗疮、疖、疔毒、疥癣及虫、蛇咬伤等。

(四) ⅥA 族

1. 概述

元素周期表第ⅥA 族元素称为氧族元素，包括氧(O)、硫(S)、硒(Se)、碲(Te)和钋(Po)5 种元素。

氧是地壳中含量最多和自然界分布最广的元素。氧在岩石圈中约占 92%(体积分数)，在水圈中约占91%（质量分数），大气圈中约占21%（体积分数），在人体中约占65%（质量分数）。

硫在自然界主要以化合物状态形式存在，硒、碲、钋为稀有元素。

2. 氧、臭氧和过氧化氢

氧（O_2）是非极性分子，水中溶解度很小[298K时，30ml（O_2）/L（H_2O）]。氧是水生动物赖以生存的物质。水域污染导致氧溶解度降低是环境保护中亟待解决的问题之一。

除稀有气体和少数金属元素外，氧几乎能与所有的元素直接或间接地化合，生成类型不同数量众多的化合物。

臭氧（O_3）是氧的同素异形体。所谓同素异形体是指由同种元素的原子组成的不同单质。臭氧是单质中惟一的极性分子。

常温下，臭氧是浅蓝色的气体，因具有特殊的臭味而称为臭氧。空气中臭氧含量很低，但在距地面25～30km的高空中有一稳定的臭氧层，它能吸收一部分日光辐射中对地球生物有杀伤作用的紫外光，保护着地球上的生物。但随着大气污染物中还原性工业废气（如卤代烃、硫、氮、碳的氧化物等）含量增加，臭氧层正在不断遭到破坏，这是非常严重的生态环境问题。

用臭氧作氧化剂、漂白剂和消毒剂时，不仅作用强，速度快，而且不会造成二次污染。

过氧化氢（H_2O_2）的水溶液俗称双氧水。市售过氧化氢溶液的浓度为30%，能灼伤皮肤，使用时应小心。

光、热、酸、碱和金属离子能催化其分解。

$$2H_2O_2 = 2H_2O + O_2\uparrow$$

保存过氧化氢时应注意避光、低温和密闭。

3%过氧化氢溶液具有杀菌作用，常用于清洗疮口，用于治疗化脓性耳炎、口腔炎等。

3. 亚硫酸、硫酸及其盐

亚硫酸为中等强度的二元酸，遇酸易分解。

$$SO_3^{2-} + 2H^+ = SO_2\uparrow + H_2O$$

亚硫酸钠能被空气中的氧缓慢氧化。

$$2Na_2SO_3 + O_2 = 2Na_2SO_4$$

亚硫酸钠、亚硫酸氢钠是药物和食品工业中常用的抗氧剂，因为氧化是药物和食品变质的重要原因之一。

硫酸是最常用的三大无机酸之一，市售浓硫酸密度为$1.84g \cdot cm^{-3}$，浓度为98%。

浓硫酸具有强烈的吸水性，是常用的气体干燥剂，例如干燥氯气、二氧化碳和氢气等。浓硫酸遇水作用极其强烈并放出大量的热，因此稀释浓硫酸时，只能将浓硫酸在不断搅拌下缓慢地倾入水中，而绝不能将水倾入浓硫酸中，否则浓硫酸会因剧烈的水合作用而暴沸，发生伤害事故。

浓硫酸具有强烈的脱水性，能将某些有机物分子中的氢和氧按水的组成脱去，使有机物碳化。例如

$$C_{12}H_{22}O_{11}(\text{蔗糖}) \xlongequal{\text{浓硫酸}} 12C + 11H_2O$$

因此浓硫酸能严重地破坏动植物组织，如损坏衣物、烧伤皮肤等，使用时应注意安全。浓硫酸无挥发性，但具有氧化性。稀硫酸无氧化性，只具有一般酸类的通性。

硫酸能形成酸式盐和正盐两类。酸式盐均易溶于水，正盐大部分易溶于水，仅Ag_2SO_4，$CaSO_4$，$BaSO_4$和$PbSO_4$等难溶于水。

4. 硫代硫酸钠

硫代硫酸钠($Na_2S_2O_3 \cdot 5H_2O$)俗称海波或大苏打,易溶于水显碱性,遇酸易分解。

$$S_2O_3^{2-} + 2H^+ = S\downarrow + SO_2\uparrow + H_2O$$

20% $Na_2S_2O_3$ 溶液可作为卤素、氰化物和重金属中毒时的解毒剂、药物制剂中的抗氧化剂。

$$Na_2S_2O_3 + 4Cl_2 + 5H_2O = 2H_2SO_4 + 6HCl + 2NaCl$$

$$Na_2S_2O_3 + NaCN = Na_2SO_3 + NaSCN$$

$$Na_2S_2O_3 + 2O_2 + H_2O = Na_2SO_4 + H_2SO_4$$

(五) ⅦA 族

1. 概述

周期表中第ⅦA 族元素称为卤族元素,简称卤素,包括氟(F)、氯(Cl)、溴(Br)、碘(I)和砹(At)5 种元素。

常温下氟为浅黄色气体,氯为黄绿色气体,溴为红棕色液体,碘为紫黑色固体。氟和氯能与水发生反应,溴和碘在水中溶解度较小,但在酒精、四氯化碳或二硫化碳中溶解度较大,颜色加深,溴在有机溶剂中呈鲜红色,碘呈紫红色。

碘易溶于可溶性碘化物溶液中是因为 I_2 与 I^- 可生成易溶于水的 I_3^- 的缘故。

$$I_2 + I^- = I_3^-\text{(三碘离子)}$$

因此,实验室或药房配制碘溶液时,都要加入一定量的 KI 固体。

2. 氢卤酸

卤化氢的水溶液称为氢卤酸,除氟化氢外都是强酸,酸性按 HCl—HBr —HI 的顺序递增。盐酸(HCl)是常见的三大无机酸之一,有挥发性无氧化性,市售浓盐酸密度为 $1.19g \cdot cm^{-3}$,浓度为 37%。

氢氟酸是弱酸,但能腐蚀玻璃和陶瓷等。

$$SiO_2 + 4HF = SiF_4\uparrow + 2H_2O$$

3. 次氯酸及其盐

次氯酸(HClO)是弱酸,常温下具有刺鼻气味,其稀溶液无色,浓溶液显黄色。次氯酸盐因水解显碱性。

$$ClO^- + H_2O = HClO + OH^-$$

次氯酸易分解放出初生态氧,因而具有杀菌和漂白作用。

漂白粉是次氯酸钙和氯化钙的混合物,常温下将氯气通入熟石灰中即得漂白粉。

$$2Cl_2 + 2Ca(OH)_2 = Ca(ClO)_2 + CaCl_2 + 2H_2O$$

$Ca(ClO)_2$ 是漂白粉的有效成分,常用于饮用水的消毒。NaClO 是巴氏消毒液的有效成分,能快速杀灭乙肝病毒等,是常用的消毒剂。

(六) 零族

周期表中零族包括氦(He)、氖(Ne)、氩(Ar)、氪(Kr)、氙(Xe)和氡(Rn)6 种元素,又称稀有气体。

稀有气体都是无色无臭的,一般不具有化学活性,自然界中都是以单分子存在,熔、沸点很低。

氦不能燃烧,最难液化,密度仅次于氢。氦在血液中的溶解度比氮小得多。利用氦和氢的混合物制造的人造空气供潜水员呼吸，可防止“潜水病”，也用于支气管哮喘病的治疗。

氖和氩常用于霓虹灯、灯塔等照明工程。因其化学不活泼性，在冶炼上常用作保护气体。

在高效灯泡中常填充氪。氙和20%的氧气混合使用，可作为无副作用的麻醉剂。氪和氙的同位素在医学上被用来测量脑血流量、研究肺功能和计算胰岛素分泌量等。

氡具有放射性，在临床上可用于癌症的放射治疗。

四、过渡元素

通常把周期表中ⅢB族至ⅡB族的所有元素称为过渡元素，并将其分为3个过渡系。第4周期Sc到Zn为第一过渡系，第5周期Y到Cd为第二过渡系，第6周期La到Hg为第三过渡系。过渡元素都是金属元素，下面介绍几种重要的过渡元素。

1. 铬

铬(Cr)是周期表中第4周期ⅥB族元素，常见氧化态有+3和+6两种。

Cr_2O_3为灰蓝色固体，难溶于水，具有两性。

$$Cr_2O_3 + 3H_2SO_4 = Cr_2(SO_4)_3 + 3H_2O$$

$$Cr_2O_3 + 2NaOH = 2NaCrO_2(\text{深绿色}) + H_2O$$

$Cr(OH)_3$为灰蓝色固体，难溶于水，具有明显两性，也溶于氨水。

$$Cr(OH)_3 + 3HCl = CrCl_3 + 3H_2O$$

$$Cr(OH)_3 + NaOH = NaCrO_2(\text{深绿色}) + 2H_2O$$

$$Cr(OH)_3 + 6NH_3 = [Cr(NH_3)_6]^{3+} + 3OH^-$$

向铬酸盐或重铬酸盐溶液加入Pb^{2+}和Ag^+时，都生成特殊颜色的铬酸盐沉淀，可利用此特性鉴定这些离子、CrO_4^{2-}和$Cr_2O_7^{2-}$。

$$4Ag^+ + Cr_2O_7^{2-} + H_2O = 2H^+ + 2Ag_2CrO_4\downarrow(\text{砖红色})$$

$$2Ba^{2+} + Cr_2O_7^{2-} + H_2O = 2H^+ + 2BaCrO_4\downarrow(\text{柠檬黄})$$

$$2Pb^{2+} + Cr_2O_7^{2-} + H_2O = 2H^+ + 2PbCrO_4\downarrow(\text{黄色})$$

铬酸盐沉淀不溶于弱酸而溶于强酸，这是由于铬酸盐和重铬酸盐溶液中存在下列平衡：

$$2CrO_4^{2-} + 2H^+ \rightleftharpoons Cr_2O_7^{2-} + H_2O$$

$$K = \frac{[c_{Cr_2O_7^{2-}}]}{c^2_{CrO_4^{2-}} \cdot c^2_{H^+}} = 4.2 \times 10^{14}$$

从平衡式可以看出，加酸平衡向右移动，$Cr_2O_7^{2-}$离子浓度增大，溶液显橙红色；加碱平衡向左移动，CrO_4^{2-}离子浓度增大，溶液显黄色。由此可见，溶液中CrO_4^{2-}离子和$Cr_2O_7^{2-}$离子的相对浓度取决于溶液的pH值。

铬是有害元素，尤其是Cr(Ⅵ)的毒性较大，极易引起贫血、肾炎、神经炎及癌症等，因此含铬的工业废水必须经过处理后才能排放，否则会污染环境。

2. 锰

锰(Mn)是周期表第4周期ⅦB族元素，性质与铬相似。它们都有多种氧化态，其氧化物及其水合物，低价为碱性，高价为酸性，中间态为两性。

Mn^{2+}在碱性介质中还原性较强，当Mn^{2+}与OH^-作用生成白色沉淀，放置片刻，即被空气中的氧所氧化生成棕色的沉淀。

$$Mn^{2+} + 2OH^- = Mn(OH)_2\downarrow(白色)$$

$$2Mn(OH)_2 + O_2 = 2MnO(OH)_2\downarrow(棕色)$$

Mn^{2+}在强酸性介质中可被强氧化剂(如过二硫酸铵、铋酸钠等)氧化成紫红色的MnO_4^-离子,可用此反应定性检出Mn^{2+}。

$$2Mn^{2+} + 5S_2O_8^{2-} + 8H_2O = 2MnO_4^- + 10SO_4^{2-} + 16H^+$$

$$2Mn^{2+} + 5BiO_3^- + 14H^+ = 2MnO_4^- + 5Bi^{3+} + 7H_2O$$

MnO_2是一种灰黑色固体,不溶于水,在电池、玻璃和陶瓷工业中用途很广。

$KMnO_4$是一种强氧化剂。在进行氧化还原反应时,其还原产物与溶液的酸碱性有关。例如,$KMnO_4$在酸性、中性和强碱性介质中与Na_2SO_3的反应为:

酸性介质中　$2MnO_4^- + 5SO_3^{2-} + 6H^+ = 2Mn^{2+} + 5SO_4^{2-} + 3H_2O$

近中性介质中　$2MnO_4^- + 3SO_3^{2-} + H_2O = 2MnO_2\downarrow + 3SO_4^{2-} + 2OH^-$

强碱性介质中　$2MnO_4^- + SO_3^{2-} + 2OH^- = 2MnO_4^{2-} + SO_4^{2-} + H_2O$

$KMnO_4$俗称灰锰痒(PP粉),为紫黑色固体,具有杀菌消毒作用。0.1% $KMnO_4$溶液用于浸洗水果及餐具消毒,1% $KMnO_4$溶液用于皮肤的杀菌止痒。锰酸盐只能存在于强碱性($pH > 13.5$)溶液中,溶液显MnO_4^{2-}的深绿色。

3. 铁

铁(Fe)是周期表第4周期Ⅷ族元素,常见氧化态有+2和+3。

在Fe^{2+}溶液中加碱往往得不到$Fe(OH)_2$白色沉淀,$Fe(OH)_2$一旦生成,立即就被空气中的O_2氧化,出现灰绿色,最后转变为棕红色的水合氧化铁沉淀。

$$4Fe(OH)_2 + O_2 = 2Fe_2O_3\cdot 4H_2O(棕红色)\downarrow$$

亚铁盐易被空气中的O_2氧化成高铁盐。例如,绿矾固体常因表面被氧化而显黄褐色。

$$4FeSO_4 + O_2 + 2H_2O = 4Fe(OH)SO_4(黄褐色)$$

因此亚铁盐固体应密闭保存。亚铁盐溶液应新鲜配制,配制时除应加入适量酸外,还应加入去锈铁钉,使溶液中Fe^{3+}还原成Fe^{2+}离子。

$$4Fe^{2+} + O_2 + 4H^+ = 4Fe^{3+} + 2H_2O$$

$$2Fe^{3+} + Fe = 3Fe^{2+}$$

Fe^{3+}能与$K_4[Fe(CN)_6]$(黄血盐)生成蓝色沉淀,用于Fe^{3+}的鉴别。

$$K^+ + Fe^{3+} + [Fe(CN)_6]^{4-} = KFe[Fe(CN)_6]\downarrow(蓝色)$$

Fe^{2+}能与$K_3[Fe(CN)_6]$(赤血盐)生成蓝色沉淀,用于Fe^{2+}的鉴别。

$$K^+ + Fe^{2+} + [Fe(CN)_6]^{3-} = KFe[Fe(CN)_6]\downarrow(蓝色)$$

Fe^{3+}的硫氰配合物呈血红色,也用于Fe^{3+}的定性检出。

$$Fe^{3+} + 6SCN^- = [Fe(SCN)_6]^{3-}(血红色)$$

铁是人体内含量最多的微量元素,与宏量元素接近。体重50kg的人含铁约2g。人体中60%~70%的铁分布在红细胞内,其余分布在肝、脾、骨髓等处。铁(Ⅱ)的主要生物功能是参与组成血红蛋白,铁缺乏时主要引起贫血。

4. 铜和银

铜(Cu)和银(Ag)是周期表中ⅠB族元素。

Cu^{2+}遇OH^-生成$Cu(OH)_2$淡蓝色沉淀,微显两性,可溶于强碱和氨水。

$$Cu(OH)_2 + 2OH^- = [Cu(OH)_4]^{2-}\text{（蓝紫色）}$$

$$Cu(OH)_2 + 4NH_3 = [Cu(NH_3)_4]^{2+}\text{（深蓝色）} + 2OH^-$$

临床上用碱性酒石酸钾钠的 Cu^{2+} 盐溶液检查糖尿病，是利用生成 Cu_2O 的沉淀量来判断尿糖含量。

$$2[Cu(OH)_4]^{2-} + R—CHO = Cu_2O\downarrow\text{（砖红色）} + R—COOH + 2H_2O + 2OH^-$$

铜是体内重要的微量元素。目前已知的含铜生物酶有 12 种，它们是许多体内氧化还原反应的催化剂。Cu(Ⅱ)缺乏时，不仅影响体内的许多生化反应，还会影响机体的造血功能，并引起食欲减退、心脏病等疾患。但铜过量中毒时又会导致肝、肾坏死，红细胞破裂等。铜也是动植物生长发育不可缺少的元素。

硝酸银($AgNO_3$)是无色晶体，遇光易分解，因此硝酸银固体应避光保存，硝酸银溶液应储存在棕色试剂瓶中。

硝酸银遇蛋白质即生成黑色蛋白银，对有机组织有破坏作用，10%硝酸银溶液在医药上用作消毒剂和腐蚀剂。

5. 锌和汞

锌(Zn)和汞(Hg)是周期表中ⅡB族元素。

Zn^{2+} 与 OH^- 反应生成 $Zn(OH)_2$ 白色沉淀，$Zn(OH)_2$ 显两性，可溶于强碱和氨水。

$$Zn(OH)_2 + 2OH^- = [Zn(OH)_4]^{2-}\text{（无色）}$$

$$Zn(OH)_2 + 4NH_3 = [Zn(NH_3)_4]^{2+}\text{（无色）} + 2OH^-$$

氧化锌(ZnO)为白色粉末，有一定的杀菌能力和收敛性，在医药上用于软膏制剂。

锌是人体必需的微量元素，其含量仅次于铁。锌在体内最主要的生物功能是参与组成多种锌酶和锌激活酶。儿童缺锌会影响味觉和食欲，影响身高和体重。但体内锌过量也十分有害，如引起儿童顽固性贫血等。锌盐中毒会引起头晕、呕吐、腹泻和冒冷汗等症状。锌对植物生长也有重要的调节作用。

汞有亚汞(Hg_2^{2+}或$[-Hg-Hg-]^{2+}$)和高汞(Hg^{2+})两种形式。氯化亚汞俗称甘汞，不溶于水，微甜，医药上用作轻泻剂，化学上用以制造甘汞电极。氯化高汞俗称升汞，为共价化合物，其稀溶液可作手术刀剪的消毒剂。

所有可溶性汞盐都有毒。

汞对环境的污染主要是金属汞污染空气，无机汞(汞盐)和有机汞化合物污染水源。汞蒸气吸入人体后能迅速渗透到各组织中，并以脑组织中含量最高，对中枢神经系统损害严重。无机汞进入人体后浓集于肾，导致肾功能严重受损或丧失。有机汞主要浓集于肝、脑和肾，引起泌尿、神经、血液和消化系统的功能严重失调。因此，含汞的工业废水必需经过严格处理后才能排放。

习　题

1. 解释下列名词

(1) 电子云　(2) 几率密度　(3) 四个量子数　(4) 原子轨道　(5) 核外电子排布规律

2. 填充下面合理的量子数

(1) $n=(\quad)$　　$l=2$　　$m=0$　　$m_s=+1/2$

(2) $n = 2$　　$l = (\ \ )$　　$m = \pm 1$　　$m_s = -1/2$

(3) $n = 4$　　$l = 2$　　$m = (\ \ )$　　$m_s = +1/2$

(4) $n = 2$　　$l = 1$　　$m = 1$　　$m_s = (\ \ )$

3. 某元素的价层电子构型为 $3s^2 3p^4$，试推断该元素的原子序数和在周期表中的位置(周期和族)。

4. 回答下列问题

(1) 为什么单质碘在水中的溶解度小，但却易溶于 KI 溶液？

(2) 为什么漂白粉露置在潮湿的空气中易失效？

(3) 为什么硫代硫酸钠能解救卤素、氰化物和重金属离子中毒？

(4) 药物制剂过程中为何常选用 $NaHSO_3$，$Na_2S_2O_3$，Na_2SO_3 和 $Na_2S_2O_4$ 作抗氧化剂？

(5) 硼酸为何是一元弱酸而不是三元酸？

(6) 配制二氯化锡溶液时为何要先加入少量盐酸溶解二氯化锡固体，并在配好的溶液中加入少量金属锡？

(7) 亚铁盐溶液为何应新鲜配制，并在配好的溶液中加入少量去锈的铁钉？

(8) 硝酸银溶液为何要储存在棕色试剂瓶中？

(9) 配制硫酸亚铁溶液时为何要加入少量稀硫酸和去锈的铁钉？

(10) 向 Cr(Ⅲ)盐溶液中滴加氢氧化钠试液，先有灰绿色胶状沉淀生成，继而沉淀溶解，此时加入过氧化氢，溶液由绿色变为黄色；加酸过量时，溶液由黄色变为橙红色，为什么？

5. 写出下列物质作用时的反应方程式

(1) 高锰酸钾固体与浓盐酸作用；

(2) 高锰酸钾在酸性、中性和强碱性溶液中与硫酸亚铁作用；

(3) 氯气与氢氧化钙作用；

(4) 酸性条件下，亚硝酸钠与碘化钾作用；

(5) 二氯化锡与氯化汞作用；

(6) 三氯化铁与碘化钾作用；

(7) 二氧化铅与浓盐酸作用；

(8) 酸性条件下，重铬酸钾与亚硫酸钠作用；

(9) 硫代硫酸钠与碘溶液作用；

(10) 酸性条件下，过二硫酸铵与硫酸锰溶液作用。

第四章 分子结构

元素的性质主要决定于该元素原子的电子层结构，而物质的组成和性质主要决定于该物质的分子内部结构。分子是物质能够独立存在并保持其化学性质的最小微粒，一般也是参加化学反应的基本单元。分子是由原子组成的，原子在互相结合成分子时不是以任意比例互相混杂，而常具有确定的数量比。那么原子相互间是怎样结合成分子的呢？它们又是靠什么力量结合的呢？这就是本章所要讨论的问题——化学键。

分子或晶体中相邻两原子或离子间的强烈作用力称为化学键。由于各元素原子的电子层结构不同，不同原子间的相互作用就不一样，因此就有不同类型的化学键。化学键通常可分为离子键、共价键和金属键三种，它是决定分子性质的主要因素。

第一节 离子键和离子化合物

一、离子键的形成和性质

当活泼金属原子同活泼非金属原子在一定条件下互相接近时，活泼金属原子失去最外层的价电子而形成带正电荷的正离子，而活泼非金属原子得到电子而形成带负电荷的负离子。正离子和负离子之间由于静电引力而互相吸引，同时当它们充分接近时，离子的核外电子及核与核之间又将产生排斥力，当正、负离子接近到某一距离时吸引力和排斥力达到平衡，整个体系能量降到最低点，正、负离子牢固地结合在一起。例如：

$$Na(1s^22s^22p^63s^1) \xrightarrow{-e} Na^+(1s^22s^22p^6)$$

$$Cl(1s^22s^22p^63s^23p^5) \xrightarrow{+e} Cl^-(1s^22s^22p^63s^23p^6)$$

$$Na^+ + Cl^- \longrightarrow Na^+Cl^-$$

由于正、负离子间存在着强烈的相互作用，也就是形成了化学键。这种由正、负离子之间的静电作用而形成的化学键就叫做离子键。

一般离子电荷的分布是球形对称的，由于球形电场或点电荷是无方向性的，所以离子无论在哪个方向都能与电荷相反的离子相互吸引，因而离子键没有方向性。另外，由于离子键主要是正、负离子间的静电引力，只要空间条件许可，离子总是尽可能多地与异性离子相互吸引，因此离子键没有饱和性。离子键的特点是无方向性和无饱和性。

二、离子晶体

正、负离子通过离子键所形成的有规则排列的晶体称为离子晶体，也称为离子化合物。

离子晶体的晶格结点上交替地排列着正离子和负离子，在正、负离子之间有较强的静电引力（离子键）作用着，所以离子晶体一般具有较高的熔点、沸点。离子所带电荷越高，离子半径越小，静电作用力越大，因而物质溶点、沸点也就越高。常温下离子化合物都是固态。一些离子化合物的熔点、沸点列于表 4－1 中。

表 4－1　一些离子化合物的熔点、沸点

物质	MgO	CaO	NaCl	KCl
熔点(K)	3037	2845	1074	1041
沸点(K)	3873	3123	1686	1690

离子晶体一般硬度大，但比较脆，延展性差。这是由于在离子晶体中，正、负离子交替地有规则排列，当晶体受到冲击力时，各层离子位置发生错动，使吸引力大大减弱，斥力增大，而容易破碎。

很多离子晶体可溶于水，这是由于水是极性分子，离子晶体中的正、负离子与水分子容易形成“水合离子”的缘故。离子晶体在熔融或在水溶液中都是电的良导体，但在固体状态，由于晶格结点上的离子只能振动，因而不导电。

在离子晶体中，正离子和负离子按一定规则在空间排列着，因此在晶体中并不存在单个的小分子。通常书写的如“NaCl”，“CaF_2”等式子，习惯上称之为分子式，但并不代表氯化钠、氟化钙晶体中存在单个的小分子，它只是表示晶体中元素原子组成的比例关系，叫做化学式(或最简式)，整个晶体可以认为是一个巨型分子。

第二节　共 价 键

一、共价键的形成和性质

离子键理论满意地解释了离子化合物的形成和性质，但不能说明单质分子的形成，也不能说明电负性相差不大的元素原子间是如何形成分子的。

以氢分子形成为例。氢原子核外有一个未成对的 1s 电子，当两个核外电子自旋方向相反的 H 原子充分接近时，每个 H 原子的 1s 电子不仅被它们自己的核所吸引，而且同时被另一个 H 原子核所吸引，这时两个 1s 电子在核外空间的运动状态就发生改变。由于异性相吸、同性相斥的静电作用，两个电子都在两核附近运动，则核间出现一个电子云密集区。它一方面使两原子核间的排斥力降低，另一方面又使两个原子核对核间负电荷区域产生吸引力，导致体系能量降低，使两个 H 原子在一定的平衡位置上振动而形成氢分子的基态(图 4－1)。这种分子中原子间通过电子云的重叠(共用电子对)所形成的化学键叫做共价键。

一般用下式表示 H_2 分子的生成：

$$H\cdot + \cdot H \longrightarrow H{:}H \text{ 或 } H—H$$

上式中两原子间的小黑点和横线“—”都表示一对共用电子对或一个共价键。形成共用电子对的这对电子是围绕两个原子核运动的，但是在两核间出现的几率较大。因此，两个氢原子的 1s 轨道都是充满的，每个氢原子都具有氦原子的稳定结构。

共价键的形成是电子云重叠的直接结果。显然，电子云重叠的程度越大，生成的共价键也就越牢固。因此，电子云的重叠要尽可能沿着电子出现几率最大的方向进行。除 s 轨道外，p，d 等原子轨道都有一定的空间取向，原子轨道只有沿着一定方向才能实现轨道最大程度的重叠，因此共价键具有方向性。如图 4－2 所示，在形成 HCl 分子时，H 原子的 1s 轨道与 Cl 原子

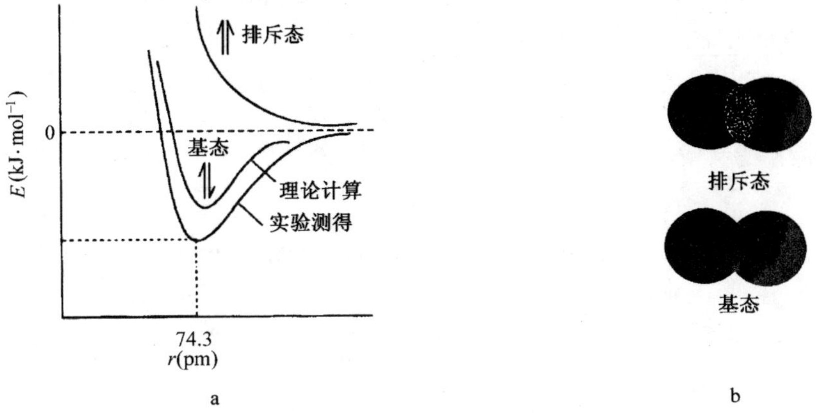

图 4-1　两个氢原子接近时的能量变化曲线(a)和氢分子的两种状态(b)

的 $3p_x$ 轨道只有沿着 x 轴方向接近，才能达到最大程度的重叠，形成稳定的共价键(图 4-2a)。而其他方向不能重叠或重叠较小(图 4-2b,c)，因而不能成键。

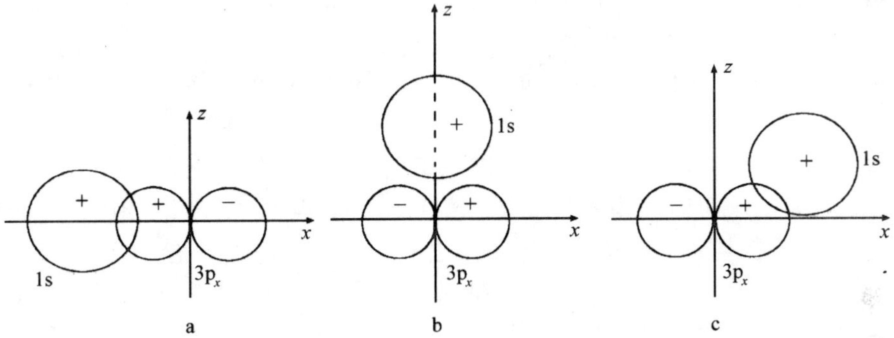

图 4-2　氯化氢分子的成键示意图

同时，一个原子所能形成的共价键数目取决于该原子中的单电子数目，即形成共价键时，一个未成对电子和另一个自旋方向相反的电子配对后，就不能再和第三个电子配对。例如，H 原子和 Cl 原子各有一个未成对电子，当它们的电子配对而形成 HCl 分子后，H 原子就不能再和第二个 Cl 原子结合，同样 Cl 原子也不能再和第二个 H 原子结合。所以说共价键具有饱和性。

二、键参数

键参数是表示共价键性质的物理量，主要有键能、键长、键角和键的极性。

1. 键能

键能是从能量角度衡量共价键强弱的一种物理量。它是指在 101.3kPa 和 298K 时，将 1mol 气态分子 AB 离解为气态原子 A 和原子 B 时吸收的能量，单位为 $kJ \cdot mol^{-1}$。对于双原子分子来说，离解能即为键能。如果是多原子分子，由于分子中同种化学键不止一个，键的离解先后次序不同，离解所需的能量不同，同一个键在不同分子中的键能也有差别，通常取其平均值来表示该键的键能。一般键能愈大，键愈牢固。表 4-2 列出了一些双原子分子的键能和一些共价键的平均键能。

表 4-2　一些双原子分子的键能和共价键的平均键能($kJ \cdot mol^{-1}$)

分子名称	键能	分子名称	键能	共价键	平均键能	共价键	平均键能
H_2	436	HF	565	C—H	413	C—O	356
Cl_2	247	HCl	431	C—Cl	335	C═O	745
Br_2	193	HBr	366	C—Br	289	N—H	391
I_2	151	HI	299	C—C	346	N—N	159
N_2	946	NO	628	C═C	610	N≡N	946
O_2	493	CO	1071	C≡C	835	O—O	143
				C—N	335	O═O	495
				C≡N	887	O—H	463

2. 键长

分子中成键原子的核间平衡距离叫做键长。共价键的键长愈短,键愈牢固。就相同的两原子形成的键而言,单键键长 > 双键键长 > 叁键键长。例如 C═C 键长为 133pm, C≡C 键长为 121pm。

3. 键角

分子中键与键的夹角称为键角。它是反映分子空间构型的一个重要参数,其值可通过实验测定。例如 H_2O 分子为 V 字形结构;而 CO_2 分子中的键角为 180°,表明 CO_2 分子为直线形结构。一般来说,当分子中的键长和键角确定后,它的空间构型也基本可以确定了。

4. 键的极性

共价键是否有极性和极性大小是由成键原子电负性差值的大小来判断的。在单质分子中(如 O_2,H_2,N_2 等),由于两原子为同种原子,电负性相同,两原子核对共用电子对的吸引力相等,成键电子的密集区均匀地分布在两原子核之间,正、负电荷重心恰好重合。这种键没有极性,称为非极性共价键,简称非极性键。但是,如果是不同元素的原子间(如 H—Cl 、H—O 等)形成共价键,由于键两端原子电负性不同,电子云密集区偏向于电负性大的原子一边,使共价键一端带部分负电荷,而另一端就带部分正电荷,造成键的正、负电荷重心不重合。这种共价键有极性,称为极性共价键,简称极性键。成键原子间的电负性差值越大,键的极性越大。

三、配位键

上述讨论共价键时,共用电子对分别是由成键两原子各提供一个电子而形成的。还有一种特殊的共价键,共用电子对是由某一个成键原子单独提供而和另一个原子共用的,这时形成的共价键称为配位共价键,简称为配位键。

例如,氨和酸作用生成铵盐,其中的 NH_4^+ 离子内就含有配位键。因为在反应中,NH_3 分子中 N 原子上有一对没有与其他原子共用的电子,这对电子叫做孤对电子,H^+ 离子是 H 原子失去 1s 电子而形成的,它具有一个 1s 空轨道。当它们相互接近时,这对孤对电子"投入"到空轨道中,造成核间电子云密集区,从而形成配位键。即 NH_3 分子中 N 原子的孤对电子与 H^+ 离子的空轨道共用而成键,形成 NH_4^+ 离子。

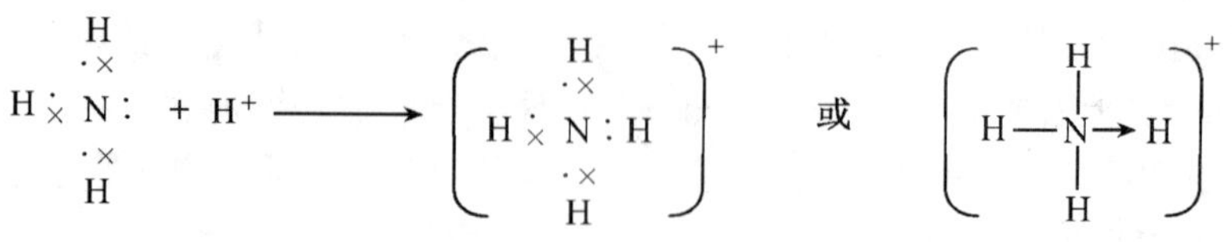

配位键不仅存在于简单分子中，而且在复杂分子或离子中，特别是在配位化合物中普遍存在。

由以上例子可看出，配位键形成的条件是：一个成键原子必须有可提供的孤对电子，另一个成键原子要有接受孤对电子的空轨道。

配位键的特点是有方向性与饱和性。这是因为成键时必须沿着另一个成键原子“空轨道”方向来提供孤对电子，而且“空轨道”占满了就不能再成键了，所以有方向性和饱和性。又由于配位键共用电子对是由某成键原子一方所提供的，因而配位键都有极性，是极性键。

应该特别注意的是，配位键与共价键的差别仅仅表现在成键的过程中，是由一方成键原子提供电子对而共用成键。但成键后的 NH_4^+ 中的 4 个 N—H 键却都是等同的。实验测定它们的键能、键长和键角都是一样的，没有区别。所以配位键本质还是共价键。

四、共价键的类型

根据形成共价键时原子轨道重叠方式的不同，共价键又可分为 σ 键和 π 键等类型。当两个原子轨道沿着键轴（两核连线）方向重叠时，轨道的重叠部分沿着键轴呈圆柱形对称分布，这种重叠方式所形成的共价键称为 σ 键（图4－3a）。如 H_2 分子中的 s－s 重叠，HCl 分子中的 s－p_x 重叠，Cl_2 分子中的 p_x-p_x 重叠等。由于 σ 键重叠程度大，所以键比较牢固。

另一种是当两个原子轨道沿着键轴方向靠近时，两原子相互平行的 p 轨道侧面重叠，轨道的重叠部分通过一个键轴的平面呈镜面反对称，这种重叠方式所形成的共价键称为 π 键（图 4－3b）。由于 π 键重叠程度较小，键较易断开，表现为化学活泼性较强。因此，形成分子时，π 键不能单独存在，只能与 σ 键共存于具有双键或叁键的分子中。例如，在形成 N_2 分子时，氮原子有 3 个未成对的 p 电子（即 p_x^1, p_y^1, p_z^1），当两个氮原子的 p_x 形成 p_x-p_x σ 键的同时，p_y-p_y 和 p_z-p_z 形成两个 π 键，所以 N_2 分子中含有一个 σ 键和 2 个 π 键。

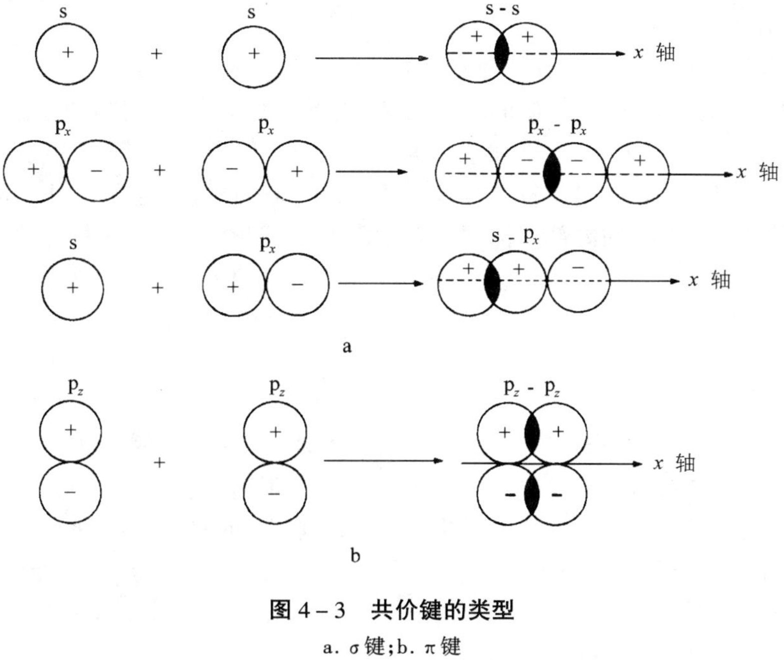

图 4－3　共价键的类型

a. σ 键；b. π 键

由于σ键的轨道重叠程度比π键轨道重叠程度大,所以σ键比π键牢固。σ键是构成分子的骨架,能单独存在于两原子之间,而且以共价键结合的两个原子间一定并且只能有一个σ键。也就是说在共价化合物中的两原子间,如果只有一个键,它一定是σ键,如果有多个键,只可能有一个σ键,其余的键一般为π键。

五、分子的极性

分子中若正、负电荷重心相重合,则此类分子称为非极性分子;若正、负电荷重心不相重合,则此类分子称为极性分子。分子的极性与化学键的极性和分子的空间构型有关。

由非极性键所形成的分子,如在 O_2,H_2 等分子内正、负电荷重心重合,所以它们属于非极性分子。而由极性键所形成的双原子分子,如 HCl,HI 等分子内正、负电荷重心不重合,这类分子属于极性分子。上述双原子分子的极性与共价键的极性是一致的,即共价键有极性,分子就有极性;反之,分子就没有极性。

在由极性键所形成的多原子分子中,分子的极性与分子的空间构型有关。如果分子空间构型是对称的,则分子是非极性的。例如,CO_2 分子中的两个 C═O 键是极性键,但 CO_2 是直线形分子,对称结构,两个键的极性相互抵消,分子中正、负电荷重心正好重合,所以 CO_2 为非极性分子。同理,具有正四面体构型的 CH_4 分子,由于分子中的 4 个极性共价键(C—H)呈对称分布,故 CH_4 也是非极性分子。但是如果分子的空间构型是不对称的,则分子为极性分子。例如 H_2O 分子中的 2 个 O—H 键均为极性共价键,由于 H_2O 分子呈 V 形结构,2 个 O—H 键的键角为 104°45′,键的极性不能相互抵消,分子中正电荷重心在 2 个 H 原子之间,负电荷重心在 O 原子上,不能重合,所以 H_2O 为极性分子。同理,具有三角锥形的不对称结构的 NH_3 分子,由于分子中 3 个 N—H 极性键两两之间的键角为 104°18′,故 NH_3 是极性分子。

第三节　金属键和金属晶体

我们知道原子半径大、最外层电子数少的原子,容易失去最外层的电子成为正离子而显金属性。在周期表中位于硼和硅与砷和碲之间连线左下方的主族元素和周期表中全部的副族元素都是金属元素,共有 80 多种,占已知全部元素的 4/5。将金属的特性(如不透明、有金属光泽、良好导电、导热等)与非金属比较有显著的区别,金属的这些特性是由其内部结构决定的。那么,金属究竟具有什么样的内部结构?又究竟靠什么把它们结合在一起?这种结合力的性质与强度又怎样决定金属的一系列重要特性呢?为此,我们有必要对这些问题做一基本的了解。

一、金属键

金属键的"自由电子"理论认为,金属元素电负性较小,其原子的特征是外层电子比较少,价电子与核的联系比较松弛,容易失去电子而形成金属正离子。而金属正离子又随时可以结合电子而成为金属原子,在金属中这种变化是极其频繁的,而且是瞬间的。从整体上看,这些电子不是固定在某一金属离子附近,而是在整块金属的内部原子和正离子之间,不停地作不规则地移动,这种在一瞬间不受一定原子束缚的电子叫做自由电子。金属晶体就是由金属原子、金属离子和自由电子构成的(图 4-4)。

在金属结构中,这种由于自由电子的运动,而引起金属原子和离子间互相结合的化学键叫做金属键。必须指出，由于自由电子并没有完全离开金属，从整体来说，金属还是电中性的。

金属键和共价键都是靠共用电子而把原子结合在一起的，但是两者又有区别。共价键共用的电子对是为两个成键原子所共有，也叫做定域电子，而金属键共用的自由电子则是为整个晶体内原子所共有，也叫做非定域电子。因此，金属键可看成是由许多原子共用许多电子的一种特殊形式的共价键。因为在金属晶体中，每个原子在空间范围允许的条件下，将与尽可能多的原子形成金属键，所以金属键没有方向性与饱和性。这也说明，金属结构一般总是按最紧密的方式堆积起来，具有较大的密度。

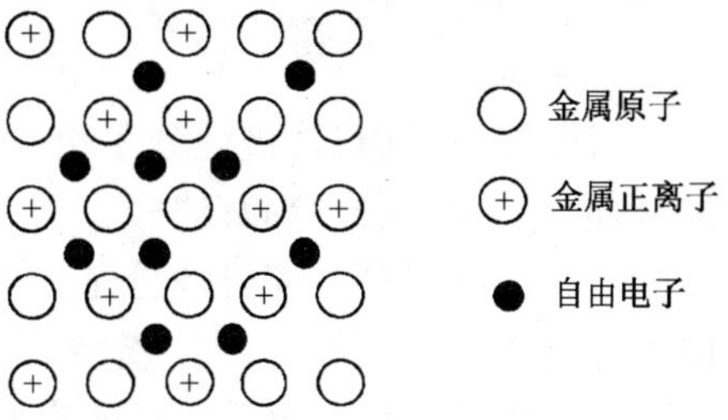

图 4-4　金属结构示意图

二、金属晶体

金属晶体有自己的特性，如金属晶体是热和电的良导体；有良好的延展性；优良的机械加工性能；有金属光泽；不透明等。这些特性与金属晶体结构特别是与金属中存在的自由电子有关。

金属具有良好的导电性是由于金属晶体中有自由运动的电子，金属连接上电源后，正、负极有了电势差，金属晶体中的自由电子便形成定向运动，所以能导电。金属的导热性也和电子运动密切相关，当金属的某一部分受热时，金属原子和金属离子的振动增加，不停地运动的自由电子可以把热能传递出去。而金属良好的延展性是因为当金属受到外力作用时，金属晶体内某一层金属原子、离子和另一层金属原子、离子发生滑动时，由于自由电子的运动，各层间仍保持着金属键的作用力，所以金属具有良好的延展性(除少数金属如锑、铋等外)。金属都具有金属光泽，这是由于当可见光射到金属表面时，金属晶体中的自由电子吸收了可见光，使金属晶体不透明，当激发的电子又跃迁到不同的原子轨道时，可放射出不同波长的光，因而具有金属的光泽。

另外，金属键的强弱与金属离子所带的电荷数及参加成键的自由电子数多少有关。例如，大多数副族元素的晶体由于有部分 d 电子参与形成金属键，所以它们具有较高的熔点和硬度，而碱金属及碱土金属的晶体只有 s 电子参与成键，所以它们的熔点和硬度都较低。

第四节　分子间的作用力、氢键

化学键是表示分子内相邻原子间的一种较强的结合力，是决定分子化学性质的主要因素。在分子与分子之间还存在着另一种较弱的作用力，它是决定物质的沸点、熔点、溶解度等物理性质的重要因素。

一、范德华力

共价化合物(如 H_2O，HCl 等)从固态到液态，从液态到气态时，需要克服分子间的引力，引力愈大，熔化或汽化时吸收外界能量愈多，熔点或沸点也就愈高。不论是气态、液态或固态共价型化合物都是由许多分子组成的，分子与分子之间存在着一种较弱的作用力，称为分子间作用力。因为荷兰物理学家范德华第一次提出这种力，故常称为范德华力。范德华力包括取向力、诱导力和色散力 3 种。

1. 取向力

对极性分子而言，极性分子由于正、负电荷重心不重合，分子中始终存在一个正极和负极，故极性分子中存在一固有偶极。当两个极性分子相互接近时，由于它们的固有偶极的同极相斥、异极相吸的作用，使极性分子在空间发生相对的旋转（即取向）。在已取向的极性分子间，由于静电作用互相靠拢，在一定距离时吸引与排斥达到平衡，使体系能量达到最小值（图 4－5a）。这种同极相斥、异极相吸的定向作用力称为取向力。显然，极性分子的偶极矩越大，取向力越大。这种力只存在于极性分子与极性分子之间。

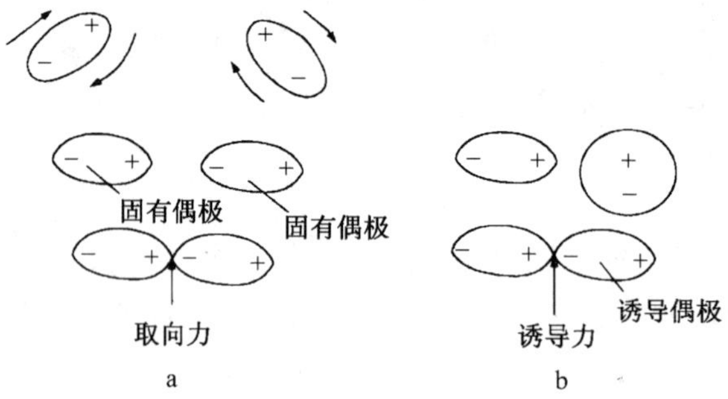

图 4－5　取向力和诱导力的产生

a. 极性分子相互作用；b. 极性分子与非极性分子相互作用

2. 诱导力

当极性分子和非极性分子相互接近时，非极性分子在极性分子的固有偶极的作用下，发生极化，而产生诱导偶极，然后诱导偶极与极性分子固有偶极相互吸引（图 4－5b）。这种由于诱导偶极而产生的作用力称为诱导力。这种力产生于极性分子与非极性分子之间，当然极性分子与极性分子之间也互相诱导，因而也有这种力。

3. 色散力

人们发现 O_2，N_2，CO_2 等非极性分子，在温度降低时也都会由气态变成液态和固态。这表明非极性分子间也存在相互作用。这是由于分子内部的原子核和电子都在不停地运动，在某一瞬间由于原子核和电子云的相对位移，使分子中产生瞬时偶极。虽然瞬时偶极存在的时间很短，但它可以诱导邻近分子产生诱导偶极，且可以不断地重复出现，使得分子间始终存在着引力，这种靠瞬时偶极产生的作用力叫色散力（图 4－6）。不难理解，只要分子变形，不论其原先是否有偶极，分子间都会产生瞬时偶极。因此，色散力不仅可以产生于非极性分子之间，极性分子之间和极性分子与非极性分子之间也同样存在，故它是范德华力中普遍存在的一种力。而且分子越大，越易变形，也即相对分子质量越大，色散力也愈大。

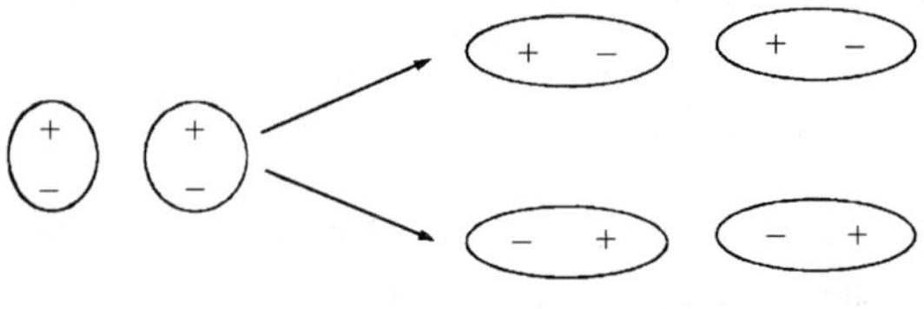

图 4－6　色散力产生示意图

范德华力不属于化学键的范围，其能量远比化学键小，为几千焦/摩尔到几十千焦/摩尔，而且只有当分子相互靠得很近（300～500pm）时才能表现出来。

根据范德华力的概念可以解释和推测同类物质某些性质的变化规律。一般情况下，组成和结构相似的物质，相对分子质量愈大，愈易变形，色散力也愈大，即范德华力愈大，物质的熔、沸点愈高。如卤化氢分子按 HCl，HBr 和 HI 的顺序，它们的取向力和诱导力逐渐变小，而色散力却迅速增加，分子间力的总能量也随着增大，故 HCl，HBr，HI 的熔、沸点依次递增。又如，在常温下，卤素单质中氟、氯是气体，溴是液体，碘是固体。这也是由于色散力随相对分子质量增大而增大，所以熔、沸点也随之增高。

二、氢键

根据上述讨论，HF，H_2O 和 NH_3 都应比各自的同系氢化物的熔、沸点要低，但实际上却比它们都要高得多。这是为什么呢？进一步研究发现，HF，H_2O 和 NH_3 等熔、沸点反常地升高是因为它们分子间除了分子间作用力外，还存在另一种作用力，这就是氢键。

以 HF 为例，在 HF 分子中氢与氟以共价键结合，由于氟的电负性很大，原子半径较小，成键电子对强烈地偏向于氟的一方，而使氢原子几乎成为“赤裸”的氢核。在 HF 分子中氢原子带部分正电荷，并且半径很小，而氟原子不仅强烈地吸引成键电子对，而且还有孤对电子，负电荷很集中。这样，当一个 HF 分子接近另一个 HF 分子时，分子中的氢核会与另一分子的氟原子上的孤对电子发生较强烈的静电吸引，从而缔合起来。这种由半径很小、又带正电性的氢原子与另一个有孤对电子且电负性较大、半径较小的原子充分靠近时所产生的吸引力叫做氢键。用 X—H ···Y 表示，其中虚线表示的作用力即为氢键。X，Y 可以是相同的原子，也可以是不相同的原子。通常能形成氢键的 X，Y 原子有 F，O，N 等元素的原子。X，Y 电负性愈大，半径愈小，所形成的氢键愈强，反之则愈弱。

氢键不仅存在于分子之间，也可以存在于分子内，称为分子内氢键，如图 4－7 所示。

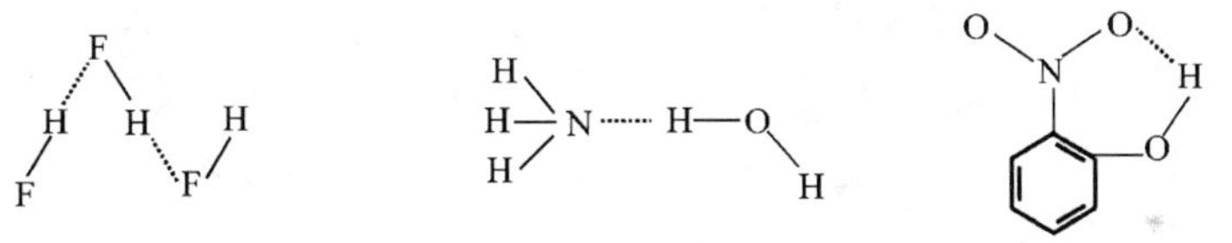

a. 分子间氢键　　　　b. 分子内氢键

图 4－7　分子间氢键和分子内氢键

氢键的特点是有方向性与饱和性。氢键的饱和性是指每 X—H 中的 H 只能与一个 Y(或 X)原子形成氢键，不能形成第二个氢键。氢键的方向性是指 Y(或 X)原子与 X—H 形成氢键时要尽量使 X—H ···Y 在一条直线上，因为这样成键可使 X，Y(或 X)距离最远，电子云之间的斥力最小，因而形成的氢键最强。

分子间氢键的形成，大大增强了分子间的作用力，因此造成物质的熔、沸点异常地高（如 H_2O，HF，NH_3）；如果溶质和溶剂分子间能形成氢键，可以使溶解度增大，例如乙醇可以与水混溶就是氢键的作用结果。而当分子内形成氢键时，其熔、沸点比同类化合物要低。这是因为氢原子形成分子内氢键后，就不能再与其他分子形成分子间氢键。例如邻硝基苯酚的沸点（45℃）要比间硝基苯酚和对硝基苯酚沸点（分别为 96℃，114℃）低，因为后者不能形成分子内氢键，只能形成分子间氢键。

氢键在生物体内也广泛存在，这些氢键的存在对生物体有着重要作用。例如蛋白质的 β－折叠结构、α－螺旋结构；还有脱氧核糖核酸（DNA）的双螺旋结构。它们在支撑生物体、贮存营养、传递信息等方面起着重要的功能作用。而这些特殊的空间结构的形成与维持均与氢键的生成有关。

第五节　配 位 化 合 物

一、配位化合物的概念

我们所熟悉的 HCl，NaOH，NH_3，AgCl，$CuSO_4$ 等，它们的组成和结构都可以用经典的化合价理论来解释，即这些化合物的原子间按一定的数量比相结合，都属于简单的化合物。如果向盛有少量 $CuSO_4$ 稀溶液中逐滴加入氨水，开始有浅蓝色的 $Cu_2(OH)_2SO_4$ 沉淀生成，继续滴加氨水时，沉淀逐渐消失，得到深蓝色的透明溶液。将此溶液分成两份：一份溶液中加入少量的 $BaCl_2$ 溶液，立即有白色的 $BaSO_4$ 沉淀析出，说明此溶液中有大量的 $SO_4{}^{2-}$ 离子存在。另一份溶液中加入少量 NaOH 溶液，此时并无天蓝色的 $Cu(OH)_2$ 沉淀生成，说明此溶液中 Cu^{2+} 离子很少，不足以与 OH^- 形成 $Cu(OH)_2$ 沉淀。那么 Cu^{2+} 离子完全转变成什么物质了呢？若向上述溶液中加入适量乙醇，便可析出深蓝色的晶体，经进一步研究确定，该晶体的化学组成是 $[Cu(NH_3)_4SO_4]$。它在水溶液中全部离解为 $[Cu(NH_3)_4]^{2+}$ 和 $SO_4{}^{2-}$ 离子，说明它们之间是以离子键结合的，而 $[Cu(NH_3)_4]^{2+}$ 是由 1 个 Cu^{2+} 离子和 4 个 NH_3 分子以配位键形成的复杂离子。在水溶液中只能部分离解：

$$[Cu(NH_3)_4]^{2+} \rightleftharpoons Cu^{2+} + 4NH_3$$

所以深蓝色溶液中有大量的 $[Cu(NH_3)_4]^{2+}$ 和 $SO_4{}^{2-}$ 离子存在，而 Cu^{2+} 离子很少。

类似上述的复杂离子还有 $[AgCl_2]^-$，$[Zn(NH_3)_4]^{2+}$，$[Fe(CN)_6]^{3-}$ 等。化学上把这类由一定数目的负离子（或中性分子）与金属离子（或原子）结合而成的难以离解的复杂结构单元称为配离子或配位分子。结构单元带电荷的称配离子，如上述 $[Cu(NH_3)_4]^{2+}$ 配离子。结构单元不带电荷的称为配位分子，如 $[Ni(CO)_4]$，$[Co(NH_3)_3Cl_3]$ 等。含有配离子的化合物和配位分子称为配位化合物，简称配合物。

二、配位化合物的组成

配离子是配合物的核心部分，而配位键则是其结构的基本特征。多数配合物都是由配离子和带相反电荷的简单离子组成。以 $[Cu(NH_3)_4]SO_4$ 为例，其组成可表示为：

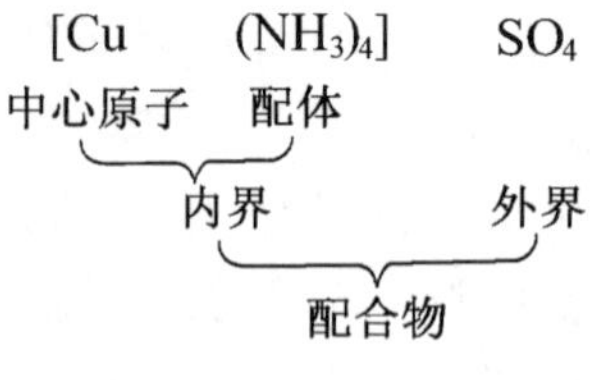

1. *内界和外界*

内界是指配离子部分，由中心原子和配体组成，写在方括号内。外界是指配离子以外的部分，写在方括号外。配位分子只有内界而没有外界。内界和外界通过离子键结合而成配合物。在水溶液中配合物易解离出外界离子，而配离子很难解离。配离子与外界离子所带电荷的总量相等，符号相反。

2. *中心原子*

中心原子也称为配合物形成体，是配合物的核心部分。在配离子或配位分子中，接受孤对电子的正离子或原子统称中心原子，如$[Fe(CN)_6]^{3-}$、$[Ni(CO)_4]$中的Fe^{3+}离子和 Ni 原子。作为中心原子都必须有空的价电子轨道。

3. 配体

配合物中以配位键与中心原子相结合的离子或分子称为配体，如$[Pt(NH_3)_2Cl_2]$中的NH_3分子和Cl^-离子。配体中能提供孤对电子并与中心原子形成配位键的原子称为配位原子，如上述NH_3中的 N 原子和 Cl 原子。配位原子的最外电子层都有孤对电子，常见的是电负性较大的非金属原子，如 N，O，S，C 和卤素原子等。只含一个配位原子的配体称为单齿配体，如Cl^-，NH_3，H_2O 等。含 2 个或 2 个以上配位原子，同时与中心原子以配位键结合，这种配体称为多齿配体，如乙二胺 $H_2NCH_2CH_2NH_2$（简写 en）含 2 个配位原子（N 原子）。多齿配体与中心原子结合形成具环状结构的配合物称为螯合物，如Cu^{2+}离子与 en 结合成螯合物$[Cu(en)_2]^{2+}$：

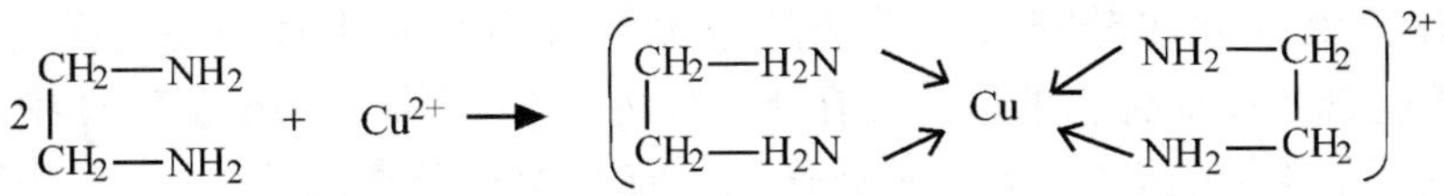

4. 配位数

直接与中心原子以配位键结合的配位原子的数目称为该中心原子的配位数。中心原子的配位数一般为 2，4，6，8，常见的为 2，4，6。在计算配位数时，必须注意区分配体是单齿配体还是多齿配体。若配体均为单齿配体，则中心原子的配位数与配体的数目相等，例如$[Cu(NH_3)_4]^{2+}$中Cu^{2+}的配位数是 4。若配体中有多齿配体，则中心原子的配位数不等于配体的数目，例如$[Cu(en)_2]^{2+}$中的 en 是双齿配体，1 个 en 分子中有 2 个 N 原子与Cu^{2+}形成配位键，因此中心原子的配位数不是 2 而是 4。

中心原子配位数的多少除了与中心原子及配体的半径、电荷数有关外，还与形成配合物时的条件（如温度、浓度等）有关。

5. 配离子的电荷

配离子的电荷数等于中心原子电荷与配体电荷的代数和。因配合物是电中性的，所以也可以根据外界离子的电荷数来决定配离子的电荷数。例如配合物$K_4[Fe(CN)_6]$中配离子的电荷为$(+2)+(-1)\times 6=-4$，或根据外界K^+：$(+1)\times 4=4$，所以配离子的电荷数为-4。

三、配位化合物的命名

根据 IUPAC（国际纯化学与应用化学联合会）的有关规定，配合物的命名服从一般无机化合物的命名原则。

(1) 配合物命名是负离子在前，正离子在后。分别称为某化某、某某酸、某酸某和氢氧化某等。

(2) 命名内界时，配体名称列在中心原子之前，不同配体之间以中圆点（·）分开，配体数目用二、三、四等数字表示，复杂的配体名称写在圆括号中，以免混淆。在最后一种配体名称之后缀以“合”字，中心原子后以加括号的罗马数字表示其氧化值，即配位数 - 配位体名称 -“合”- 中心原子名称（氧化值）。

(3)当有多种配体时，则命名时先负离子后中性分子，先无机配体后有机配体。在同类配体中，按配位原子的元素符号的英文字母顺序列出配体。

根据以上命名原则，现举例如下：

$[Cu(NH_3)_4]^{2+}$	四氨合铜(Ⅱ)配离子
$[Fe(CN)_6]^{3-}$	六氰合铁(Ⅲ)配离子
$[Co(NH_3)_2(en)_2]^{3+}$	二氨·二(乙二胺)合钴(Ⅲ)配离子
$[Fe(en)_3]Cl_3$	三氯化三(乙二胺)合铁(Ⅲ)
$[Zn(NH_3)_4]SO_4$	硫酸四氨合锌(Ⅱ)
$K_3[Fe(CN)_6]$	六氰合铁(Ⅲ)酸钾
$H_2[PtCl_6]$	六氯合铂(Ⅳ)酸
$[Ni(CO)_4]$	四羰基合镍(0)

四、配位化合物在医学上的应用

配合物与医学的关系十分密切。研究表明,对人体有特殊生理功能的必需微量元素 Fe,Cu,Mn,Co,I 等也都是以配合物的形式存在于人体内,它们或是作为酶的活性中心或是作为某些生物大分子的结构稳定因子而发挥重要作用。有些参与激素调节作用,有些则影响核酸代谢作用。如补给病人铁质的枸橼酸铁铵,治疗血吸虫病的酒石酸锑钾、治疗糖尿病的胰岛素(锌的螯合物)、对人体有重要作用的维生素 B_{12}(钴的螯合物)都是含有金属元素的复杂配合物。又如治疗血钙过高可注射 EDTA 三钠(Na_3HY),它与 Ca^{2+} 形成稳定的 $[CaY]^{2-}$ 后从肾排出。二巯基丙醇(BAL)可和 As,Hg,Pb 等一些重金属形成螯合物并从尿中排出,所以是一种很好的解毒剂。此外,配合物在生化检验、环境监测及药物分析等领域应用极为广泛。

第六节　氧化还原反应

氧化还原反应是一类很重要的化学反应。它不仅存在于无机化学反应中,也存在于有机化学反应中。同时在生物体内的许多代谢反应亦属于氧化还原反应,如呼吸过程、能量转换、新陈代谢、神经传导等。

一、氧化还原反应

为了便于讨论氧化还原反应中所发生的变化,首先介绍氧化值的概念。

氧化值又称氧化数,1970 年 IUPAC 对其提出了严格的定义。氧化值是某元素一个原子的形式荷电数,这种荷电数由假设把每一个化学键中的电子指定给电负性更大的原子而求得。

确定元素氧化值的几条规则是:

(1) 单质中元素的氧化值均为零。

(2) 氢在化合物中的氧化值一般为 +1,而活泼金属氢化物(NaH、CaH_2 等)中氢的氧化值为 -1。

(3) 氧在化合物中的氧化值一般为 -2,但在过氧化物(Na_2O_2,H_2O_2 等)中氧的氧化值为 -1,在超氧化物(KO_2 等)中的氧化值为 $-\frac{1}{2}$,在 OF_2 中氧化值为 +2(因为氟的电负性比氧大)。

(4) 单原子离子的氧化值等于离子的电荷数;多原子离子的电荷数等于所有元素氧化值的代数和。

(5) 分子化合物中各元素氧化值的代数和等于零。

【例 4-1】 试确定在 $Na_2S_4O_6$,H_2SO_4,SO_2,H_2S 中 S 元素的氧化值。

【解】 已知氧的氧化值为 -2,Na^+ 的氧化值为 +1,H^+ 的氧化值为 +1,设 S 元素的氧化值为 x,则

(1) 在 $Na_2S_4O_6$ 分子中

$$1\times2+4x+(-2)\times6=0,\quad x=2\frac{1}{2}$$

(2) 在 H_2SO_4 分子中

$$1\times2+x+(-2)\times4=0\quad x=6$$

(3) 在 SO_2 分子中

$$x+(-2)\times2=0\qquad x=4$$

(4) 在 H_2S 分子中

$$1\times2+x=0\qquad x=-2$$

根据氧化值的概念,大多数的化学反应中化学元素在反应前后没有发生氧化值的变化(如酸碱反应、沉淀反应等),所以称为非氧化还原反应。另一类有氧化值的变化的反应称为氧化还原反应。因为在化学反应中元素氧化值改变的实质是发生电子转移(或偏移),因此氧化还原反应的实质是电子得失(或偏移)。元素的氧化值升高(失去电子或偏离)的过程称氧化(氧化反应),元素的氧化值降低(得到电子或靠近)的过程称还原(还原反应)。在氧化还原反应中氧化值升高(失去电子或偏离)的物质称为还原剂(还原态);氧化值降低(得到电子或靠近)的物质称为氧化剂(氧化态)。没有氧化就没有还原,没有还原剂也就没有氧化剂,它们是对立而又互相依存的。还原剂使氧化剂还原,表现出还原性,而本身被氧化;氧化剂使还原剂氧化,表现出氧化性,而本身被还原。

二、氧化还原反应方程式的配平

配平氧化还原反应式的方法较多,这里只介绍离子-电子法。离子-电子法又称半反应式法,其配平原则是反应中氧化剂得到的电子数必须等于还原剂失去的电子数。现以 $KMnO_4$ 与 Na_2SO_3 在酸性介质中反应为例,其配平步骤如下:

(1) 写出离子反应方程式

$$MnO_4^- + SO_3^{2-} + H^+ \longrightarrow Mn^{2+} + SO_4^{2-} + H_2O$$

(2) 分别写出氧化剂被还原,还原剂被氧化的两个半反应式并配平。

还原半反应:$MnO_4^- + 8H^+ + 5e \rightleftharpoons Mn^{2+} + 4H_2O$

氧化半反应:$SO_3^{2-} + H_2O - 2e \rightleftharpoons SO_4^{2-} + 2H^+$

(3) 根据得失电子数相等的原则,找出两个半反应最小公倍数,并把它们合并成一个配平离子方程式。

$$\begin{array}{lll} & \times2 & MnO_4^- + 8H^+ + 5e \rightleftharpoons Mn^{2+} + 4H_2O \\ + & \times5 & SO_3^{2-} + H_2O - 2e \rightleftharpoons SO_4^{2-} + 2H^+ \\ \hline \end{array}$$

$$2MnO_4^- + 5SO_3^{2-} + 6H^+ \rightleftharpoons 2Mn^{2+} + 5SO_4^{2-} + 3H_2O$$

习　　题

1. 解释下列名词(各举一例说明)

（1）离子键　（2）共价键　（3）σ 键　（4）π 键　（5）氢键　（6）范德华力　（7）配位键　（8）极性键　（9）非极性键

2. 共价键饱和性和方向性的根据是什么？

3. 判断下列说法是否正确，为什么？

（1）分子中的化学键为极性键，则分子为极性分子；

（2）范德华力属于一种较弱的化学键；

（3）氢化物分子间能形成氢键；

（4）对多原子分子，如果键是极性键，则一定是极性分子；

（5）共价键极性的大小取决于成键原子间的电负性差别的大小；

（6）凡是直线形分子均为非极性分子。

4. 试述配位键、氢键形成过程有何不同之处，为什么说它们的特点都是有饱和性与方向性？

5. 下列分子中，哪些是极性分子？哪些是非极性分子？

（1）CO　（2）CO_2　（3）HI　（4）Br_2　（5）NH_3　（6）H_2O　（7）CH_4　（8）H_2S

6. 比较下列各组中两物质的熔点高低，并简要说明理由。

（1）CI_4 与 CCl_4　（2）NH_3 与 PH_3　（3）PH_3 与 SbH_3　（4）H_2 与 HF

7. 什么叫金属键？试用金属键解释金属的物理性质。

8. 指出下列配离子和配合物的中心原子、配体、配位原子和配位数，并加以命名。

（1）$K_3[Fe(CN)_6]$　（2）$[Cu(NH_3)_4]SO_4$　（3）$[Cu(en)_2]SO_4$

（4）$[Co(NH_3)_5Cl]Cl_2$　（5）$[Pt(NH_3)_2Cl_2]$　（6）$H[Pt(NH_3)Cl_5]$

（7）$[Zn(NH_3)_4]^{2+}$　（8）$[FeF_6]^{3-}$　（9）$[Hg(SCN)_4]^{2-}$

9. 写出下列各配合物的化学式。

（1）六氯合锑（Ⅴ）酸铵　（2）四碘合汞（Ⅱ）酸钾　（3）硫酸六氨合镍（Ⅱ）

（4）溴化二溴·四水合铬(Ⅲ)　（5）氨基·硝基·二氨合铂(Ⅱ)　（6）氢氧化二氨合银(Ⅰ)

10. 什么叫氧化还原反应？如何判断？举例说明什么是氧化、还原、氧化剂、还原剂。

11. 指出下列化合物中划线元素的氧化值：$K_2\underline{Cr}O_4$，$Na_2\underline{S}_2O_3$，$Na_2\underline{O}_2$，$\underline{N}_2$，$\underline{Mn}O_4^-$，$\underline{N}H_4^+$，$\underline{Na}H$。

12. 配平下列氧化还原反应方程式，并指出在反应中什么物质发生了氧化反应，什么物质发生了还原反应，哪个是还原剂，哪个是氧化剂。

（1）$Cu + H_2SO_4(浓) \longrightarrow CuSO_4 + SO_2\uparrow + H_2O$

（2）$KMnO_4 + HCl \longrightarrow KCl + MnCl_2 + Cl_2\uparrow + H_2O$

（3）$K_2Cr_2O_7 + KI + H_2SO_4 \longrightarrow Cr_2(SO_4)_3 + K_2SO_4 + I_2 + H_2O$

（4）$H_2O_2 + MnO_4^- + H^+ \longrightarrow O_2\uparrow + Mn^{2+} + H_2O$

（5）$Cr_2O_7^{2-} + SO_3^{2-} + H^+ \longrightarrow Cr^{3+} + SO_4^{2-} + H_2O$

（6）$MnO_4^- + C_2O_4^{2-} + H^+ \longrightarrow Mn^{2+} + CO_2\uparrow + H_2O$

第五章

化学反应速率与化学平衡

化学反应速率是指在一定条件下,化学反应进行的快慢;化学平衡则是研究在指定条件下,化学反应进行的程度。人们总希望有利于生产和生活的反应进行得更快,更完全,而对有害的化学反应进行抑制。研究化学反应速率和化学平衡,就是为了达到这个目的。

第一节　化学反应速率

有些化学反应进行得很快,例如炸药爆炸、酸碱中和反应等,在约 10^{-3}s 内即可完成;而有些反应进行得很慢,例如,室温下铁在干燥的空气中被氧化进行得较慢。当条件改变时,反应速率将发生很大变化。如氢和氧的混合气体在室温时,反应很慢,以至察觉不出有什么变化,而一旦点燃(600℃以上)或用铂作催化剂,反应即以爆炸的形式完成。又如人体内发生的新陈代谢,若氧的浓度太低,则代谢作用无法进行而死亡,反之若氧的浓度过高,又因反应过速而死亡。

一、化学反应速率

化学反应速率是衡量化学反应快慢的物理量。它是以单位时间内某一反应物的浓度(气体则以分压)的减小或某一生成物的浓度(或分压)的增加的绝对值来表示,即

$$反应速率 = \left|\frac{浓度变化量}{变化所需时间}\right|$$

其数学表达式为

$$v = \frac{|c_2 - c_1|}{t_2 - t_1} = \frac{|\Delta c|}{|\Delta t|}$$

浓度单位为 $mol \cdot L^{-1}$,时间单位可以用秒(s)、分(min)、小时(h)。化学反应速率的单位为 $mol \cdot L^{-1} \cdot s^{-1}$,$mol \cdot L^{-1} \cdot min^{-1}$或 $mol \cdot L^{-1} \cdot h^{-1}$。

【例 5-1】 在某一条件下,将氮气和氢气在恒容容器中合成氨,反应前氮气与氢气的浓度分别为 $1.0mol \cdot L^{-1}$和 $3.0mol \cdot L^{-1}$,反应 2s 后,两者的浓度变化为 $0.8mol \cdot L^{-1}$和 $2.4mol \cdot L^{-1}$,而生成物氨的浓度为 $0.4mol \cdot L^{-1}$,计算该反应的速率。

【解】 该反应的反应方程式为:$N_2 + 3H_2 \rightleftharpoons 2NH_3$

用 2s 内氮气、氢气和氨的浓度变化,都可以表示该反应的速率:

$$v_{N_2} = \frac{|0.8 - 1.0|}{2} = 0.1mol \cdot L^{-1} \cdot s^{-1}$$

$$v_{H_2} = \frac{|2.4 - 3.0|}{2} = 0.3mol \cdot L^{-1} \cdot s^{-1}$$

$$v_{NH_3} = \frac{|0.4 - 0|}{2} = 0.2mol \cdot L^{-1} \cdot s^{-1}$$

从计算结果可知，用不同物质浓度的变化计算出的数值各不相同。因此，在用具体数值表示某一化学反应速率时，必须注明以哪种物质的浓度变化来表示的，如上例中 v_{N_2}，v_{H_2}，v_{NH_3} 等。从上例中，我们还可看出，在同一反应中，3 种不同速率数值之比正好等于反应方程式中各物质的系数之比，即

$$v_{N_2}:v_{H_2}:v_{NH_3}=1:3:2$$

二、影响化学反应速率的因素

反应物的本性是决定化学反应速率的主要因素，因不同的物质化学活性不同。对于同一化学反应，外界条件的不同，对反应速率也有一定的影响。

对于一个化学反应，可用化学反应方程式来表示参加反应的反应物和反应后的生成物，但对于反应通过什么步骤转变成生成物，化学方程式就不能体现出来。

化学反应经历的具体途径称为反应机理(或反应历程)。根据反应机理不同，化学反应可分为基元反应和非基元反应两大类。由反应物分子之间的碰撞，一步就转化为产物分子的反应，称为基元反应。由反应物分子之间经过两步或两步以上的变化才转化为产物的化学反应，称为非基元反应。外界条件的改变对非基元反应速率的影响较为复杂，下面讨论影响基元反应速率的因素。

1. 浓度对化学反应速率的影响

在温度不变的条件下，基元反应的反应速率与各反应物浓度指数(浓度的指数在数值上等于基元反应中各反应物化学式前的系数)的乘积成正比。这一规律称为质量作用定律。

对于基元反应：

$$aA+bB\longrightarrow cC+dD$$

反应速率：

$$v=kc_A^a\cdot c_B^b$$

上式中，k 为反应速率常数，c_A 为反应物 A 的浓度，c_B 为反应物 B 的浓度。

反应物浓度越大，反应速率越大，这是因为当浓度增大时，增加了反应物之间的碰撞几率，能发生反应的有效碰撞增加，所以反应速率加快。

2. 温度对化学反应速率的影响

温度对化学反应速率的影响很大，根据大量的实验数据归纳出一条经验规则：在反应物浓度恒定的条件下，温度每升高 10K，大多数化学反应的速率增大到原来的 2～4 倍。

温度升高，反应速率迅速加快，这是因为温度升高时，分子运动加快，分子间的碰撞次数增加。另一方面，当温度升高时，分子的动能升高，于是超过活化能(活化分子的平均能量与反应物分子平均能量之差)的活化分子数亦增加，即活化分子数增加，有效碰撞的次数也增加，所以反应速率加快。

3. 催化剂对化学反应速率的影响

催化剂又称触媒，是指那些能改变化学反应速率，而在反应前后本身的组成、质量和化学性质基本保持不变的物质。例如，过氧化氢在常温下分解是很慢的，但若加入少量铁盐(如 $FeCl_3$)或亚铁盐溶液作催化剂，则反应迅速进行。

催化剂之所以能改变化学反应速率，主要是因为催化剂改变了反应途径，降低了反应的活化能，从而使活化分子数增多，有效碰撞次数增加，导致反应速率加快。

浓度、温度和催化剂是影响化学反应速率的主要因素。除此之外，还可用其他方法来调节反应速率，例如控制光照的强度可控制甲烷和氯气作用生成四氯化碳的速率，鼓风可使炉火更旺，把木柴劈小可加快燃烧，闪电可使空气中的氮和氧作用生成一氧化氮等等。这些事实表明，扩大反应物之间的接触面积、加快反应物和产物的扩散、光照、电弧等手段都可用来加快化学反应。一些新技术，如激光、超声波、磁场等，也可用来影响某些化学反应的速率。

第二节　化 学 平 衡

一个化学反应是否具有实用价值，不仅要看其反应速率，更重要的是其反应进行的程度。化学平衡就是研究在一定条件下，化学反应进行的程度，即化学反应所能达到的最大限度。

一、可逆反应与化学平衡

1. 可逆反应

有些化学反应是几乎可以进行到底的，例如氢氧化钠与盐酸发生的中和反应，氯酸钾在二氧化锰催化作用下分解生成氯化钾和氧气的反应等等。这些向一个方向几乎进行到底，而不向相反方向进行的反应，称为不可逆反应。

但是，大多数化学反应，在一定条件下，既可向正方向进行，又能向反方向进行，这种反应称为可逆反应。在写可逆反应方程式时，反应物和生成物之间用“$\rightleftharpoons$”连接。例如，在密闭容器中，某温度下一氧化碳和水蒸气反应生成二氧化碳和氢气，在同样条件下，二氧化碳和氢气又可以反应生成一氧化碳和水蒸气。反应方程式为：

$$CO(g) + H_2O(g) \rightleftharpoons CO_2(g) + H_2(g)$$

对于可逆反应，习惯上把从左向右进行的反应称为正反应；从右向左进行的反应称为逆反应。

2. 化学平衡

对于上述可逆反应，当把 0.01mol 一氧化碳和 0.01mol 水蒸气注入体积为 1L 的密闭容器中并加热至 1200℃时，开始只发生正反应，随着反应的进行，反应物浓度逐渐减少，生成物的浓度由零逐渐增大。当两种反应物浓度由 $0.01mol \cdot L^{-1}$变到 $0.006mol \cdot L^{-1}$，两种生成物浓度由 $0.00mol \cdot L^{-1}$变到 $0.004mol \cdot L^{-1}$时，尽管反应仍在进行，但反应物和生成物的浓度不再发生改变。

根据质量作用定律：

$$v_{正} = k_{正}\, c_{CO}\, c_{H_2O(g)}$$

$$v_{逆} = k_{逆}\, c_{CO_2}\, c_{H_2}$$

随着反应的进行，反应物的浓度逐渐减小，$v_{正}$ 也逐渐变小，而生成物的浓度逐渐增大，$v_{逆}$ 也逐渐增大，当 $v_{正} = v_{逆}$ 时，由于正反应的进行而消耗的 CO 和 $H_2O(g)$的量等于由逆反应生成的 CO 和 $H_2O(g)$的量。此时，容器内 4 种气体的浓度不再发生改变。这种正、逆反应速度相等时体系所处的状态称为化学平衡状态。化学平衡状态是可逆反应所能达到的最大限度。但是，此时正反应和逆反应仍在进行，只是两者的反应速率相等。所以化学平衡是一个动态平衡。

3. 化学平衡常数

对于下述可逆反应：

$$aA + bB \rightleftharpoons cC + dD$$

$$v_{正} = k_{正}\, c_A^{\ a} c_B^{\ b}$$

$$v_{逆} = k_{逆}\, c_C^{\ c} c_D^{\ d}$$

当达到化学平衡时，$v_{正} = v_{逆}$，即

$$k_{正}\, c_A^{\ a} c_B^{\ b} = k_{逆}\, c_C^{\ c} c_D^{\ d}$$

$$\frac{k_{正}}{k_{逆}} = \frac{c_C^{\ c} c_D^{\ d}}{c_A^{\ a} c_B^{\ b}}$$

$k_{正}$ 和 $k_{逆}$ 在此特定条件下均为常数，两个常数比仍为一个常数，即

$$K = \frac{k_{正}}{k_{逆}} = \frac{c_C^{\ c} c_D^{\ d}}{c_A^{\ a} c_B^{\ b}}$$

上式表示：在恒温下，可逆反应达到平衡时，生成物浓度指数之积与反应物浓度指数之积的比值为一常数(浓度指数在数值上等于反应方程式中各物质化学式前的系数)。这个常数叫做该温度下此反应的浓度平衡常数，一般称为化学平衡常数或简称平衡常数。

对于每一个化学反应，当条件一定时，都有自身的平衡常数。不同的化学反应，平衡常数不同，其值的大小取决于反应中物质的本性。对于同一可逆反应，平衡常数 K 与温度有关，但不随浓度的变化而变化。

4. 化学平衡常数的应用

化学平衡常数是化学反应的特性常数，运用化学平衡常数可进行如下几方面的计算和判定。

(1) 根据平衡时反应物和生成物的浓度(或分压)，计算平衡常数。

【例 5-2】 合成氨反应在 773K 达到平衡时，测得各组分气体的分压为：
$p_{NH_3} = 3.57 \times 10^6 Pa$ $p_{N_2} = 4.17 \times 10^6 Pa$ $p_{H_2} = 12.5 \times 10^6 Pa$，求该反应在 773K 时的平衡常数 K_p。

【解】 根据化学反应方程式 $N_2(g) + 3H_2(g) \rightleftharpoons 2NH_3(g)$ 得

$$K_p = \frac{p_{NH_3}^2}{p_{N_2} p_{H_2}^3} = \frac{(3.57 \times 10^6)^2}{4.17 \times 10^6 \times (12.5 \times 10^6)^3} \doteq 1.56 \times 10^{-15}$$

(2) 判断化学反应进行的程度。

平衡常数 K 值的大小，是衡量化学反应进行程度的依据。K 值愈大，表示平衡时混合物中生成物的浓度(或分压)愈大，剩余的反应物的浓度(或分压)愈小，反应进行的程度愈大，即反应进行得愈完全。反之，K 值愈小，反应进行得愈不完全。

(3) 判断化学反应进行的方向。

对于可逆反应：

$$aA + bB \rightleftharpoons cC + dD$$

在一定条件下，处于平衡状态时：

$$\frac{c_C^{\ c} c_D^{\ d}}{c_A^{\ a} c_B^{\ b}} = K$$

当 $\frac{c_C^{\ c} c_D^{\ d}}{c_A^{\ a} c_B^{\ b}} \neq K$ 时，说明反应体系处于非平衡状态，则化学平衡发生改变，改变的方式有两种可能。

第一种可能情况是：$\frac{c_C^{\,c}c_D^{\,d}}{c_A^{\,a}c_B^{\,b}} < K$

说明反应物的浓度大于其平衡浓度或生成物的浓度小于其平衡浓度，反应体系未达到平衡状态。为了建立新的平衡，反应将主要向正反应方向进行，即 $v_{正} > v_{逆}$。随着反应的进行，反应物浓度逐渐变小，生成物浓度逐渐增大，直到 $v_{正} = v_{逆}$，达到新的平衡，此时$\frac{c_C^{\,c}c_D^{\,d}}{c_A^{\,a}c_B^{\,b}} = K$。

第二种可能情况是：$\frac{c_C^{\,c}c_D^{\,d}}{c_A^{\,a}c_B^{\,b}} > K$

与第一种情况相反，为了达到新的平衡，反应主要向逆反应方向进行，即 $v_{正} < v_{逆}$，直到 $v_{正} = v_{逆}$。

【例 5-3】 已知 721K 时，化学反应 $H_2(g) + I_2(g) \rightleftharpoons 2HI(g)$ 的 K_p 为 5000，若反应从某始态出发，进行一段时间后分析测定 $H_2(g)$，$I_2(g)$，$HI(g)$ 的分压分别为 2.027×10^4Pa，5.066×10^3Pa，4.053×10^3Pa，判断上述合成 $HI(g)$ 的反应是否达到平衡，反应向何方向进行。

【解】 由 $H_2(g) + I_2(g) \rightleftharpoons 2HI(g)$ 得

$$\frac{p_{HI}^2}{p_{H_2} \cdot p_{I_2}} = \frac{(4.053 \times 10^3)^2}{(2.027 \times 10^4) \times (5.066 \times 10^3)} \doteq 0.16 < 5000$$

答：测定时反应尚未达到平衡，反应继续向正方向进行，直至达到平衡。

(4) 计算各物质的平衡浓度和转化率。

根据平衡常数的表达式，通过反应物的起始浓度和已知的平衡常数计算平衡时各物质的浓度和某物质的转化率。

【例 5-4】 在 830℃时，反应

$CO(g) + H_2O(g) \rightleftharpoons CO_2(g) + H_2(g)$ 的 $K = 1.0$。在 1L 的密闭容器中，CO 的起始浓度为 $2mol \cdot L^{-1}$，水蒸气的起始浓度为 $3mol \cdot L^{-1}$，求平衡时各物质的浓度和 CO 转化为 CO_2 的平衡转化率。

【解】 设平衡时 CO_2 的浓度为 $x mol \cdot L^{-1}$，则

	$CO(g)$ +	$H_2O(g) \rightleftharpoons$	$CO_2(g)$ +	$H_2(g)$
起始浓度($mol \cdot L^{-1}$)：	2	3	0	0
平衡浓度($mol \cdot L^{-1}$)：	$2-x$	$3-x$	x	x

将平衡时的浓度代入平衡常数表达式得：

$$K = \frac{c_{CO_2}c_{H_2}}{c_{CO}c_{H_2O}} = \frac{x^2}{(2-x)(3-x)} = 1.0$$

解方程得：$x = 1.2mol \cdot L^{-1}$

所以平衡时：$c_{CO} = 2 - 1.2 = 0.8mol \cdot L^{-1}$

$c_{H_2O} = 3 - 1.2 = 1.8mol \cdot L^{-1}$

$c_{CO_2} = c_{H_2} = 1.2mol \cdot L^{-1}$

CO 转化为 CO_2 的平衡转化率为：

$$\frac{1.2}{2} \times 100\% = 60\%$$

二、化学平衡的移动

化学平衡是在一定条件下的动态平衡，是相对的和暂时的。当反应条件发生改变时，旧的平衡被破坏，在新的条件下又会建立新的平衡。这种因条件的改变使化学反应从原来的平衡状态转变到新的平衡状态的过程，称为化学平衡的移动。

1．浓度对化学平衡的影响

在上面讨论应用化学平衡常数判断化学反应进行的方向时，已经说明当反应物的浓度大于其平衡浓度或生成物的浓度小于其平衡浓度时，为了建立新的平衡，反应主要向正反应方向移动，直到 $v_{正} = v_{逆}$，达到新的平衡，反之亦然。

据此，在平衡体系中，增加反应物的浓度或减小生成物的浓度，平衡向正方向进行，直至达到新的平衡为止。反之，减小反应物的浓度或增加生成物的浓度，平衡向逆方向移动，直至达到新的平衡。

【例 5－5】 若【例 5－2】中，其他条件不变，水蒸气的起始浓度增加为 $6\text{mol}\cdot\text{L}^{-1}$，求 CO_2 的平衡转化率。

【解】 设平衡时 CO_2 的浓度为 $y\text{mol}\cdot\text{L}^{-1}$，则

$$CO(g) + H_2O(g) \rightleftharpoons CO_2(g) + H_2(g)$$

起始浓度($\text{mol}\cdot\text{L}^{-1}$)：	2	6	0	0
平衡浓度($\text{mol}\cdot\text{L}^{-1}$)：	$2-y$	$6-y$	y	y

$$K = \frac{c_{CO_2}c_{H_2}}{c_{CO}c_{H_2O}} = \frac{y^2}{(2-y)(6-y)} = 1.0$$

解方程得：$y = 1.5\text{mol}\cdot\text{L}^{-1}$

所以平衡时：$c_{CO} = 2 - 1.5 = 0.5\text{mol}\cdot\text{L}^{-1}$

$c_{H_2O} = 6 - 1.5 = 4.5\text{mol}\cdot\text{L}^{-1}$

$c_{H_2} = c_{CO_2} = 1.5\text{mol}\cdot\text{L}^{-1}$

CO 转化为 CO_2 的平衡转化率为：

$$\frac{1.5}{2} \times 100\% = 75\%$$

2．压力对化学平衡的影响

对有气体参加的反应，改变平衡体系的压力，影响到气体所占的体积，就等于改变了体系中各种气体物质的浓度。但压力的改变，同时影响到反应物和生成物，因此，压力对化学平衡的影响有如下几种情况：

(1) 对反应前后气体分子数相等的反应，压力的改变对平衡无影响。例如：

$$CO(g) + H_2O(g) \rightleftharpoons CO_2(g) + H_2(g)$$

平衡时，压力增加 1 倍，则体积缩小 1 倍，每种气体的浓度增加 1 倍，代入化学平衡表达式后可知，对化学平衡没有影响。

(2) 对反应物和生成物中气体分子数不相等的可逆反应，增大压力，平衡将向气体分子总数减少的方向移动；降低压力，平衡向气体分子总数增加的方向移动。例如：

$$N_2(g) + 3H_2(g) \rightleftharpoons 2NH_3(g)$$

反应物中有 4mol 气体分子，生成物中有 2mol 气体分子，增大压力时，平衡向正方向移动，直至

达到新的平衡。又如：

$$N_2O_4(g) \rightleftharpoons 2NO_2(g)$$

反应物中只有 1mol 气体分子，生成物中有 2mol 气体分子，增大压力，平衡向逆方向移动；降低压力，平衡向正方向移动，直至达到新的平衡。

3. 温度对化学平衡的影响

温度对化学平衡的影响与浓度和压力对化学平衡的影响具有本质的区别。浓度和压力的改变，是恒温下物质浓度的改变而导致平衡移动，平衡常数没有改变。而温度的变化使平衡常数发生了改变，致使平衡发生移动，达到新的平衡时，有对应的新的平衡常数。

温度对化学平衡的影响要从化学反应的热效应来研究。在进行化学反应时，往往伴随着能量的变化，有的化学反应正反应是放热反应，相反，其逆反应则是吸热反应；若正反应是吸热反应，则其逆反应是放热反应。

当达到平衡时，改变温度，化学平衡将发生移动。升高温度，平衡向吸热反应方向移动；降低温度，平衡向放热反应方向移动。例如：

$$N_2(g) + 3H_2(g) \rightleftharpoons 2NH_3(g) + 92.2\text{kJ}$$

正反应为放热反应，逆反应是吸热反应。升高温度，平衡向逆反应方向移动；降低温度，平衡向正反应方向移动。又如：

$$C(s) + O_2(g) \rightleftharpoons CO_2(g) - Q$$

正反应为吸热反应，逆反应为放热反应。升高温度，平衡向正反应方向移动；降低温度，平衡向逆反应方向移动。

4. 催化剂对化学平衡的影响

催化剂可以加快化学反应速率，是因为催化剂降低了反应的活化能。对于一个可逆反应来说，催化剂同等程度地加快了正、逆反应的速率，而使平衡常数 K 保持不变。所以，催化剂对化学平衡没有影响。在尚未达到平衡状态的反应体系中加入催化剂，可以加快反应速率，缩短反应达到平衡状态的时间，但对平衡体系中各物质的浓度和平衡转化率没有影响。

5. 化学平衡移动原理

综上所述，改变平衡体系的条件，化学平衡将发生移动，并可得出化学平衡移动原理：若改变确定平衡体系的条件（如浓度、温度、压力等）之一，平衡将沿着能减弱这个改变的方向移动。

例如，增加平衡体系中反应物的浓度，平衡就会沿着减少反应物也就是向正反应方向移动；对有气体参加的反应，增大体系的压力，平衡就向减少气体分子总数的方向移动；升高温度，平衡向吸热反应方向移动。

习　　题

1. 什么叫质量作用定律？质量作用定律只适用于哪种反应？
2. 什么叫活化能、活化分子？为什么升高温度能使反应速率加快？
3. 什么叫催化剂？正催化剂为什么能加速化学反应？催化剂对化学平衡有何影响？为什么？
4. 什么叫化学平衡？平衡体系有何特征？
5. 何谓化学平衡常数？书写平衡常数表达式时应注意哪些事项？
6. 写出下列反应体系的 K_c，K_p 表达式。

(1) $CO_2(g) + C(s) \rightleftharpoons 2CO(g)$

(2) $2CO(g) + O_2(g) \rightleftharpoons 2CO_2(g)$

(3) $3CH_4(g) + Fe_2O_3(s) \rightleftharpoons 2Fe(s) + 3CO(g) + 6H_2(g)$

7. 在某温度下，开始时容器中仅有 SO_3，起始浓度为 $1.2mol \cdot L^{-1}$，平衡浓度为 $0.42mol \cdot L^{-1}$，计算反应 $2SO_2(g) + O_2(g) \rightleftharpoons 2SO_3(g)$ 在该温度下的 K_c。

8. 什么叫平衡转化率？反应程度、平衡常数和平衡转化率三者有何关系？

9. 下列处于平衡状态的体系：

(1) $H_2(g) + Cl_2(g) \rightleftharpoons 2HCl + Q$

(2) $CaCO_3(s) \rightleftharpoons CaO(s) + CO_2(g) - Q$

(3) $3CH_4(g) + Fe_2O_3(s) \rightleftharpoons 2Fe(s) + 3CO(g) + 6H_2(g) - Q$

试问：(1)增大压力；(2)升高温度；(3)减小生成物的浓度，平衡向何方向移动？

10. 已知反应 $CO(g) + H_2O(g) \rightleftharpoons CO_2(g) + H_2(g)$，在 850℃时，平衡常数 $K = 1.0$。(1) 若在体积为 1L 的密闭容器中 $CO(g)$ 和 $H_2O(g)$ 各 2.0mol，求该温度下 CO 的平衡转化率；(2) 上述反应达到平衡后再加入 4.0mol $H_2O(g)$，求达到新的平衡时各物质的浓度。

第六章 电解质溶液

根据化合物在水溶液中或熔融状态下能否导电，可将化合物分为电解质和非电解质两大类，前者能导电，后者不能导电。通常把它们的水溶液分别称为电解质溶液和非电解质溶液。

人体的体液中除了含有糖类、脂肪、蛋白质等物质外，还存在许多电解质离子，如 Na^+，K^+，Ca^{2+}，Cl^-，SO_4^{2-}，HCO_3^-，CO_3^{2-}，$H_2PO_4^-$，HPO_4^{2-}等，这些离子是维持人体的渗透平衡、酸碱平衡、水盐平衡等不可缺少的成分，同时在神经、肌肉等组织的生理和生化功能方面也起着重要作用。

第一节 弱电解质的电离平衡

一、强电解质和弱电解质

不同电解质溶液的导电能力强弱不同。用浓度相同的盐酸、氢氧化钠、氯化钠、氨水和醋酸溶液分别做导电性试验，发现前三者的导电能力强，后两者的导电能力弱。这说明前三种溶液中的离子浓度大，而后两种溶液中的离子浓度小。这是由于不同电解质的电离程度不同引起的。因此，可根据电离程度的大小，把电解质分为强电解质和弱电解质。

1. 强电解质

盐酸、氢氧化钠和氯化钠在其水溶液中能完全电离成离子。这种在水溶液中能完全电离的电解质叫做强电解质。强酸、强碱和大部分的盐类是强电解质。强电解质的电离是不可逆的，其电离过程用“→”来表示。例如：

$$HCl \longrightarrow H^+ + Cl^-$$

$$NaOH \longrightarrow Na^+ + OH^-$$

$$Na_2SO_4 \longrightarrow 2Na^+ + SO_4^{2-}$$

$$Fe_2(SO_4)_3 \longrightarrow 2Fe^{3+} + 3SO_4^{2-}$$

2. 弱电解质

在水溶液中只有部分电离的电解质叫弱电解质。弱酸、弱碱和少数盐类是弱电解质。弱电解质在水溶液中只有小部分电离成离子，大部分仍以分子的形式存在。弱电解质的电离是可逆的，在溶液中存在电离平衡。例如：

醋酸的电离：$HAc \rightleftharpoons H^+ + Ac^-$

氨水的电离：$NH_3 \cdot H_2O \rightleftharpoons NH_4^+ + OH^-$

如果弱电解质为多元弱酸，则它们的电离是分步（或分级）进行的，其中第一步电离程度比第二步大，第二步比第三步大，逐级减弱。如碳酸的电离方程式如下：

第一步：$H_2CO_3 \rightleftharpoons H^+ + HCO_3^-$

第二步：　　　　　　　　$HCO_3^- \rightleftharpoons H^+ + CO_3^{2-}$

碳酸的酸性主要由第一步电离出的 c_{H^+} 所决定。多元弱酸的酸性强弱取决于第一步电离程度的大小。

磷酸是三元酸，它的电离分三步进行。

第一步：　　　　　　　　$H_3PO_4 \rightleftharpoons H^+ + H_2PO_4^-$

第二步：　　　　　　　　$H_2PO_4^- \rightleftharpoons H^+ + HPO_4^{2-}$

第三步：　　　　　　　　$HPO_4^{2-} \rightleftharpoons H^+ + PO_4^{3-}$

二、弱电解质的电离平衡

1. 电离平衡

以醋酸为例，它在水溶液中的电离方程式为：

$$HAc \underset{逆过程}{\overset{正过程}{\rightleftharpoons}} H^+ + Ac^-$$

开始时，主要是 HAc 分子电离，正过程速度较大，逆过程速度为零。随着电离的进行，HAc 浓度逐渐减小，正过程速度逐渐减小，而 H^+ 和 Ac^- 浓度逐渐增大，逆过程速度逐渐增大，当正、逆过程速度相等时，溶液中 HAc，H^+ 和 Ac^- 的浓度不再改变，便达到了电离平衡状态。电离平衡是化学平衡的一种形式，也是动态平衡。

在一定温度下，当电离达到平衡时，电解质分子和离子的平衡浓度之间存在着一定的关系：

$$\frac{c_{H^+} c_{Ac^-}}{c_{HAc}} = K_i$$

式中 K_i 称为电离平衡常数，简称电离常数。

从电离常数的表达式中可以看出：K_i 值越大，说明离子浓度越大，表示该电解质越容易电离；K_i 值越小，说明离子浓度越小，表示该电解质越不容易电离。因此，通过比较 K_i 值的大小，可以判断弱电解质的相对强弱。例如：25℃时，0.1mol·L^{-1}醋酸溶液的 K_i 值是 1.75×10^{-5}，而 0.1mol·L^{-1}氢氰酸溶液的 K_i 值是 4.93×10^{-10}，表明氢氰酸是比醋酸更弱的酸。

和所有平衡常数一样，电离常数随温度的变化而改变，与浓度无关。例如：25℃时，0.1mol·L^{-1}醋酸溶液和 0.01mol·L^{-1}醋酸溶液的 K_i 值都是 1.75×10^{-5}；而在 0℃时，醋酸溶液的 K_i 值是 1.65×10^{-5}。但电离常数受温度的影响不大，故在常温时一般不考虑温度对电离常数的影响。一些常见的弱电解质的电离常数见表 6－1。

表 6－1　一些常见弱电解质的电离常数(25℃)

电解质	电离常数	电解质	电离常数
醋酸 (HAc)	$K_i = 1.75 \times 10^{-5}$	氨水 ($NH_3 \cdot H_2O$)	$K_i = 1.76 \times 10^{-5}$
碳酸 (H_2CO_3)	$K_1 = 4.3 \times 10^{-7}$ $K_2 = 5.6 \times 10^{-11}$	磷酸 (H_3PO_4)	$K_1 = 7.52 \times 10^{-3}$ $K_2 = 6.23 \times 10^{-8}$ $K_3 = 2.2 \times 10^{-13}$
氢硫酸 (H_2S)	$K_1 = 9.1 \times 10^{-8}$(18℃) $K_2 = 1.1 \times 10^{-12}$(18℃)	亚硫酸 (H_2SO_3)	$K_1 = 1.54 \times 10^{-2}$(18℃) $K_2 = 1.02 \times 10^{-7}$(18℃)
氢氰酸 (HCN)	$K_i = 4.93 \times 10^{-10}$	硼酸 (H_3BO_3)	$K_i = 7.3 \times 10^{-10}$(20℃)

2. 电离度

弱电解质的电离程度的大小既可由电离常数反映出来，还可用电离度来表示。所谓电离度就是当弱电解质达到电离平衡时，溶液中已电离的电解质分子数占电解质分子总数（包括已电离的和未电离的）的百分数。电离度通常用符号 α 表示：

$$\alpha = \frac{\text{已电离的电解质分子数}}{\text{电解质分子总数}} \times 100\%$$

【例 6－1】 试求 25℃时，0.1mol·L^{-1}HAc 的氢离子浓度和电离度。

【解】 根据电离常数的数学表达式：

$$K_a = \frac{c_{Ac^-} \cdot c_{H^+}}{c_{HAc}} = \frac{c^2_{H^+}}{c_{HAc}}$$

由于 HAc 的电离程度小，电离平衡时，c_{HAc}可视为 HAc 的原始浓度 c。

故 $$c^2_{H^+} = K_a \cdot c$$

$$c_{H^+} = \sqrt{K_a \cdot c} = \sqrt{1.76 \times 10^{-5} \times 0.1} = 1.32 \times 10^{-3} \text{mol} \cdot \text{L}^{-1}$$

故 $$\alpha = \frac{1.32 \times 10^{-3}}{0.1} \times 100\% = 1.32\%$$

显然，弱电解质的电离度越大，其电离程度越大。反之，电离度越小，其电离程度越小。电解质的电离度大小与多种因素有关，主要取决于电解质的本性，同时也与温度、浓度有关。温度越高，电离度越大，这是因为电离是吸热过程，升高温度有利于电解质的电离；浓度越小，电离度越大，这是因为溶液的浓度越小，单位体积内的粒子（分子和离子）数越小，离子重新结合成分子的机会越少，因而电离度增大。由于电离度的大小与温度、浓度有关，所以在表示弱电解质的电离度时，必须指出溶液的温度和浓度。

按照强电解质的概念，它在水溶液中全部电离，其电离度应是 100%。但在强电解质溶液中，由于离子浓度较大，离子间的引力和斥力比较显著，影响了离子在溶液中的自由运动，因而实验测得的电离度都小于 100%。这种实验测得的强电解质的电离度叫做表观电离度。表观电离度小于真实电离度（100%）。常见电解质的表观电离度见表 6－2。

不同的电解质，其电离度的大小不同。电解质越弱，电离度越小。在常温下 0.1mol·L^{-1}的溶液中，电离度大于 30%的电解质称为强电解质，电离度小于 5%的电解质称为弱电解质，电离度介于 5%～30%之间的电解质称为中强电解质。

表 6－2 一些常见电解质的表观电离度（0.1mol·L^{-1}，25℃）

电解质	分子式	表观电离度 α（%）	电解质	分子式	表观电离度 α（%）
盐 酸	HCl	92	氯化钠	$NaCl$	84
硝 酸	HNO_3	92	氯化钾	KCl	86
硫 酸	H_2SO_4	58	醋酸钠	$NaAc$	79
氢氧化钠	$NaOH$	84	硝酸银	$AgNO_3$	81
氢氧化钾	KOH	89	硫酸铜	$CuSO_4$	40
醋 酸	HAc	1.32	碳 酸	H_2CO_3	0.17
氨 水	$NH_3 \cdot H_2O$	1.33	磷 酸	H_3PO_4	27

3. 电离平衡的移动

在稀氨水溶液中存在下列平衡：

$$NH_3 \cdot H_2O \rightleftharpoons NH_4{}^+ + OH^-$$

在电离平衡状态时，溶液中 $NH_3 \cdot H_2O$，NH_4^+ 和 OH^- 的浓度都保持一定。若改变上述电离平衡的条件（如浓度），将会使平衡发生移动。平衡移动的方向可根据吕·查德里原理进行判断。如在上述溶液中：①滴加浓氨水，平衡向右移动，$c_{NH_4^+}$ 和 c_{OH^-} 增大；②加入 NH_4Cl，平衡向左移动，c_{OH^-} 减少；③加入 NaOH，平衡向左移动，$c_{NH_4^+}$ 减少；④加入盐酸，平衡向右移动，$c_{NH_4^+}$ 增大。由此可见，当弱电解质达到电离平衡时，改变电解质分子或离子的浓度，可使原来的电离平衡遭到破坏，直至在新的条件下建立起新的电离平衡。这种由于条件（如浓度）改变，弱电解质由原来的电离平衡达到新的电离平衡的过程，称为电离平衡的移动。

三、同离子效应

【演示实验】 在一支试管中加入 4~5ml 氨水，再滴入 1 滴酚酞溶液，摇匀后溶液呈红色。将此溶液分装 2 支试管中，然后在其中一支试管中滴加氯化铵溶液，观察溶液颜色的变化，另一支试管作对照用。

实验表明，滴加氯化铵溶液后，红色逐渐变浅。说明溶液的 c_{OH^-} 减少，碱性减弱。这是由于加入了完全电离的强电解质 NH_4Cl，即加入了 NH_4^+，使 NH_4^+ 与 OH^- 结合生成 $NH_3 \cdot H_2O$，电离平衡向左移动，氨水的电离度减少，OH^- 随之减少，即碱性减弱，溶液颜色变浅。可用下式表示：

$$NH_3 \cdot H_2O \rightleftharpoons OH^- + NH_4^+$$
$$NH_4Cl \longrightarrow Cl^- + NH_4^+$$

从上式也可看出：在氨水中加入了与氨水具有相同离子（NH_4^+）的强电解质 NH_4Cl 后，电离平衡向左移动，使氨水的电离度减小。

同样，如果在醋酸溶液中加入与醋酸具有相同离子（Ac^-）的强电解质 NaAc，HAc 的电离平衡向左移动，电离度减小，表示式如下：

$$HAc \rightleftharpoons H^+ + Ac^-$$
$$NaAc \longrightarrow Na^+ + Ac^-$$

上述这种在弱电解质溶液中，加入与弱电解质具有相同离子的强电解质，使弱电解质电离度减小的现象叫做同离子效应。

第二节 离子反应

一、离子反应和离子方程式

电解质在溶液中能电离成离子，因此电解质在溶液中的反应，实际上是离子之间所进行的反应。有离子参加的化学反应叫做离子反应。

【演示实验】 在 3 支分别盛有盐酸、氯化钠、氯化钾溶液的试管中，逐管滴加硝酸银溶液，观察现象。

实验表明：虽然 3 支试管中装的物质不同，但都生成了白色沉淀。这是因为它们的水溶液中都含有相同的 Cl^-，所以当分别滴加硝酸银溶液时，都生成了氯化银沉淀。

$$\left.\begin{matrix} HCl \\ NaCl \\ KCl \end{matrix}\right\} + AgNO_3 \longrightarrow AgCl\downarrow + \left\{\begin{matrix} HNO_3 \\ NaNO_3 \\ KNO_3 \end{matrix}\right.$$

现以盐酸与硝酸银反应为例说明上述三个反应的实质。

盐酸、硝酸银、硝酸都是易溶于水的强电解质，在反应的溶液中都以离子形式存在，而氯化银则以沉淀形式存在。故上述的化学方程式可改写为：

$$H^+ + Cl^- + Ag^+ + NO_3^- = AgCl\downarrow + H^+ + NO_3^-$$

可以看出：H^+ 和 NO_3^- 在反应前后都存在溶液中，没有参加反应。如果把没有参加反应的离子的符号省略，则上述化学方程式可写成：

$$Ag^+ + Cl^- = AgCl\downarrow$$

这种用实际参加化学反应的离子的符号来表示离子反应的式子叫做离子方程式。上述实验中的三个反应都可用上述的离子方程式表示。离子方程式不仅能表示某个具体的反应，而且能表示同一类型的反应。如上述离子方程式就能表示所有可溶性银盐和可溶性氯化物的反应。

书写离子方程式一般经过三个步骤：

第一步：根据反应事实写出化学方程式并配平。

第二步：将易溶的强电解质改写成离子，而难溶的物质、单质、气体以及水和其他弱电解质仍写成分子式。

第三步：去掉方程式两边相同的离子（即没有参加反应的离子），即得离子方程式。

在熟练的情况下，可省略第二步，或第一步和第二步都省去。

二、离子反应发生的条件

在离子反应中生成沉淀、气体和难电离的物质，是离子反应发生的条件。只要满足上述三个条件之一，离子反应便可发生。

1. 生成沉淀

例如，在硫酸钠、硫酸铜、硫酸铵三种溶液中分别加入氯化钡溶液，都生成白色的硫酸钡沉淀。

$$\left.\begin{matrix} Na_2SO_4 \\ CuSO_4 \\ (NH_4)_2SO_4 \end{matrix}\right\} + BaCl_2 \longrightarrow BaSO_4\downarrow + \left\{\begin{matrix} 2NaCl \\ CuCl_2 \\ 2NH_4Cl \end{matrix}\right.$$

它们的离子方程式都为：

$$SO_4^{2-} + Ba^{2+} = BaSO_4\downarrow$$

又如，三氯化铁溶液与氢氧化钠溶液的反应：

$$FeCl_3 + 3NaOH = Fe(OH)_3\downarrow + 3NaCl$$

其离子方程式为：

$$Fe^{3+} + 3OH^- = Fe(OH)_3\downarrow$$

可溶性铁盐与强碱溶液反应都可用上述离子方程式表示。

2. 生成气体

【演示实验】 在一支试管里放入少许大理石颗粒,在另2支试管中分别加入碳酸钠和碳酸氢钠溶液,然后在3支试管中分别滴加盐酸溶液。观察现象。

实验表明:3支试管中都产生了二氧化碳气体。

现按步骤分别写出它们反应的离子方程式。

碳酸钙与盐酸反应:

$$CaCO_3 + 2HCl = CaCl_2 + CO_2\uparrow + H_2O$$

碳酸钙是难溶性固体,应写成分子式。

$$CaCO_3 + 2H^+ + 2Cl^- = Ca^{2+} + 2Cl^- + CO_2\uparrow + H_2O$$

$$CaCO_3 + 2H^+ = Ca^{2+} + CO_2\uparrow + H_2O$$

碳酸钠与盐酸反应:

$$Na_2CO_3 + 2HCl = 2NaCl + CO_2\uparrow + H_2O$$

$$2Na^+ + CO_3^{2-} + 2H^+ + 2Cl^- = 2Na^+ + 2Cl^- + CO_2\uparrow + H_2O$$

$$CO_3^{2-} + 2H^+ = CO_2\uparrow + H_2O$$

该离子方程式能表示所有可溶性碳酸盐和强酸的反应。

碳酸氢钠与盐酸反应:

$$NaHCO_3 + HCl = NaCl + CO_2\uparrow + H_2O$$

$$Na^+ + HCO_3^- + H^+ + Cl^- = Na^+ + Cl^- + CO_2\uparrow + H_2O$$

$$HCO_3^- + H^+ = CO_2\uparrow + H_2O$$

该离子方程式适用于所有可溶性碳酸氢盐和强酸的反应。

3. 生成难电离的物质

难电离的物质是指水、弱酸、弱碱及其他弱电解质。

例如,盐酸与氢氧化钠发生的中和反应:

$$HCl + NaOH = NaCl + H_2O$$

其离子方程式为:

$$H^+ + OH^- = H_2O$$

上述离子方程式适用于强酸和强碱所发生的中和反应,而不适用于有弱酸、弱碱参加的中和反应。例如,氨水与盐酸发生的中和反应。

$$NH_3 \cdot H_2O + HCl = NH_4Cl + H_2O$$

其离子方程式应为:

$$NH_3 \cdot H_2O + H^+ = NH_4^+ + H_2O$$

该离子方程式能表示氨水与强酸发生的中和反应。

离子方程式不仅适用于复分解反应,还适用于其他类型的反应。例如,锌和稀盐酸的反应属于离子反应,其离子方程式为:

$$Zn + 2H^+ = Zn^{2+} + H_2\uparrow$$

书写离子方程式时应注意:除了配平原子数,还应使反应前后各离子所带电荷的总数相等。

综上所述,离子方程式比分子方程式更加简单、明了,反映出反应的实质,而且一个反应式能代表一类反应。但是离子方程式局限于电解质在溶液中的反应。

第三节　溶液的酸碱性和溶液的 pH 值

通常认为纯水是不导电的,但如果用精密仪器测定,会发现水也有微弱的导电性。这说明水是一种极弱的电解质,有极少量的水发生电离。

一、水的电离

常温时(22℃左右)实验测得:1L 纯水(55.5mol)中只有 1×10^{-7}mol 水分子发生电离。

$$H_2O \rightleftharpoons H^+ + OH^-$$

在一定温度下,当水的电离达到平衡时:

$$\frac{c_{H^+}c_{OH^-}}{c_{H_2O}} = K_i$$

即

$$c_{H^+}c_{OH^-} = K_i c_{H_2O}$$

由于水的电离度极小,其电离的部分可忽略不计,在电离前后水的浓度几乎不变($55.5mol\cdot L^{-1}$),可视为常数,因此 $K_i c_{H_2O}$仍为常数,以 K_w 表示。在常温时:

$$K_w = c_{H^+}c_{OH^-} = 1\times10^{-14}$$

K_w 称为水的离子积常数,简称水的离子积。常温时,任何一种稀溶液(无论是中性、酸性还是碱性)中,c_{H^+}与 c_{OH^-}的乘积都是 1×10^{-14}(在后述内容中,都是在常温下讨论)。

二、溶液的酸碱性

因为纯水中 c_{H^+}和 c_{OH^-}相等,都是 $1\times10^{-7}mol\cdot L^{-1}$,所以纯水是中性的。

如果在纯水中加入酸,c_{H^+}增加,破坏了水的电离平衡,平衡向左移动,当达到新平衡时,c_{OH^-}减少,溶液呈酸性。

如果在纯水中加入碱,c_{OH^-}增加,破坏了水的电离平衡,平衡向左移动,当达到新平衡时,c_{H^+}减少,溶液呈碱性。

综上所述,溶液的酸碱性决定于 c_{H^+}和 c_{OH^-}的相对大小。

中性溶液 $c_{H^+} = 1\times10^{-7}mol\cdot L^{-1} = c_{OH^-}$

酸性溶液 $c_{H^+} > 1\times10^{-7}mol\cdot L^{-1} > c_{OH^-}$

碱性溶液 $c_{H^+} < 1\times10^{-7}mol\cdot L^{-1} < c_{OH^-}$

c_{H^+}越大,溶液的酸性越强;c_{H^+}越小,酸性越弱。

由 $c_{H^+}c_{OH^-} = 1\times10^{-14}$可以看出,任何水溶液中都同时存在着 H^+ 和 OH^-,也就是说酸性溶液中有 OH^-,碱性溶液中有 H^+,只是两种离子浓度大小不同而已。

三、溶液的 pH 值

溶液的酸碱性既可以用 c_{H^+},也可以用 c_{OH^-}来表示,通常用 c_{H^+}表示。但当溶液中的 c_{H^+}很小时,用 c_{H^+}表示溶液的酸碱性就很不方便,于是便用 pH 值来表示溶液的酸碱性。所谓 pH 值就是氢离子浓度的负对数。

$$pH = -\lg c_{H^+}$$

例如：$c_{H^+}=1\times10^{-1}mol\cdot L^{-1}$，则 $pH=-lg(1\times10^{-1})=1$

$c_{H^+}=1\times10^{-5}mol\cdot L^{-1}$，则 $pH=-lg(1\times10^{-5})=5$

$c_{H^+}=1\times10^{-7}mol\cdot L^{-1}$，则 $pH=-lg(1\times10^{-7})=7$

$c_{H^+}=1\times10^{-9}mol\cdot L^{-1}$，则 $pH=-lg(1\times10^{-9})=9$

$c_{OH^-}=1\times10^{-2}mol\cdot L^{-1}$，则 $pH=-lg\dfrac{1\times10^{-14}}{1\times10^{-2}}=12$

有时也用 pOH 表示溶液的酸碱性。

$$pOH=-lgc_{OH^-}$$

因为 $c_{H^+}c_{OH^-}=K_w=10^{-14}$，所以 $pH+pOH=14$。

溶液的 pH 值与酸碱性的关系是：

$pH=7$ 中性溶液

$pH<7$ 酸性溶液

$pH>7$ 碱性溶液

溶液的 pH 值越小，酸性越强；pH 值越大，碱性越强。c_{H^+} 与 pH 值的对应关系可表示如下：

c_{H^+}	1	10^{-1}	10^{-2}	10^{-3}	10^{-4}	10^{-5}	10^{-6}	10^{-7}	10^{-8}	10^{-9}	10^{-10}	10^{-11}	10^{-12}	10^{-13}	10^{-14}
c_{OH^-}	10^{-14}	10^{-13}	10^{-12}	10^{-11}	10^{-10}	10^{-9}	10^{-8}	10^{-7}	10^{-6}	10^{-5}	10^{-4}	10^{-3}	10^{-2}	10^{-1}	1
pH	0	1	2	3	4	5	6	7	8	9	10	11	12	13	14
	← 酸性增强							中性	碱性增强 →						

从上述关系可以看出：c_{H^+} 越大，pH 值越小。pH 值每减少 n 个单位，c_{H^+} 增大 10^n 倍。反之，pH 值每增大 n 个单位，c_{H^+} 减少 $1/10^n$。

由于 pH 值与 c_{H^+} 是负对数关系，当溶液的 c_{H^+} 或 c_{OH^-} 大于 $1mol\cdot L^{-1}$ 时，用 pH 值表示溶液的酸碱性并不简便，所以此时一般不用 pH 值而直接用 c_{H^+} 或 c_{OH^-} 表示溶液的酸碱性。

溶液的酸碱性在生物学和医学上有重要意义。例如，植物在一定 pH 值的土壤中才能正常生长；各种微生物的培养需要一定 pH 值的培养基；人体内的生物催化剂——酶，必须在特定的 pH 值条件下才能表现出强大的催化活性。国家规定饮用水的 pH 值在 6.5～8.5 之间。正常人体血液的 pH 值总是维持在 7.35～7.45 之间，临床上把血液的 pH 值小于 7.35 时叫做酸中毒，大于 7.45 时叫做碱中毒。对于酸中毒或碱中毒的病人，必须采取适当措施，把血液的 pH 值纠正到正常值范围，否则会引起严重后果，如昏迷，甚至死亡。

四、酸碱指示剂

在不同的 pH 值溶液中能显示不同颜色的化合物叫做酸碱指示剂。通常利用酸碱指示剂的颜色变化来指示溶液的酸碱性。指示剂通常是一些有机弱酸或有机弱碱，它们之所以有变色的特性，是因为指示剂在溶液中电离出的离子和未电离的分子具有不同的颜色。

以甲基橙为例，它是一种有机弱酸，在水溶液中存在下列电离平衡：

$$HIn \rightleftharpoons H^+ + In^-$$

甲基橙分子（红色）　　甲基橙离子（黄色）

如果溶液中 c_{HIn} 和 c_{In^-} 相近，看到的是红色和黄色的混合色——橙色。当向此溶液中加入酸时，c_{H^+}增大，pH值减小，电离平衡向左移动，达到新平衡时，c_{In^-}减小，c_{HIn}增大，溶液就呈现HIn分子的颜色——红色（pH≤3.1）；当向此溶液中加入碱时，c_{H^+}减小，pH值增大，平衡向右移动，达到新平衡时，c_{HIn}减小，c_{In^-}增大，溶液就呈现In^-离子的颜色——黄色（pH≥4.4）。可见，甲基橙由红色变为黄色时，溶液的pH值由3.1变到4.4。我们把指示剂由一种颜色过渡到另一种颜色时溶液的pH值的变化范围，叫做指示剂的变色范围。一般来说，指示剂的变色范围越窄越好。常见指示剂及其变色范围见表6-3。

表6-3 常见指示剂及其变色范围

指示剂名称	变色范围（pH）和指示剂颜色
甲基橙	红色3.1～4.4黄色
甲基红	红色4.2～6.2黄色
石 蕊	红色5.0～8.0蓝色
酚 酞	无色8.0～10.0红色

利用指示剂可以粗略地测出溶液的pH值。例如，在某溶液中加入甲基橙指示剂，溶液呈黄色；加入石蕊指示剂，溶液呈红色，则此溶液的pH值介于4.4～5.0之间。

在实际工作中，经常使用广泛通用指示剂，它是用几种指示剂的混合液配制而成，可在各种不同的pH值溶液中显示出不同的颜色。浸过广泛通用指示剂的试纸称为广泛pH试纸（又称广范pH试纸）。用广泛pH试纸测定溶液的pH值时，将被测溶液蘸在pH试纸上，再将试纸呈现的颜色与该试纸所附的标准比色卡对照，即可测出溶液的近似pH值。

第四节 盐类的水解

大多数盐类是强电解质，在溶液中能全部电离出组成它的正离子和负离子。正盐分子中既不含H^+也不含OH^-，那么它的水溶液是否一定呈中性呢？

用4条pH试纸，分别测定浓度都为$0.1mol \cdot L^{-1}$的氯化钠、醋酸钠、氯化铵、醋酸铵溶液的pH值。

实验表明：氯化钠、醋酸铵溶液的pH值约为7，呈中性；醋酸钠溶液的pH值约为9，呈碱性；氯化铵溶液的pH值约为5，呈酸性。为什么这些盐的水溶液会呈现不同的酸碱性呢？这是因为组成盐的某些正离子或负离子能与水中的OH^-或H^+作用，生成弱电解质——弱碱或弱酸，破坏了水的电离平衡，改变了溶液中的c_{H^+}和c_{OH^-}，因此溶液呈现酸性或碱性。

在水溶液中，盐的离子与水中的H^+或OH^-结合成弱电解质的反应叫做盐类的水解。

一、各种类型盐的水解

由于形成盐的酸和碱的强弱不同，不同类型盐的水解情况也不同。

1. 强酸弱碱盐的水解

由强酸弱碱组成的盐很多，如NH_4Cl，$CuSO_4$，$ZnSO_4$，$FeCl_3$，$Al_2(SO_4)_3$等。下面以NH_4Cl为例讨论这类盐的水解情况。NH_4Cl的水解过程可表示为：

$$
\begin{array}{l}
NH_4Cl \longrightarrow NH_4^+ + Cl^- \\
\qquad\qquad\qquad\quad + \\
\qquad H_2O \rightleftharpoons OH^- + H^+ \\
\qquad\qquad\qquad\quad \Updownarrow \\
\qquad\qquad\qquad NH_3 \cdot H_2O
\end{array}
$$

NH_4Cl 是强电解质,在水溶液中完全电离成 NH_4^+ 和 Cl^-,而 NH_4^+ 与水电离出的 OH^- 结合成弱电解质 $NH_3 \cdot H_2O$,破坏了水的电离平衡,平衡向右移动。当达到新平衡时,$c_{H^+} > 1 \times 10^{-7} mol \cdot L^{-1} > c_{OH^-}$,pH<7,溶液呈酸性。该水解反应的化学方程式为:

$$NH_4Cl + H_2O \rightleftharpoons NH_3 \cdot H_2O + HCl$$

其水解的离子方程式为:

$$NH_4^+ + H_2O \rightleftharpoons NH_3 \cdot H_2O + H^+$$

如果以 A^{n+}(n>1)表示强酸弱碱盐的正离子,则这类盐的水解是分步进行的,而且情况较为复杂。为简化起见,通常写为一步完成的水解方程式。例如,$Al_2(SO_4)_3$ 和 $Zn(NO_3)_2$ 水解的离子方程式分别为:

$$Al^{3+} + 3H_2O \rightleftharpoons Al(OH)_3 + 3H^+$$

$$Zn^{2+} + 2H_2O \rightleftharpoons Zn(OH)_2 + 2H^+$$

强酸弱碱盐水解的实质是:组成该盐的正离子与水中的 OH^- 结合生成弱碱,破坏了水的电离平衡,使 c_{H^+} 增大,故溶液显酸性。

由此可知,强酸弱碱盐能水解,其水溶液显酸性。

2. 弱酸强碱盐的水解

由弱酸强碱组成的盐也很多,如 NaAc,$NaHCO_3$,Na_2CO_3,K_2CO_3,Na_2S 等。下面以 NaAc 为例讨论这类盐的水解情况。NaAc 的水解过程可表示为:

$$
\begin{array}{l}
NaAc \longrightarrow Na^+ + Ac^- \\
\qquad\qquad\qquad\quad + \\
H_2O \rightleftharpoons OH^- + H^+ \\
\qquad\qquad\qquad\quad \Updownarrow \\
\qquad\qquad\qquad\ HAc
\end{array}
$$

NaAc 是强电解质,在水溶液中完全电离成 Na^+ 和 Ac^-,而 Ac^- 与水电离出的 H^+ 结合成弱电解质 HAc,破坏了水的电离平衡,平衡向右移动。当达到新平衡时,$c_{H^+} < 1 \times 10^{-7} mol \cdot L^{-1} < c_{OH^-}$,pH>7,溶液呈碱性。该水解反应的化学方程式为:

$$NaAc + H_2O \rightleftharpoons HAc + NaOH$$

其水解的离子方程式为:

$$Ac^- + H_2O \rightleftharpoons HAc + OH^-$$

如果以 B^{n-}(n>1)表示弱酸强碱盐的负离子,则这类盐的水解也是分步进行的。如 Na_2CO_3 水解的离子方程式为:

第一步水解: $CO_3^{2-} + H_2O \rightleftharpoons HCO_3^- + OH^-$

第二步水解: $HCO_3^- + H_2O \rightleftharpoons H_2CO_3 + OH^-$

由于第二步水解程度很小,故碳酸钠溶液的碱性主要取决于第一步水解。

弱酸强碱盐水解的实质是:组成该盐的负离子与水中的 H^+ 结合生成弱酸,破坏了水的电离平衡,使 c_{OH^-} 增大,故溶液显碱性。

由此可知,弱酸强碱盐能水解,其水溶液显碱性。

3. 弱酸弱碱盐的水解

弱酸弱碱组成的盐也不少,如 NH_4Ac,$(NH_4)_2CO_3$,NH_4HCO_3,$(NH_4)_2S$ 等。这类盐水解的情况比较复杂,下面以 NH_4Ac 为例进行讨论。NH_4Ac 的水解过程可表示为:

$$\begin{array}{ccccc} NH_4Ac & \longrightarrow & NH_4^+ & + & Ac^- \\ & & + & & + \\ H_2O & \rightleftharpoons & OH^- & + & H^+ \\ & & \Updownarrow & & \Updownarrow \\ & & NH_3 \cdot H_2O & & HAc \end{array}$$

NH_4Ac 完全电离产生的 NH_4^+ 和 Ac^-,分别跟水中的 OH^- 和 H^+ 结合成弱电解质 $NH_3 \cdot H_2O$ 和 HAc,更大程度地破坏了水的电离平衡,说明弱酸弱碱盐更容易水解。水解后溶液究竟显酸性、碱性还是中性,决定于水解后生成的弱酸和弱碱的相对强弱。若弱酸的电离常数大于弱碱就显酸性;弱碱的电离常数大于弱酸的,则显碱性;两者的电离常数相等或相近,则近似呈中性。NH_4Ac 的水解方程式为:

$$NH_4Ac + H_2O \rightleftharpoons NH_3 \cdot H_2O + HAc$$

其水解的离子方程式为:

$$NH_4^+ + Ac^- + H_2O \rightleftharpoons NH_3 \cdot H_2O + HAc$$

由于 $NH_3 \cdot H_2O$ 和 HAc 的电离常数都近似于 1.8×10^{-5},所以醋酸铵溶液近似呈中性。

又如硫化铵溶液,其水解的离子方程式为:

$$NH_4^+ + S^{2-} + H_2O \rightleftharpoons NH_3 \cdot H_2O + HS^-$$

$$NH_4^+ + HS^- + H_2O \rightleftharpoons NH_3 \cdot H_2O + H_2S$$

由于 $NH_3 \cdot H_2O$ 的电离常数大于 H_2S 的第一级和第二级电离常数,所以硫化铵溶液显碱性。

再如氟化铵溶液,其水解的离子方程式为:

$$NH_4^+ + F^- + H_2O \rightleftharpoons NH_3 \cdot H_2O + HF$$

由于 HF 的电离常数(6.6×10^{-4})大于 $NH_3 \cdot H_2O$ 的电离常数,所以氟化铵溶液显酸性。

由此可知,弱酸弱碱盐能强烈水解,但溶液的酸碱性不强,水解后溶液显示的酸碱性决定于生成的弱酸和弱碱的相对强弱。

需要说明的是,强酸强碱盐如 NaCl,KCl,KNO_3,$NaNO_3$ 等,在水溶液中电离出的离子不能与水中的 H^+ 或 OH^- 结合成弱电解质,即不能破坏水的电离平衡,因而溶液中的 c_{H^+} 与 c_{OH^-} 保持相等,即强酸强碱盐不能水解,溶液呈中性。

盐类的水解反应是中和反应的逆反应:

$$酸 + 碱 \underset{水解}{\overset{中和}{\rightleftharpoons}} 盐 + 水 + Q$$

水解的实质是:盐的负离子或正离子与水中 H^+ 或 OH^- 结合成弱酸或弱碱,破坏水的电离平衡,因而使溶液显示一定的酸碱性。

二、影响盐类水解的因素及其应用

1. 影响盐类水解的因素

影响盐类水解的因素主要有盐类的组成、温度、浓度和酸度。大多数盐类的水解程度是很小的，不同的盐水解程度不同，组成盐的酸或碱越弱，则水解程度越大。同一种盐在不同的温度、浓度及酸度条件下，其水解程度也不相同。温度越高，水解程度越大。这是因为水解反应是吸热反应，升高温度有利于水解反应的进行。浓度越小，水解程度越大，故稀释可促进水解，因为对于水解平衡，如：$HCO_3^- + H_2O = H_2CO_3 + OH^-$ 在加水稀释时，生成物 $c_{H_2CO_3}$ 和 c_{OH^-} 都减小，而反应物只有 $c_{HCO_3^-}$ 减小，故平衡向右移动。由于水解能改变溶液的酸度，因此，控制溶液的酸度可控制水解，如何通过控制溶液的酸度来控制水解要由盐的组成来决定。

2. 盐类水解的应用

盐类的水解在日常生活和医学上有益也有害。因此，如何运用水解原理来促使有益的水解或抑制有害的水解具有重要意义。

临床上常用碳酸氢钠、乳酸钠治疗胃酸过多或酸中毒，就是利用它水解后溶液呈碱性，可中和过多的酸；而氯化铵水解后溶液呈酸性，可中和过多的碱，故临床上常用于治疗碱中毒。

明矾[$KAl(SO_4)_2 \cdot 12H_2O$]被用于净化水，是因为它水解产生的氢氧化铝胶体能吸附水中悬浮的杂质而形成沉淀物，提高了水质。

有害的水解应尽可能加以抑制。如在配制 $FeCl_3$ 溶液时，为防止 Fe^{3+} 水解生成 $Fe(OH)_3$，可在其中滴加盐酸来抑制水解，这样配制的 $FeCl_3$ 溶液澄清透明。有些盐类药物如青霉素钠盐和钾盐、巴比妥类药物等，容易因水解而失效，需要密封保存在干燥阴凉处，以防止水解的发生。

抑制盐溶液水解的方法主要是：在强酸弱碱盐中加入该强酸，在弱酸强碱盐中加入该强碱。如 KCN 在水溶液中易水解产生剧毒气体 HCN：

$$KCN + H_2O \rightleftharpoons KOH + HCN\uparrow$$

为防止水解，配制氰化钾时先溶解在较浓的 KOH 溶液中，再加水稀释到所需体积。

第五节　缓冲溶液

一、缓冲溶液的概念

当在一定量的水或氯化钠溶液中分别加入少量氢氧化钠时，发现其 pH 值分别增大 3 个单位以上，若分别加入少量盐酸溶液，则其 pH 值分别减小 3 个单位以上。当在一定量的醋酸和醋酸钠的混合溶液中，分别加入少量氢氧化钠和盐酸溶液时，其 pH 值几乎没有改变。

像醋酸和醋酸钠混合溶液这种能够对抗外来少量的酸或碱，而保持溶液的 pH 值几乎不变的作用叫做缓冲作用。具有缓冲作用的溶液叫做缓冲溶液。

二、缓冲溶液的组成

缓冲溶液之所以具有缓冲作用，是因为其组成中含有抗酸成分和抗碱成分，通常把这两种成分称为缓冲对或缓冲系。常用的缓冲溶液的缓冲对有以下三种类型。

1. 弱酸及其对应的盐

例如：　弱酸　　　对应盐

（抗碱成分）　（抗酸成分）

HAc—$NaAc$

H_2CO_3—$NaHCO_3$

H_2CO_3—$KHCO_3$

H_3PO_4—NaH_2PO_4

2. 弱碱及其对应的盐

例如：　弱碱　　　对应盐

（抗酸成分）　（抗碱成分）

$NH_3 \cdot H_2O$—NH_4Cl

3. 多元酸的酸式盐及其对应的次级盐

例如：　多元酸的酸式盐　　　对应的次级盐

（抗碱成分）　　　（抗酸成分）

$NaHCO_3$—Na_2CO_3

NaH_2PO_4—Na_2HPO_4

三、缓冲作用的原理

为什么含有缓冲对的溶液，能对抗外来少量的酸或碱而保持其 pH 值几乎不变呢？现以 HAc－NaAc 缓冲对为例说明缓冲作用的原理。

在 HAc－NaAc 缓冲溶液中，HAc 是弱酸，只有很小部分电离成 Ac^- 和 H^+，绝大部分仍以 HAc 分子存在；而 NaAc 是强电解质，全部电离成 Ac^- 和 Na^+，溶液中存在以下缓冲平衡：

$$HAc \rightleftharpoons H^+ + Ac^-$$

$$NaAc \longrightarrow Na^+ + Ac^-$$

溶液中存在着大量的 HAc 和 Ac^-，其中 HAc 是抗碱成分，Ac^- 是抗酸成分。也就是说，抗碱成分和抗酸成分的浓度都较大。

当向此溶液中加入少量酸（即加入 H^+）时，Ac^- 与 H^+ 结合成 HAc，电离平衡向左移动，达到新平衡时，溶液中 c_{Ac^-} 略有减小，c_{HAc} 略有增大，而 c_{H^+} 几乎没有增大，pH 值几乎不变。抗酸的离子方程式是：

$$Ac^- + H^+ = HAc$$

当向此溶液中加入少量碱（即加入 OH^-）时，HAc 电离出的 H^+ 与 OH^- 结合生成水，电离平衡向右移动，达到新平衡时，溶液中 c_{HAc} 略有减小，c_{Ac^-} 略有增大，而 c_{H^+} 几乎没有减小，pH 值几乎不变。抗碱的离子方程式是：

$$HAc + OH^- = Ac^- + H_2O$$

由此可见，HAc－NaAc 混合溶液具有抗酸和抗碱能力，即具有缓冲作用。

其他两类缓冲溶液的缓冲原理与上述缓冲原理基本相同。但必须指出的是，缓冲溶液的缓冲作用和能力并不是无限制的，当外来的酸或碱量过多时，缓冲溶液中的抗酸或抗碱成分将会被耗尽，便失去缓冲作用，使溶液的 pH 值发生很大变化。

四、缓冲溶液 pH 值的计算

不同缓冲溶液具有不同的 pH 值,每一种缓冲溶液具有一定的 pH 值,计算缓冲溶液的 pH 值对于缓冲溶液的选择应用、配制显得非常重要。现以 HA – MA 型缓冲对组成的缓冲溶液为例,推导缓冲溶液 pH 值的计算公式,其中 HA 代表弱酸,MA 代表弱酸的盐。

在 HA – MA 缓冲溶液中存在下列电离过程:

$$HA \rightleftharpoons H^+ + A^-$$

$$MA \longrightarrow M^+ + A^-$$

根据电离常数的计算式,有

$$K_a = \frac{c_{H^+} c_{A^-}}{c_{HA}}$$

即

$$c_{H^+} = K_a \cdot \frac{c_{HA}}{c_{A^-}}$$

由于 HA 是弱酸,电离度很小,加上 A^- 的同离子效应,使 HA 的电离度更小,所以上式中的 c_{HA} 可认为是等于弱酸的原来浓度;而 MA 在溶液中完全电离,因此,溶液中的 c_{A^-} 可看成是 MA 的原来浓度,即 $c_{HA} = c_{酸}$,$c_{MA} = c_{盐}$,则上式可写成:

$$c_{H^+} = K_a \cdot \frac{c_{酸}}{c_{盐}}$$

两边取负对数

$$-\lg c_{H^+} = -\lg K_a \cdot \frac{c_{酸}}{c_{盐}} = -\lg K_a - \lg \frac{c_{酸}}{c_{盐}}$$

因为 $-\lg c_{H^+} = pH$ $\qquad -\lg K_a = pK_a$

则

$$pH = pK_a - \lg \frac{c_{酸}}{c_{盐}}$$

即

$$pH = pK_a + \lg \frac{c_{盐}}{c_{酸}}$$

上式为弱酸 – 弱酸盐缓冲溶液 pH 值的计算公式,它表明缓冲溶液的 pH 值决定于弱酸的电离常数和平衡溶液中盐与弱酸浓度的比值。该比值称为缓冲比。对于一种确定的缓冲溶液,其 pK_a 是一定值,则该缓冲溶液的 pH 值随缓冲比的改变而改变。当 $c_{盐}/c_{酸} = 1$ 时,$pH = pK_a$。在稀释缓冲溶液时,由于 $c_{盐}/c_{酸}$ 的比值保持不变,故其 pH 值也几乎不变,可见缓冲溶液的 pH 值几乎不因稀释而改变。

同理可推导出弱碱 – 弱碱盐所组成的缓冲溶液的 pH 值计算公式:

$$pH = pK_w - pK_b + \lg \frac{c_{碱}}{c_{盐}}$$

【例 6 – 2】 将 25ml $0.2mol \cdot L^{-1}$ HAc 与 25ml $0.2mol \cdot L^{-1}$ NaAc 混合配成 50ml 缓冲溶液,求此缓冲溶液的 pH 值。当向此溶液中加入 0.05ml $1mol \cdot L^{-1}$ HCl 后,该缓冲溶液的 pH 值改变了多少? 已知 $pK_a = 4.75$。

【解】 (1) 原缓冲溶液的 pH 值。两种溶液混合后各自的浓度为:

$$c_{HAc} = \frac{0.2 \times 25}{25 + 25} = 0.1 mol \cdot L^{-1}$$

$$c_{NaAc} = \frac{0.2 \times 25}{25 + 25} = 0.1 mol \cdot L^{-1}$$

则 $$pH = 4.75 + \lg\frac{0.1}{0.1} = 4.75$$

(2) 加入 HCl 后,HCl 在该溶液中的浓度为:

$$\frac{1 \times 0.05}{50 + 0.05} = 0.001\text{mol}\cdot\text{L}^{-1}$$

加入 HCl 后,HAc 的浓度增加,NaAc 的浓度降低

$$c_{\text{HAc}} = 0.1 + 0.001 = 0.101\text{mol}\cdot\text{L}^{-1}$$

$$c_{\text{NaAc}} = 0.1 - 0.001 = 0.099\text{mol}\cdot\text{L}^{-1}$$

代入 pH 值计算公式得

$$pH = 4.75 + \lg\frac{0.099}{0.101} = 4.75 - 0.01 = 4.74$$

可见原缓冲溶液的 pH 值为 4.75,加入 HCl 后,pH 值只降低了 0.01 个单位。

【例 6-3】 $0.2\text{mol}\cdot\text{L}^{-1}NH_3\cdot H_2O$ 和 $0.2\text{mol}\cdot\text{L}^{-1}NH_4Cl$ 等体积混合成 100ml 溶液,求此混合溶液的 pH 值。

【解】 $c_{NH_3\cdot H_2O} = \frac{0.2}{2} = 0.1\text{mol}\cdot\text{L}^{-1}$

$c_{NH_4Cl} = \frac{0.2}{2} = 0.1\text{mol}\cdot\text{L}^{-1}$

根据公式 $pH = pK_w - pK_b + \lg\frac{c_{碱}}{c_{盐}}$ 得

$$pH = 14 - 4.75 + \lg\frac{0.1}{0.1} = 14 - 4.75 = 9.25$$

五、缓冲溶液的配制

1. 缓冲容量

任何缓冲溶液的缓冲能力都有一定的限度,对于每一种缓冲溶液而言,只有在加入的酸或碱未超过一定数量时,才能保持其 pH 值基本不变,当加入的酸或碱的量接近缓冲溶液中抗酸成分或抗碱成分的量时,缓冲溶液便会失去缓冲作用。缓冲溶液缓冲能力的大小,采用缓冲容量 β 来衡量。

使 1L 或 1ml 缓冲溶液的 pH 值改变一个单位所需加入一元强酸或一元强碱的物质的量(mol 或 mmol)叫做该缓冲溶液的缓冲容量。显然,在某一种缓冲溶液中加入一定量的强酸或强碱时,该缓冲溶液的 pH 值变化愈小,其缓冲容量就愈大。

影响缓冲容量的主要因素是缓冲溶液的总浓度和缓冲比。

当缓冲比一定时,缓冲溶液的总浓度愈大,其抗酸、抗碱成分的浓度愈大,缓冲容量就愈大。

当缓冲溶液的总浓度一定时,若缓冲比等于 1,则缓冲容量最大,此时,溶液的 $pH = pK_a$。若缓冲比不等于 1,则缓冲容量减小,缓冲比偏离 1 愈远,pH 值偏离 pK_a 愈远,缓冲容量愈小。

计算和实验表明,当缓冲比在 1/10 和 10/1 之间时,即溶液的 pH 值在 $pK_a - 1$ 和 $pK_a + 1$ 之间时,溶液具有较大的缓冲能力,当缓冲比或 pH 值在上述范围之外时,溶液便失去缓冲作用或缓冲能力很小了。因此,把具有缓冲作用的 pH 值范围,即 $pH = pK_a \pm 1$ 称为缓冲溶液的缓冲范围。几种常用缓冲溶液中弱酸的 pK_a 及缓冲系的缓冲范围见表 6-4。

表6－4 几种常用缓冲溶液中弱酸的 pK_a 及缓冲系的缓冲范围

缓冲溶液的组成	作为弱酸的 pK_a	缓冲范围
HCl－KCl	强电解质	1.2～2.2
$H_2C_8H_4O_4$（邻苯二甲酸）－NaOH	2.9（pK_{a_1}）	2.2～4.0
$KHC_8H_4O_4$（邻苯二甲酸氢钾）－NaOH	5.4（pK_{a_2}）	4.0～5.8
HAc－NaAc	4.75	3.7～5.6
KH_2PO_4－Na_2HPO_4	7.2	5.8～8.0
H_3BO_3－NaOH	9.2	8.0～10.0
$NaHCO_3$－Na_2CO_3	10.3（pK_{a_2}）	9.2～11.0

* 每种缓冲溶液常用缓冲范围和根据 pK_a 做出估计的缓冲范围（$pH = pK_a \pm 1$）常稍有出入。

2. 缓冲溶液的配制

配制一定pH值的缓冲溶液，一般按下列原则和步骤进行：

（1）选择适当的缓冲对，使其中弱酸的 pK_a 与欲配制的缓冲溶液的pH值相等或尽可能接近，不要超出缓冲范围。例如，配制 pH＝4.6 的缓冲溶液，可选择 HAc－NaAc 缓冲对，因为 HAc 的 $pK_a = 4.75$。而要配制 pH＝5.6 的缓冲溶液，则选择邻苯二甲酸氢钾－邻苯二甲酸钠钾缓冲对更好，因为邻苯二甲酸氢钾的 $pK_a = 5.4$。

（2）要有一定的总浓度，以保证其中有足量的抗酸成分和抗碱成分。总浓度太低，缓冲容量过小，总浓度太高，浪费试剂没有必要。在实际应用中，通常将总浓度控制在 0.05～0.2mol·L^{-1}之间，其相应的β值在 0.01～0.1 之间。

（3）尽量使缓冲比接近1，以保证有较大的缓冲容量。在实际工作中，为方便起见，常使用相同浓度的弱酸及其盐来配制。

设欲配制缓冲溶液的总体积为 $V_{总}$，所取弱酸的体积为 $V_{酸}$，所取盐的体积为 $V_{盐}$，混合前弱酸及其盐的浓度均为 c，则混合后

$$c_{酸} = \frac{cV_{酸}}{V_{总}} \qquad c_{盐} = \frac{cV_{盐}}{V_{总}}$$

代入pH值计算公式得

$$pH = pK_a + \lg\frac{V_{盐}}{V_{酸}}$$

应用上式配制缓冲溶液的前提是弱酸及其盐的原始浓度相等。

【例6－4】 如何用 0.10mol·L^{-1}HAc 和 0.10mol·L^{-1}NaAc 溶液配制 pH＝5.0 的缓冲溶液 100ml？（HAc 的 $pK_a = 4.75$）

【解】 已知 $c_{HAc} = c_{NaAc} = 0.10\text{mol·L}^{-1}$ $V_{HAc} + V_{NaAc} = 100\text{ml}$ $pH = 5.0$ $pK_a = 4.75$

代入 $pH = pK_a + \lg\frac{V_{盐}}{V_{酸}}$ 得

$$5.0 = 4.75 + \lg\frac{V_{NaAc}}{100 - V_{NaAc}}$$

$$\lg\frac{V_{NaAc}}{100 - V_{NaAc}} = 0.25$$

$$\frac{V_{NaAc}}{100 - V_{NaAc}} = 1.78$$

$$V_{NaAc} = 64\text{ml} \qquad V_{HAc} = 100 - 64 = 36\text{ml}$$

由计算可知,量取64ml 0.10mol·L^{-1}NaAc和36ml 0.1mol·L^{-1}HAc溶液混合均匀,即得pH = 5.0的缓冲溶液100ml。

在实际工作中,还可以采用在一定量的弱酸溶液中加入一定量的强碱,中和部分弱酸,剩余的弱酸与生成的盐组成缓冲对的方法来配制缓冲溶液。

六、缓冲溶液在医学上的意义

缓冲溶液在医学上有着十分重要的意义。例如,微生物的培养,组织切片和细菌染色,血库中血液的贮藏,某些注射剂的制备等,都需要一定pH值的缓冲溶液;测量体液的pH值时,也需要一定pH值的缓冲溶液做比较来进行测定;研究生物体内的催化剂——酶的催化作用,更需要在一定pH值的缓冲溶液中进行。不仅如此,研究缓冲溶液对于理论上阐明某些生理现象和体内的生化反应(如物质代谢、酸碱平衡等)都有很重要的意义。

人体内缓冲对的缓冲作用是非常重要的。人体血液或其他体液中的生化反应必须在一定的pH值条件下才能正常进行。正常人体在进行新陈代谢过程中,会不断产生酸类物质如乳酸、硫酸、磷酸等,也会产生氨和其他一些碱性物质。此外,从食物中也会吸收一些酸性或碱性物质。显然,如果体液中没有一定数目的缓冲对,它的pH值就不可能保持恒定。正常人体血液的pH值之所以能维持在7.35~7.45的狭小范围,其中一个重要因素就是血液中存在着下列多种缓冲对:

血浆:$NaHCO_3/H_2CO_3$;Na - 血浆蛋白/H - 血浆蛋白;Na_2HPO_4/NaH_2PO_4。

红细胞:$KHCO_3/H_2CO_3$;K - 血红蛋白/H - 血红蛋白;K - 氧合血红蛋白/H - 氧合血红蛋白;K_2HPO_4/KH_2PO_4。

在这些缓冲对中,碳酸氢盐缓冲对$H_2CO_3 - HCO_3^-$在血液中的浓度最高,缓冲能力最大,对维持血液正常pH值起的作用最为重要。例如,当人体代谢产生的酸和食入的酸进入血浆时,HCO_3^-发挥着抗酸的主要作用,其抗酸的离子方程式为:

$$HCO_3^- + H^+ \rightleftharpoons CO_2 + H_2O$$

当人体代谢产生的碱性物质和食入的碱性物质进入血浆时,H_2CO_3则发挥着抗碱的主要作用,其抗碱的离子方程式为:

$$H_2CO_3 + OH^- \rightleftharpoons HCO_3^- + H_2O$$

当机体发生某些疾病,代谢发生障碍,体内聚积的酸或碱过多,超越了缓冲溶液的缓冲能力时,就会发生酸中毒或碱中毒。

习　　题

1. 解释下列名词

(1) 强电解质　(2) 弱电解质　(3) 电离平衡　(4) 同离子效应　(5) 酸碱指示剂　(6) 盐类的水解　(7) 缓冲作用和缓冲溶液

2. 写出下列反应的化学方程式和离子方程式

(1) $AgNO_3$和NaI溶液　(2) $BaCO_3$和盐酸

(3) Zn和稀H_2SO_4　(4) $(NH_4)_2SO_4$水解

(5) NH_4HS水解　(6) $NaHCO_3$水解

(7) $Al_2(SO_4)_3$ 水解　　　　　(8) 氯水与碘化钾溶液

3. 计算下列溶液的 pH 值

(1) 0.20mol·L^{-1}HAc 溶液和 0.10mol·L^{-1}NaAc 溶液等体积混合;

(2) 0.10mol·L^{-1}$NaHCO_3$ 溶液和 0.1mol·L^{-1}Na_2CO_3 溶液各 10ml;

(3) 0.50mol·L^{-1}氨水和 0.10mol·L^{-1}盐酸各 100ml。

4. 正常成人胃液的 pH 值为 1.4,婴儿胃液的 pH 值为 5.0,成人胃液的氢离子浓度是婴儿胃液氢离子浓度的多少倍?

5. 现欲配制 pH = 5.0 的缓冲溶液 1000ml,应取 0.10mol·L^{-1}HAc 溶液和 0.10mol·L^{-1}NaAc 溶液各多少毫升?

6. 经检验室测得某三人血浆中 HCO_3^- 和 CO_2 的浓度如下:

甲: $c_{HCO_3^-} = 24.0$mol·L^{-1}　$c_{CO_2(溶解)} = 1.20$mol·L^{-1}

乙: $c_{HCO_3^-} = 21.6$mol·L^{-1}　$c_{CO_2(溶解)} = 1.35$mol·L^{-1}

丙: $c_{HCO_3^-} = 56.0$mol·L^{-1}　$c_{CO_2(溶解)} = 1.40$mol·L^{-1}

试求此三人血浆的 pH 值($pK_a = 6.1$),并判断哪个是正常人,哪个是酸中毒,哪个是碱中毒。

第七章 烃

由碳和氢两种元素组成的化合物叫碳氢化合物，简称为烃。烃是一类非常重要的有机化合物。由于烃分子中的氢原子可以被其他原子或原子团所取代，衍生成为其他种类的有机化合物，所以烃可视为其他有机化合物的“母体”。

根据烃分子中碳原子相互连接的方式不同，烃可分类如下：

- 烃
  - 开链烃
    - 饱和链烃（烷烃）
    - 不饱和链烃
      - 烯烃
      - 炔烃
  - 闭链烃
    - 脂环烃
    - 芳香烃

第一节 有机化合物概述

自然界的物质种类繁多，根据它们的组成、结构、性质的特点差异，通常分为无机化合物和有机化合物。单质、氧化物、酸、碱和盐都是无机化合物，无机化合物种类相对较少，只有近百万种。有机化合物的种类则要多得多，目前已达上千万种。日常生活中遇到的物质绝大多数是有机化合物，如淀粉、油脂、蛋白质、纤维素、塑料、橡胶、酒精、燃料油类等。

有机化合物简称有机物，它们在组成上大多含有碳、氢、氧、氮等元素，少数还含有硫、磷、卤素等元素。经化学分析证明，任何一种有机物的分子组成中都含有碳元素，绝大多数含有氢元素，并且碳原子大都与氢原子相结合，所以通常把碳氢化合物及其衍生物称为有机化合物。研究碳氢化合物及其衍生物的化学叫有机化学。

一、有机化合物的特性

由于有机化合物与无机化合物在分子组成、结构方面有所不同，因而有机化合物具有其自身的特性。

（一）可燃烧

大多数有机化合物容易燃烧，其燃烧产物一般都有二氧化碳和水，同时放出大量的热。而大多数无机化合物不能燃烧，故可用燃烧试验初步区分有机化合物和无机化合物。

（二）熔点低

大多数有机化合物熔点较低，一般低于 300℃，超过 400℃的很少。而多数无机化合物是固体，熔点较高，如氯化钠的熔点为 801℃，氧化铝的熔点为 2050℃。

（三）难溶于水

绝大多数有机化合物难溶于水，而易溶于有机溶剂。有机溶剂是指作为溶剂的有机化合物，如酒精、乙醚、氯仿、丙酮和苯等。而许多无机化合物能溶于水，难溶于有机溶剂。有机化合物之所以难溶于水，是因为它们一般是非极性或弱极性分子，根据“结构相似相溶”规则，它们难溶于强极性分子组成的溶剂（如水）中。

（四）不导电

有机化合物一般是非电解质，其水溶液不导电，如四氯化碳、苯、蔗糖等。这是因为有机化合物分子中的化学键基本上是共价键，无极性或极性很小，难以电离成离子。大多数无机化合物在水中是以离子状态存在的，因而具有导电性。

（五）反应速度慢

有机化合物的反应速度较慢，一般需要数小时或数天甚至更长的时间才能完成。这是因为有机化合物的反应主要是分子间的反应，大都需要经过旧键的断裂和新键的形成两个过程。而无机化合物的反应大多是离子反应，反应速度快，如酸碱中和反应、离子间的沉淀反应等，大都是在瞬间完成的。

（六）反应产物复杂

有机化合物分子本身结构复杂，它们在进行主要反应的同时，常伴随着副反应的发生，反应后的产物是混合物。因此，在书写有机反应的反应方程式时，只用箭头“→”，表示其主要反应，而不用等号“=”。

二、有机化合物的结构

（一）碳原子的特性

有机化合物分子中都含有碳，因此碳原子的特性就决定了有机化合物的结构特点。碳原子位于元素周期表第 2 周期、第 4 主族，最外电子层有 4 个电子，它有如下特性：

1. 碳原子总是形成 4 个共价键

在有机化合物分子中，碳原子总是与碳原子或其他原子形成 4 个共价键，即碳的化合价为 4 价。例如：

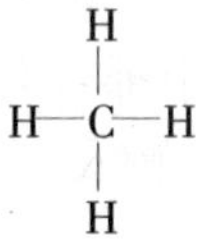
甲烷

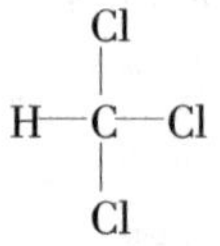
氯仿

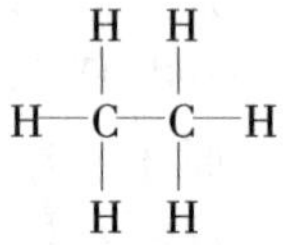
乙烷

上述化学式不但能表示出分子中原子的种类和数目，而且还能表示出原子间连接的顺序和方式。这种能表示分子中原子间的连接顺序和方式的化学式，叫做结构式。

有机化合物中其他元素的原子正常成键时，氮形成 3 个共价键，氧和硫形成 2 个共价键，氢和卤素形成 1 个共价键。

2. 碳原子之间结合成键

碳原子不但可以与其他原子形成共价键，而且碳原子与碳原子之间也可以形成共价键；不但可以形成单键（共用 1 对电子），还可以形成双键（共用 2 对电子）、叁键（共用 3 对电子）；既可以形成开放的链状结构，又可以形成闭合的环状结构。例如：

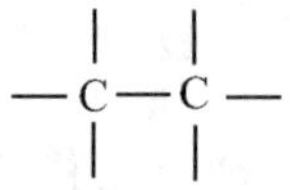
单键

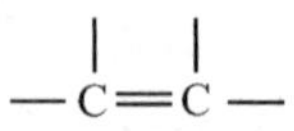
双键

叁键

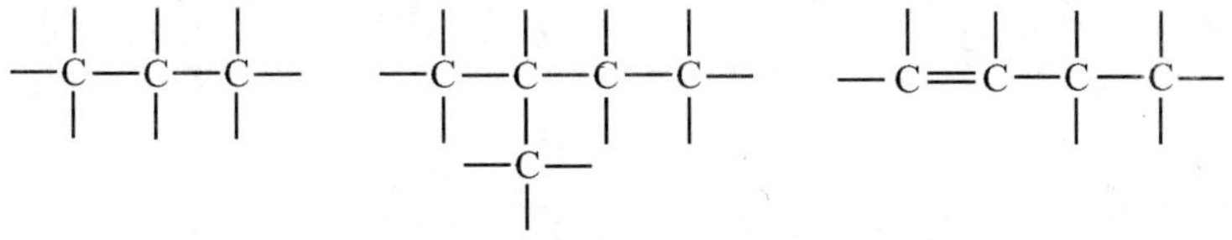

链状结构

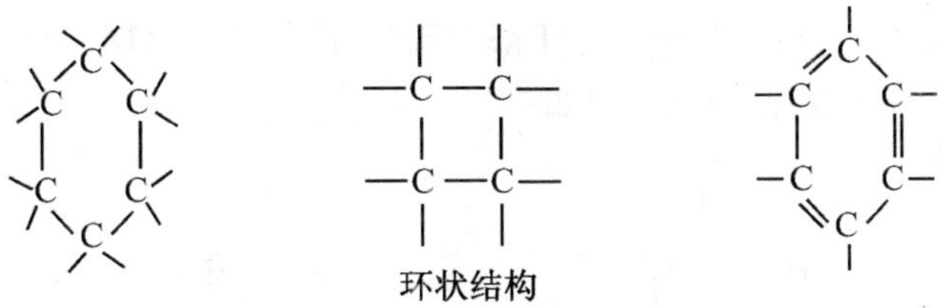

环状结构

(二) 同分异构现象

分子结构决定物质的性质，结构不同，则性质不同。在有机化合物中有许多物质具有相同的分子组成（分子式），却具有不同的分子结构，因而具有不同的性质。例如，乙醇和二甲醚的分子式都是 C_2H_6O，它们的结构却不相同，所以性质也不相同。

乙醇　　　　二甲醚

常温下，乙醇是液体，能与金属钠反应放出氢气；而二甲醚却为气体，不能与金属钠反应。这种分子组成相同，而结构不同的现象叫做同分异构现象。分子组成相同，而结构不同的化合物叫做同分异构体。同分异构现象是造成有机物种类繁多的一个重要原因。为简便起见，通常将结构式略去短线，将一个或多个—CH_2 基团并在一起表示，成为结构式的简写，称为结构简式，也称为示性式。如乙醇和二甲醚的结构简式为：

$CH_3—CH_2—OH$　　　　$CH_3—O—CH_3$

乙醇　　　　二甲醚

三、有机化合物的分类

有机化合物种类繁多，为便于学习和研究，必须将有机化合物进行分类。有机化合物一般分类方法有两种：一是根据碳链骨架分类，一是根据化合物分子中所含官能团（功能基）分类。

(一) 按碳链骨架分类

有机化合物按碳链骨架分类如下：

- 有机化合物
  - 开链化合物（脂肪族化合物）
  - 闭链化合物
    - 碳环化合物
      - 脂环化合物
      - 芳香化合物
    - 杂环化合物

1. 开链化合物

这类化合物分子中碳原子与碳原子或其他原子结合成开放的链状结构。因最初在脂肪中发现，故又叫做脂肪族化合物。例如：

$CH_3—CH_2—CH_2—CH_3$　　丁烷　　$CH_3—CH_2—OH$　　乙醇　　$CH_3—O—CH_3$　　二甲醚

2. 闭链化合物

这类化合物分子中碳原子与碳原子或其他原子结合成闭合的链状，故又叫做环状化合物。根据组成环的原子种类不同，又可分为碳环化合物或杂环化合物。

(1) 碳环化合物：这类化合物分子中的环都由碳原子构成。根据碳环的结构不同，碳环化合物又分为脂环化合物和芳香化合物。例如：

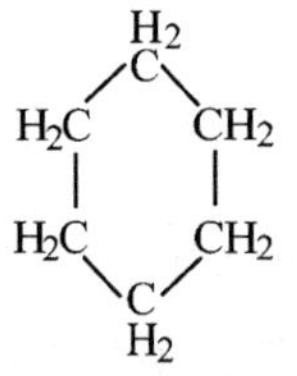

脂环化合物

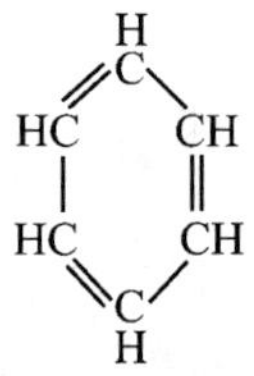

芳香化合物

(2)杂环化合物：这类化合物分子中，组成环的原子除了碳原子外，还有其他元素的原子(如 O,S,N 等)。例如：

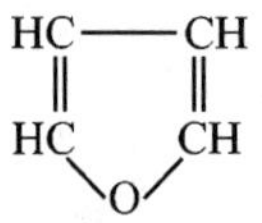

呋喃

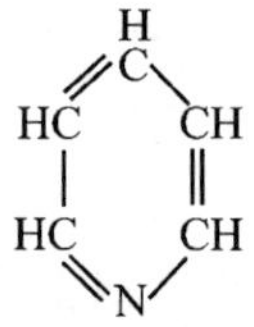

吡啶

(二) 按官能团分类

有机化合物分子中通常含有一些特殊的基团(原子或原子团)，如—Br,—OH,—COOH 等，这些基团使有机化合物表现出某种特有的性质，故把它们称为官能团。官能团就是决定一类有机化合物的化学性质的原子或原子团。含有相同官能团的化合物，其主要化学性质基本相同。根据分子中所含官能团的不同，可将有机化合物分为若干类，有机化学就是按照这种分类方法，对有机化合物进行分类介绍。常见的官能团及化合物类别见表 7－1。

表 7－1　常见的官能团及化合物类别

化合物类别	官能团		化合物实例	
烯烃	$>C=C<$	碳碳双键	$CH_2=CH_2$	乙烯
炔烃	$—C\equiv C—$	碳碳叁键	$CH\equiv CH$	乙炔
卤代烃	—X	卤原子	$CH_3—CH_2—Cl$	氯乙烷
醇和酚	—OH	羟　基	$CH_3—CH_2—OH$ 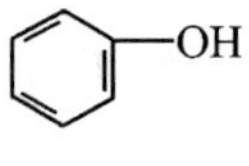	乙醇、苯酚
醚	$—\overset{\mid}{\underset{\mid}{C}}—O—\overset{\mid}{\underset{\mid}{C}}—$	醚　键	$CH_3—CH_2—O—CH_2—CH_3$	乙醚

(续表)

化合物类别	官能团		化合物实例	
醛和酮	$-\overset{\overset{O}{\|}}{C}-$	羰　基	$CH_3-\overset{\overset{O}{\|}}{C}-H$　$CH_3-\overset{\overset{O}{\|}}{C}-CH_3$	乙醛、丙酮
羧酸	$-\overset{\overset{O}{\|}}{C}-OH$	羧　基	$CH_3-\overset{\overset{O}{\|}}{C}-OH$	乙酸
胺	$-NH_2$	氨　基	$CH_3-CH_2-NH_2$	乙胺

第二节　烷　　烃

分子中碳原子之间都以单键相连，碳原子的其余价键都和氢原子结合的开链烃叫做饱和链烃，简称烷烃。最简单的烷烃是甲烷。

一、烷烃的分子结构和命名

（一）烷烃的分子结构

这里以甲烷为例，说明烷烃的分子结构。甲烷分子由 1 个碳原子和 4 个氢原子组成，分子式为 CH_4。其分子结构如下：

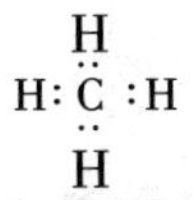

电子式

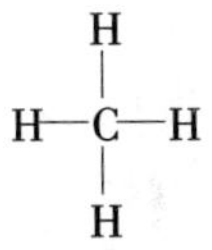

结构式

不能认为甲烷分子是平面型结构，上述结构式并不能真实反映甲烷分子中各个原子在空间的分布情况。科学实验证明：甲烷分子是一个正四面体的立体结构，碳原子位居正四面体的中心位置，4 个氢原子分别位居正四面体的 4 个顶点。碳原子的 4 个价键完全相同，彼此之间的夹角——键角相等，都为 109°28′，如图 7－1 所示。

用模型表示甲烷的分子结构更为形象，甲烷的分子模型有球棒模型和比例模型两种。在球棒模型中，球代表分子中的各个原子，棒代表共价键；比例模型则表示分子中各原子的相对大小和空间关系，如图 7－2 所示。

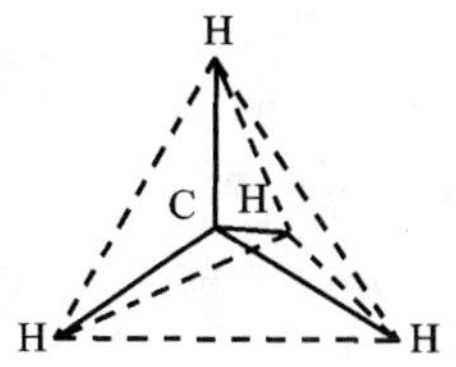

图 7－1　甲烷分子结构的示意图

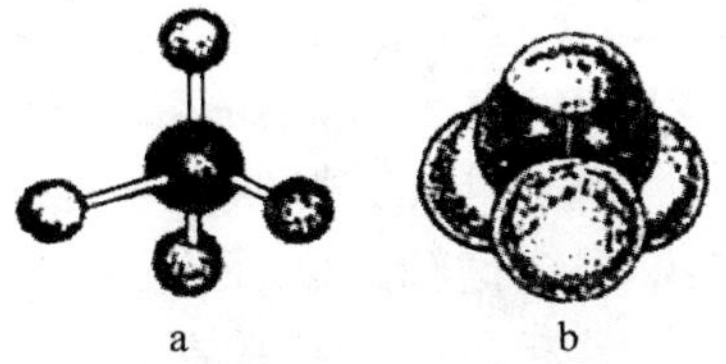

图 7－2　甲烷分子模型

a. 球棒模型；b. 比例模型

碳原子的 sp^3 杂化：碳原子的价电子排布为 $2s^22p^2$，最外电子层有 4 个电子，但 2s 亚层上的 2 个 s 电子是成对的，若不能参与成键，碳原子应只形成 2 个共价键。而实验证明，有机化合物分子中的碳都是 4 价，为什么会这样呢？这是因为碳原子在成键时，获得能量，1 个 2s 电子激发后跃迁到 2p 轨道上，形成 4 个单电子，再与别的原子形成 4 个共价键，如图 7－3 所示。

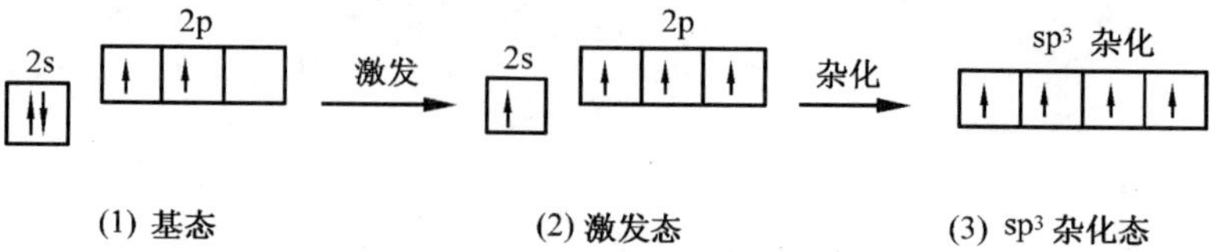

图 7－3　碳原子的 sp^3 杂化

2s 电子和 2p 电子的能量是不相同的，它们形成的 4 个价键也应不同。但实验证明，在甲烷分子中，碳的 4 个价键是完全相同的。这是由于能量相近的 1 个 2s 轨道和 3 个 2p 轨道“混杂”起来，重新组合成 4 个能量相等、形状相同的新轨道。这种同一原子中不同类型、能量相近的轨道“混杂”起来，重新形成一组新轨道的过程叫做杂化，所形成的新轨道叫做杂化轨道，如图 7－3 所示。由 1 个 s 轨道与 3 个 p 轨道杂化形成的杂化轨道叫做 sp^3 杂化轨道，这种杂化叫做 sp^3 杂化。烷烃分子中碳原子都采取 sp^3 杂化。

碳原子的 1 个 sp^3 杂化轨道如图 7－4(1)所示。碳原子的 4 个 sp^3 杂化轨道呈正四面体形，碳原子位于正四面体中心，sp^3 杂化轨道对称轴之间的夹角都为 109°28′，如图 7－4(2)所示。

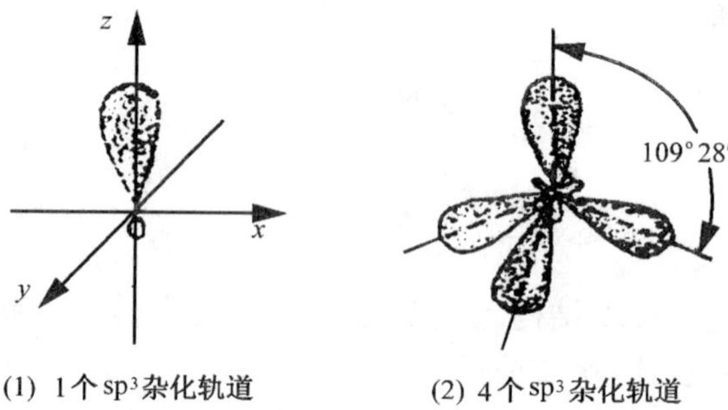

图 7－4　sp^3 杂化轨道

甲烷分子中碳原子的 4 个 sp^3 杂化轨道分别与 4 个氢原子的 1s 轨道重叠，形成 4 个 C—H 共价键。由于 sp^3 杂化轨道的形状是一头大一头小，大的一头可与另一个原子的轨道重叠，重叠程度大，形成的键牢固，如图 7－5 所示。

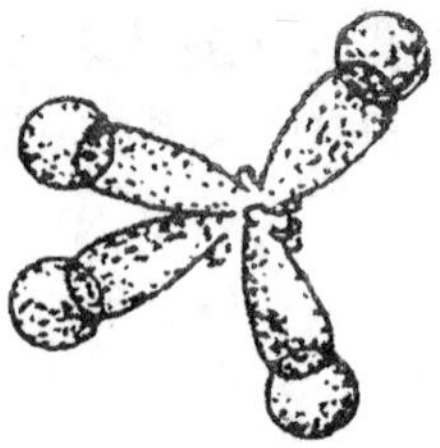

图 7－5　甲烷分子的轨道重叠

两个原子的价电子云，沿着轨道对称轴（指连接两原子核的直线）方向相互重叠所成的键，叫做 σ 键。σ 键的特点是重叠程度大，成键原子能够围绕键轴旋转，而不影响键的强度和键角。σ 键键能较大，稳定，不易断裂。单键都是 σ 键。

（二）烷烃的同系物

烷烃除甲烷外，还有乙烷、丙烷、丁烷、戊烷等一系列的化合物。

它们的分子结构相似，在分子组成上却相差一个或若干个 CH_2 原子团。例如：

名　称	结构简式	相邻两分子相差
甲烷	CH_4	
		CH_2
乙烷	CH_3-CH_3	
		CH_2
丙烷	$CH_3-CH_2-CH_3$	
		CH_2
丁烷	$CH_3-CH_2-CH_2-CH_3$	
		CH_2
戊烷	$CH_3-CH_2-CH_2-CH_2-CH_3$	

结构相似而在分子组成上相差一个或数个 CH_2 原子团的一系列化合物称为同系列。同系列中的化合物互称同系物。所有的烷烃彼此都是同系物，同属于烷烃系列。CH_2 叫做同系差。

在烷烃的分子组成中，碳原子和氢原子在数值上有一定的关系，如果分子中有 n 个碳原子，则必定有$(2n+2)$个氢原子，所以烷烃分子的通式为 C_nH_{2n+2}。

烷烃分子中去掉一个氢原子而剩余的部分叫做烷基。烷基的通式为$-C_nH_{2n+1}$，常用—R表示。烷基的命名是把和它相对应的烷烃名称中的"烷"字改为"基"字。例如：

CH_4	甲　烷	CH_3-	甲　基
CH_3-CH_3	乙　烷	CH_3-CH_2- 或 C_2H_5-	乙　基
$CH_3-CH_2-CH_3$	丙　烷	$CH_3-CH_2-CH_2-$ 或 C_3H_7-	丙　基
		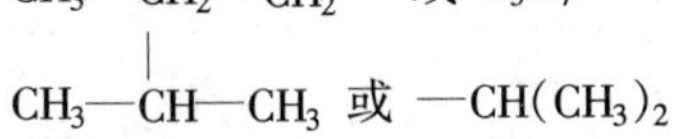	异丙基
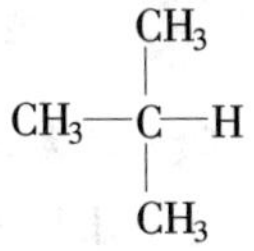	异丁烷	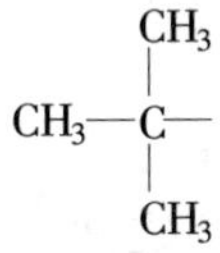	叔丁基

(三) 烷烃的同分异构现象

含 4 个及 4 个以上碳原子的烷烃存在同分异构现象。例如，C_4H_{10}有 2 种同分异构体，C_5H_{12}有 3 种同分异构体。

$CH_3-CH_2-CH_2-CH_3$

正丁烷（沸点 −0.5℃）

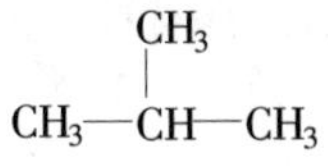

异丁烷（沸点 −10.2℃）

$CH_3-CH_2-CH_2-CH_2-CH_3$

正戊烷（沸点 36.2℃）

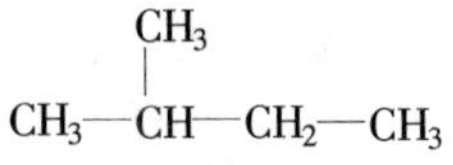

异戊烷（沸点 28℃）

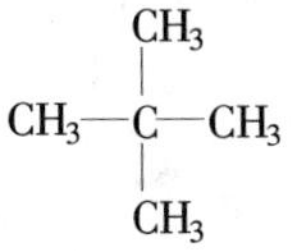

新戊烷（沸点 9.5℃）

随着分子中碳原子数的增多，烷烃的同分异构体数目急剧增加。C_6H_{14}有 5 种同分异构体，C_7H_{16}有 9 种，C_8H_{18}有 18 种，C_9H_{20}有 35 种，$C_{10}H_{22}$有 75 种，$C_{11}H_{24}$有 159 种。烷烃的同分异构现象是由于碳链的结构不同而产生的，因此称为碳链异构。

在有机化合物分子中，碳原子不仅能与另一个碳原子相连，还可以与 2 个、3 个或 4 个碳原子相连。按照碳原子所连碳原子数目的不同，可把碳原子分为 4 种类型。例如：

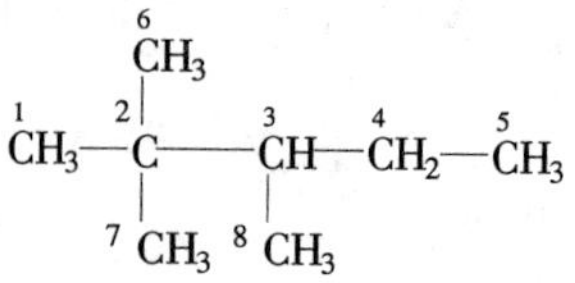

伯碳原子：与 1 个碳原子相连的碳原子，如上式中的 $C^1C^5C^6C^7C^8$。

仲碳原子：与 2 个碳原子相连的碳原子，如上式中的 C^4。

叔碳原子：与 3 个碳原子相连的碳原子，如上式中的 C^3。

季碳原子：与 4 个碳原子相连的碳原子，如上式中的 C^2。

(四) 烷烃的命名

1. 系统命名法

包括直链烷烃的命名和带支链烷烃的命名。

直链烷烃的命名方法是：含 10 个碳原子以下的烷烃，用天干，即甲、乙、丙、丁、戊、己、庚、辛、壬、癸来表示分子中碳原子的数目，称为某烷；含 10 个碳原子以上的烷烃，用汉字十一、十二、十三……表示碳原子的数目，称为十一烷、十二烷……。例如：

CH_4	甲烷	C_2H_6	乙烷	C_7H_{16}	庚烷	C_9H_{20}	壬烷
$C_{10}H_{22}$	癸烷	$C_{11}H_{24}$	十一烷	$C_{18}H_{38}$	十八烷	$C_{24}H_{50}$	二十四烷

带支链烷烃的命名规则如下：

(1) 选择分子中的最长碳链作为主链，按主链碳原子数称为“某烷”，将支链作为取代基。

(2) 从靠近取代基的一端开始，用阿拉伯数字给主链碳原子依次编号，确定取代基的位置。

(3) 将取代基的名称写在“某烷”的前面，将取代基的位置编号写在取代基名称的前面，中间用短线隔开。

(4) 若有几个相同的取代基，把它们合并起来，其数目用二、三……等数字表示并写在取代基名称的前面，表示它们位置的阿拉伯数字之间用“,”号隔开。若有几个不同的取代基，应把简单的写在前面，复杂的写在后面，中间用短线隔开。

取代基由简单到复杂的顺序是甲基、乙基、丙基、异丙基、叔丁基等。

从上述命名规则可以看出，烷烃的命名步骤是“一选”、“二编”、“三命名”。所谓“一选”，即选主链，“二编”是给主链碳原子编号，“三命名”是写出物质的名称。例如：

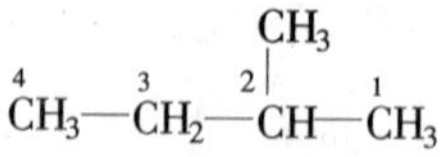

2 - 甲基丁烷

(读法：二位甲基丁烷)

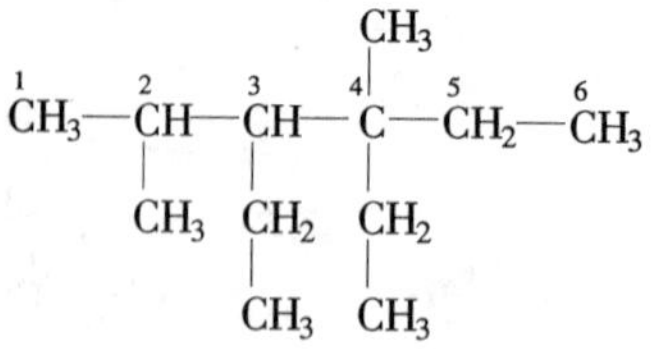

2,4 - 二甲基 - 3,4 - 二乙基己烷

(读法：二四位二甲基，三四位二乙基己烷)

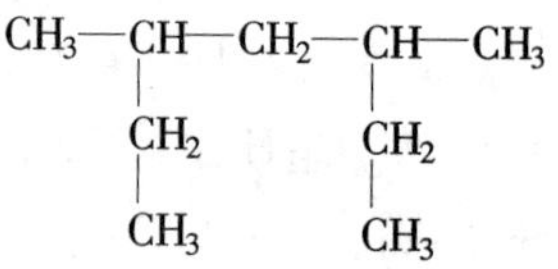

3,5 - 二甲基庚烷

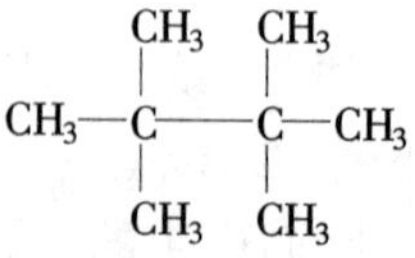

2,2,3,3 - 四甲基丁烷

如果知道烷烃的名称,要写其结构式,应先写出主链,再写出取代基,最后添加应有的氢原子。

2. 习惯命名法

对于一些比较简单的烷烃,有时可采用习惯命名法进行命名。其命名方法是:

(1) 直链烷烃称为“正某烷”。

(2) 把在碳链一端第 2 位碳上连有 1 个甲基 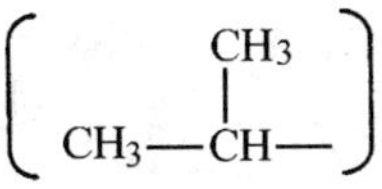 ,此外再无别的支链的,按分子中碳原子总数,称为“异某烷”。

(3)把在碳链一端第 2 位碳上连有 2 个甲基 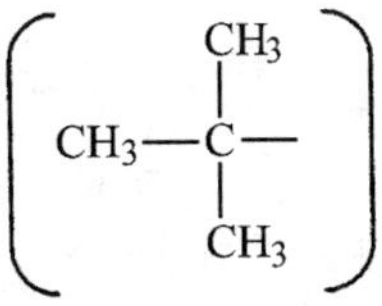 ,此外再无别的支链的,按分子中碳原子总数,称为“新某烷”。

例如:

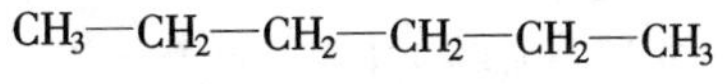

正己烷

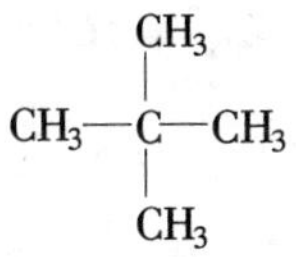

新戊烷

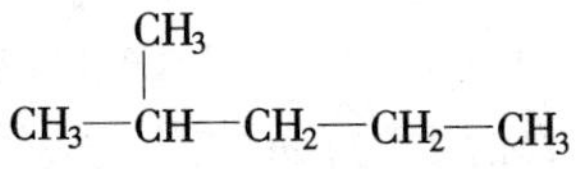

异己烷

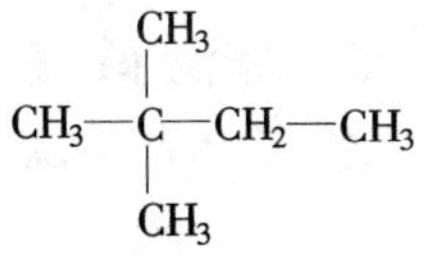

新己烷

二、烷烃的性质

(一) 物理性质

在烷烃的同系列中,随着分子中碳原子数的增加,直链烷烃的物理性质呈现出一定的规律性变化。一些直链烷烃的物理性质见表 7-2。

表 7-2 一些直链烷烃的物理性质

名称	分子式	常温下状态	熔点(℃)	沸点(℃)	液态密度(g/cm^3)
甲烷	CH_4	气态	-182.5	-164	0.466
乙烷	C_2H_6	气态	-183.3	-88.63	0.572
丙烷	C_3H_8	气态	-189.7	-42.07	0.5005
丁烷	C_4H_{10}	气态	-183.4	-0.5	0.5788
戊烷	C_5H_{12}	液态	129.7	36.07	0.6262
庚烷	C_7H_{16}	液态	-90.6	98.42	0.6838
辛烷	C_8H_{18}	液态	-50.79	125.7	0.7025
癸烷	$C_{10}H_{22}$	液态	-29.7	174.1	0.7300
十六烷	$C_{16}H_{34}$	液态	-18.1	280	0.7749
十七烷	$C_{17}H_{36}$	固态	22	301.7	0.7780(固态)
二十四烷	$C_{24}H_{50}$	固态	54	391.3	0.7991(固态)

1. 状态

常温下，甲烷至丁烷为气体，戊烷至十六烷为液体，十七烷以上为固体。

2. 熔点

除甲烷、乙烷和丙烷外，其他烷烃的熔点都随碳原子数的增加而升高。

3. 沸点

沸点随碳原子数的增加而升高。若相对分子质量相同，其沸点则随支链的增多而降低。

4. 密度

密度都小于 $1g\cdot cm^{-3}$，除乙烷和丙烷外，均随碳原子数的增加而增大。

5. 溶解性

都难溶于水，而易溶于乙醇、乙醚等有机溶剂。

(二) 化学性质

烷烃分子中各原子间都以 σ 键相结合，σ 键比较牢固，所以烷烃的化学性质比较稳定，一般不与强酸、强碱、强氧化剂作用。

1. 氧化

烷烃在空气中燃烧，生成二氧化碳和水，并放出大量的热，其燃烧反应可用以下通式表示：

$$C_nH_{2n+2} + (\frac{3n+1}{2})O_2 \xrightarrow{\text{点燃}} nCO_2 + (n+1)H_2O + Q$$

$$C_4H_{10} + \frac{13}{2}O_2 \xrightarrow{\text{点燃}} 4CO_2 + 5H_2O + Q$$

值得一提的是，烷烃虽然在室温下一般不与氧化剂反应，与空气中的氧也不起反应，但在引发剂引发下可以使烷烃发生部分氧化，生成各种含氧衍生物，如醇、醛、酸等，这里不做介绍。

2. 取代反应

在日光照射或高温下，烷烃的氢原子可被卤素原子取代生成卤代烃，并放出卤化氢。例如，甲烷与氯气的反应：

$$CH_4 + Cl_2 \xrightarrow{\text{日光}} \underset{\text{一氯甲烷}}{CH_3Cl} + HCl$$

$$CH_3Cl + Cl_2 \xrightarrow{\text{光照}} \underset{\text{二氯甲烷}}{CH_2Cl_2} + HCl$$

$$CH_2Cl_2 + Cl_2 \xrightarrow{\text{光照}} \underset{\text{三氯甲烷}}{CHCl_3} + HCl$$

$$CHCl_3 + Cl_2 \xrightarrow{\text{光照}} \underset{\text{四氯化碳}}{CCl_4} + HCl$$

反应很难停留在一氯甲烷阶段，一氯甲烷可继续与氯气反应，生成二氯甲烷、三氯甲烷、四氯化碳等。

这种有机化合物分子中的某些原子或原子团被其他的原子或原子团所取代的反应，叫做取代反应。

一些卤代烃在医药上有重要用途，如氟烷（$F_3C—CHClBr$）是一种较优良的全身和局部麻醉剂。它是无色有焦甜味的透明液体，沸点 49 ~ 51℃，性质稳定，不能燃烧。其麻醉性能 4 倍于乙醚，麻醉的诱导时间短，苏醒快。氟烷对皮肤和黏膜无刺激作用，对肝、肾功能无持续性损害，但对心血管系统有抑制作用，可降低血压。

三、重要的烷烃

烷烃主要来源于天然气、石油和煤的加工产物。不同产地的天然气组成并不完全相同，但大都含有75%的甲烷、15%的乙烷及5%的丙烷，其余为其他烷烃。石油是具有特臭的淡黄色、棕色甚至黑色的黏稠液体。目前分析结果表明：石油中含有1~50个碳原子的开链烃及一些脂环烃，个别产地的石油中还含有芳香烃。把石油分馏，可得到各种用途的分馏产物(表7-3)。将煤隔绝空气加热，可得到焦炭和煤焦油，而煤焦油中就含有相当多的烷烃。

表7-3 石油的分馏产物和主要用途

分馏温度(℃)	分馏产物	主要成分	主要用途
<0	天然气	$C_1 \sim C_4$	燃料
30~60	石油醚	$C_5 \sim C_6$	溶剂
{70~120	汽　油	$C_7 \sim C_8$	汽车或飞机燃料
70~200		$C_7 \sim C_{12}$	
200~270	煤　油	$C_{12} \sim C_{16}$	工业洗涤剂、照明用燃料
270~340	柴　油	$C_{15} \sim C_{18}$	柴油机燃料
300以上	润滑油	$C_{16} \sim C_{20}$	润滑剂、防锈剂
360以上	液体石蜡、凡士林	$C_{18} \sim C_{24}$	缓泻剂、软膏基质
360以上	固体石蜡	$C_{20} \sim C_{24}$	医药用、制蜡烛和蜡纸
不挥发	沥　青	残渣	铺路、木材防腐、建筑材料

1. 天然气

天然气是由石油加工过程中产生的低相对分子质量的烃类气体经压缩而成，主要成分是甲烷、乙烷、丙烷、丁烷、丙烯、丁烯。主要用作燃料，它比具有同量热能的煤轻约30%，所占空间少约50%，燃烧容易控制，基本上无灰分，是比较优质的生活用燃料。

2. 石油醚

是低级烷烃的混合物，无色澄清的液体，有似乙醚的气味，在油脂、橡胶、油漆生产中作溶剂。

3. 液体石蜡

主要成分是$C_{18} \sim C_{24}$的烷烃混合物，无色透明液体。医药上用作配制软膏、滴鼻药或喷雾剂的溶剂或基质，也可用作缓泻剂。液体石蜡能净化皮肤表面，可在皮肤表面形成疏水性油膜，减缓皮肤表面水分的蒸发，使皮肤表面形成耐水性皮膜，因此液体石蜡常用作化妆品溶剂和原料。

4. 凡士林

主要成分是$C_{18} \sim C_{22}$的烷烃混合物，为白色至黄棕色的软膏状半固体。可用作润滑剂、防锈剂及某些化妆品的原料，医药上常用于制作药物软膏的基质。

5. 固体石蜡

主要成分是$C_{20} \sim C_{24}$的烷烃混合物。医药上用作蜡疗和配制软膏，组织切片时用作包埋，也是制蜡烛的原料。在化妆品中主要用作固化剂，提高化妆品的稳定性、稠厚性，改善对皮肤的柔软效果。

第三节 烯 烃

分子中含有碳碳双键的不饱和链烃叫做烯烃。最简单的烯烃是乙烯。

一、烯烃的结构和命名

(一)烯烃的结构

现以乙烯为例,讨论烯烃的结构。

乙烯的分子式为 C_2H_4,其结构式如下:

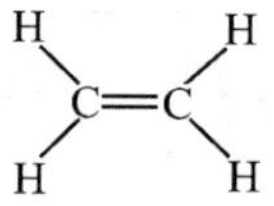

在乙烯分子中,有 1 个碳碳双键和 4 个碳氢单键,2 个碳原子和 4 个氢原子处在同一平面上,它们彼此之间的键角约为 120°。

乙烯分子中的 2 个碳原子成键时都采取 sp^2 杂化,即 1 个 2s 轨道与 2 个 2p 轨道进行杂化,形成 3 个 sp^2 杂化轨道,还有 1 个未杂化的 p 轨道,如图 7-6 所示。

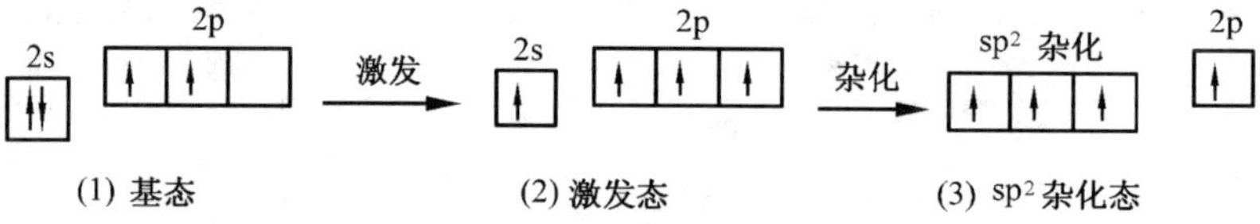

图 7-6 碳原子的 sp^2 杂化

3 个 sp^2 杂化轨道的对称轴在同一平面上,它们相互之间的夹角都为 120°,如图 7-7a 所示。在形成乙烯分子时,2 个碳原子各以 1 个 sp^2 杂化轨道相互重叠,形成 1 个 C—C σ 键;2 个碳原子又各以 2 个 sp^2 杂化轨道与 4 个氢原子的 1s 轨道重叠,形成 4 个 C—H σ 键。分子中 5 个 σ 键都在同一平面上,键角约为 120°,如图 7-7b 所示。每个碳原子还有 1 个未杂化的 p 轨道,这时 2 个 p 轨道都垂直于 5 个 σ 键所在的平面,且互相平行,从侧面进行平行重叠,形成 1 个 C—C π 键,如图 7-7c 所示。

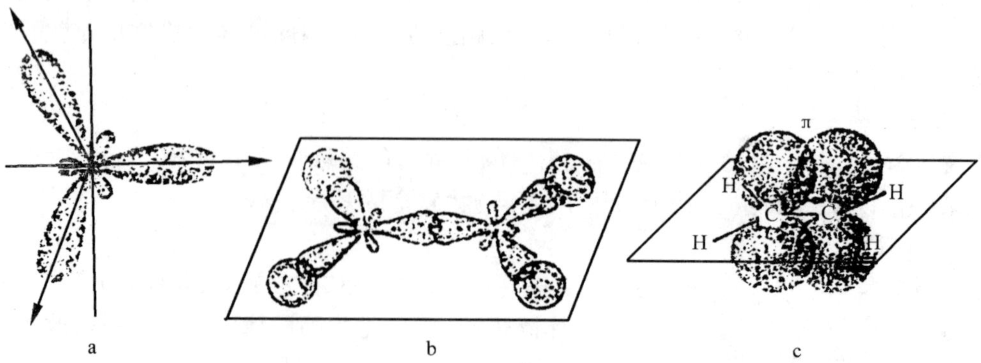

图 7-7 乙烯分子结构示意图

由此可见，碳碳双键是由 1 个 σ 键和 1 个 π 键形成的，这两种键的轨道重叠程度不同。π 键是由 2 个 p 轨道相互平行从侧面重叠形成的，其电子云重叠程度比沿轨道对称轴重叠的 σ 键要小。同时，π 电子云受 2 个碳原子核的吸引力较弱，流动性较大，当受到外界条件的影响时，容易变形而受到破坏，因而 π 键不如 σ 键稳定。另外，π 键不像 σ 键的电子云那样集中在连接 2 个原子核的对称轴上，而是分散在上下两处，因此，以双键相连接的 2 个碳原子是不能围绕键轴旋转的。

在烯烃分子中，除了双键碳原子采取 sp^2 杂化轨道成键，其他碳原子都采取 sp^3 杂化轨道成键。

(二) 烯烃的同系物和命名

烯烃也存在着一系列的同系物，如丙烯、丁烯、戊烯等，它们在分子组成上相差一个或若干个 CH_2 原子团，构成了烯烃的同系列。

烯烃分子中含有碳碳双键，在分子组成上比相同碳原子数的烷烃少了 2 个氢原子，因此，烯烃的通式为 C_nH_{2n}。几种烯烃的同系物见表 7－4。

表 7－4　几种烯烃的同系物

名　称	分子式	结构简式	常温下状态
乙　烯	C_2H_4	$CH_2{=}CH_2$	气态
丙　烯	C_3H_6	$CH_2{=}CH{-}CH_3$	气态
1－丁烯	C_4H_8	$CH_2{=}CH{-}CH_2{-}CH_3$	气态
1－戊烯	C_5H_{10}	$CH_2{=}CH{-}(CH_2)_2{-}CH_3$	液态
1－己烯	C_6H_{12}	$CH_2{=}CH{-}(CH_2)_3{-}CH_3$	液态
1－庚烯	C_7H_{14}	$CH_2{=}CH{-}(CH_2)_4{-}CH_3$	液态
1－十八烯	$C_{18}H_{36}$	$CH_2{=}CH{-}(CH_2)_{15}{-}CH_3$	液态
1－十九烯	$C_{19}H_{38}$	$CH_2{=}CH{-}(CH_2)_{16}{-}CH_3$	固态

烯烃的同分异构体数目比相同碳原子数的烷烃要多，因为烯烃除了碳链异构，还有双键的位置异构。如丁烷有 2 种同分异构体，而丁烯有 3 种。

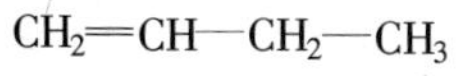
1－丁烯

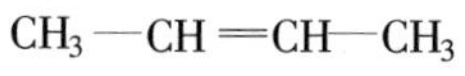
2－丁烯

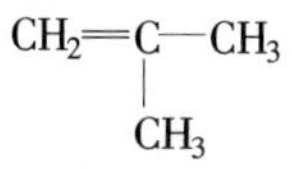
甲基丙烯

烯烃的命名与烷烃的命名类似，命名步骤也是“一选”、“二编”、“三命名”。其命名规则如下：

(1) 选择含有双键的最长碳链作为主链，按主链碳原子数命名为“某烯”，支链作为取代基。

(2) 从靠近双键的一端开始给主链碳原子编号，确定双键及取代基的位置。

(3) 把双键的位置编号写在“某烯”的前面，中间用短线隔开；把取代基的位置、数目和名称写在双键位置的前面，中间用短线隔开。例如：

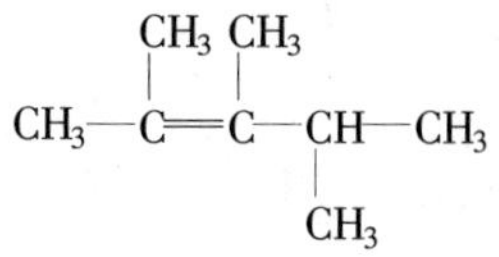
2,3,4－三甲基－2－戊烯

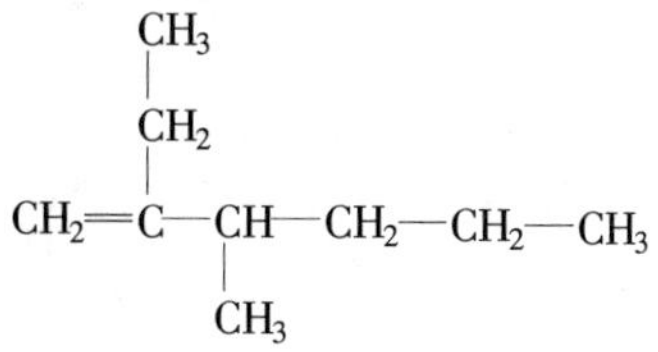
3－甲基－2－乙基－1－己烯

二、烯烃的性质

(一)物理性质

烯烃的物理性质随着碳原子数的增加而递变。常温下,2~4个碳原子的烯烃为气体,5~18个碳原子的为液体,19个碳原子以上的为固体。烯烃的沸点、熔点和密度都随相对分子质量的增加而上升,但密度都小于$1g\cdot cm^{-3}$。烯烃都是无色的,不溶于水,易溶于有机溶剂。液态烯烃都有汽油的气味,乙烯稍带甜味。

(二) 化学性质

烯烃分子中含有π键,π键键能较小,易于断裂,许多反应都是发生在π键上。因此,烯烃的化学性质比较活泼,通常容易发生以下化学反应。

1. 加成反应

有机化合物分子的π键断裂,加入其他原子或原子团的反应叫做加成反应。烯烃的加成反应常见的有以下几种:

(1) 加氢:在镍、铂等催化剂的存在下,烯烃可与氢气发生加成反应生成相应的烷烃。

$$\underset{\text{乙烯}}{CH_2=CH_2} + H_2 \xrightarrow[\triangle]{Ni} \underset{\text{乙烷}}{CH_3-CH_3}$$

$$\underset{\text{丙烯}}{CH_3-CH=CH_2} + H_2 \xrightarrow[\triangle]{Ni} \underset{\text{丙烷}}{CH_3-CH_2-CH_3}$$

(2) 加卤素:这里讲的加卤素,实际上是指加氯和加溴,因为氟与烯烃反应太剧烈,往往使碳链断裂;而碘与烯烃加成很困难。例如,将乙烯或丙烯通入溴的四氯化碳溶液,溴的颜色消失,此反应可用于检验烯烃。

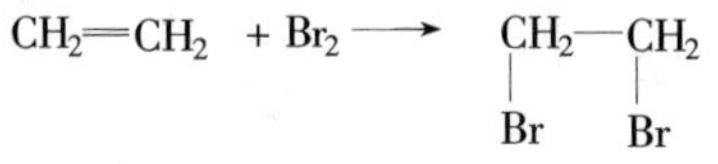

1,2-二溴乙烷

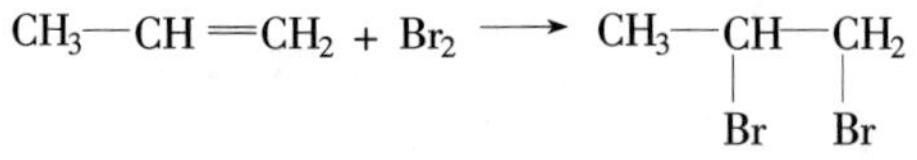

1,2-二溴丙烷

(3) 加卤化氢:烯烃与卤化氢加成生成卤代烷,卤化氢反应活性顺序是HI>HBr>HCl。例如:

$$\underset{\text{乙烯}}{CH_2=CH_2} + HBr \longrightarrow \underset{\text{溴乙烷}}{CH_3-CH_2Br}$$

乙烯是对称分子,不论卤原子或氢原子加到哪一个碳原子上,都得到同一产物。但当不对称烯烃与卤化氢加成时,就可以生成两种产物。例如:

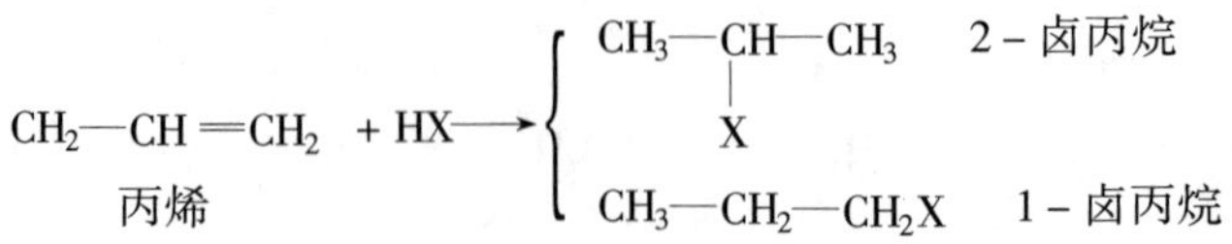

根据大量实验结果,马尔可夫尼可夫总结出一条经验规则(简称马氏规则):当不对称烯烃

与不对称试剂发生加成时，不对称试剂的带负电部分主要加到含氢较少的双键碳原子上。因此，丙烯与卤化氢反应的主要产物是 2 - 卤丙烷。故上述反应式应写为：

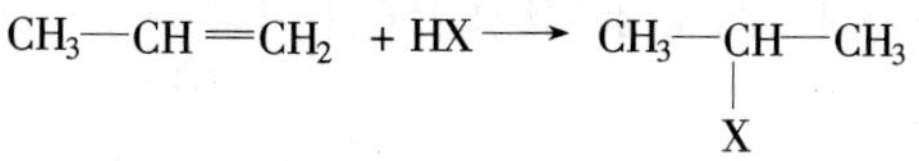

例如：

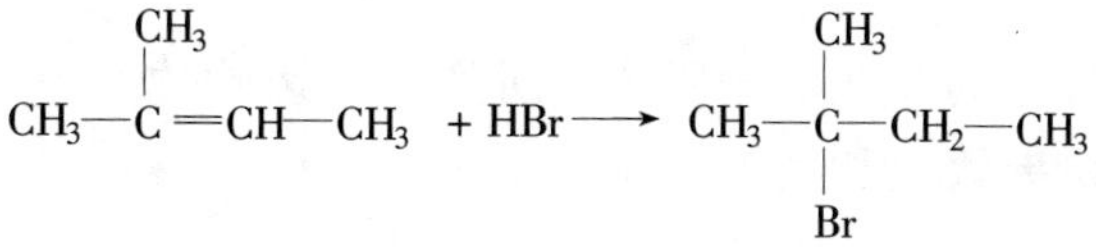

2 - 甲基 - 2 - 溴丁烷

(4) 加水：烯烃在催化剂(如 H_2SO_4)存在下与水发生加成反应生成醇。例如：

$$CH_2{=}CH_2 + H{-}OH \xrightarrow{H_2SO_4} CH_3{-}CH_2{-}OH$$

乙醇

不对称烯烃与水加成时，也遵守马氏规则。例如：

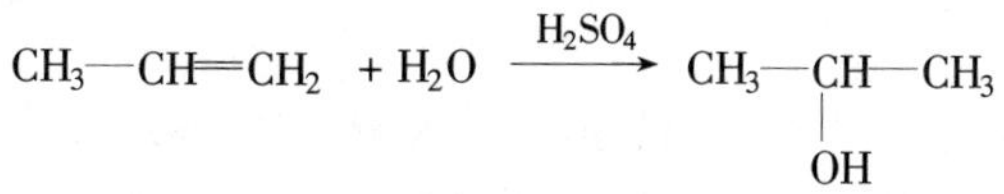

2 - 丙醇

2. 氧化反应

烯烃在酸性条件下容易被 $KMnO_4$ 氧化，得到碳链断裂的氧化产物。氧化后 $CH_2=$ 基变成 CO_2，R—CH= 基变成羧酸(R—COOH)，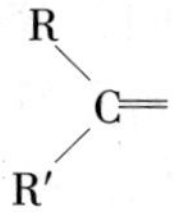 基变成酮(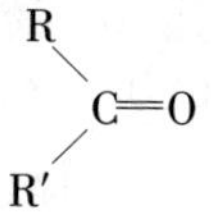)。

例如：

$$R{-}CH{=}CH_2 \xrightarrow[H_2SO_4]{KMnO_4} R{-}COOH + CO_2$$

羧酸

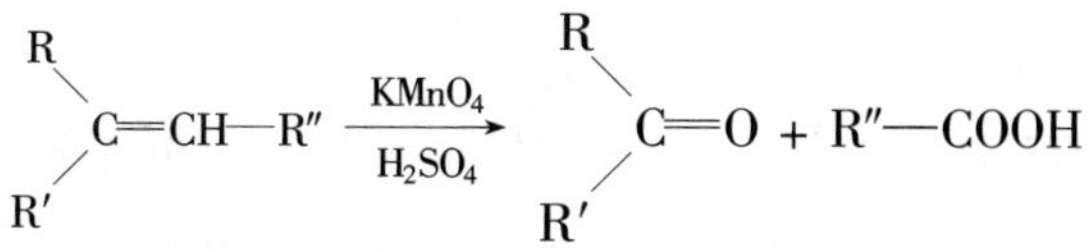

酮　　　　羧酸

反应时，$KMnO_4$ 的紫色很快消失。

3. 聚合反应

在一定条件下，烯烃能发生自身加成反应，生成大分子化合物。这种由小分子化合物结合生成大分子化合物的过程叫做聚合反应。参加聚合反应的小分子叫做单体，生成的产物叫聚合物。例如：

$$nCH_2{=}CH_2 \xrightarrow{TiCl_4\text{-}Al(C_2H_5)_3} {+}CH_2{-}CH_2{+}_n$$

乙烯　　　　聚乙烯

聚乙烯为白色固体，无毒，是一种透明柔韧的塑料，化学稳定性高，耐低温，具有绝缘和防辐射的性质，经加工可制成食品袋、塑料壶、杯等日用品，以及医药器材如输液容器、各种医用导管和整形材料等。

其他低分子烯烃也可发生聚合，生成相应的聚合物。

三、诱导效应和共轭效应

分子中电子云密度分布的改变对物质性质所产生的影响称为电子效应，电子效应可根据其作用的方式不同分为诱导效应和共轭效应。

（一）诱导效应

在多原子分子中，由于某个原子或基团的电负性不同，对成键电子云产生排斥或吸引，并通过分子链对相邻原子间的成键电子云产生排斥或吸引，使整个分子的成键电子云向某个方向偏移，导致整个分子的极性发生改变。例如，在1－氯丙烷分子中：

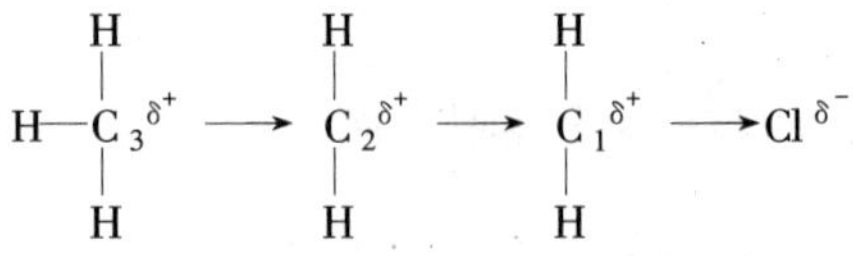

由于Cl的电负性大，C_1—Cl 键的成键电子云偏向Cl原子，使C_1原子带有部分正电荷，C_1原子的正电荷又吸引 C_1—C_2 的成键电子云（同时也吸引 C_1—H 的成键电子云），使C_2也带有少许正电荷；同理，C_3会带有更少些的正电荷。这种由于取代基的电负性不同，引起键的极性改变，并通过静电引力沿着碳链由近及远地依次传递，致使整个分子的极性发生改变的现象，称为诱导效应。换句话说，诱导效应是指因为分子中的电荷的不对称性所引起的电子云移动而导致分子极化的作用或现象。诱导效应常用符号I表示。

诱导效应沿着碳链传递时减弱得很快，如在1－氯丙烷中，Cl原子吸引成键电子云，对C_1的影响最大，对C_2的影响小得多，而对C_3的影响就很小了。一般传递到第3个碳原子后影响就很微弱了，故可忽略不计。这说明诱导效应是短程的。

诱导效应的方向是以 C—H 作为比较标准的。

吸电诱导（－I效应）　　对照标准　　斥电诱导（＋I效应）

若取代基的电负性大于氢，则成键电子云向取代基偏移，这称为吸电子诱导效应（用－I表示）；若取代基的电负性小于氢，成键电子云将偏向碳原子，这称为斥电子诱导效应（用＋I表示）。

一些常见取代基的电负性大小顺序如下：

$—F > —Cl > —Br > —I > —OCH_3 > —NHCOCH_3 > —C_6H_5 > —CH{=}CH_2 > H > —CH_3 > —CH_2CH_3 > —CH(CH_3)_2 > —C(CH_3)_3$

上述顺序中，在氢前面的称为吸电子基，在氢后面的称为斥电子基。

诱导效应也有静态诱导效应和动态诱导效应之分。由于分子本身结构而产生的诱导效应称为静态诱导效应，它永远存在于分子中。在反应过程中，受外界电场（如试剂、反应器皿等）影响而产生的分子暂时极性改变，称为动态诱导效应，这是暂时性的，但在反应过程中是主要的。

诱导效应可用以解释马氏规则。如丙烯与溴化氢加成反应的产物主要是 2－溴丙烷，这是因为丙烯中的甲基是斥电子基，使双键极化，C_1 上带有部分负电荷，C_2 上带有部分正电荷，试剂 HBr 中带正电荷的 H 原子首先进攻丙烯中的 C_1，而带负电荷的 Br 原子则进攻带正电荷的 C_2，使得主要生成 2－溴丙烷。

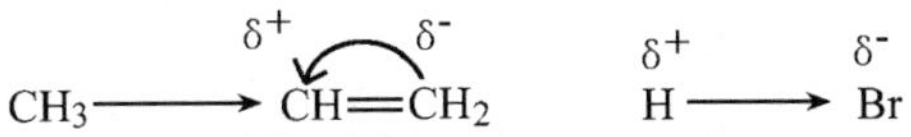

(二) 共轭效应

分子中具有单键和双键间隔排列的结构特征的化合物称为共轭体系。这种双键叫做共轭双键。共轭效应存在于共轭体系内，共轭效应一般分为 π－π 共轭，p－π 共轭和 σ－π 共轭，这里只介绍前两种共轭效应。

1. π－π 共轭

1,3－丁二烯分子中存在共轭双键，其结构式如下：

$$\overset{1}{C}H_2=\overset{2}{C}H-\overset{3}{C}H=\overset{4}{C}H_2$$

其分子中 4 个碳原子都以 sp^2 杂化轨道成键，所形成的 C—C σ 键和 C—H σ 键都在同一平面上，4 个碳原子未杂化的 p 轨道都垂直于 σ 键的平面，4 个 p 轨道互相平行。这样，不仅 C_1，C_2 间和 C_3，C_4 间的 p 轨道相互平行重叠(图 7－8)形成两个 π 键，而且两个 π 键之间因靠得近而平行重叠，结果形成了一个大 π 键(图 7－9)，这样的大 π 键又叫共轭 π 键。大 π 键的形成使得共轭体系中各碳原子的电子云密度发生了一定程度的平均化，使单键和双键的差别显著地减小，不再是典型的单键和双键了。在 1,3－丁二烯分子中 C—C 单键的键长为 0.146nm，比一般 C—C 单键的键长 0.154nm 要短，而 C═C 双键的键长为 0.137nm，比一般 C═C 双键的键长 0.134nm 要长。

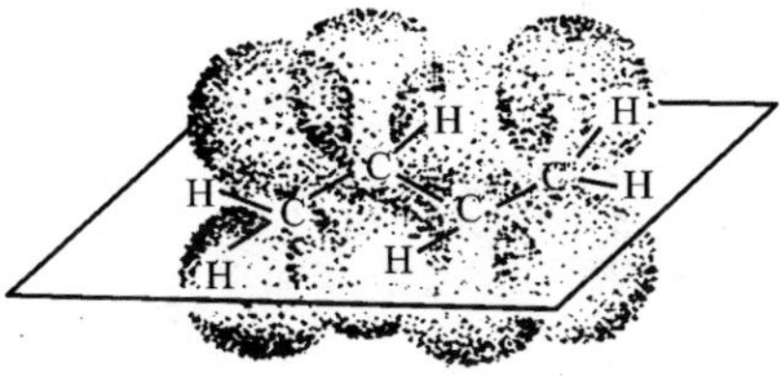

图 7－8　1,3－丁二烯分子中 p 轨道的重叠

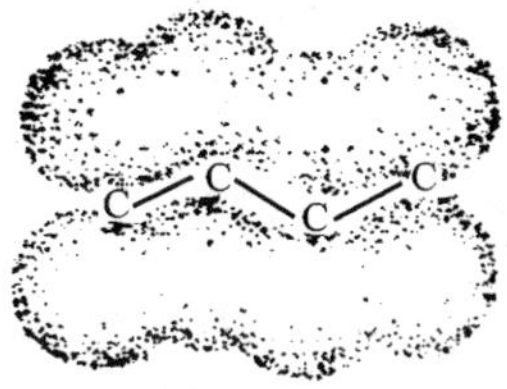

图 7－9　1,3－丁二烯分子中的大 π 键

这种由于共轭体系的形成，使分子中的原子间发生相互影响，引起电子云密度和键长平均化的现象，称为共轭效应(以符号 C 表示)。由 π 键和 π 键共轭形成的 π－π 共轭体系所产生的效应叫做 π－π 共轭效应。这种效应是分子的内在性质，由分子结构所决定，称为静态共轭效应。

当 1,3－丁二烯发生反应时，由于受到外界电场的影响，会发生 π 电子云的偏移。因为分子中 π 电子云是一个整体，所以这种偏移就能从体系的一端传递到另一端，结果使分子产生交替极化，形成两端极化的现象。例如，1,3－丁二烯与溴加成时，共轭体系首先受到 Br^+ 的进攻，使之 π 电子云发生偏移，产生交替极化。

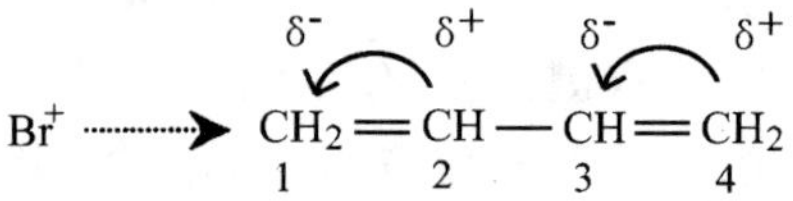

这样 Br^+ 便可加到带负电荷的一端碳原子上：

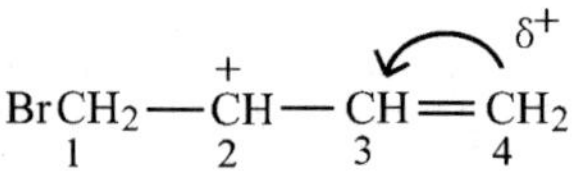

在上述反应中间体中，正电荷并不限于 C_2，C_4 也带有正电荷，于是 Br^- 负离子既可进攻 C_2，又可进攻 C_4：

进攻 C_2：$CH_2—CH—CH═CH_2$ （1，2 - 加成）
　　　　　|　　|
　　　　　Br　Br

进攻 C_4：$CH_2—CH═CH—CH_2$ （1，4 - 加成）
　　　　　|　　　　　　　|
　　　　　Br　　　　　　Br

可见，1，3 - 丁二烯与溴加成时，既可得到 1，2 - 加成产物，又可得到 1，4 - 加成产物。

在外界电场作用下，共轭体系 π 电子云发生偏移，使 π 电子云的分布发生改变的现象，称为动态共轭效应。这是一种暂时现象，只有在反应时才表现出来。

2. p - π 共轭效应

一个原子的 p 轨道与一个 π 键被一个单键隔开，p 轨道与 π 轨道相互平行重叠而形成的体系，称为 p - π 共轭体系。在 p - π 共轭体系中，p 电子云向 π 键方向偏移，引起电子云密度和键长平均化，这种现象称为 p - π 共轭效应。如氯乙烯和氯苯分子中就存在 p - π 共轭效应。

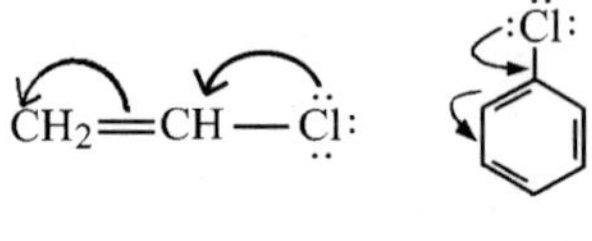

第四节　炔　　烃

分子中含有碳碳叁键（ —C≡C— ）的不饱和链烃叫做炔烃。最简单的炔烃是乙炔。

一、炔烃的结构和命名

（一）炔烃的结构

现以乙炔为例说明炔烃的结构。

乙炔分子的电子式和结构式如下：

H ⨯ C ⋮⋮ C ⨯ H　　　　H—C≡C—H

电子式　　　　　　结构式

乙炔分子中的碳原子采取 sp 杂化，如图 7 - 10 所示。

碳原子的 2 个 sp 杂化轨道在一直线上，并向相反方向伸展，因此 2 个 sp 杂化轨道间的夹角为 180°，如图 7 - 11 所示。每个碳原子还有 2 个未杂化的 p 轨道，它们的轴互相垂直。

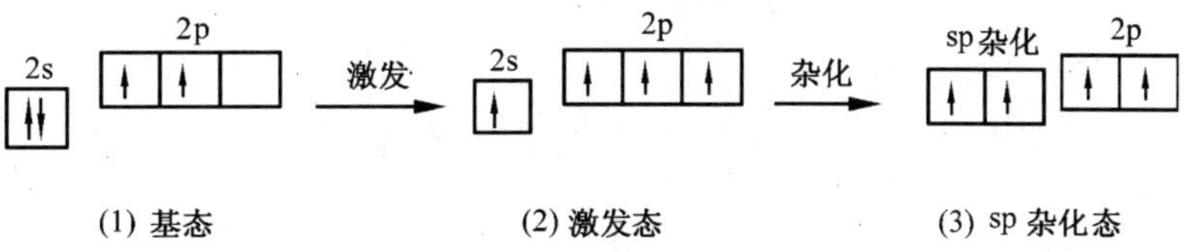

图 7 - 10　碳原子的 sp 杂化

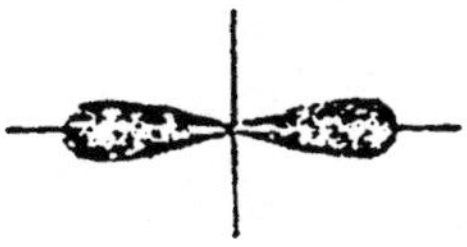

图 7 - 11　2 个 sp 杂化轨道

图 7 - 12　乙炔分子中的 σ 键

形成乙炔分子时，每个碳原子各以 1 个 sp 杂化轨道与氢原子的 1s 轨道进行重叠，形成 2 个 C—H σ 键，同时又各以 1 个 sp 杂化轨道相互重叠形成 1 个 C—C σ 键。2 个碳原子和 2 个氢原子在一条直线上，如图 7 - 12 所示。每个碳原子的 2 个未杂化的 p 轨道，它们两两平行，从侧面进行重叠，形成 2 个 π 键，如图 7 - 13 所示。这 2 个 π 键与 sp 杂化轨道的轴之间相当于空间三个垂直坐标的关系。

可见，乙炔分子中的碳碳叁键中，1 个是 σ 键，2 个是 π 键。

炔烃分子中叁键碳原子都采取 sp 杂化轨道成键，其他碳原子采取 sp^3 杂化轨道成键。

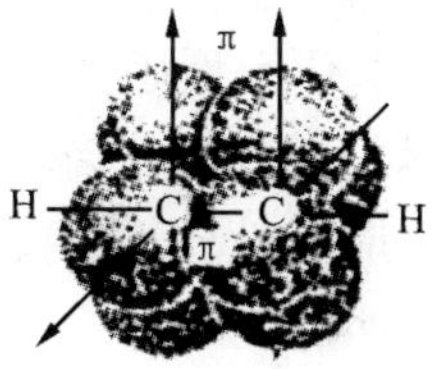

图 7 - 13　乙炔分子中的 π 键

(二) 炔烃的同系物和命名

炔烃也有一系列的同系物，如丙炔、丁炔、戊炔等，它们在分子组成上都相差一个或若干个 CH_2 原子团，构成了炔烃的同系列。

炔烃在分子组成上比相同碳原子数的烯烃少 2 个氢原子，因此炔烃的通式为 C_nH_{2n-2}。几种炔烃的同系物见表 7 - 5。

表 7 - 5　几种炔烃的同系物

名　　称	分子式	结构简式	常温下状态
乙炔	C_2H_2	$CH \equiv CH$	气态
丙炔	C_3H_4	$CH \equiv C-CH_3$	气态
1 - 丁炔	C_4H_6	$HC \equiv C-CH_2-CH_3$	气态
1 - 戊炔	C_5H_8	$HC \equiv C-(CH_2)_2-CH_3$	液态
1 - 己炔	C_6H_{10}	$HC \equiv C-(CH_2)_3-CH_3$	液态
1 - 十五炔	$C_{15}H_{28}$	$HC \equiv C-(CH_2)_{12}-CH_3$	液态
1 - 十六炔	$C_{16}H_{30}$	$HC \equiv C-(CH_2)_{13}-CH_3$	固态

炔烃与烯烃一样，也存在碳链异构和官能团位置异构现象，但炔烃的同分异构体数目比相同碳原子数的烯烃要少，这是因为烯烃的 2 个双键碳原子上可以连取代基，而炔烃的 2 个叁键碳原子上不能再连接其他取代基。如丁炔只有 2 种同分异构体。

$CH\equiv C-CH_2-CH_3$　　1－丁炔

$CH_3-C\equiv C-CH_3$　　2－丁炔

炔烃的命名法类似于烯烃，只要将“烯”字改为“炔”字就行。例如：

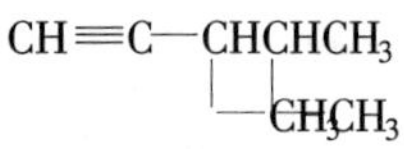

3,4－二甲基－1－戊炔

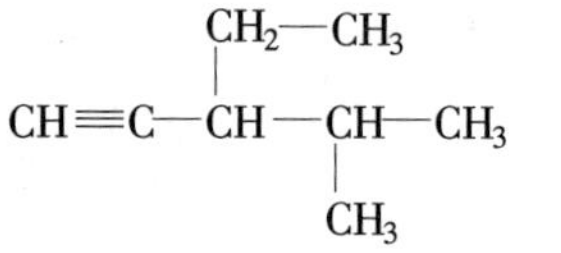

4－甲基－3－乙基－1－戊炔

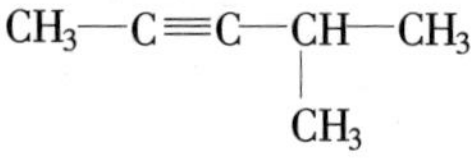

4－甲基－2－戊炔

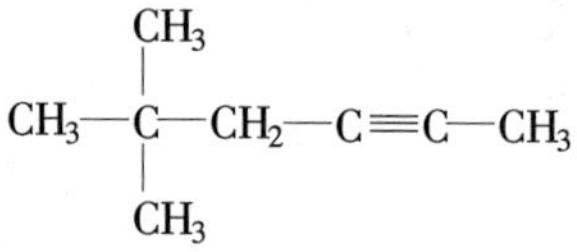

5,5－二甲基－2－己炔

二、炔烃的性质

(一) 物理性质

常温下，乙炔至丁炔为气体，戊炔至十五炔为液体，十六炔以上为固体。炔烃的沸点、熔点和密度都比相应的烷烃和烯烃高一些，这与炔烃分子是直线型结构有关。炔烃难溶于水，易溶于有机溶剂，如丙酮、石油醚、苯等。

(二) 化学性质

炔烃分子中含有碳碳叁键，不饱和程度大，易发生加成反应，一分子炔烃可以加两分子试剂，但反应活性比烯烃要弱些。

1. 加成反应

(1) 加氢：在金属催化剂(如 Ni, Pd, Pt)存在下，炔烃加氢生成烯烃，也可以生成烷烃。例如：

$$CH\equiv CH + H_2 \xrightarrow{Pt} CH_2=CH_2 \xrightarrow[Pt]{H_2} CH_3-CH_3$$

可通过控制氢气的量来获得某种产物。

(2) 加卤素：炔烃与卤素加成需要在光或 $FeCl_3$ 催化下才能进行。例如：

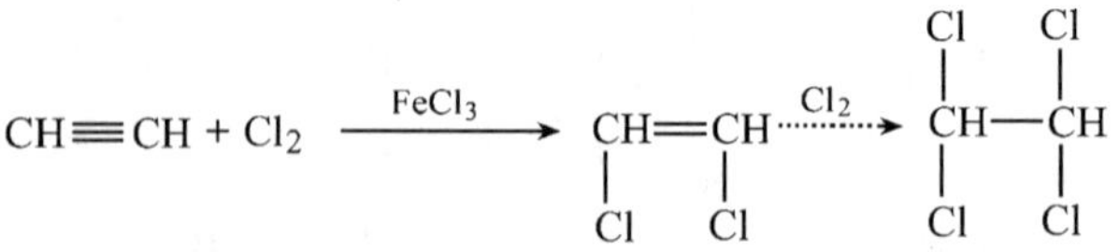

1,2－二氯乙烯　　1,1,2,2－四氯乙烷

乙炔与碘的加成，通常只能加一分子碘。

(3) 加卤化氢：炔烃与氯化氢的加成，需在 $HgCl_2$, Cu_2Cl_2 等催化剂存在下进行，反应分两步进行。第二步应遵循马氏规则。

$$CH\equiv CH + HCl \xrightarrow[150\sim160^{\circ}C]{HgCl_2} \underset{\text{氯乙烯}}{CH_2=CH-Cl} \xrightarrow{HCl} \underset{\text{1,1－二氯乙烷}}{CH_3-CHCl_2}$$

若乙炔与溴化氢加成,在暗处即可发生反应:

$$CH\equiv CH + HBr \longrightarrow \underset{\text{溴乙烯}}{CH_2=CHBr} \xrightarrow{HBr} \underset{\text{1,1－二溴乙烷}}{CH_3-CHBr_2}$$

若用碘化氢代替溴化氢,反应更快。

(4) 加水:炔烃在催化剂(汞盐、硫酸)存在下与水加成时,除乙炔生成乙醛外,其他的炔烃都生成酮。例如:

$$\underset{\text{乙炔}}{CH\equiv CH} + H-OH \xrightarrow[HgSO_4]{H_2SO_4} \underset{\text{乙醛}}{CH_3-\overset{\overset{\displaystyle O}{\|}}{C}-H}$$

$$\underset{\text{丙炔}}{CH_3-C\equiv CH} + H-OH \xrightarrow[HgSO_4]{H_2SO_4} \underset{\text{丙酮}}{CH_3-\underset{\underset{\displaystyle O}{\|}}{C}-CH_3}$$

上述反应先生成很不稳定的烯醇,再经分子重排生成醛、酮。

2. 氧化反应

炔烃可被重铬酸钾($K_2Cr_2O_7$)、高锰酸钾等强氧化剂氧化。如炔烃能使高锰酸钾溶液褪色,同时生成褐色 MnO_2 沉淀。通常$CH\equiv$基变成 CO_2, $R-C\equiv$基变成羧酸($R-COOH$)。例如:

$$3CH\equiv CH + 10KMnO_4 + 2H_2O \longrightarrow 6CO_2\uparrow + 10KOH + 10MnO_2\downarrow$$

$$CH_3-C\equiv CH \xrightarrow[KMnO_4]{H_2O} \underset{\text{乙酸}}{CH_3-COOH} + CO_2\uparrow$$

$$CH_3-C\equiv C-CH_3 \xrightarrow[KMnO_4]{H_2O} \underset{\text{乙酸}}{2CH_3-COOH}$$

可见,根据炔烃氧化的产物能确定炔烃的结构。

3. 生成金属炔化物的反应

1－炔烃中的叁键碳原子上的氢($-C\equiv C^{\delta^-}-H^{\delta^+}$)具有弱酸性,可被金属原子取代而生成金属炔化物。如将乙炔通入氯化亚铜的氨水溶液中,生成棕色的乙炔铜沉淀。将乙炔通过硝酸银的氨水溶液中,则生成白色的乙炔银沉淀。乙炔铜和乙炔银在潮湿状态及低温下比较稳定,在干燥时遇热或受撞击即分解爆炸,因此使用或制备时必须小心(可加硝酸进行破坏)。叁键碳原子上没有氢的炔烃不能与氯化亚铜和硝酸银的氨水溶液反应生成金属炔化物。

$$HC\equiv CH + Cu_2Cl_2 + 2NH_3\cdot H_2O \longrightarrow \underset{\text{(棕色)}}{CuC\equiv CCu\downarrow} + 2NH_4Cl + 2H_2O$$

$$HC\equiv CH + 2AgNO_3 + 2NH_3\cdot H_2O \longrightarrow \underset{\text{(白色)}}{AgC\equiv CAg\downarrow} + 2NH_4NO_3 + 2H_2O$$

其他 1 – 炔烃也有同样反应。

$$2R—C\equiv CH + Cu_2Cl_2 + 2NH_3\cdot H_2O \longrightarrow \underset{\text{(棕色)}}{2R—C\equiv CCu\downarrow} + 2NH_4Cl + 2H_2O$$

$$R—C\equiv CH + AgNO_3 + NH_3\cdot H_2O \longrightarrow \underset{\text{(白色)}}{R—C\equiv CAg\downarrow} + NH_4NO_3 + H_2O$$

其他非 1 – 炔烃无此反应：

$$R—C\equiv C—R' + \left\{\begin{matrix} Cu_2Cl_2 + 2NH_3\cdot H_2O \\ AgNO_3 + NH_3\cdot H_2O \end{matrix}\right\} \longrightarrow \text{不反应}$$

利用此反应可鉴定乙炔和其他 1 – 炔烃。

炔烃还可发生聚合反应，这里不做介绍。

三、重要的炔烃

乙炔是最重要的炔烃，是基本有机合成原料，通过它可合成一系列的有机物。

乙炔俗名电石气。纯净的乙炔是无色、无臭的气体，比空气稍轻，密度为 $1.16g\cdot L^{-1}$，微溶于水，易溶于有机溶剂，尤其易溶于丙酮。

实验室是用电石(碳化钙)与水反应来制备乙炔的。

$$CaC_2 + 2H_2O \longrightarrow \underset{\text{乙炔}}{C_2H_2\uparrow} + Ca(OH)_2$$

乙炔是重要的化工原料，也可用来点燃照明，其燃烧的反应式如下：

$$2C_2H_2 + 5O_2 \longrightarrow 4CO_2 + 2H_2O + Q$$

乙炔含碳量较乙烷和乙烯高，燃烧时能产生明亮而带浓烟的火焰。乙炔在氧气中燃烧产生的火焰叫做氧炔焰，其温度可达 3000℃以上，常用来切割和焊接金属。

第五节　脂　环　烃

分子中含有由碳原子组成的环状结构的烃叫做闭链烃，又称为环烃。按照其结构和性质的不同，环烃又分为脂环烃和芳香烃两大类。

具有脂肪烃性质的环烃叫做脂环烃。脂环烃可分类如下：

$$\text{脂环烃}\left\{\begin{array}{l}\text{饱和脂环烃——环烷烃} \\ \text{不饱和脂环烃—}\left\{\begin{array}{l}\text{环烯烃}\\ \text{环炔烃}\end{array}\right.\end{array}\right.$$

本节只介绍单环的脂环烃。

一、脂环烃的结构

分子中碳原子之间都以单键相连的脂环烃叫做环烷烃，其通式为 C_nH_{2n}，与烯烃互为同分异构体。环烷烃分子中碳原子都采取 sp^3 杂化轨道成键，可有三元环、四元环、五元环及六元环等，尤以五元环和六元环最稳定，也最常见。

分子中环上含有碳碳双键的脂环烃叫做环烯烃，其通式为 C_nH_{2n-2}，与炔烃互为同分异构体。环烯烃分子中双键碳原子采取 sp^2 杂化轨道成键，其余碳原子都采取 sp^3 杂化轨道成键，环烯烃也存在由不同数目碳原子形成的环状结构，尤以五元环和六元环最常见。

分子中环上含有碳碳叁键的脂环烃叫做环炔烃，其通式为 C_nH_{2n-4}，这里不作介绍。

二、脂环烃的命名

在命名脂环烃时，应按照成环碳原子数称为“环某烷”或“环某烯”，环上碳原子用阿拉伯数字编号，编号时应使双键或取代基的位次最小，见表 7－6。环炔烃的命名与环烯烃类似，只要将“烯”改为“炔”字就行。

表 7－6　几种脂环烃的简写式及命名

结构式	简写式	名　称	结构式	简写式	名　称
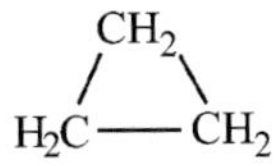		环丙烷	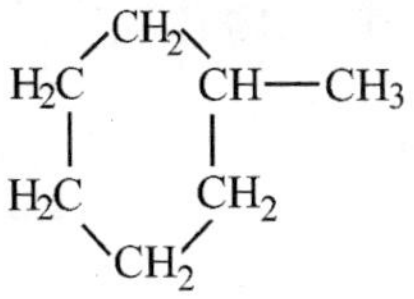	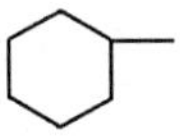	甲基环己烷
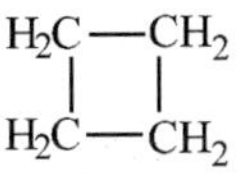		环丁烷	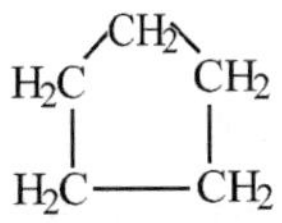		环戊烷
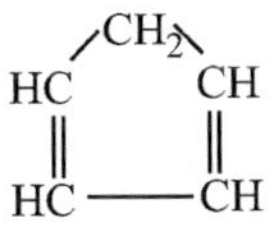		1,3-环戊二烯	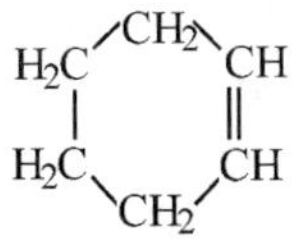		环己烯
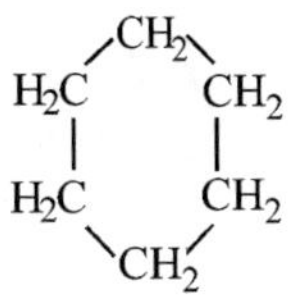		环己烷	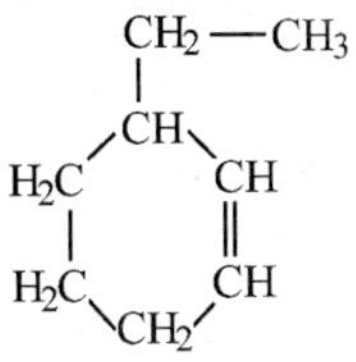	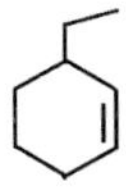	3-乙基环己烯

三、脂环烃的性质

环烷烃不溶于水，其溶点、沸点和密度都比相同碳原子数的烷烃要高。

环烷烃、环烯烃、环炔烃的化学性质与相应的烷烃、烯烃、炔烃基本相同。这里只介绍环烷烃一些比较特殊的化学性质。

（一）开环加成

1. 催化加氢

环丙烷、环丁烷易在金属催化剂镍存在下开环加氢，生成相应的烷烃；环戊烷开环加氢则困难得多；而环己烷很难开环加氢。例如：

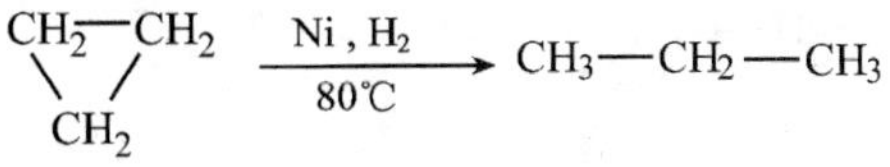

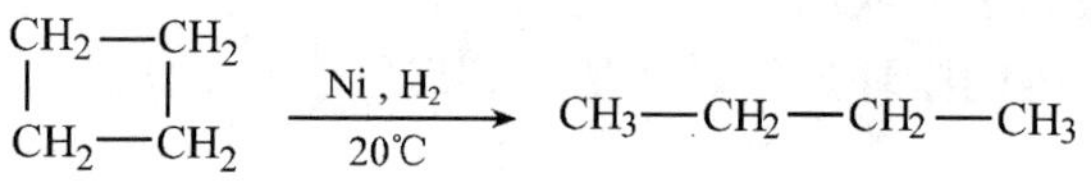

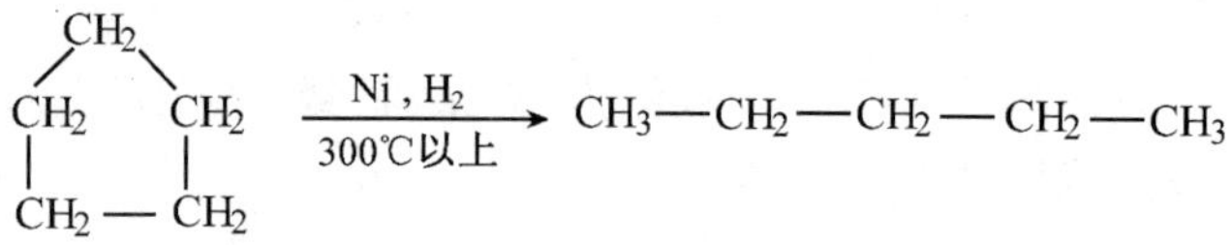

以上反应条件可以说明五元环和六元环的稳定性大。

2. 加卤素和卤化氢

环丙烷在常温下就能与卤素、卤化氢反应。

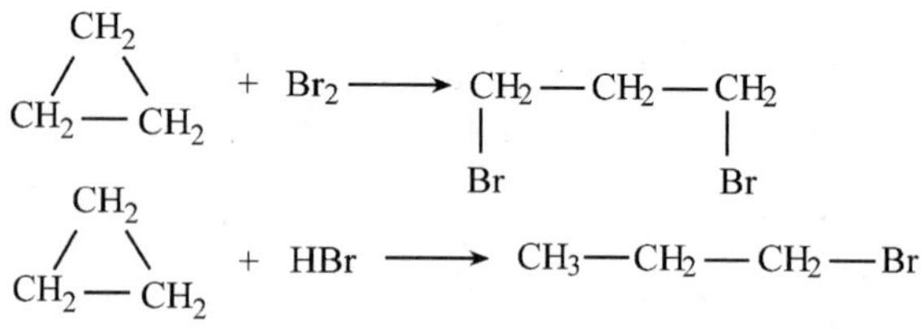

环丁烷在常温下不能与卤素、卤化氢发生加成反应,但加热时可以发生。

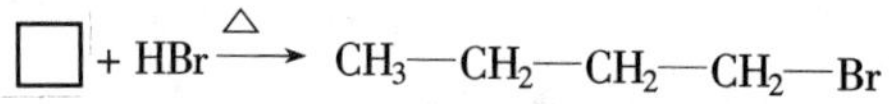

(二) 取代反应

环戊烷、环己烷不与卤素发生开环加成反应,但在日光照射下,可以发生取代反应。

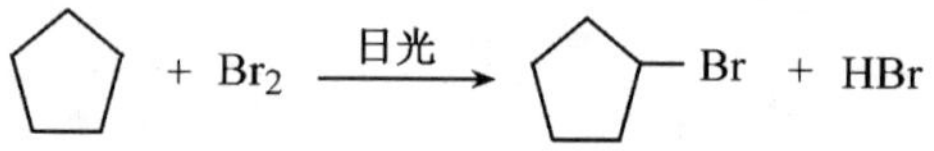

第六节　芳　香　烃

芳香烃是指苯及分子中具有苯环结构的烃类。苯是最简单的芳香烃。

一、苯的结构和苯的同系物

1. 苯的结构

苯的分子式为 C_6H_6,其结构式如下:

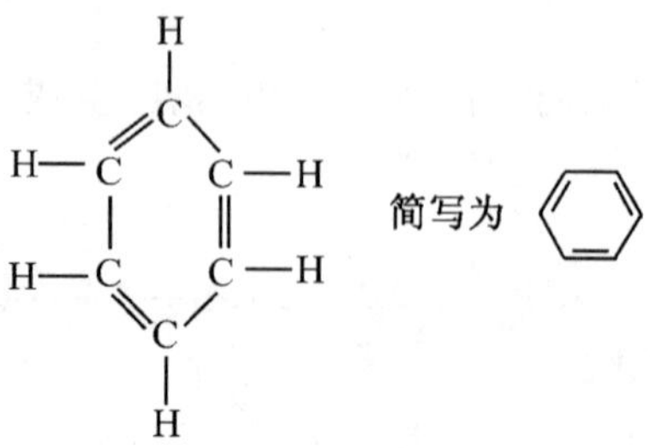

研究表明：苯分子中的6个碳原子在同一平面上，形成正六边形平面结构。按照杂化轨道理论，苯分子形成时，每个碳原子都采取 sp^2 杂化，6个碳原子各以2个 sp^2 杂化轨道相互重叠形成6个C—C σ键，并形成正六边形。6个碳原子又各以1个 sp^2 杂化轨道分别与6个氢原子的1s轨道重叠形成6个C—H σ键，这12个σ键处于同一平面上，其键角都是120°，如图7－14所示。

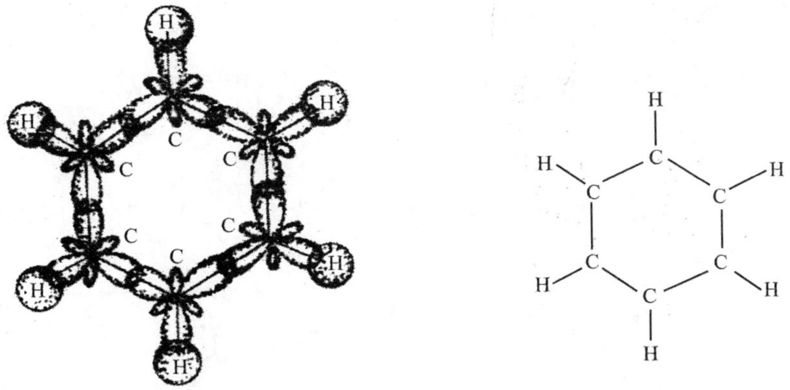

a. 轨道重叠成σ键　　　　b. σ键的分布

图7－14　苯分子内σ键形成示意图

环上6个碳原子还各有1个未杂化的p轨道，它们都垂直于环的平面，且互相平行，从侧面相互平行重叠形成1个闭合的大π键，其π电子云均匀对称地分布在环平面的两侧，如图7－15所示。

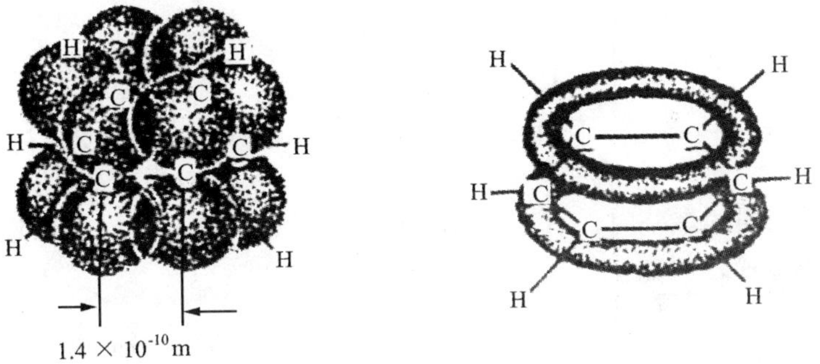

a. p轨道重叠　　　　b. 大π键的形成

图7－15　苯分子中大π键的形成

由于大π键电子云均匀地分布在6个碳原子上，同时受到6个碳原子核的吸引，因此苯分子中的6个碳碳键都相同，它既不同于一般的单键，也不同于一般的双键，而是一种介于单键和双键之间的特殊键，从而使苯环具有特殊的稳定性。为了表示苯分子中存在大π键，通常可把苯分子的结构写成  。

2. 苯的同系物及命名

苯环上的氢原子被烷基取代后生成的化合物，叫做苯的同系物，其通式为 C_nH_{2n-6}（$n \geq 6$）。例如：

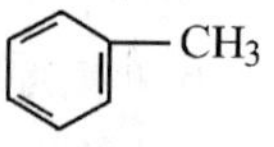

甲苯

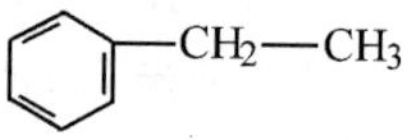

乙苯

苯的同系物的命名方法如下：

比较简单的苯的同系物以苯为母体，把侧链作为取代基。

苯环上只有 1 个烷基时，把烷基放在苯的前面，称为“某苯”。例如：

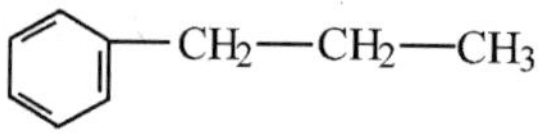

丙苯

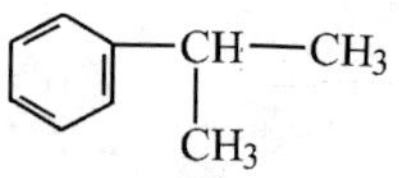

异丙苯

苯环上有 2 个相同的烷基时，可有 3 种异构体，称为“二某苯”，并用邻、间、对或阿拉伯数字表示烷基的位置。例如：

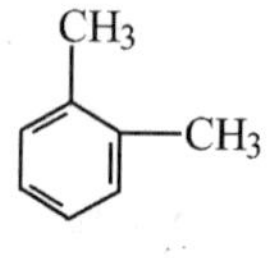

邻二甲苯
（1,2 -二甲苯）

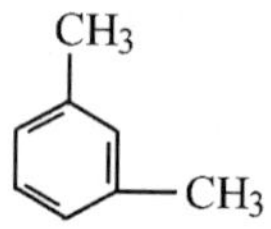

间二甲苯
（1,3 -二甲苯）

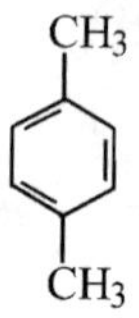

对二甲苯
（1,4 -二甲苯）

苯环上有 2 个不同的烷基时，也有 3 种异构体，称为“某某苯”，并用邻、间、对或阿拉伯数字表示烷基的位置。例如：

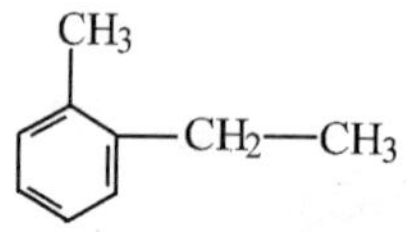

邻甲乙苯
（1,2-甲乙苯）

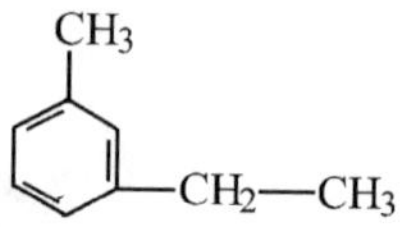

间甲乙苯
（1,3-甲乙苯）

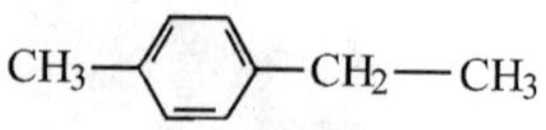

对甲乙苯
（1,4-甲乙苯）

苯环上有 3 个相同的烷基时，有 3 种异构体，称为“三某苯”，并用连、偏、均或阿拉伯数字表示烷基的位置。例如：

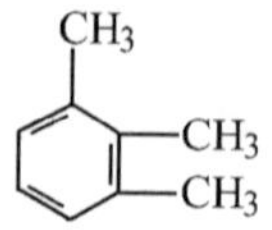

连三甲苯
（1,2,3 -三甲苯）

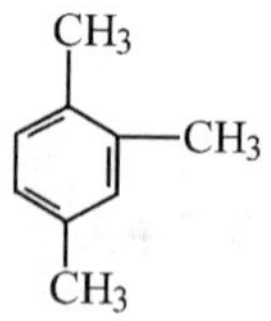

偏三甲苯
（1,2,4 -三甲苯）

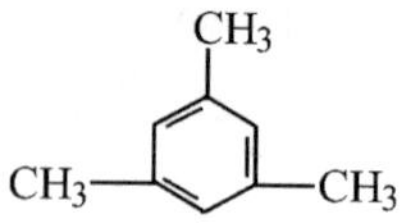

均三甲苯
（1,3,5 -三甲苯）

芳香烃分子形式上去掉 1 个氢原子后剩余的部分称为芳香烃基，简称芳基，用符号 Ar—表示。例如：

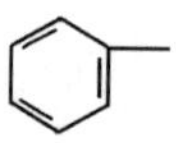 或 C_6H_5—

苯基

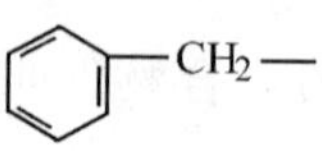 或 C_6H_5—CH_2—

苯甲基或苄基

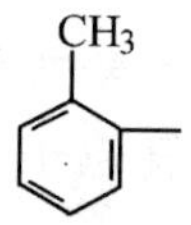

邻甲苯基

二、苯的性质

苯是无色液体，具有特殊气味，有毒性；沸点 80.1℃，溶点 5.5℃；难溶于水而易溶于有机溶剂。苯（及其同系物）有毒，长期吸入其蒸气，会引起肝的损伤，损坏造血器官及神经系统，有时也能导致白血病。

苯是芳香烃的母体，由于苯环的特殊结构，使得苯的化学性质也表现出特殊性，即难于加成，难于氧化，易于取代，这就是所谓的芳香性。

1. 取代反应

在催化剂存在下，苯环上的氢原子容易被其他原子或原子团所取代，主要的取代反应有卤代、硝化和磺化。

(1) 卤代反应：在铁或三卤化铁存在下，苯与卤素作用，苯环上的氢原子被卤素原子取代生成卤代苯。可用以下通式表示：

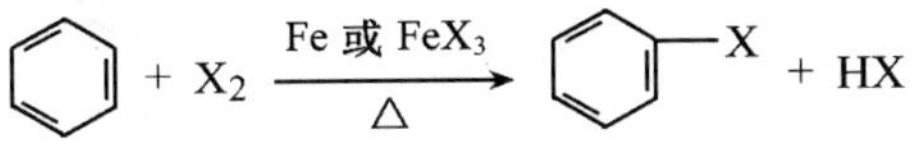

卤苯

例如：

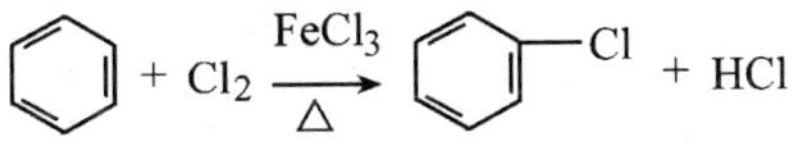

氯苯

生成的氯苯还可以进一步与氯反应，生成对–二氯苯（），对–二氯苯具有防蛀防霉作用，目前市场上出售的新型防蛀霉用品就是以对–二氯苯为主要原料生产的。

(2) 硝化反应：苯与混酸（浓硝酸和浓硫酸）共热时，苯环上的氢原子可被硝基($—NO_2$)取代生成硝基化合物，这一反应叫做硝化反应。

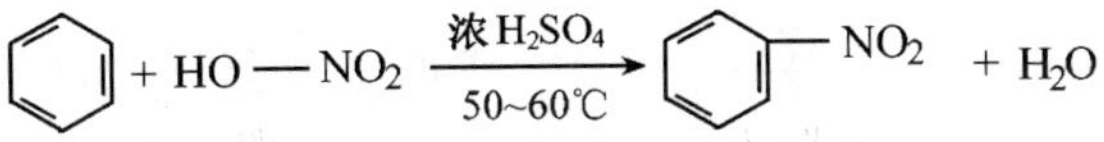

浓硝酸　　　　硝基苯

硝基苯是淡黄色油状液体，有苦杏仁气味，有毒。

(3) 磺化反应：苯与浓硫酸共热或苯与发烟硫酸在室温下反应，苯环上的氢原子可被磺酸基（$—SO_3H$）取代生成苯磺酸，这一反应叫做磺化反应。例如：

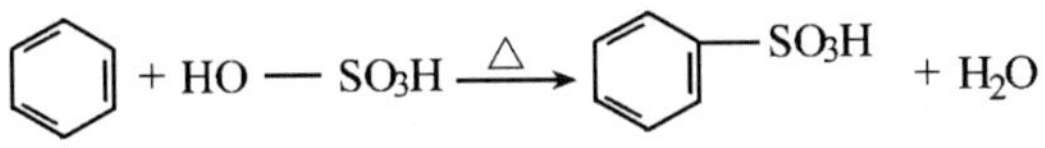

浓硫酸　　　　苯磺酸

2. 氧化反应

苯环结构具有很大的稳定性，一般情况下不与氧化剂如稀硝酸、高锰酸钾溶液反应，如苯不能使酸性高锰酸钾溶液褪色。但如果苯环上连有侧链，则侧链可被氧化，而且不论侧链有多少或侧链的长短如何，总是侧链中直接与苯环相连的碳原子被氧化成羧基（—COOH），但与苯环相连的碳原子上无氢原子，则不能被氧化。例如：

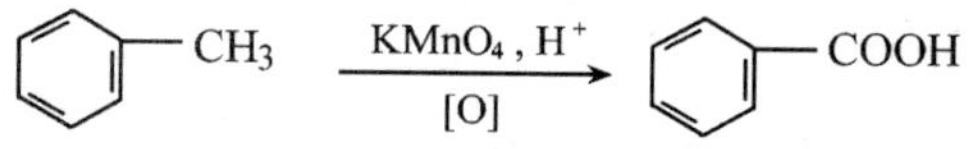

甲苯　　　　苯甲酸

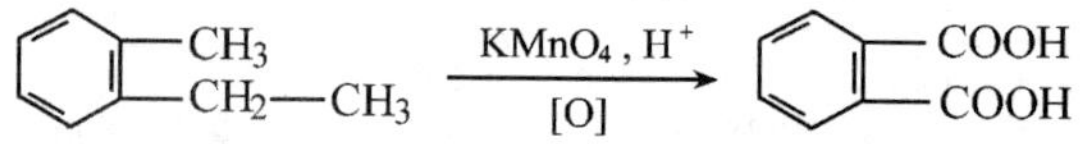

邻甲乙苯　　　　邻苯二甲酸

因此，可利用使酸性高锰酸钾溶液褪色的现象来鉴别苯的同系物与苯。

3. 加成反应

在特殊条件下，苯也能发生加成反应。例如：

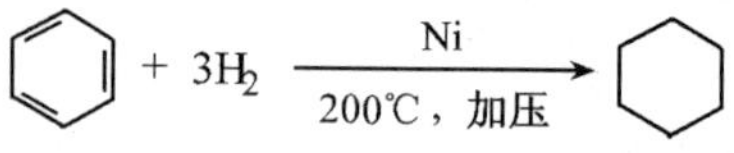

苯　　　　环己烷

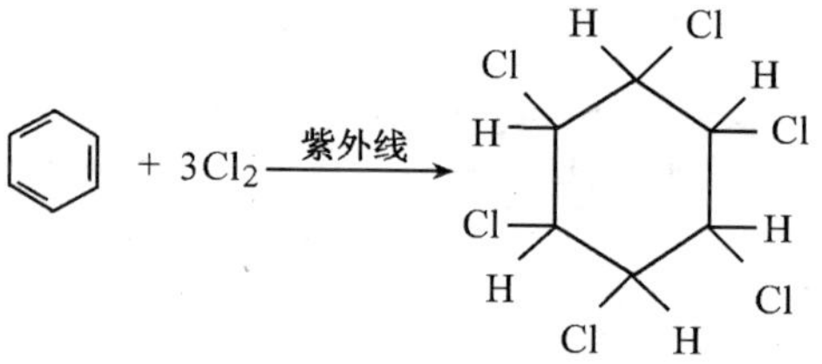

苯　　　　六氯环己烷（六六六）

从上述苯的化学性质可以看出，苯在相当程度上显示出饱和烃的性质，如不易被氧化，易发生取代。在一定条件下，苯又表现出不饱和烃的性质，如能发生加成反应。

三、稠环芳香烃

由2个或2个以上的苯环，共用相邻的2个碳原子稠合而成的多环芳香烃叫做稠环芳香烃。重要的稠环芳香烃有萘、蒽和菲等，它们都存在于煤焦油的高温分馏产物中。

1. 萘

萘的分子式为$C_{10}H_8$，是由2个苯环稠合而成的，其结构式如下：

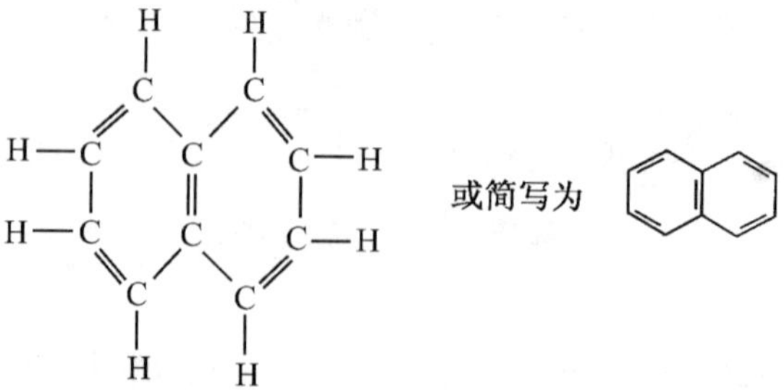

萘是无色片状结晶，熔点80℃，沸点218℃，有特殊气味，室温下可升华，不溶于水，但溶于热的酒精和乙醚。萘是重要的化工原料，过去常用作防蛀剂，将萘压成萘丸（市售卫生球）放在衣箱里可防止衣服被蛀蚀。由于有一定的毒性，现已禁止生产销售。

2. 蒽

蒽的分子式为 $C_{14}H_{10}$，由 3 个苯环直线式稠合而成，其结构式简写为：

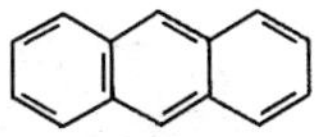

蒽是无色片状结晶，熔点 216℃，它是制造染料的重要原料。

3. 菲

菲的分子式为 $C_{14}H_{10}$，由 3 个苯环角式稠合而成，与蒽互为同分异构体。其结构式可简写为：

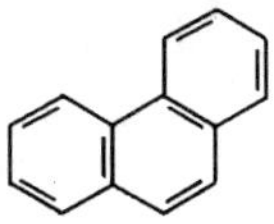

或

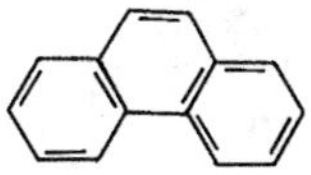

菲为无色、具有光泽的晶体，熔点 99℃。

蒽和菲都可以加氢生成稠环脂烃。如菲加氢后可得到多氢菲，其反应式如下：

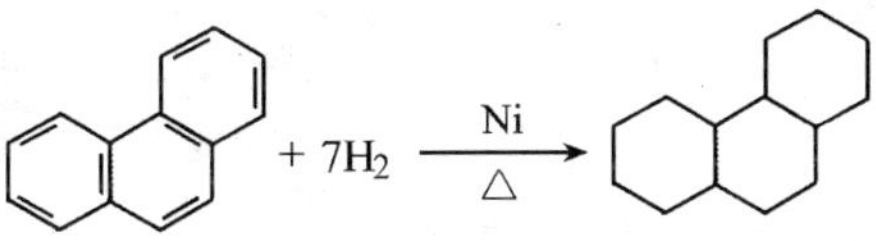

菲　　　　多氢菲

生物体内许多重要化合物的分子结构中含有多氢菲的骨架，如一个多氢菲与环戊烷稠合在一起的结构，叫做环戊烷多氢菲，其结构式如下：

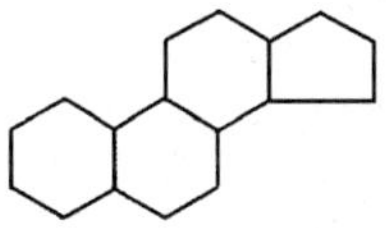

环戊烷多氢菲本身并不存在于自然界，但它的衍生物却广泛存在于动、植物体内（如胆固醇、胆汁酸、维生素 D、肾上腺皮质激素等），并具有很重要的生理功能。

还有一类致癌的稠环芳香烃，它们都是由 4 个以上苯环稠合而成的，存在于煤焦油、沥青及有机物燃烧的烟中。例如：

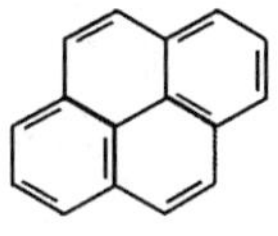

芘

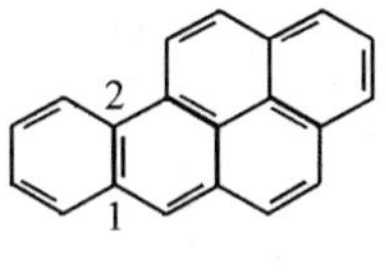

1,2 -苯并芘

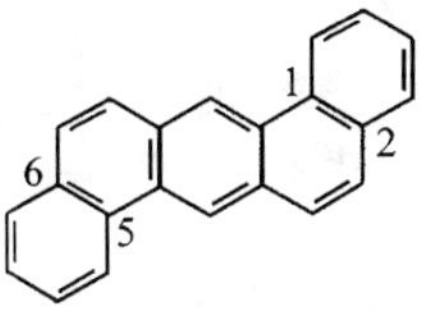

1,2,5,6 -二苯并蒽

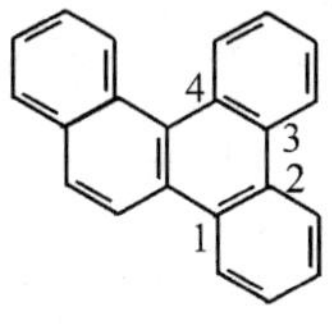

1,2,3,4 -二苯并菲

它们通过食物、饮水、药物和吸烟等途径进入机体内，作用于细胞中的生物大分子（如核酸、脱氧核酸和蛋白质等）而引起癌症。

习　　题

1. 用系统命名法命名下列各化合物

（1） 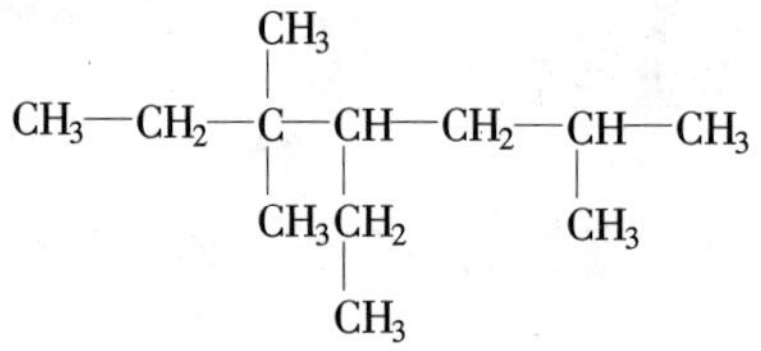

（2） 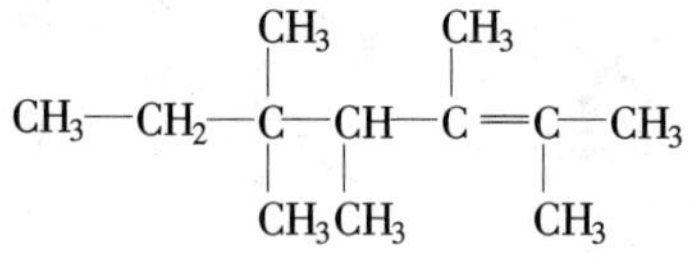

（3） 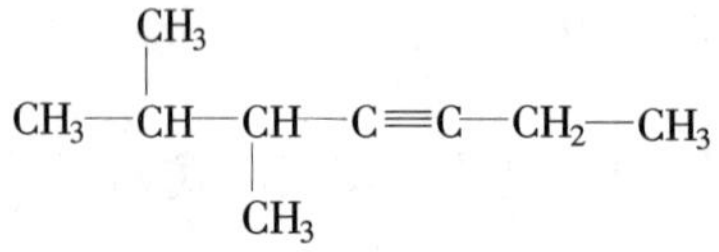

(4) 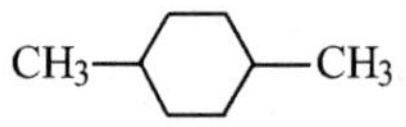

(5) 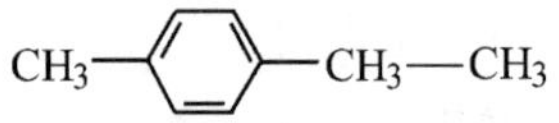

2. 写出下列化合物的结构式

（1）2,4－二甲基己烷

（2）2,3 －二甲基－3－乙基－1－己烯

（3）3,3 －二甲基－1－戊炔

（4）间－二甲苯

（5）1,2,4－三甲苯

3. 完成下列反应方程式

（1） 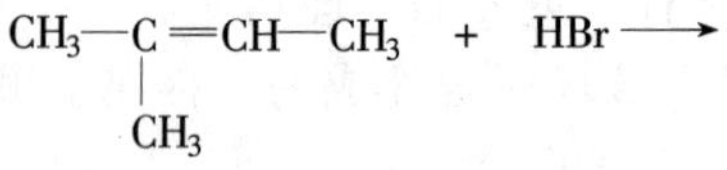

（2） 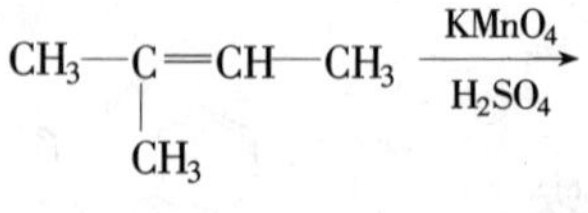

（3） 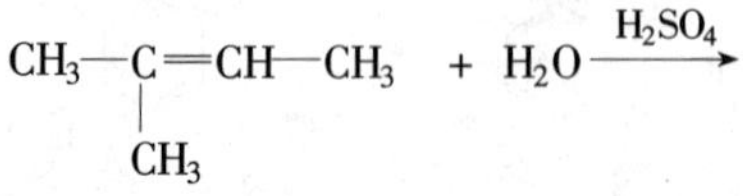

（4） $CH_3-C\equiv CH + AgNO_3 + NH_3\cdot H_2O \longrightarrow$

（5） $CH_3-CH_2-C\equiv CH \xrightarrow[KMnO_4]{H_2O}$

（6） 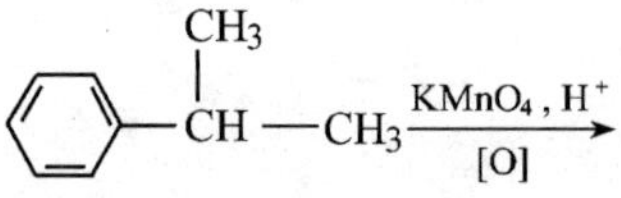

4. 用化学方法鉴别下列各组化合物

（1）己烷、1－己烯、1－己炔

（2）苯、乙苯

（3）1－戊炔、2－戊炔

5. 某烯烃的分子式为 C_5H_{10}，被酸性高锰酸钾溶液氧化，得到两种产物，一种是丙酮 $CH_3-\overset{\overset{\large O}{\|}}{C}-CH_3$，另一种是乙酸 CH_3COOH，试推求该烯烃的结构式，并写出它被氧化的反应方程式。

6. 分子式为 C_5H_8 的某烃，能与两分子溴加成；当用水、硫酸汞和稀硫酸溶液处理时，得到一个含氧化合物；与硝酸银的氨水溶液作用时，产生白色沉淀。试写出该烃所有可能的结构式。

第八章

醇 酚 醚

醇、酚、醚都是烃的含氧衍生物，分子中除含碳原子、氢原子外，还含氧原子。

第一节 醇

一、醇的结构和命名

（一）醇的结构

醇可看作脂肪烃、脂环烃分子中的氢或芳香烃侧链碳原子上的氢被羟基（—OH）取代的产物。醇中的羟基称为醇羟基，是醇的官能团。

（二）醇的分类

（1）根据烃基的不同，醇可分为脂肪醇、脂环醇和芳香醇三大类，脂肪醇中又分为饱和醇与不饱和醇，如：

$CH_3—CH_2—OH$

乙醇（饱和脂肪醇）

$CH_2═CH—CH_2OH$

烯丙醇（不饱和脂肪醇）

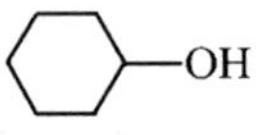

环己醇（脂环醇）

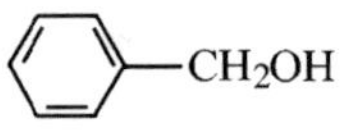

苯甲醇（芳香醇）

（2）根据醇分子中所含羟基的数目，可分为一元醇、二元醇、三元醇等，二元以上的都属于多元醇。分子中只含有一个羟基的醇称为一元醇，分子中含有两个羟基的醇称为二元醇，分子中含两个或两个以上羟基的醇称为多元醇。如：

$CH_3—CH_2—CH_2OH$

丙醇（一元醇）

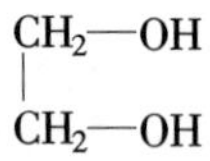

乙二醇（二元醇）

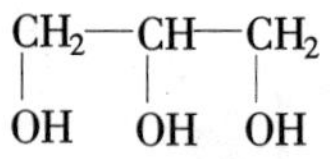

丙三醇(甘油)（三元醇）

（3）饱和脂肪一元醇中，根据羟基直接相连的碳原子的种类，分为伯醇、仲醇和叔醇。羟基连接在伯碳原子上的醇称为伯醇。羟基连接在仲碳原子上的醇称为仲醇。羟基连接在叔碳原子上的醇称为叔醇。它们的通式分别为：

$R—CH_2—OH$

伯醇

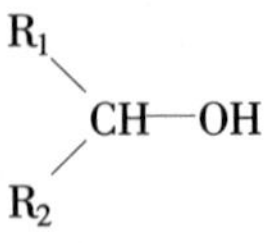

仲醇

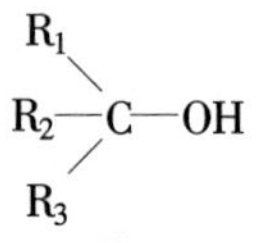

叔醇

式中 R_1，R_2，R_3 可以相同，也可以不相同。

（三）醇的命名

醇的命名有系统命名法和普通命名法。

1. 普通命名法

简单的一元醇，可根据烃基的名称，称为“某醇”，“基”字可以省略。例如：

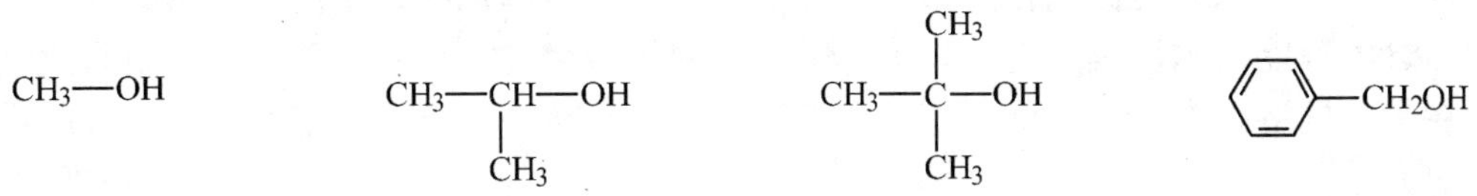

甲醇　　异丙醇　　叔丁醇　　苯甲醇（苄醇）

有的醇还用俗名，例如乙醇俗称酒精，丙三醇俗称甘油等。

2. 系统命名法

（1）选择包括连接羟基的碳原子在内的最长碳链为主链，按主链所含碳原子数称为“某醇”。

（2）从靠近羟基的一端给主链碳原子依次编号，将表示羟基位置的编号用阿拉伯数字写在“某醇”前面，并用短线相连（如羟基在第一位则不必写出）。

（3）如主链上还有支链或取代基，则将它们的位置编号和名称都写在醇名前面，并用短线相连。例如：

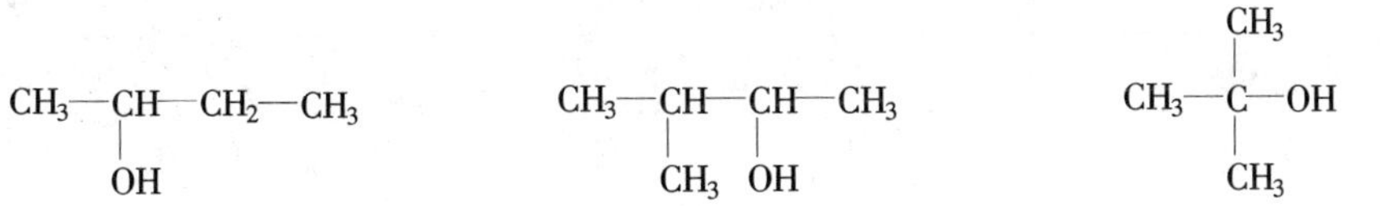

2-丁醇　　3-甲基-2-丁醇　　2-甲基-2-丙醇

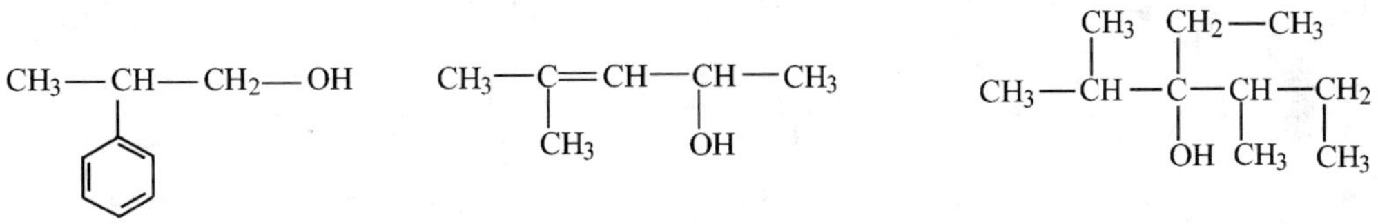

2-苯基丙醇　　4-甲基-3-戊烯-2-醇　　2,4-二甲基-3-乙基-3-己醇

多元醇可根据主链碳原子数及羟基数，称为“某二醇”、“某三醇”等，并在母体名称前表明各羟基的位次。羟基数和主链碳原子数相同的多元醇，各羟基的位次可省略不标出。如：

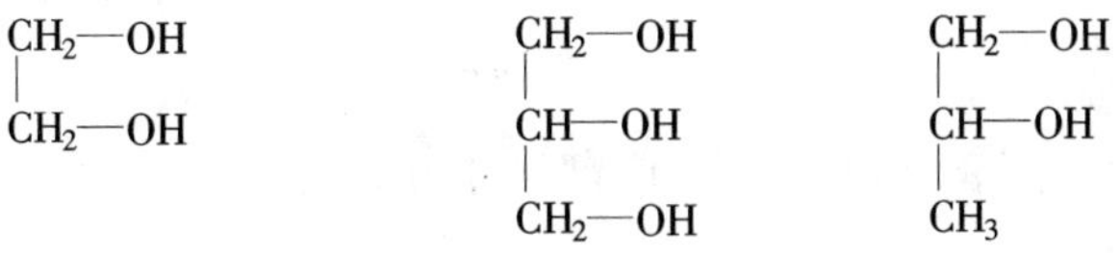

乙二醇　　丙三醇　　1,2-丙二醇

二、醇的性质

（一）醇的物理性质

低级饱和一元醇为液体，其中4个碳原子以内的醇有挥发性，为无色有酒味的透明液体，含5~11个碳原子的醇为具有不愉快气味的油状液体，含12个碳原子以上的直链醇为蜡状固体。脂肪一元醇的密度均比水轻，多元醇和芳香醇的密度均大于水。

低级直链饱和一元醇的沸点比相同碳原子数的直链烷烃要高得多（一般约高100~

200℃)，这是因为醇羟基间可形成氢键而使分子缔合，要使醇达到沸点，除需供能克服分子间范德华力外，断裂氢键亦需能量（氢键的键能为25.94kJ/mol）。

低级醇可与水以任何比例相溶，当醇分子中碳原子数增加时，水溶性很快降低。这是由于甲、乙、丙醇能与水形成氢键而相溶。随着碳原子数增加，烃基体积增大，阻碍氢键的形成，故在水中的溶解度迅速降低，正壬醇不溶于水，高级醇溶于有机溶剂。多元醇的水溶性比一元醇大。

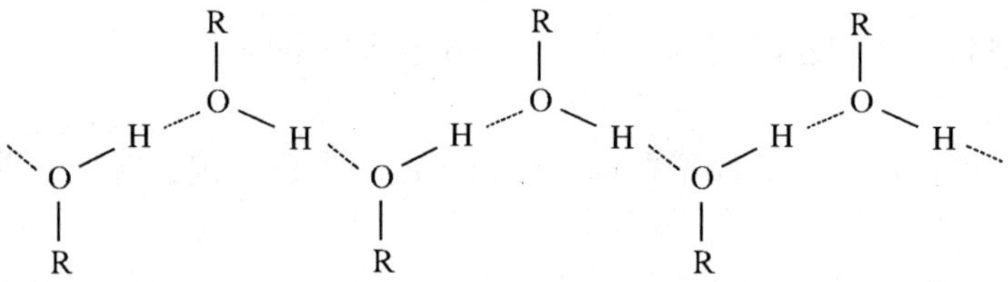

醇与水形成氢键

表8-1是一些醇的物理常数。

表8-1　一些醇的物理常数

名称	熔点（℃）	沸点（℃）	相对密度	溶解度（25℃，g/100g H_2O）
甲　醇	-97.8	65	0.7920	∞
乙　醇	-114	78.5	0.789	∞
正丙醇	-126	97.2	0.804	∞
正丁醇	-90	118	0.810	7.9
正戊醇	-79	138	0.809	2.7
正己醇	-51.6	155.8	0.820	0.59
正辛醇	-15	195	0.831	0.05
苯甲醇	-15	205	1.046	∞
乙二醇	-12.6	197	1.113	∞
丙三醇	18	290（分解）	1.261	∞

（二）醇的化学性质

羟基是醇的官能团，醇的主要化学反应都发生在羟基以及与羟基相连的碳原子上。

1. *与活泼金属的反应*

醇与活泼金属（钠、钾、锂、镁等）作用，放出氢气，生成醇涂（醇钠、醇钾等醇的金属化合物的统称）。例如：

$$CH_3—CH_2—OH + Na \longrightarrow CH_3—CH_2—ONa + H_2\uparrow$$

活泼金属与醇的反应比其与水的反应缓和，反应中放出的热量不足以引起氢气燃烧。这是由于醇的烃基的+I效应，使得羟基氧上的电子云密度增大，因此与水相比，醇羟基上的氧对氢吸引牢固，使氢不如水中的活泼。由此可见，烃基的斥电子能力越强，醇羟基中的氢的活泼性越低，与金属反应就越缓慢，三种醇与活泼金属的反应活性次序是：伯醇>仲醇>叔醇。

在实验室中，为避免金属钠遇水产生危险，常用乙醇来处理反应残存的金属钠。

2. 卤代反应

醇与氢卤酸作用，醇中的羟基被卤原子取代而生成卤代烃和水。这是卤代烃碱性水解反应的逆反应。卤代反应的反应速率与氢卤酸的种类有关。氢卤酸的活性次序为：HI > HBr > HCl。这是由氢卤酸分子中氢卤键的极化性大小决定的。

$$R—OH + HX \underset{OH^-}{\overset{H^+}{\rightleftharpoons}} R—X + H_2O$$

盐酸与醇的反应较困难，需加无水氯化锌作催化剂。浓盐酸与无水氯化锌配成的溶液叫卢卡斯（Lucas）试剂。常温下，可按卢卡斯试剂与伯、仲、叔醇的反应速率来鉴别三种醇。如以无水氯化锌作催化剂，浓盐酸可与叔醇立即反应，生成的卤代烃因不溶解于反应试剂而呈混浊并分成两层；如与仲醇反应，需几分钟才呈混浊并分层；如与伯醇反应，则几小时也不见混浊。三种醇与卢卡斯试剂反应的速率为：叔醇 > 仲醇 > 伯醇。

3. 脱水反应

醇与浓硫酸共热可发生分子内脱水反应和分子间脱水反应。反应温度不同，脱水方式不同，可分为分子内脱水成烯，分子间脱水成醚。

分子内脱水反应：醇的分子内脱水也是一种消除反应，它与卤代烃消除卤化氢一样，同样遵守扎依采夫规则：

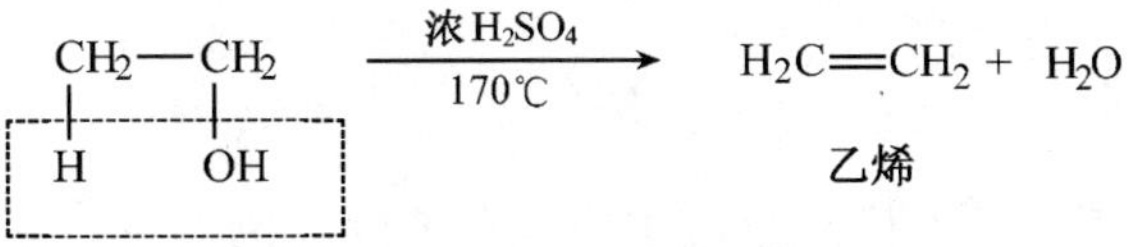

分子间脱水反应：

$$CH_3—CH_2—OH + HO—CH_2—CH_3 \xrightarrow[140℃]{浓\ H_2SO_4} CH_3—CH_2—O—CH_2—CH_3 + H_2O$$

4. 氧化反应

(1) 醇的加氧氧化反应　伯醇和仲醇可被氧化剂（高锰酸钾、重铬酸钾）氧化。伯醇氧化成醛，继而氧化成羧酸；仲醇氧化成酮。叔醇分子的 α - C 上不含氢，一般不被氧化。

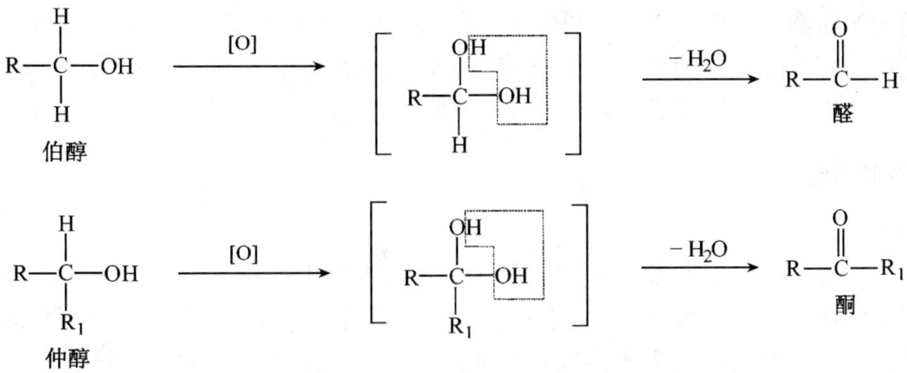

（2）醇的脱氢氧化　在高温和催化剂铜或银的作用下，伯醇和仲醇可以脱去两个氢原子（一个为羟基中的氢，另一个为 $\alpha-\mathrm{H}$），生成对应的醛和酮。

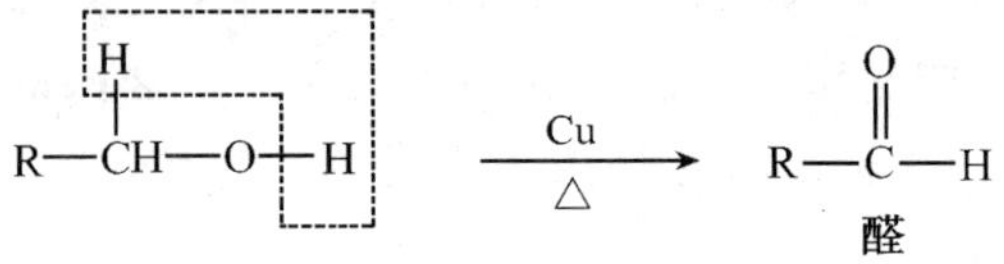

伯醇

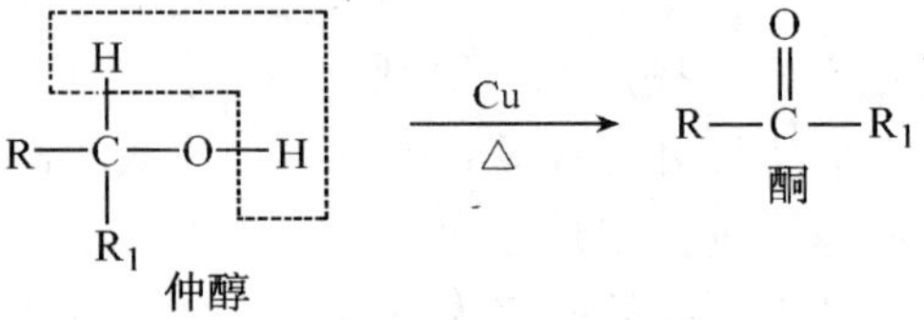

仲醇

有机化合物分子中加氧原子或去氢原子的反应，都叫做氧化反应；反之，把加氢原子或去氧原子的反应都看成是还原反应。例如，用重铬酸钾是否变色（橙红色变为绿色）检验司机是否饮酒（乙醇）驾车。这类例子也常见于人体的代谢变化中，例如某些含有 $-\overset{\text{OH}}{\overset{|}{\text{CH}}}-$ 结构的化合物在酶的催化下，可脱去两个氢原子变为含有 $-\overset{\text{O}}{\overset{\|}{\text{C}}}-$ 结构的化合物，如乳酸可变为丙酮酸。

5．醇与无机酸的反应

醇与含氧无机酸如硝酸、亚硝酸反应生成无机酸酯。例如：

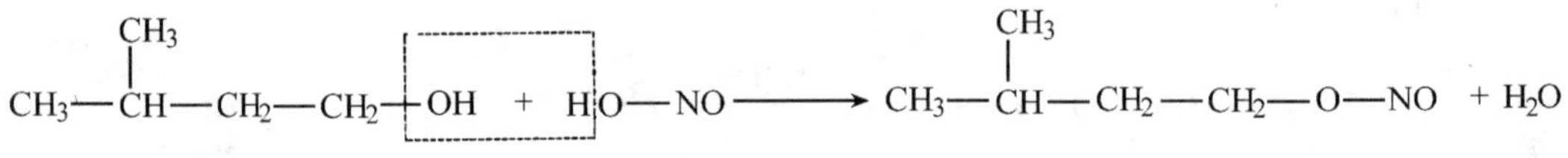

异戊醇　　亚硝酸　　亚硝酸异戊酯

亚硝酸异戊酯用作血管舒张药，可缓解心绞痛。

丙三醇与三分子硝酸反应生成三硝酸甘油酯，俗称硝酸甘油，也有扩张血管作用，可用作心脏病急救药物。

醇的无机酸酯有着重要的意义和用途。高级醇的硫酸酯是洗涤剂；组成细胞的重要成分核酸、组织器官中的卵磷脂和脑磷脂等均含磷酸酯的结构；亚硝酸异戊酯、三硝酸甘油酯（硝酸甘油）、六硝酸甘露醇酯均为冠心病心绞痛用药。

三、重要的醇

1．甲醇

甲醇（CH_3-OH）是最简单的醇。因最初是从木材干馏得到的，故又称木醇。甲醇是无色透明的液体，具有酒味，易燃，易溶于水。甲醇有毒，误饮少量可引起双目失明，多量即可致死。长期接触皮肤或吸入蒸气也能使人中毒。甲醇是重要的化工原料，也可用作溶剂。工业乙醇中含有甲醇等杂质，严禁用工业乙醇勾兑饮用酒。

2. 乙醇

乙醇（$CH_3—CH_2—OH$）是酒的主要成分，俗称酒精。乙醇是无色透明的液体，易挥发，能与水以任意比例混溶，易燃，燃烧生成二氧化碳和水，并放出热量。

$$CH_3CH_2OH + 3O_2 \longrightarrow 2CO_2\uparrow + 3H_2O + \text{热}$$

市售的普通药用酒精含乙醇 $\varphi = 0.95$，含乙醇 φ 为 0.995 以上的称无水酒精。乙醇是常用的消毒剂，临床上用 $\varphi = 0.75$ 的酒精溶液做外用消毒剂。利用乙醇挥发时能吸收热量，临床上用 φ 为 0.30～0.50 的酒精溶液给高热病人擦浴以降低体温。

乙醇是良好的溶剂，在医药上常用来配制药酒、碘酊以及提取某些中草药有效成分。乙醇也是重要的化工原料。

3. 苯甲醇

苯甲醇（$C_6H_5—CH_2—OH$）是最简单的芳香醇，又称苄醇。苯甲醇是无色液体，具有芳香气味，微溶于水，易溶于有机溶剂。有微弱的麻醉和防腐作用，在中草药注射剂中加入少量的苯甲醇既可防腐又可镇痛。含有苯甲醇的注射用水一般称为无痛水，如用作青霉素钾盐的溶剂，可以减轻注射时的疼痛。

4. 丙三醇

丙三醇（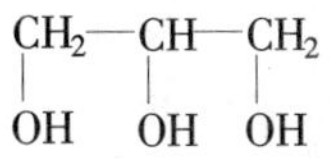）俗称甘油，是无色黏稠略带甜味的液体，有吸湿性，能与水、乙醇以任意比例混溶。甘油分子中由于相邻羟基的相互影响，使甘油显示微弱的酸性，不但能与碱金属反应，而且能与重金属的氢氧化物反应。例如甘油与氢氧化铜作用生成易溶于水的深蓝色的甘油铜，利用这一反应可以鉴别甘油等邻羟基多元醇与其他多元醇。

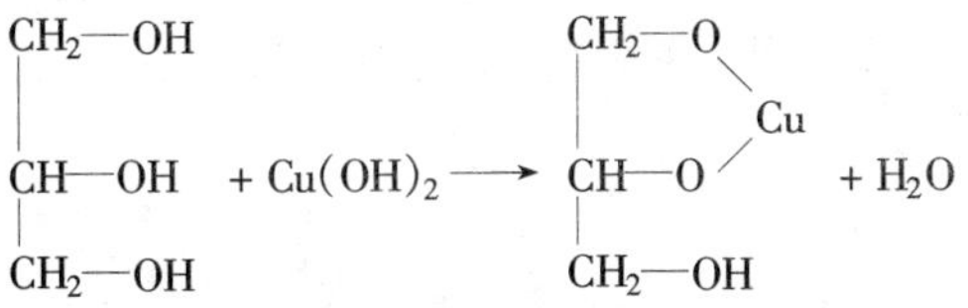

甘油的用途很广泛，在调剂上用作助溶剂、赋形剂和润滑剂，甘油的水溶液可作皮肤的保护剂。

5. 山梨醇和甘露醇

山梨醇是一种六元醇，系白色结晶性粉末，味略甜，是普遍存在于植物体内的一种多元醇，最初是从山梨浆果的液汁里提取出而得名，不少水果中都含有相当量的山梨醇。甘露醇也是一种六元醇，为白色结晶性粉末，味甜，广泛存在于植物和果实中。其立体结构为：

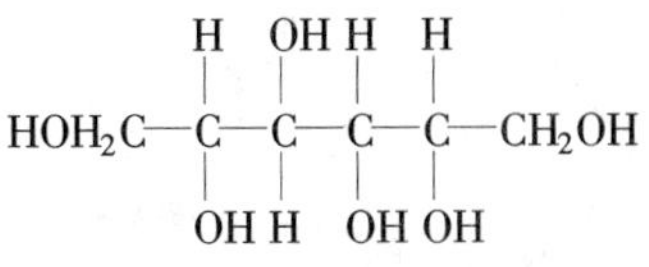

山梨醇

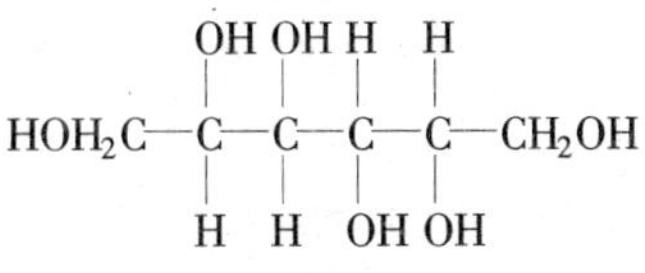

甘露醇

两者只是羟基的位置不同。临床上一般使用浓度为 20% 或 25% 的溶液形成血液高渗，使周围组织及脑实质脱水，而水则随药物从尿排出。均可作渗透性利尿药，以降低颅内压，减轻脑水肿。

6. 肌醇（环己六醇）

肌醇是一种环状六元醇，存在于动物心脏、肌肉和未成熟的豌豆中，为无色结晶，味甜，易溶于水。肌醇能促进肝细胞和其他组织的脂肪代谢，也能降低血脂。临床上主要用作肝炎、肝硬化、脂肪肝的辅助用药，也可用于治疗胆固醇过高症。

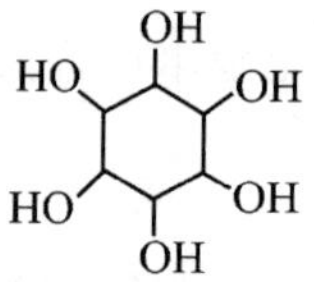

肌醇

环己六醇的1,4,5－三磷酸酯，1984 年被确认为生物体中细胞信息传导的第二信使，对细胞膜外钙离子进入膜内起控制作用。

第二节　酚

一、酚的结构和命名

酚是芳香烃分子中苯环上的氢被羟基取代生成的化合物，酚中的羟基为酚羟基，是酚的官能团。例如：

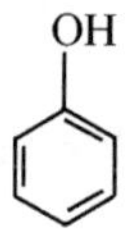

苯酚

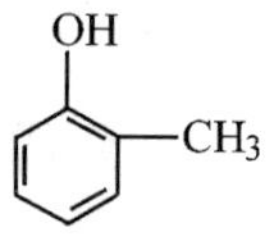

邻甲酚

酚是羟基与苯环等芳环直接相连的化合物。根据酚羟基的数目，可分为一元酚、二元酚、三元酚等。含两个或两个以上酚羟基的酚称多元酚。

一元酚命名时，在“酚”的前面加上芳环的名称。如酚的芳环上还有其他取代基时，将酚作为母体，在酚的前面用邻、间、对等字或阿拉伯数字标明取代基的相对位置（编号时，酚羟基所连的碳原子位置为 1）。例如：

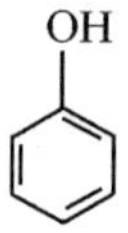

苯酚

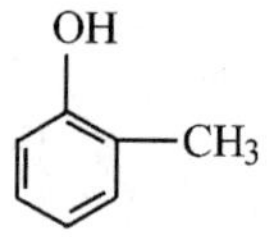

邻甲酚

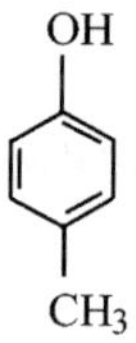

对甲酚

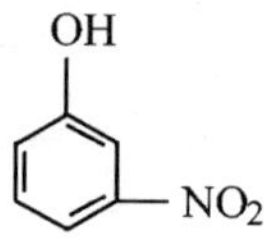

间硝基苯酚

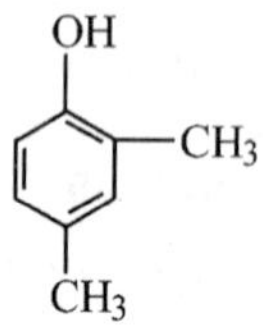

2,4-二甲苯酚

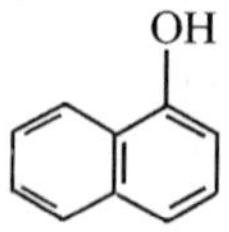

α-萘酚

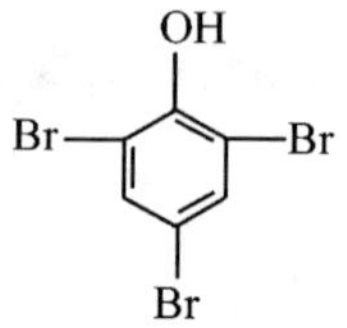

2,4,6-三溴苯酚

苯酚是常见的酚，若苯环上有取代基，命名时可将“苯”字省略。例如2,4－二甲酚。二元酚和多元酚命名时，可用邻、间、对等字或阿拉伯数字表示羟基的相对位置。例如：

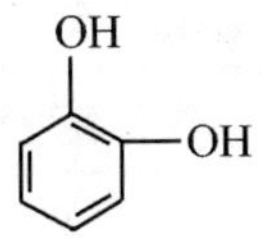

邻苯二酚
（1,2－苯二酚）

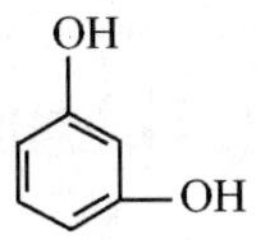

间苯二酚
（1,3－苯二酚）

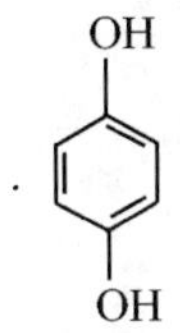

对苯二酚
（1,4－苯二酚）

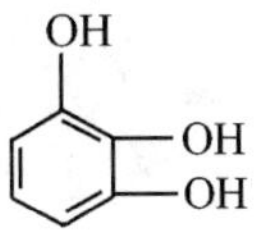

连-苯三酚
（1,2,3－苯三酚）

二、酚的性质

大多数酚是固体，具有特殊气味。一元酚微溶于水，多元酚易溶于水。

在酚分子中，由于羟基氧与苯环之间形成 p－π 共轭体系（图 8－1），使氧上电子云密度降低，碳氧键极性减弱，使酚羟基与苯环的连结更加牢固。但氧却对氢氧之间的电子对增强了吸引，使氧氢键的极性增加，使酚羟基的氢易于电离成为氢离子，而表现出弱酸性。另一方面，由于 p－π 共轭，使苯环上的电子云密度相对增高，特别是在羟基的邻、对位上，结果使酚羟基的邻、对位上易发生取代反应。

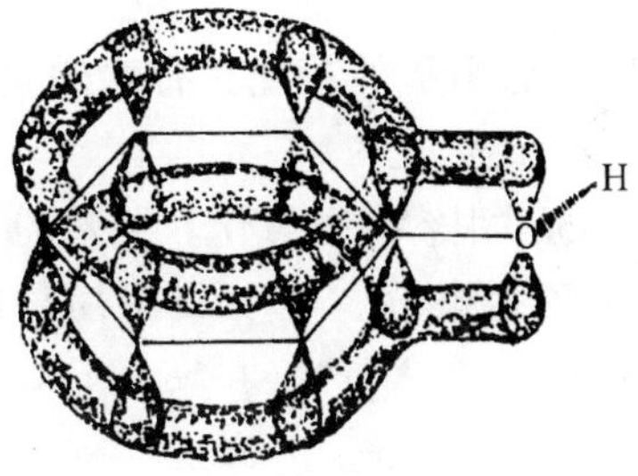

8－1　苯酚的 p－π 共轭体系示意图

酚的化学性质如下。

1. 弱酸性

酚不仅能与碱金属反应，还能与强碱发生中和反应，而醇与氢氧化钠溶液几乎不反应。

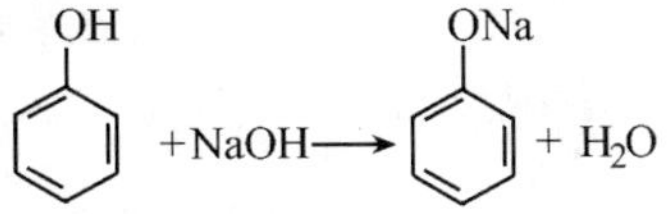

苯酚的酸性比碳酸弱，因此在苯酚钠溶液中通入二氧化碳，可使苯酚游离出来。由于酸性很弱，苯酚不能使酸碱指示剂变色。

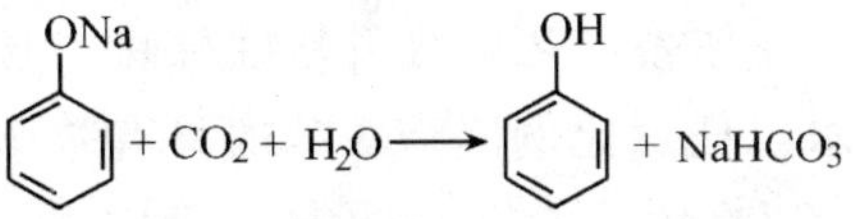

酚只能溶于氢氧化钠溶液而不溶于碳酸氢钠溶液。实验室利用这一特性来区分酚和羧酸，此法也常用于中草药酚类和羧酸成分的分离。

2. 苯环上的取代反应

由于酚羟基与苯环的 p－π 共轭效应，使苯环的活性增强，在邻、对位易发生取代反应。苯酚与溴水反应，立即生成2,4,6－三溴苯酚白色沉淀。该反应很灵敏，常用以检验少量苯酚的存在。

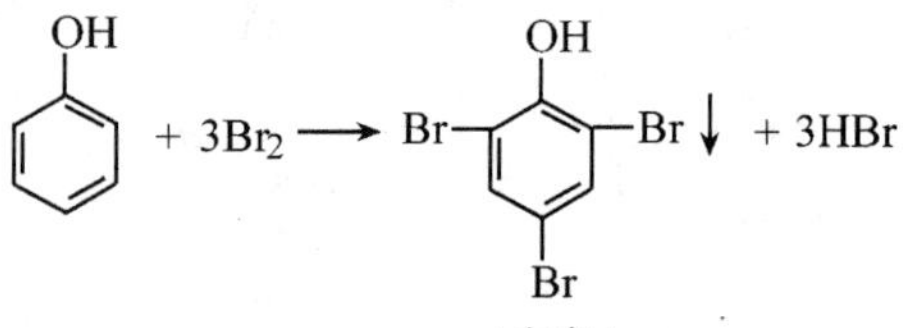

（白色）

3. 与三氯化铁的显色反应

大多数酚与三氯化铁溶液反应能够显色，不同的酚产生不同的颜色。例如，苯酚、间苯二酚遇三氯化铁溶液呈紫色；邻苯二酚和对苯二酚呈墨绿色；甲苯酚呈蓝色；1，2，3 － 苯三酚呈淡红色；α － 萘酚呈紫色沉淀；β － 萘酚呈绿色沉淀。这种显色反应主要用作各种酚的定性检验。除酚类外，凡具有烯醇（ $-\overset{|}{C}=\overset{|}{C}-OH$ ）结构的化合物与三氯化铁也能起显色反应。

4. 氧化反应

酚类很容易被氧化。纯苯酚为无色晶体，空气中的氧就能使苯酚氧化而显粉红色，并逐渐变为红色和深褐色。多元酚更易氧化，产物复杂。一般认为，苯酚被氧化为有色的醌类化合物。

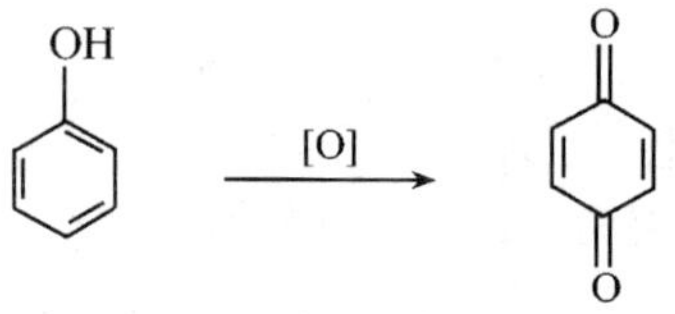

对苯醌

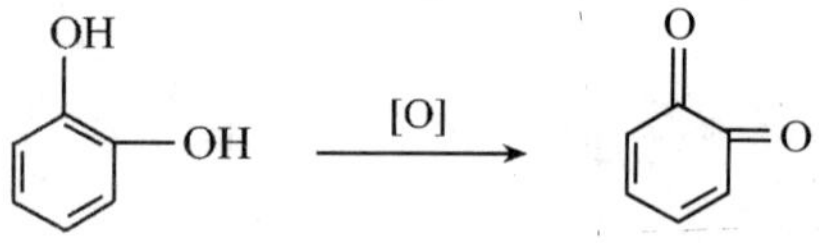

邻苯醌

三、重要的酚

1. 苯酚

苯酚（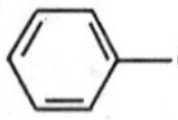—OH ）简称酚，俗名石炭酸。纯苯酚是无色结晶固体，若见到的酚为粉红色甚至深红色，则是被空气氧化所致。苯酚具有特殊气味，常温下微溶于水，溶液呈浑浊状，温度高于65℃时，能与水以任意比例混溶。苯酚具有杀菌作用，可以用作防腐剂。苯酚是重要的化工原料，用于合成炸药、医药、杀菌剂、塑料等。苯酚的浓溶液对皮肤有强烈的腐蚀性，使用时应小心。

2. 甲酚

甲酚有三种同分异构体：

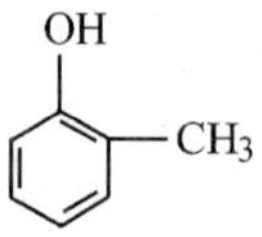

邻甲苯酚

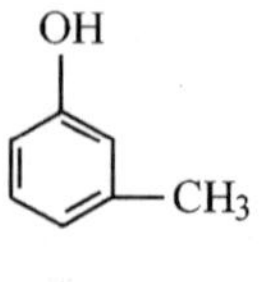

间甲苯酚

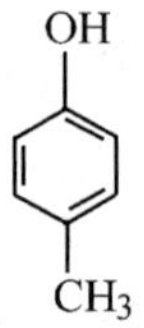

对甲苯酚

因其来源于煤焦油，甲酚又称煤酚。它是三种异构体的混合物，因三者沸点相近，一般不易分离，故常用它们的混合物。煤酚的杀菌力比苯酚强，因难溶于水，故常配成47%～53%的肥皂水溶液，称为煤酚皂溶液，俗称“来苏儿”（Lysol），供外用消毒，临用时加水稀释。

3. 邻－苯二酚及其衍生物

邻－苯二酚又名儿茶酚，为无色结晶，熔点为105℃，易溶于水、醇或醚中。人体代谢的中间体“多巴”（dopa）、临床用的肾上腺类药物中均含其结构。

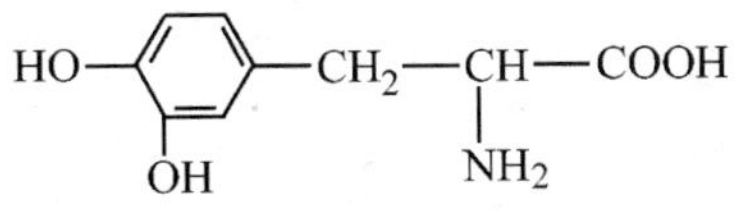

多巴

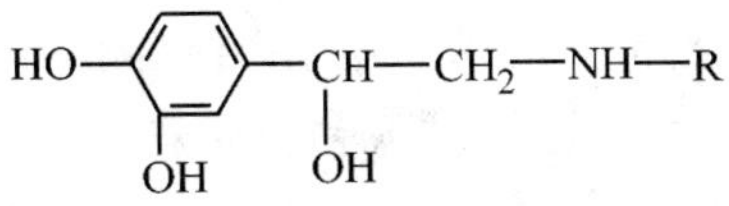

R=CH_3	肾上腺素
R=H	去甲肾上腺素
R=$CH(CH_3)_2$	异丙肾上腺素

药用肾上腺素制剂为了防其氧化，须避光、密闭，在阴凉处保存。

第三节　醚

一、醚的结构、分类和命名

1. 醚的结构、分类

醚可看作醇或酚分子中羟基上的氢被烃基取代的产物。

醚的通式为(Ar) R—O—R′(Ar′)，式中的两个烃基可以相同，也可以不同。两个烃基相同的醚称为单醚；两个烃基不同的醚称为混醚。

2. 命名

单醚命名时，先写出烃基名称，在前面加“二”字，把“基”字改写为醚字。若烃基是烷基时，往往把“二”省略。混醚命名为“某某醚”，其中较小的脂肪烃基的名称放在较大的脂肪烃基前面；芳香烃基的名称则放在脂肪烃基之前。例如：

$CH_3—O—CH_3$

甲醚

$CH_3—CH_2—O—CH_2—CH_3$

乙醚

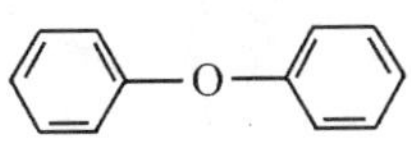

二苯醚

$CH_3—CH_2—O—CH_3$

甲乙醚

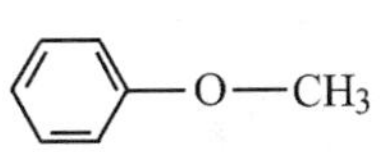

苯甲醚

3. 醚的主要性质

大多数醚在室温下为液体，挥发性高，沸点与相对分子质量相近的烷烃相近似，比相同相对分子质量的醇低得多。醚能和许多有机物互溶，是重要的有机溶剂。醚的化学性质稳定，其稳定性仅次于烷烃，不易进行一般的有机反应，如遇强碱、强氧化剂（高锰酸钾）均不反应。

醚分子中氧原子上的未公用电子对能接受质子，故在室温下，与强无机酸的浓溶液作用，形成类似铵盐的化合物鎓盐。

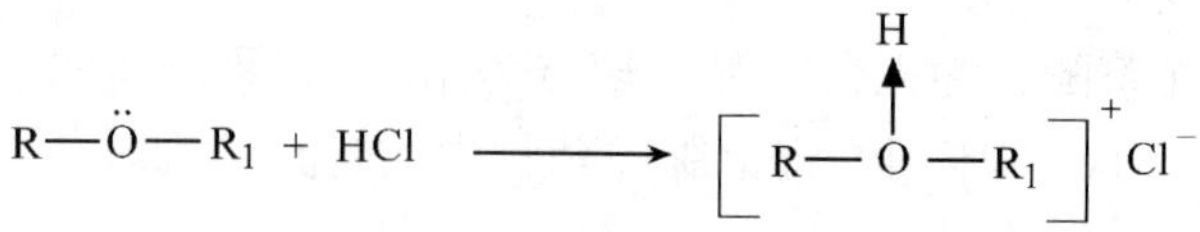

二、乙醚

乙醚（$CH_3—CH_2—O—CH_2—CH_3$）为无色液体，沸点为34.5℃，易挥发，微溶于水，能溶解许多有机物，因而是常用的有机溶剂。乙醚易着火，与空气混合到一定比例时能爆炸，使用时应注意安全。乙醚与空气长久接触，易氧化产生过氧化物，因此蒸馏乙醚应特别注意，一般不宜蒸干，因若有过氧化物残留，当它达到一定浓度就会发生爆炸。有一种方法是用酸性碘化钾溶液试之，如有过氧化物存在，则 I^- 被氧化成 I_2，此游离碘在乙醚中因浓度不同而显黄色或棕色。

乙醚有麻醉作用，是最早使用的全身吸入性麻醉剂之一，吸入少量过氧化乙醚对呼吸道有刺激作用，吸入多量能引起肺炎和肺水肿。目前已被新型麻醉剂异氟醚（异氟烷）等所代替。

习　　题

1. 命名下列化合物

（1）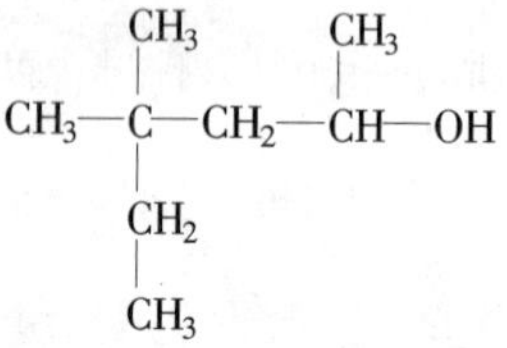

（2）$(CH_3)_2CH—CH(OH)—CH_3$

(3) 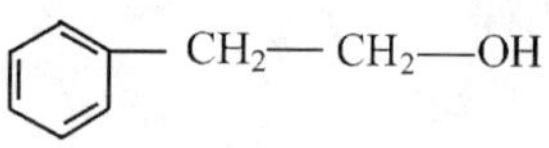

(4) 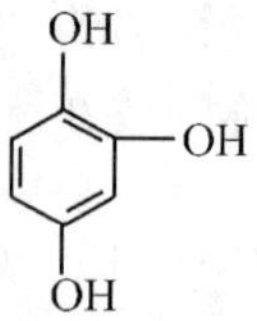

(5) 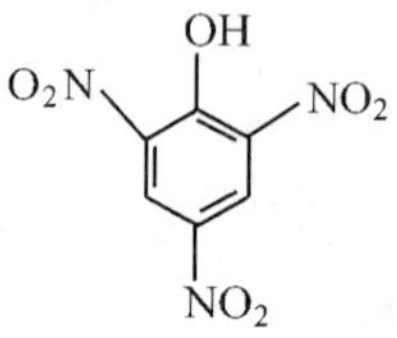

(6) 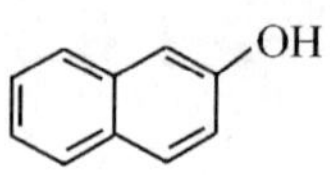

（7）$(CH_3)_2CH—O—CH_3$

2. 写出下列化合物的结构式

（1）1,3－丙二醇　　（2）苄醇

(3) 对称－苯三酚　　　　　　　　(4) 苯乙醚

3. 完成下列反应式

(1) $CH_3-\underset{\displaystyle CH_3}{\underset{|}{CH}}-CH_2-CH_2-OH \xrightarrow{[O]}$

(2) $CH_3-\underset{\displaystyle CH_3}{\underset{|}{CH}}-\underset{\displaystyle OH}{\underset{|}{CH}}-CH_3 \xrightarrow{-2H}$

(3) $CH_3-CH_2-OH + H_3PO_4 \longrightarrow$

(4) $CH_3-\underset{\displaystyle CH_3}{\underset{|}{CH}}-\underset{\displaystyle OH}{\underset{|}{CH}}-CH_2-CH_3 \xrightarrow{-H_2O}$

(5) 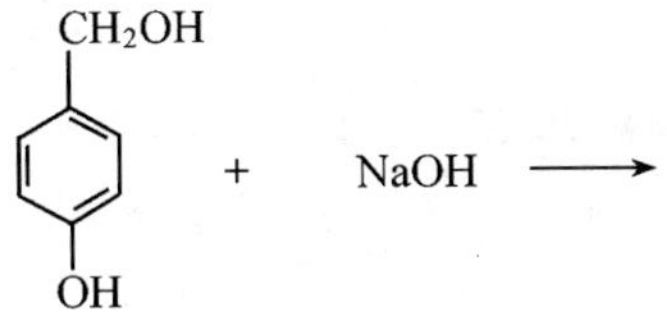

4. 用化学方法鉴别下列各组化合物

(1) 丙醇、苯酚、丙三醇

(2) 苯甲醇、甲醇、乙醚

(3) 正丁醇、2－丁醇、2－甲基－2－丙醇

5. 某化合物的分子式为 $C_6H_{14}O$，能发生下列反应：与金属钠反应放出氢气；能被高锰酸钾溶液氧化成酮；与浓硫酸共热生成烯烃，若将生成的烯烃催化加氢，得到2,2－二甲基丁烷。试写出该化合物的结构式和名称。

第九章 醛和酮

醛、酮的结构特征是分子中均含羰基（ $\gt C=O$ ），故统称为羰基化合物。它们在性质上有很多相似之处，是一类非常重要的化合物，在化学和医药学上有着重要的用途，常用作制药的原料、中间体、溶剂、药物和香料。人体的代谢产物也有不少是含醛、酮的化合物。

第一节 醛和酮的结构、分类与命名

一、醛和酮的结构

醛分子中，羰基与一个烃基和一个氢原子相连(甲醛除外)，其通式为 $(Ar)R-\overset{O}{\overset{\|}{C}}-H$ ，简写为（Ar）RCHO。醛的官能团为醛基（ —CHO ），它位于碳链的一端。酮分子中，羰基与两个烃基相连，通式为 $(Ar)R-\overset{O}{\overset{\|}{C}}-R(Ar)$ ，酮的官能团为酮基（ $-\overset{O}{\overset{\|}{C}}-$ ），它位于碳链的中间。

醛、酮根据分子中羰基的数目，可分为一元醛、一元酮和多元醛、多元酮；根据烃基的种类，分为脂肪族醛、酮和芳香醛、酮。脂肪族醛、酮又根据其饱和情况，分为饱和醛、酮和不饱和醛、酮。不同类型的醛和酮性质上有相似处，又存在着差异。本着主要讨论一元醛、酮。

二、醛和酮的命名

醛的普通命名与醇的命名相似，只是将词尾“醇”改成“醛”，即按分子中含碳原子数目称为“某醛”。酮的普通命名则与醚的命名相似，即指明两个与羰基相连的烷基。当两个烃基相同时，用“二某酮”表示，这是与醚的命名不同之处，如二乙基醚称为乙醚，不需加“二”字。简单的酮多用普通命名法。例如：

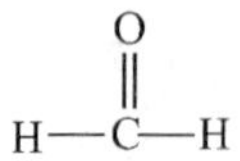
甲醛

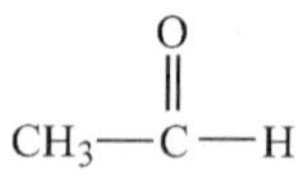
乙醛

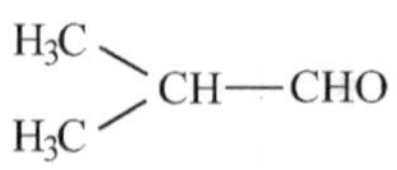
异丁醛

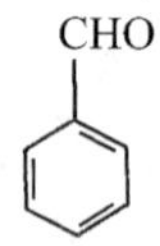
苯甲醛

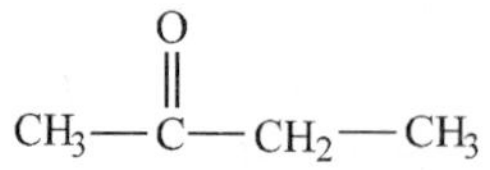
甲乙酮

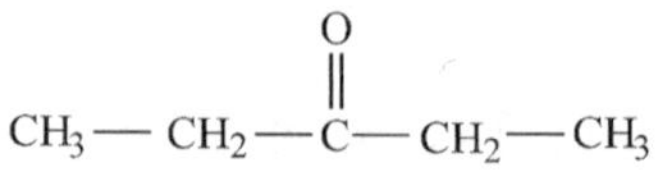
二乙酮

醛、酮的系统命名方法类似于醇的命名方法。命名时，选择包括羰基碳原子在内的最长碳链为主链，称为某醛或某酮，编号从醛基一端或距酮基近的一端开始。由于醛基一定在碳链的一端，故书写时不必标出其位次；酮基的位次必须标明（简单酮除外）。例如：

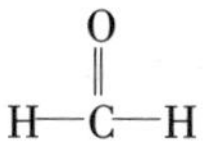
甲醛

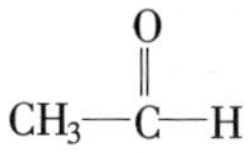
乙醛

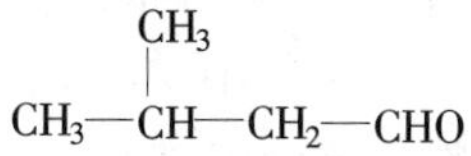
3－甲基丁醛

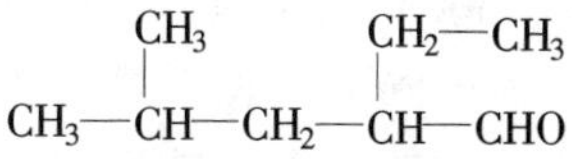
4－甲基－2－乙基戊醛

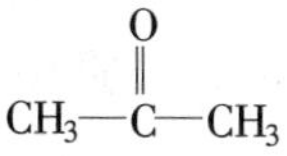
丙酮

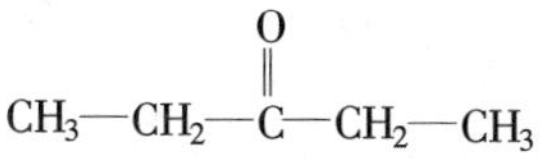
3－戊酮

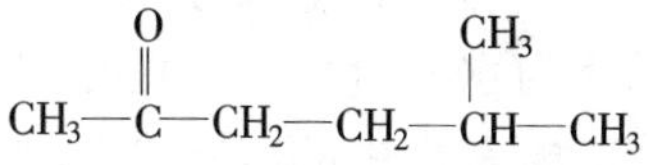
5－甲基－2－己酮

芳香醛、酮的命名，是把分子中的芳香烃基或脂环烃基作为取代基对待，取代基的位次和名称写在母体前面。例如：

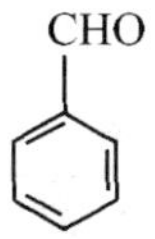
苯甲醛

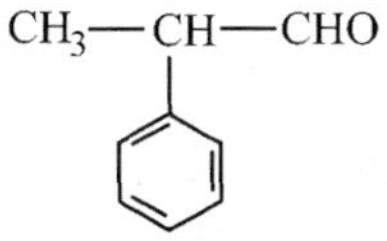
2-苯丙醛

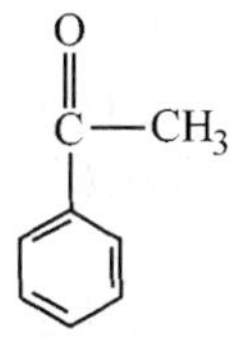
苯乙酮

第二节　醛和酮的性质

一、羰基的结构

羰基是由碳与氧以双键结合而成的基团，羰基中的碳原子以 sp^2 杂化，羰基中的氧原子则可能是未经杂化的。碳原子的一个 sp^2 杂化轨道与氧原子的一个未成对电子的 2p 轨道重叠形成 σ 键，碳原子未参与杂化的 2p 轨道与氧原子的另一个 2p 轨道平行重叠形成 π 键。所以碳氧双键也是由一个 σ 键和一个 π 键组成，其结构如图 9－1，9－2 所示。

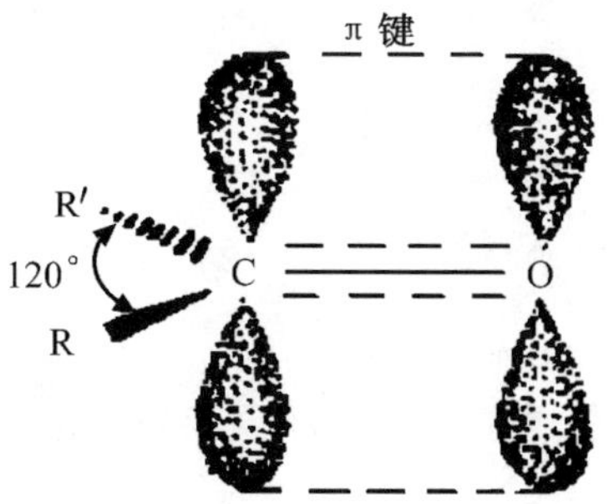

图 9－1　羰基化合物中的 σ 键和 π 键

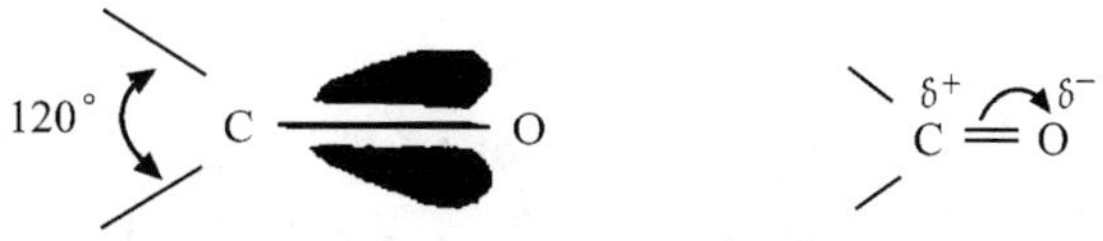

图 9－2　羰基 π 电子云分布示意图

由于氧原子的得电子能力较碳原子强，故羰基中 π 键的电子云偏向于氧原子一端，碳氧双键为极性键，羰基的碳原子带有部分正电荷，而氧原子则带有部分负电荷。

二、醛和酮的性质

（一）醛、酮的物理性质

常温下，除甲醛是气体外，12 个碳原子以下的低级脂肪醛、酮是液体，高级脂肪醛、酮和芳香酮多为固体。低级醛带有刺鼻气味，中级醛具有芳香气味，故常用于香料、食品工业。一般醛、酮的沸点比相对分子质量相近的醇要低得多，这是由于醛、酮本身分子之间不能相互形成氢键，没有缔合作用的缘故。低级醛、酮（5 个碳原子以下），如甲醛、乙醛、丙酮等都能与水混合，这是由于极性较强的羰基在水中可与水分子形成氢键，随着碳原子数增加，醛、酮在水中的溶解度随之减小。高级醛、酮一般不溶于水或微溶于水，而易溶于有机溶剂。

（二）醛、酮的化学性质

醛、酮因分子中均含有极性的羰基，因此有许多相似的化学性质；而醛基和酮基的结构又不完全相同，因此它们的化学性质又存在一定的差异。一般来说，醛的反应活性比酮大，有些醛能进行的反应，酮不能或难以进行。

1. 羰基上的加成反应

羰基是个不饱和基团，容易发生许多加成反应，但它与烯键、炔键不同，由于氧原子得电子能力比碳原子强，碳氧双键是一个极性不饱和键，发生加成反应的机理与碳碳双键上的加成反应不同。能与醛、酮发生加成反应的试剂有氢氰酸、亚硫酸氢钠、醇、羟胺、苯肼等，这些试剂中的氢加到羰基氧上，试剂的其余部分加到羰基碳上。

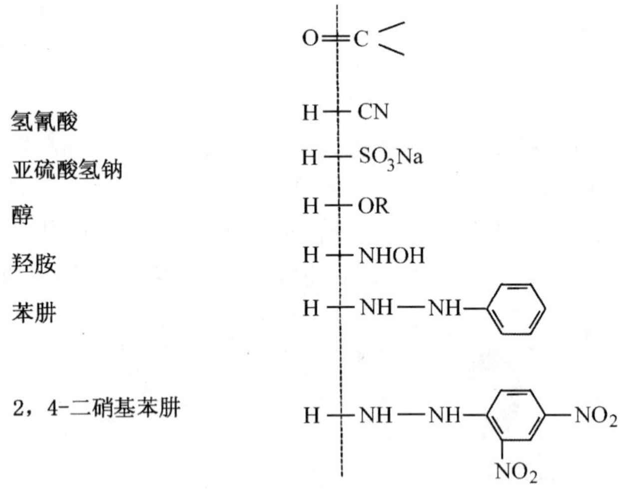

(1) 与氢氰酸的加成反应　醛、脂肪族甲基酮和碳原子少于 6 个的环酮能与氢氰酸发生加成反应，生成 α－羟基氰（或 α－氰醇）。

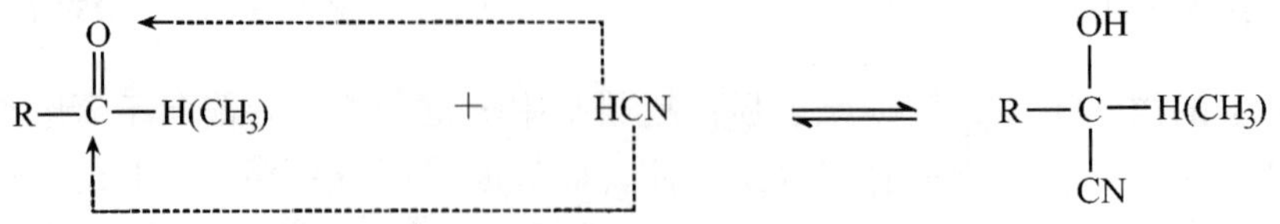

此反应是可逆的，羰基和氢氰酸的加成是增长碳链的方法之一。实验表明，在反应中加入少量碱，能促进 HCN 的电离，增加 CN^- 的浓度，可增加反应速度；如果加少量的酸则反应速度变慢。

在化学反应进行时，如果分子的反应中心部位邻近有较大体积的原子或基团存在时，就会阻碍进攻试剂的接近和进攻，使反应变慢甚至不能进行。这种反应中心邻近的原子或基团占有空间而导致的对反应的影响称为空间效应。醛基上有一个体积很小的氢原子，脂肪甲基酮的酮基上连有一个体积较小的甲基，因此它们的空间阻碍效应小，易与氢氰酸反应。但芳香族甲基酮则难以反应，这是因为芳香族甲基酮中的苯环体积较大，产生空间位阻，影响反应物间的接触，使加成反应难以进行。

（2）与亚硫酸氢钠的加成　当亚硫酸氢钠试剂为稀溶液时（<40%），反应是可逆的；当用过量的饱和亚硫酸氢钠溶液时（40%），加成产物因难溶于亚硫酸氢钠饱和溶液而成为白色晶体析出，这一有明显现象的反应可用于鉴别。也是因为空间效应的影响，只有醛、脂肪族甲基酮及碳原子数少于 8 个的环酮才能与它发生加成。

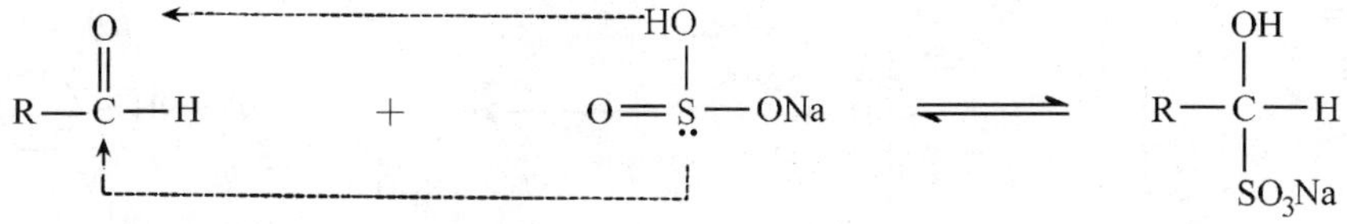

（3）与醇的加成反应　醛与无水醇在干燥氯化氢的催化下，可发生加成反应。醛与一分子醇加成，生成半缩醛。

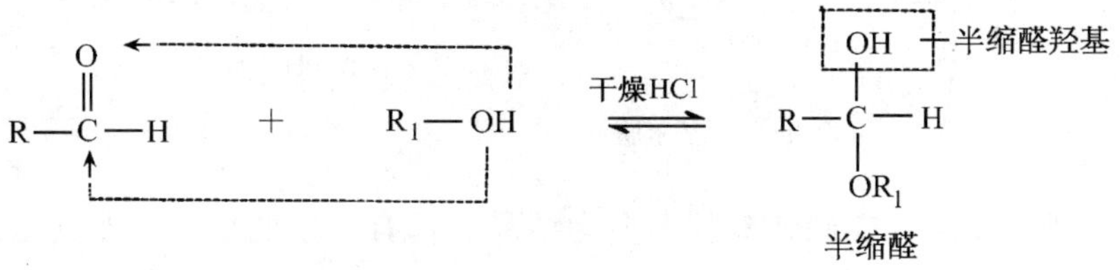

链状半缩醛不稳定，可再与另一分子醇反应，脱水生成缩醛。

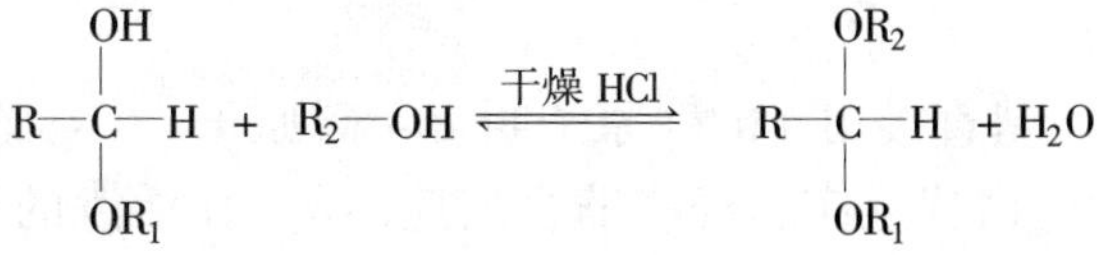

缩醛在碱性溶液中相当稳定，与氧化剂也不发生反应，而在酸性溶液中则水解成原来的醛和醇，这样就可以避免活泼的醛基在反应中被破坏，把醛基保护起来。

半缩醛的结构为羟基醚，半缩醛分子中的羟基叫半缩醛羟基。

酮在同样的条件下不易生成缩酮。

（4）与氨的衍生物的加成　氨分子中的氢原子被其他基团取代后的产物为氨的衍生物，如羟胺、肼、苯肼、2,4 -二硝基苯肼等。它们能与醛、酮反应，生成碳氮双键化合物，因此称氨的衍生物为羰基试剂，通式为 $H_2N—Y$。它们与羰基化合物的反应示意如下：

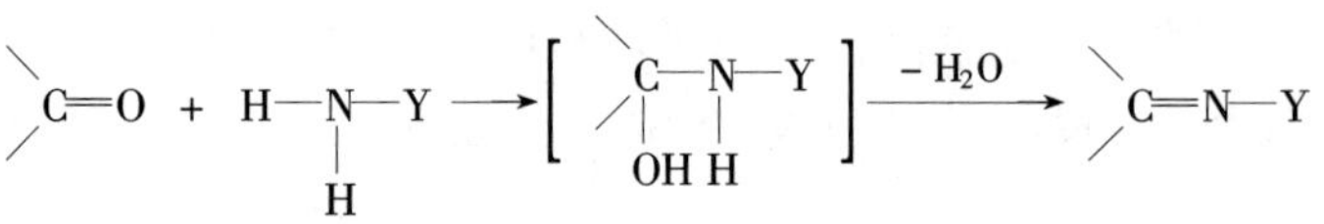

加成产物最后脱去一分子水，醛、酮与氨的衍生物的反应属加成、消去反应。

某些羰基试剂及加成产物如下：

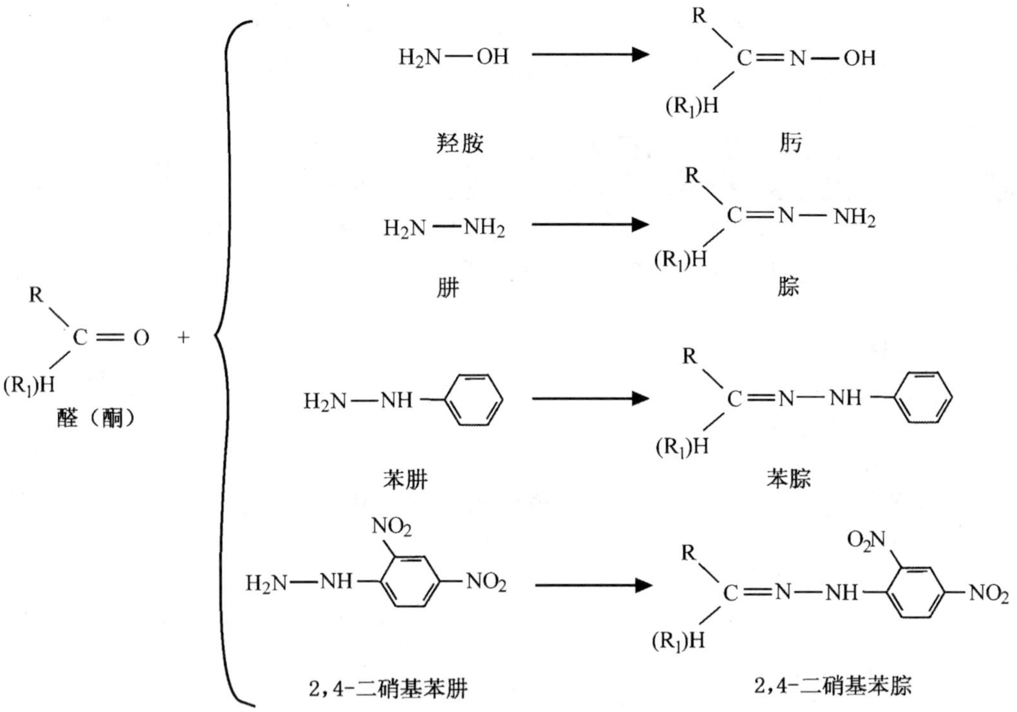

产物肟、苯腙、2,4－二硝基苯腙大多为结晶，具有一定的熔点。尤其是2,4－二硝基苯肼与羰基的加成产物为黄色结晶，便于观察，是一种最常用的羰基试剂，用来鉴别醛和酮。

2．α－氢原子的反应

醛、酮分子中，与羰基直接相连的碳原子叫α－碳原子。α－碳原子上的氢称α－氢原子。α－H较活泼，能发生卤代反应和羟醛缩合反应。α－H活泼的原因，是由于羰基的－I效应，使α－碳原子与α－氢原子间的共价键的极性增加，α－H有变为质子而离去的倾向。

（1）卤代反应　具有α－活泼氢的醛、酮与卤素反应，α－氢原子被卤原子取代，生成α－卤代醛、酮。反应可以继续进行，生成α－二卤代物和α－三卤代物。例如：

$$CH_3{-}CHO \xrightarrow{Cl_2/H_2O} CH_2Cl{-}CHO \xrightarrow{Cl_2/H_2O} CHCl_2{-}CHO \xrightarrow{Cl_2/H_2O} \underset{\text{三氯乙醛}}{CCl_3{-}CHO} \xrightarrow{H_2O} \underset{\text{水合三氯乙醛}}{CCl_3{-}CH(OH)_2}$$

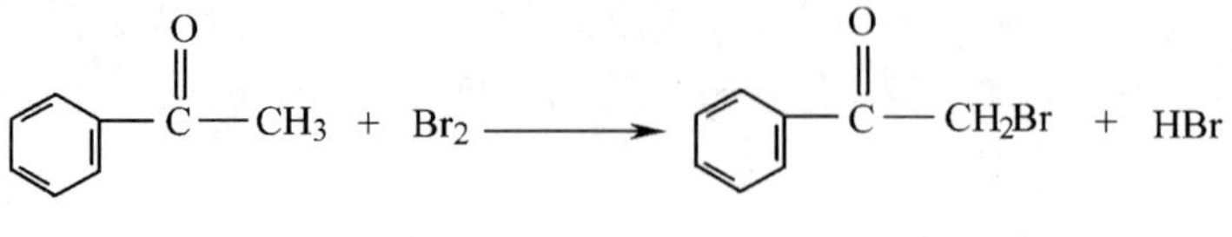

卤代反应如在碱性溶液中进行，结构为 $CH_3-\overset{O}{\overset{\|}{C}}-H(R)$ 的醛、酮与卤素的氢氧化钠溶液（次卤酸钠的碱溶液）作用时，首先生成三卤代物，然后三卤代物受碱的作用分解成三卤甲烷和羧酸盐。

$$X_2 + 2NaOH \longrightarrow NaOX + H_2O$$

$$CH_3-\overset{O}{\overset{\|}{C}}-H(R) + 3NaOX \longrightarrow CX_3-\overset{O}{\overset{\|}{C}}-H(R) + 3NaOH$$

$$CX_3-\overset{O}{\overset{\|}{C}}-H(R) + NaOH \longrightarrow CHX_3\downarrow + (R)H-\overset{O}{\overset{\|}{C}}-ONa$$

此反应称为卤仿反应。如果用次碘酸钠（碘加氢氧化钠）作试剂，产生具有特殊气味、黄色结晶的碘仿（CHI_3），称为碘仿反应。碘仿反应可用来鉴别具有 $CH_3-\overset{O}{\overset{\|}{C}}-$ 结构的醛、酮以及结构为 $CH_3-\overset{OH}{\underset{|}{\overset{|}{C}}}-$ 的醇，因为次碘酸钠是一个氧化剂，能将 $CH_3-\overset{OH}{\underset{|}{\overset{|}{C}}}-$ 氧化成甲基醛或甲基酮，然后发生卤仿反应。

（2）羟醛缩合反应　在稀碱的作用下，一个醛的 α－氢加到另一个醛的羰基氧原子上，其余部分则加到羰基的碳原子上，生成既含有醛基又含有羟基的化合物，这个反应常叫做醇醛缩合，又叫羟醛缩合。这个名称所指的并不是醇和醛的缩合作用，而是指生成物是醇醛。例如：

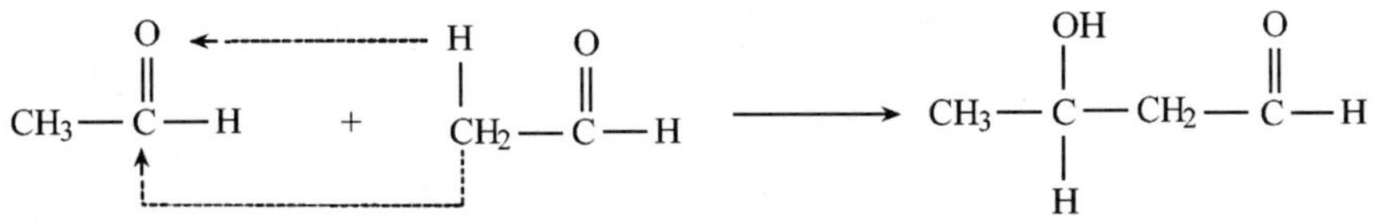

羟醛缩合反应也是增长碳链的方法之一。只具有 α－氢的醛可以发生羟醛缩合反应，羟醛缩合反应是非常重要的一个反应，它能使碳链增长，能合成具有支链的各种化合物，在合成上很有用处。在生物体内，也有类似于羟醛缩合的反应，如通过酶的催化作用，含有醛（或酮）基的丙糖衍生物缩合生成己糖衍生物。

3. 氧化反应和还原反应

（1）氧化反应　醛非常容易被氧化成含相同碳原子数的羧酸。酮则不易被氧化，在剧烈的条件下才能被氧化；碳链发生断裂，生成含碳原子数目较少的羧酸混合物。

弱氧化剂只能使醛氧化而不能使酮氧化，说明醛具有还原性而酮一般没有还原性，因此可以利用弱氧化剂来区别醛和酮。常用的弱氧化剂有托伦（Tollens）试剂和斐林（Fehling）试剂或班氏（Bendict）试剂。

● 托伦试剂　托伦试剂为硝酸银的氨水溶液（硝酸银溶液中滴加氨水，开始生成白色沉淀，再慢慢滴加氨水，直到最初产生的沉淀恰好消失为止），它与醛在水浴中加热，醛被氧化成对应的羧酸，而托伦试剂中的银离子则被还原为银，若反应容器壁很干净，银则附着在器壁而形成银镜，故此反应又称银镜反应，用来鉴别醛。反应方程式可简单表示如下：

$$AgNO_3 + 3NH_3 \cdot H_2O \longrightarrow Ag(NH_3)_2OH + NH_4NO_3 + 2H_2O$$

● 斐林试剂　试剂由两部分组成，甲液为硫酸铜溶液，乙液为氢氧化钠和酒石酸钾钠溶液，用时取等体积混合成深蓝色溶液。作为氧化剂的成分是二价的铜配离子，反应结果生成砖红色的氧化亚铜沉淀。此反应用于鉴别脂肪醛。反应方程式可简单表示如下：

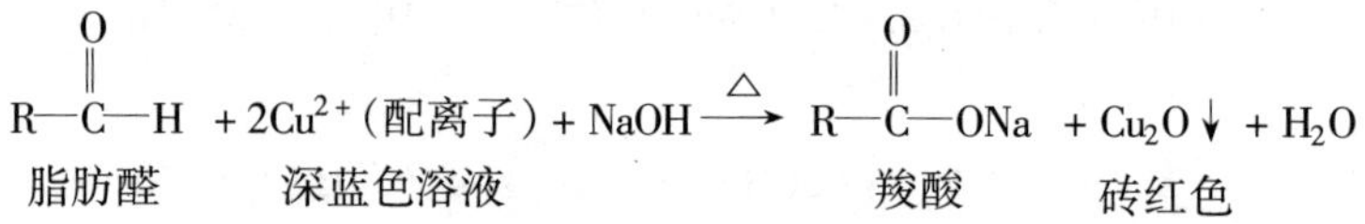

● 班氏试剂　试剂为硫酸铜、碳酸钠和柠檬酸钠的混合液。反应原理、现象和用途均与斐林试剂相同。试剂稳定性好，是临床化验常用的试剂，用来检出尿糖和血糖，也可定量检验。

具有还原性的糖类物质也能与斐林试剂或班氏试剂反应，产生砖红色的氧化亚铜沉淀。芳香醛则不起反应。

(2)还原反应　醛和酮都可以被还原。在催化剂铂、钯或镍的存在下，醛和酮加氢还原，分别生成伯醇和仲醇：

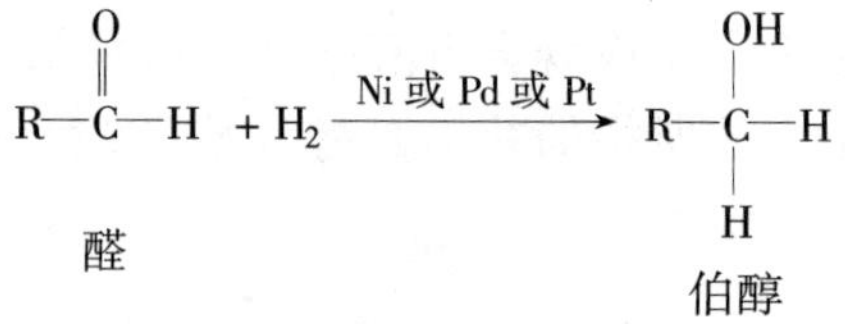

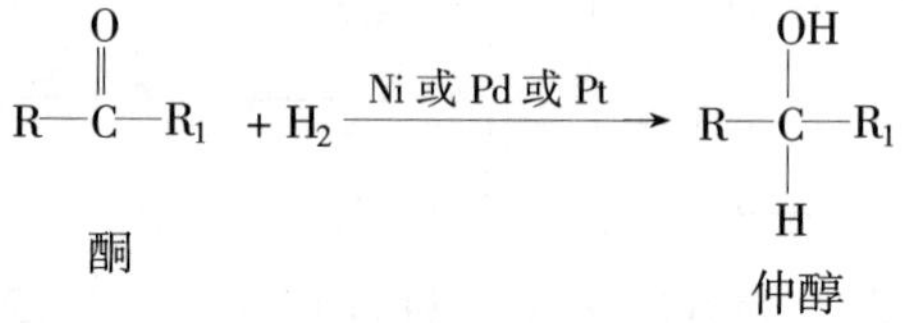

4. 与品红亚硫酸试剂的反应

在粉红色的品红水溶液中通入二氧化硫，直至红色刚好褪去，所得的无色溶液叫做品红亚硫酸试剂，亦称席夫(Schiff)试剂。席夫试剂与醛作用时呈现紫红色，这时醛已经和试剂起了反应，产生的紫红色并非品红原来的颜色。这个反应非常灵敏，常用来检验醛的存在，也可以把醛所呈现的颜色与标准溶液比色，以测定醛的含量。酮类不起反应，所以这是区别醛和酮的简便方法。

甲醛所呈现的颜色加硫酸后不消失，而其他醛所呈现的颜色则褪去，因此这个反应也可用作区别甲醛与其他醛的方法。在做本检验反应时，不能加热，溶液内也不能含有碱性物质及氧化剂，因为它们都能与亚硫酸作用使试剂变回原来的粉红色。品红的颜色虽然同试剂与醛所呈现的颜色稍有不同，但是难以区别，容易误认为有醛存在。

三、重要的醛和酮

1. 甲醛

甲醛(HCHO)是一种具强烈刺激气味的气体(沸点 -21℃)，易溶于水，具有使蛋白质凝固的作用。质量分数为0.4的甲醛水溶液称为福尔马林(formalin),是一种消毒剂和防腐剂,可用于传染病房的消毒和解剖标本的防腐。

福尔马林长期放置会产生混浊或白色沉淀,这是因甲醛聚合而致。多聚甲醛经加热(160～200℃)后即可解聚。为防止甲醛水溶液发生聚合,常加入少量的甲醇或乙醇。

2. 乙醛

乙醛(CH_3CHO)是无色有刺激性气味的液体,沸点21℃,易挥发,易溶于水、乙醇和乙醚中。乙醛中通入氯气,氯原子可以取代甲基中的α－氢原子生成三氯乙醛(CCl_3—CHO)。三氯乙醛是具有刺激性气味的无色液体,能与水反应生成水合三氯乙醛[$CCl_3CH(OH)_2$]。水合三氯乙醛是白色固体,用作催眠药和抗惊厥药。

3. 苯甲醛

苯甲醛(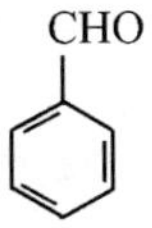)是最简单的芳香醛,为无色液体,沸点179℃,微溶于水,易溶于乙醇和乙醚中,具有苦杏仁味,又名苦杏仁油,存在于杏、桃、梅子的核仁中。可作香料和调味剂。苯甲醛非常容易被氧化,久露置于空气中就能被氧化成白色的苯甲酸固体。

4. 丙酮

丙酮($CH_3-\overset{\overset{\displaystyle O}{\|}}{C}-CH_3$)为无色液体,沸点为56℃,易溶于水,几乎能与所有的有机溶剂混溶,是常用的有机溶剂,也是重要的有机合成原料。

糖尿病患者脂肪加速分解,产生过量的丙酮,从尿中或随呼吸排出。尿中丙酮的检出,临床常用两种方法,一种是碘仿反应,如有黄色的碘仿(CHI_3)析出,则有丙酮存在;另一种是滴加亚硝酰铁氰化钠溶液和氨水于尿中,若出现鲜红色,则有丙酮存在。

5. 樟脑

樟脑(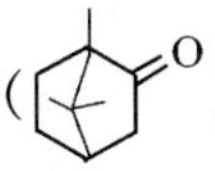)学名为2－莰酮,是一种脂环酮。樟脑是无色半透明晶体,具有穿透性的芳香气味,常温下可挥发。医学上樟脑用作呼吸循环兴奋剂。10%樟脑酒精液用于冻疮的治疗。成药清凉油、十滴水、风油精、消炎镇痛膏等均含樟脑。樟脑也用作驱虫防蛀剂。

习　　题

1. 命名下列化合物

(1) 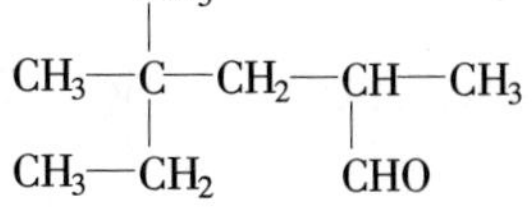

(2) $(CH_3)_2CH-\overset{\overset{\displaystyle O}{\|}}{C}-CH_3$

(3) 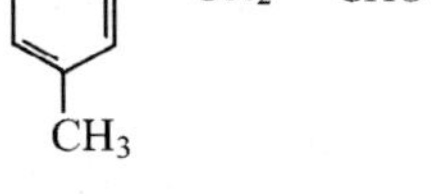

(4) 

(5) 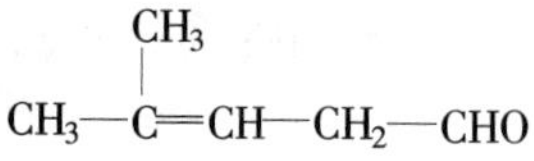

(6) 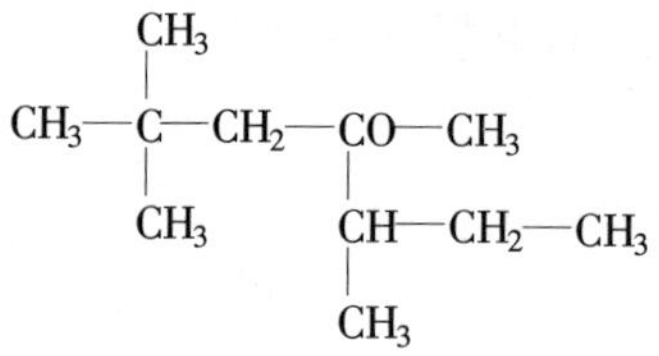

2. 写出下列化合物的结构式

(1)α－氯代丁醛　　(2)甲乙酮　　(3)1－苯基－2－丁酮

(4)对－羟基苯乙酮　　(5)邻－甲基苯甲醛　　(6)2,2－二甲基丙醛

3. 完成下列反应式

(1) 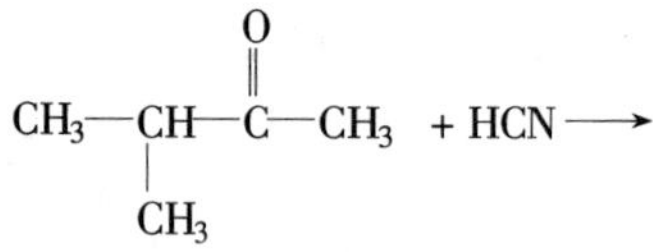

(2) $CH_3—CH_2—CHO + CH_3—CH_2—OH \xrightarrow{干燥\ HCl}$

(3) 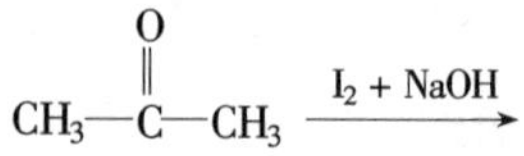

(4) $CH_3—CH_2—CHO \xrightarrow{稀\ OH^-}$

(5) 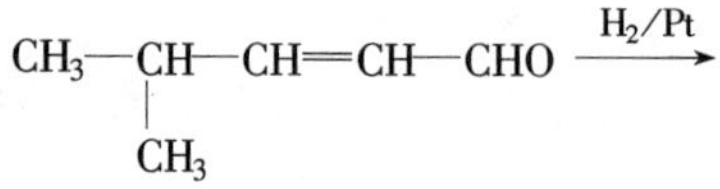

(6) 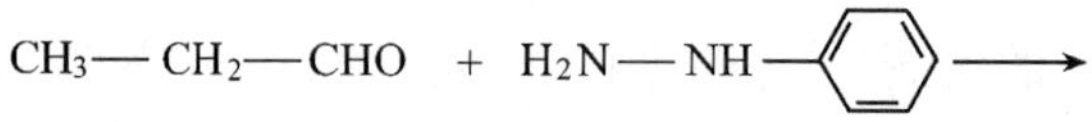

4. 用化学方法鉴别下列各组化合物

(1)丙醛、乙醛、丙酮

(2)2－己酮、3－己酮、2－戊醇

(3)丙酮、丁酮、3－戊酮

(4)苯甲醛、苯甲醇、苯酚

5. 下列醛中，能发生羟醛缩合的有哪些?

(1)3－甲基丁醛　　(2)苯乙醛

(3)对羟基苯甲醛　　(4)2,2－二甲基丙醛

(5)3,3－二甲基丁醛

6. 下列化合物能发生碘仿反应的有哪些?

(1)CH_3CH_2CHO　　(2)$CH_3CH(OH)CH_2CH_2CH_3$　　(3)$CH_3CH_2COCH_3$

(4)$CH_3CH_2CH_2OH$　　(5)$C_6H_5CH_2CH_2OH$　　(6)$C_6H_5CH(OH)CH_3$

7. 某化合物的分子式为 $C_5H_{10}O$，可与苯肼反应生成苯腙，与托伦试剂不反应，也不发生碘仿反应，试写出该化合物的可能结构式。

8. 某化合物(A)的分子式为 $C_5H_{12}O$，氧化后得 $C_5H_{10}O$(B)，(B)能与2,4－二硝基苯肼反应，在碘的氢氧化钠溶液中共热得到黄色沉淀。(A)和浓硫酸共热得 C_5H_{10}(C)，(C)与氢溴酸作用生成2－甲基－2－溴丁烷。试推测(A)，(B)，(C)的可能结构。

第十章 羧酸、羟基酸和酮酸

第一节 羧 酸

羧酸是醛、酮等有机化合物氧化的产物，在自然界常以游离状态、盐或酯的形式而广泛存在。

一、羧酸的结构

羧酸从结构上可以看作是烃分子中的氢原子被羧基（ $-\overset{O}{\overset{\|}{C}}-OH$ ，简写为 —COOH ）取代而成的化合物。羧酸的通式为 R—COOH （甲酸为 H—COOH ），官能团是羧基，例如：

H—COOH	CH_3—CH_2—COOH	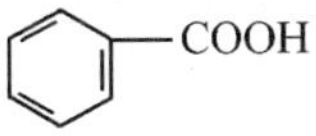
甲酸	丙酸	苯甲酸

二、羧酸的分类和命名

1. 分类

根据分子中羧基所连烃基的不同，羧酸分为脂肪酸和芳香酸。根据脂肪烃基是否饱和，脂肪酸又分为饱和脂肪酸和不饱和脂肪酸。根据分子中所含羧基的数目，可分为一元、二元和多元羧酸。例如：

	饱和脂肪酸	不饱和脂肪酸	芳香酸
一元羧酸	CH_3—COOH 乙酸	CH_2═CH—COOH 丙烯酸	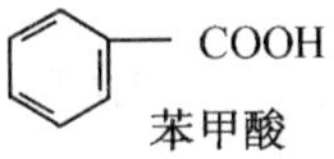 苯甲酸
二元羧酸	COOH | COOH 乙二酸（草酸）	CH—COOH ‖ CH—COOH 丁烯二酸	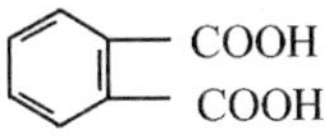 邻苯二甲酸

2. 命名

羧酸常根据它们的天然来源或性质而采用俗名，如 HCOOH 俗名蚁酸，因最初从蚂蚁毒汁中得到；CH_3COOH 俗名醋酸，因它是食醋的主要成分。还有如安息香酸 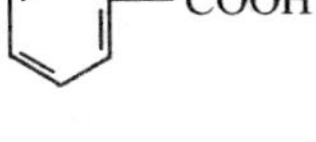 ，草酸 $\begin{matrix}COOH\\|\\COOH\end{matrix}$ 、琥珀酸 HOOC—CH_2CH_2—COOH 等。

羧酸的系统命名原则与醛相似，只需将“醛”字改成“酸”字。

（1）选择含有羧基的最长碳链作为主链，根据主链上的碳原子数称作“某酸”；

（2）从羧基碳原子开始，用阿拉伯数字将主链碳原子依次编号；

（3）把支链看作取代基，将取代基的位置、数目和名称写在“某酸”之前。

例如：

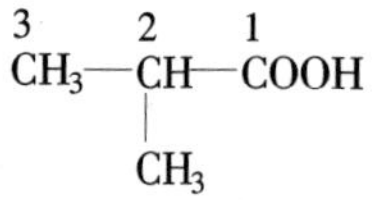

2－甲基丙酸

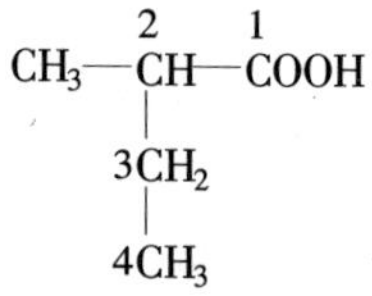

2－甲基丁酸

$CH_3-(CH_2)_{16}-COOH$

十八碳酸

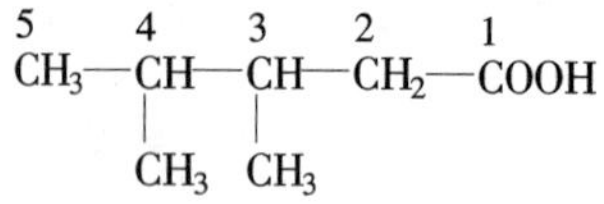

3,4 －二甲基戊酸

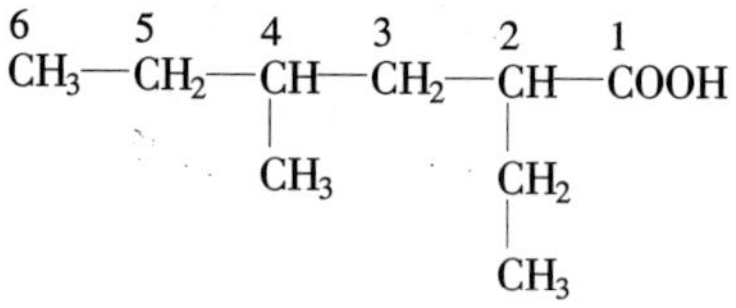

4 －甲基－2－乙基己酸

主链碳原子的位次也可用希腊字母 α，β，γ 等表示。和羧基直接相连的碳原子为 α 位（相当于第 2 位），依次为 β 位（相当于第 3 位），γ 位（相当于第 4 位）。例如：

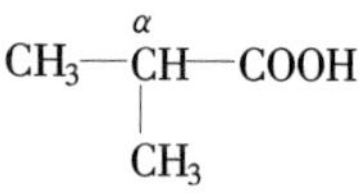

α－甲基丙酸

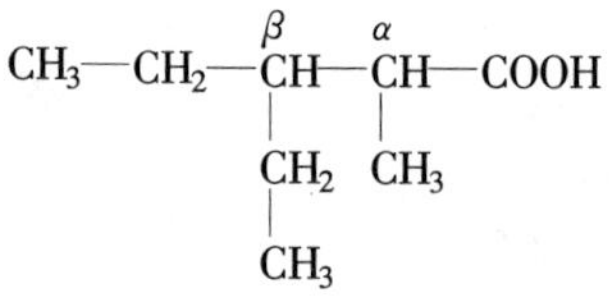

α－甲基－β－乙基戊酸

脂肪族二元羧酸的命名是选择含两个羧基的最长碳链作为主链，称为“某二酸”。例如：

$HOOC\ (CH_2)_3COOH$

戊二酸

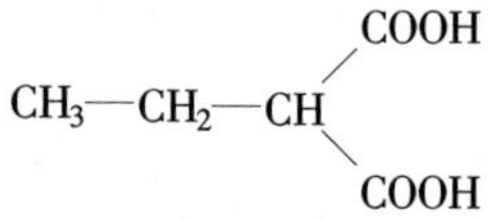

乙基丙二酸

不饱和脂肪酸则取含羧基和双键的最长碳链作为主链，称为“某烯酸”，从羧基开始编号，并把双键的位置写在“某烯酸”的前面。例如：

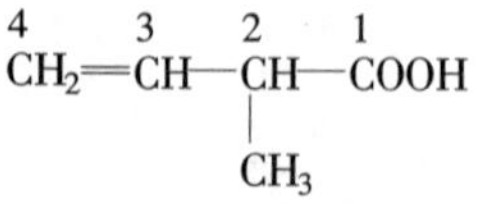

2－甲基－3－丁烯酸

$CH_3(CH_2)_7CH=CH(CH_2)_7COOH$

9－十八碳烯酸

芳香羧酸是把芳香烃基作为取代基，按脂肪羧酸的方法来命名。例如：

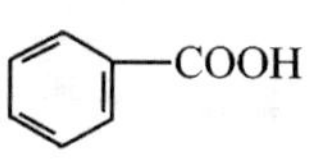

苯甲酸

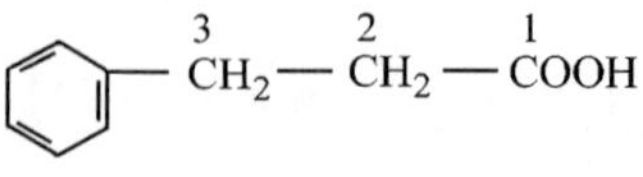

3-苯基丙酸

羧酸去掉羧基中的羟基所余下的原子团称为酰基（ $\mathrm{R-\overset{O}{\overset{\|}{C}}-}$ ），按原来羧酸的名称而叫“某酰基”，例如：

$CH_3—COOH$	乙酸	$\mathrm{CH_3-\overset{O}{\overset{\|}{C}}-}$	乙酰基
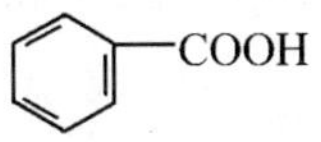	苯甲酸	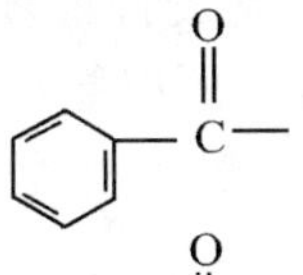	苯甲酰基
$\mathrm{COOH-COOH}$	草酸	$\mathrm{\overset{O}{\overset{\|}{C}}-}$ 连 COOH（$\mathrm{HOOC-CO-}$）	草酰基

三、羧酸的性质

（一）物理性质

饱和一元羧酸中，甲酸、乙酸、丙酸是有刺激性气味的液体；碳原子数为 4 ~ 9 的羧酸是有恶臭的液体；碳原子数为 10 以上的羧酸是无味的固体。脂肪族二元羧酸和芳香酸都是结晶性固体。

羧酸能与水分子形成氢键，故低级脂肪酸易溶于水，但随相对分子质量增高，在水中溶解度降低。又由于羧酸分子之间可以形成两个氢键而缔合，饱和一元酸的沸点比相对分子质量相近的醇高，如甲酸和乙醇的相对分子质量相同，甲酸的沸点为 100.5℃，乙醇的沸点为 78.5℃。

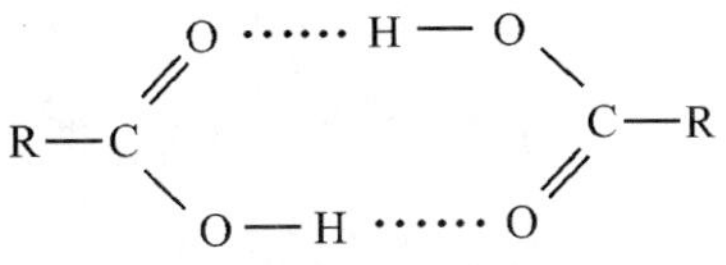

羧酸分子间形成氢键

羧酸的熔点、沸点都随相对分子质量的增加而升高。

（二）化学性质

羧酸的官能团是羧基，羧酸的化学性质主要是由羧基引起的。

1. 酸性

由于羧基中羰基的 π 键与羟基氧原子上未共用电子对形成 p－π 共轭体系，羟基氧原子上的电子云密度有所降低，使氢氧键极性增强，能解离出氢离子，表现出酸性，水溶液可以使蓝色石蕊试纸变红。

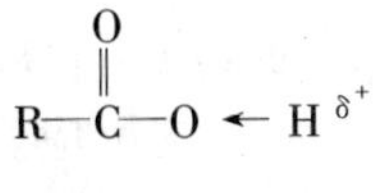

一般羧酸都属弱酸，它们在水中只是部分电离。

$$R—COOH \rightleftharpoons R—COO^- + H^+$$

由于不同羧酸分子中羧基所连烃基 R 不同，导致不同羧酸酸性强度有差别，羧酸的酸性强度以其电离常数 K_a 或 pK_a 值来表示，K_a 值越大或 pK_a 值越小，酸性越强。

羧酸具有酸性，所以羧酸能和 NaOH 等发生中和反应，生成羧酸盐和水。

$$R—COOH + NaOH \longrightarrow R—COONa + H_2O$$

羧酸盐的溶解度比相应的羧酸大，故临床上常把一些难溶于水的含羧基的药物制成易溶于水的盐。例如青霉素 G 制成青霉素 G 钾或青霉素 G 钠，供注射用。

羧酸的酸性比碳酸强，所以能与碳酸盐或酸式碳酸盐反应放出二氧化碳，这一性质可用来区别羧酸与苯酚。

$$2R—COOH + Na_2CO_3 \longrightarrow 2R—COOH + CO_2\uparrow + H_2O$$
$$R—COOH + NaHCO_3 \longrightarrow R—COOH + CO_2\uparrow + H_2O$$

羧酸是弱酸，所以羧酸盐能被硫酸、盐酸等酸化而游离出羧酸。

$$R—COONa + HCl \longrightarrow R—COOH + NaCl$$

2. 酯化反应

在强酸如浓硫酸的催化下，羧酸与醇作用生成酯和水的反应叫酯化反应。酯化反应是羧酸分子中羧基上的羟基与醇分子中羟基上的氢结合为水，酰基（ R—C(=O)— ）与烃氧基（ RO— ）结合成酯。

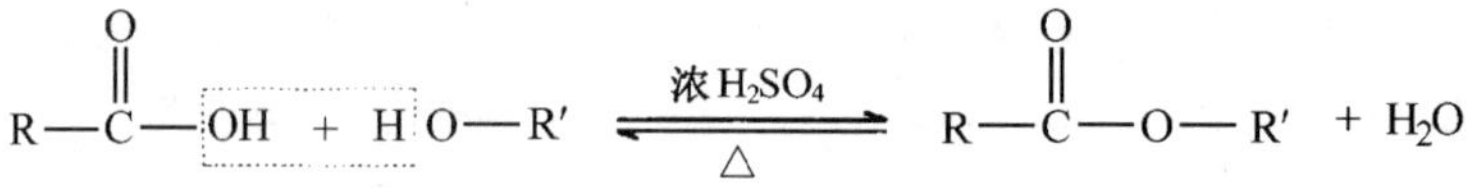

酯化反应可逆，其逆反应是酯的水解反应。

3. 成酐反应

羧酸在脱水剂如五氧化二磷（P_2O_5）的存在下加热，两分子羧酸间能失去一分子水而生成酸酐。

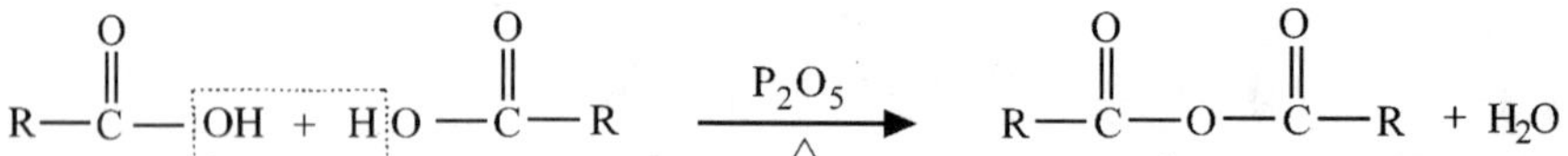

酸 酐

酸酐的名称由相应的酸名加“酐”字而成，如乙酸分子间脱水生成的酸酐叫做乙酸酐。

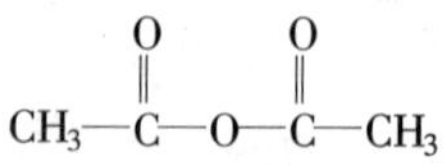

乙酸酐

4. 脱羧反应

羧酸分子中脱去羧基放出二氧化碳的反应叫脱羧反应。不同羧酸脱羧的难易不同。一元羧酸不容易脱羧，但在特殊条件下可发生脱羧反应，如无水乙酸钠与碱石灰（CaO + NaOH）混合加强热，可脱羧生成甲烷。

$$CH_3COONa + NaOH \xrightarrow{强热} CH_4\uparrow + Na_2CO_3$$

二元羧酸比一元羧酸容易脱羧。例如：

$$HOOC—COOH(固) \xrightarrow{\triangle} H—COOH + CO_2\uparrow$$

脱羧反应在生物体内占有重要地位，人体内的脱羧反应是在脱羧酶的催化下进行的。

四、重要的羧酸

1. 甲酸

甲酸（H—COOH）俗称蚁酸，因最初从蚂蚁体内发现而得名，它还存在于许多昆虫的分泌物中及某些植物如荨麻、松叶中。甲酸有很强的腐蚀性，被蚂蚁或蜂类螫伤后引起皮肤红肿和疼痛，就是由甲酸造成的。

甲酸的结构比较特殊，它的羧基与氢原子直接相连，从结构上看，分子中既含羧基又含醛基，故表现出与它的同系物不同的一些特性。

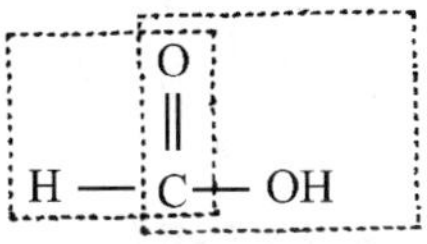

醛基　　羧基

(1) 甲酸的酸性比其他饱和一元羧酸的酸性强。

(2) 甲酸具有还原性，能被氧化剂氧化。

2. 乙酸

乙酸（ CH_3—COOH ）俗称醋酸，因是食醋的主要成分。乙酸为有强烈刺激性酸味的无色液体，熔点为16.5℃。低于熔点时凝成冰状固体，所以常把无水乙酸叫做冰醋酸。

乙酸是饱和一元羧酸的代表，具有饱和一元羧酸的性质。

医药上常用0.5%～2%的乙酸稀溶液作为消毒防腐剂，用于烫伤或灼伤感染的创面洗涤，应用“食醋消毒法”预防流感。

乙酸是常用的有机试剂，也是重要的化工原料，可以合成许多有机化合物，是染料、香料、塑料、制药等工业不可缺少的原料。

3. 苯甲酸

苯甲酸（ 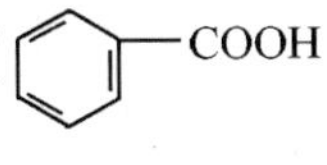 ）俗称安息香酸，因最初从安息香胶中发现而得名。苯甲酸是最简单的芳香酸，为白色鳞片状或针状结晶，难溶于冷水，易溶于热水、乙醇和乙醚中。苯甲酸具有抑菌、防腐作用，同时毒性较低，故广泛用作食品、药剂和日用品的防腐剂，也用作治疗癣病的外用药。

4. 乙二酸

乙二酸（ HOOC—COOH ）俗称草酸，常以盐的形式广泛存在于草本植物中。乙二酸是最简单的二元羧酸，为无色晶体，通常含两分子结晶水，溶于水和乙醇。

二元羧酸的酸性比一元羧酸强，乙二酸的酸性比其他二元羧酸强。乙二酸有还原性，容易被高锰酸钾所氧化，高价铁盐可被乙二酸还原成易溶于水的低价铁盐，故可用乙二酸溶液洗除铁锈和蓝黑墨水的污迹。

5. 丁二酸

丁二酸（ HOOC—CH_2—CH_2—COOH ）俗称琥珀酸，因最初由蒸馏琥珀而得。琥珀是松脂的化石。丁二酸是白色晶体，溶于水。丁二酸是体内糖代谢的中间产物。丁二酸在医药上有抗痉挛、祛痰及利尿作用。

第二节　羟 基 酸

一、羟基酸的结构和命名

含有羟基和羧基的化合物叫羟基酸。羟基酸包括醇酸和酚酸两类。羟基酸分子中，羟基在碳链上的称为醇酸，在芳环上的称为酚酸。

羟基酸是以羧酸为母体，羟基作取代基来命名的。选择含有羧基和羟基的最长碳链作为主链，编号从羧基碳原子开始。习惯上也常用 α，β，γ 等表示羟基的位置。但许多羟基酸是天然产物，常根据其来源而采用俗名。常见羟基酸的结构式、系统名、俗名见表 10 – 1 所列。

表 10 – 1　常见羟基酸的结构式、系统名、俗名

类别	结构式	系统名	俗名
醇酸	CH_3—CH(OH)—COOH	2 – 羟基丙酸或 α – 羟基丙酸	乳酸
醇酸	HO—CH(COOH)—CH_2—COOH	2 – 羟基丁二酸或 α – 羟基丁二酸	苹果酸
醇酸	HO—CH(COOH)—CH(COOH)—OH	2,3 – 二羟基丁二酸	酒石酸
醇酸	HO—C(COOH)(CH_2—COOH)(CH_2—COOH)	3 – 羟基 – 3 – 羧基戊二酸	柠檬酸
酚酸	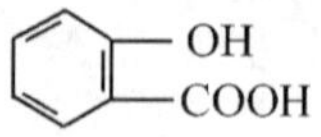	α – 羟基苯甲酸或邻羟基苯甲酸	水杨酸
酚酸	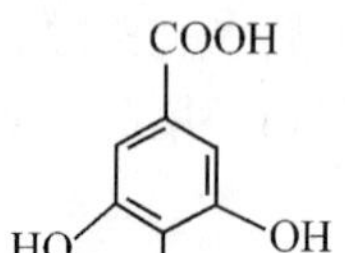	3,4,5 – 三羟基苯甲酸	没食子酸

二、羟基酸的性质

羟基酸具有羟基和羧基的典型反应，并且由于羧基和羟基间的互相影响，它们还表现出一些特有的性质。

1. 酸性

由于羟基的吸电子诱导效应，使羧基的电离度增加，羟基酸的酸性比相应的羧酸强。例如：

	CH_3CH_2COOH	$CH_3CH(OH)COOH$
	丙酸	α－羟基丙酸
pK_a	4.8	3.86

2. 氧化

醇酸中的羟基比醇中的羟基易氧化。例如：

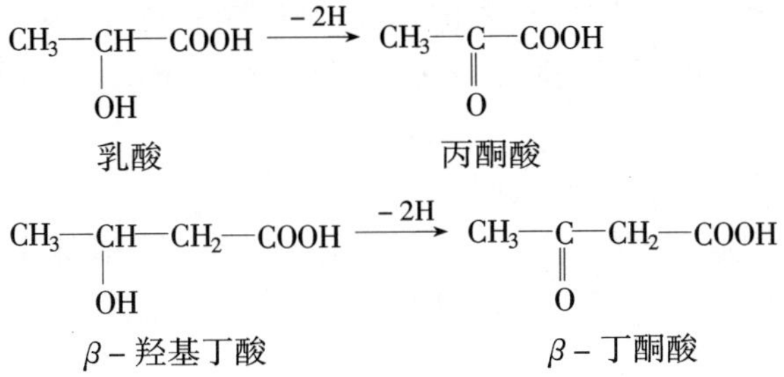

三、重要的羟基酸

1. 乳酸

乳酸（$CH_3-CH(OH)-COOH$）学名为 α－羟基丙酸，最初从酸牛奶中得到。乳酸是肌肉中糖代谢的一种中间产物，人在剧烈活动时，急需大量能量，通过糖分解成乳酸，放出一部分能量以应急需，而使肌肉中乳酸含量增多，因此肌肉感觉“酸胀”，经休息后，一部分乳酸在肝内转变为糖原，一部分随尿排出体外。

乳酸有很强的吸湿性，一般呈糖浆状液体，能与水、乙醇等混溶。乳酸在医疗上可作为消毒剂和外用防腐剂，临床上乳酸钙是补充体内钙质的药物，乳酸钠用于纠正酸中毒。

2. 苹果酸

苹果酸（$HO-CH(CH_2-COOH)-COOH$）学名为 α－羟基丁二酸，因最初由苹果中获得而得名，它多存在于未成熟的果实内，在山楂中含量较多。苹果酸为针状结晶，熔点 100℃，是人体内糖代谢过程的中间产物，在酶的催化下脱氢氧化生成草酰乙酸。

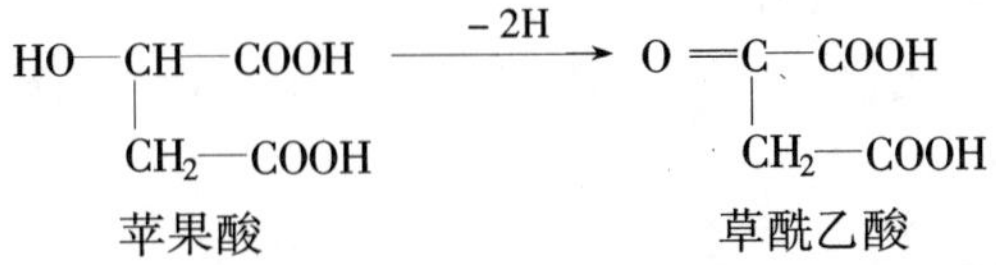

苹果酸的钠盐为白色粉末，易溶于水，可作为禁盐病人的食盐代用品。

3. 酒石酸

酒石酸（$HO-CH(COOH)-CH(OH)-COOH$）的学名为2,3－二羟基丁二酸，存在于各种果汁中，葡萄中含量最丰富。酒石酸在葡萄中以酸式钾盐存在，它难溶于水和乙醇，所以在以葡萄汁酿酒的过程中，它以沉淀析出，叫做酒石，酒石再与无机酸作用，就生成游离的酒石酸，这是酒石酸名称的由来。

酒石酸是无色透明的晶体，熔点为 170℃，易溶于水。它的盐用途很广，如酒石酸锑钾又称吐酒石，医药上用作催吐剂，也用以治疗血吸虫病。酒石酸钾钠可用作泻药，在实验室也用来配制斐林试剂。

4. 柠檬酸

柠檬酸（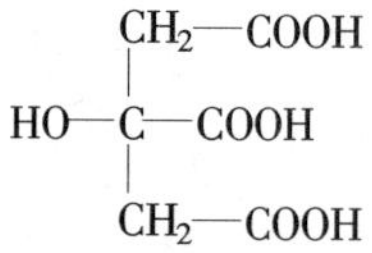）别名枸橼酸，学名为 3－羟基－3－羧基戊二酸，存在于柑桔果实中，尤以柠檬中含量最多，因此叫做柠檬酸。柠檬酸通常含一分子结晶水，为无色透明晶体，熔点 100℃，易溶于水，有酸味，内服有清凉解渴作用，常用作调味剂、清凉剂，用于配制汽水和酸性饮料。

柠檬酸是人体内糖、脂肪和蛋白质代谢的中间产物。

柠檬酸盐可作药用。例如柠檬酸钠有防止血液凝固的作用，临床上用作抗凝血剂；柠檬酸铁铵是常用的补血剂，用于治疗缺铁性贫血。

5. 水杨酸

水杨酸（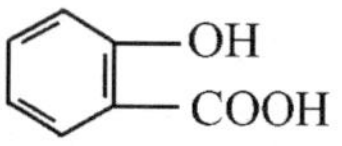）别名柳酸，学名为邻羟基苯甲酸。柳树及水杨树皮中含有水杨酸。水杨酸是一种白色针状晶体，熔点 159℃，微溶于冷水，易溶于热水和乙醇。

水杨酸分子中含有酚羟基和羧基，因此它具有酚和羧酸的一些性质，如易氧化，遇三氯化铁溶液呈紫色，水溶液呈酸性，能成盐、成酯等。

水杨酸本身有抑制细菌生长作用，因对胃肠有刺激作用，故不能内服。外用时可用作防腐剂和杀菌剂，多用于治疗皮肤病。

水杨酸的重要衍生物有乙酰水杨酸。乙酰水杨酸商品名叫“阿司匹林”（Aspirin）。水杨酸在以冰醋酸为溶剂，乙酸酐为乙酰化试剂，80℃时可被酰化成乙酰水杨酸，即阿司匹林。

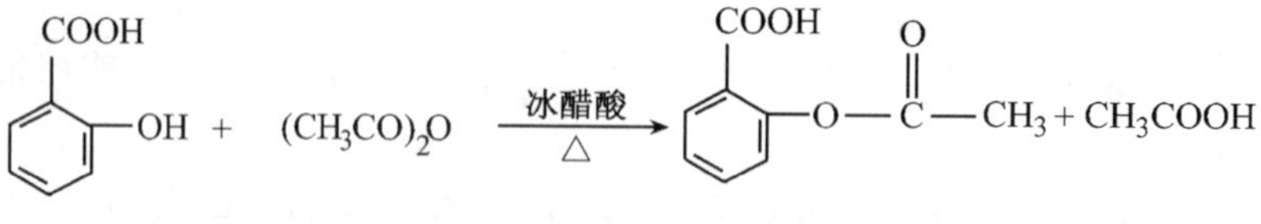

阿司匹林是一种白色针状结晶，微溶于水。阿司匹林有解热、镇痛、抗风湿的作用，是内服的解热镇痛药，还用于治疗和预防心、脑血管疾病。

阿司匹林是一种酚酯类化合物，在干燥空气中稳定，在潮湿空气中易水解为水杨酸和醋酸，故应密闭贮存在干燥处。

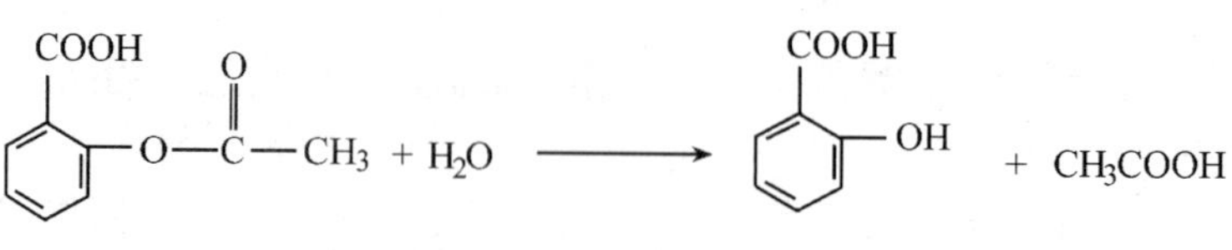

阿司匹林水解后生成水杨酸，可与三氯化铁溶液作用呈紫色，常用此法来检验阿司匹林有否水解变质，变质的阿司匹林不能内服。

第三节　酮　　酸

一、酮酸的结构和命名

含有羧基和羰基的化合物叫羰基酸。羰基在碳链一端的叫醛酸，在碳链中间的叫酮酸，羰基酸中重要的是酮酸。命名时编号从羧基碳原子开始，酮酸取含有羧基和酮基的最长碳链为主链，叫做“某酮酸”。酮基的位置用阿拉伯数字或希腊字母表示在“某酮酸”之前。例如：

$$CH_3-\overset{\overset{O}{\|}}{C}-COOH \qquad CH_3-\overset{\overset{O}{\|}}{C}-CH_2-COOH \qquad HOOC-\overset{\overset{O}{\|}}{C}-CH_2-COOH$$

丙酮酸　　3－丁酮酸（β－丁酮酸）　　草酰乙酸（α－酮丁二酸）

酮酸在医学上较为重要，特别是 α－酮酸和 β－酮酸，它们是人体内糖、脂肪和蛋白质等代谢过程的中间产物。

二、酮酸的性质

酮酸分子中同时含有酮基和羧基，因此它既有羧酸的性质，又有酮的性质，此外，还有一些特殊性质。

1. 加氢还原反应

酮酸加氢还原生成羟基酸。例如：

$$\underset{\text{丙酮酸}}{CH_3-\underset{\underset{O}{\|}}{C}-COOH} \xrightarrow{+2H} \underset{\text{乳酸}}{CH_3-\underset{\underset{OH}{|}}{CH}-COOH}$$

2. 脱羧反应

由于酮基的影响，酮酸较易发生脱羧反应，且 β－酮酸比 α－酮酸更易脱羧。例如：

$$CH_3-\underset{\underset{O}{\|}}{C}-CH_2-COOH \longrightarrow CH_3-\underset{\underset{O}{\|}}{C}-CH_3 + CO_2\uparrow$$

三、重要的酮酸

1. 丙酮酸

丙酮酸（$CH_3-\underset{\underset{O}{\|}}{C}-COOH$）是最简单的酮酸，为无色液体，能与水混溶。丙酮酸是生物机体内糖代谢的一个重要的中间产物。在生物体内丙酮酸和乳酸在酶的催化作用下可发生相互转变。

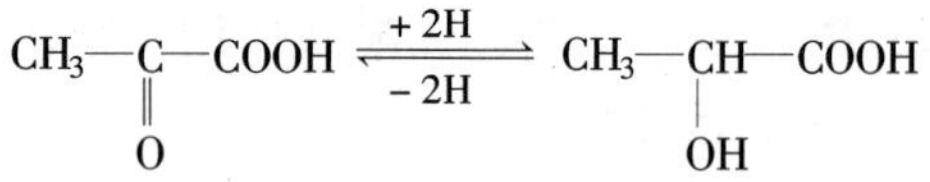

丙酮酸　　　　乳酸

2. β－丁酮酸

β－丁酮酸（ 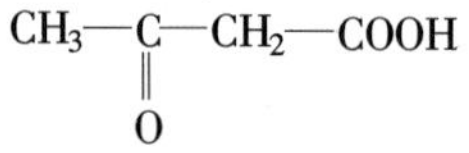 ）又称乙酰乙酸，为无色黏稠液体，是生物体内脂肪代谢的中间产物，在细胞内由于酶的作用能与 β－羟基丁酸相互转变。

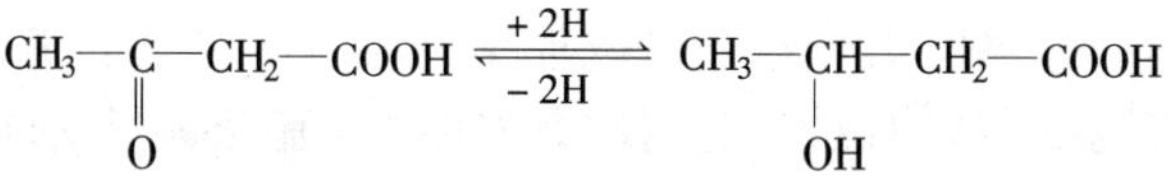

β－丁酮酸　　　　β－羟基丁酸

β－丁酮酸还可脱羧生成丙酮。

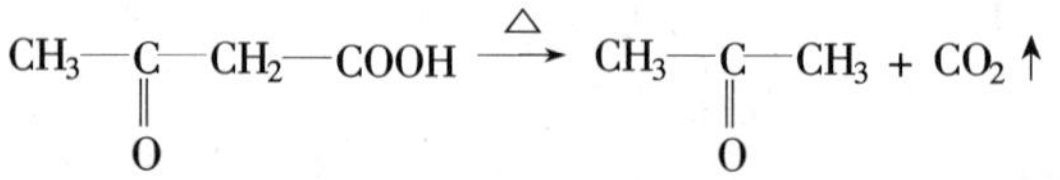

β－丁酮酸、β－羟基丁酸和丙酮三者在医学上合称为酮体。酮体是人体内脂肪酸代谢的中间产物，在正常情况下能进一步分解成二氧化碳和水，因此正常人血液中只含微量酮体。糖尿病患者由于代谢紊乱，血液中酮体增加，从尿中排出，所以对糖尿病患者，除检查尿液中的葡萄糖外，还要检查尿液中是否有酮体存在。晚期糖尿病人呼出的气体也有丙酮气味（烂苹果气味）。血液中酮体增加，导致血液的酸性增强，可发生中毒和昏迷等症状。

3. 草酰乙酸

草酰乙酸（ 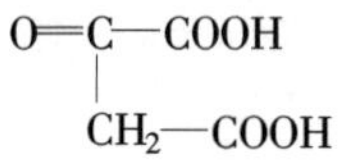 ）又叫 α－酮丁二酸。草酰乙酸为晶体，能溶于水。它是生物体内物质代谢的中间产物，在酶的作用下由琥珀酸（丁二酸）转变而成，再在酶的作用下脱羧生成丙酮酸。

4. α－酮戊二酸

α－酮戊二酸（ 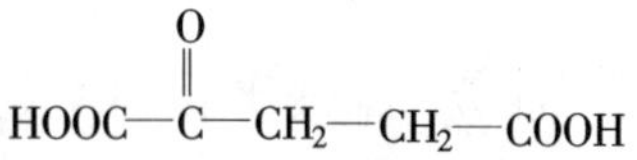 ）是晶体，能溶于水。它是生物体内物质代谢的中间产物，在酶的作用下由柠檬酸降解反应而成，再在酶的作用下发生氧化脱羧生成琥珀酸。

四、互变异构现象

两种或两种以上的异构体可以相互转变，并以动态平衡而同时存在的现象，叫做互变异构现象，具有这种关系的异构体叫互变异构体。乙酰乙酸乙酯是这类能发生互变异构现象的化合物的典型例子。

乙酰乙酸乙酯（ 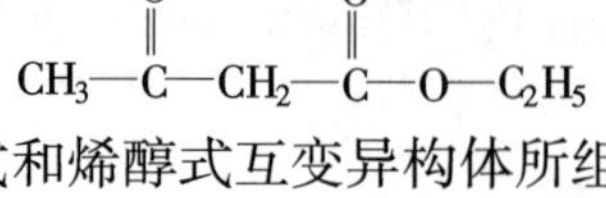 ）是具有芳香气味的无色液体，稍溶于水，沸点 180℃，是以酮式和烯醇式互变异构体所组成的动态平衡体系，其中酮式占 93%，烯醇式占 7%。

$$CH_3-\overset{\overset{\large O}{\|}}{C}-CH_2-\overset{\overset{\large O}{\|}}{C}-O-C_2H_5 \rightleftharpoons CH_3-\overset{\overset{\large OH}{|}}{C}=CH-\overset{\overset{\large O}{\|}}{C}-O-C_2H_5$$

酮式　　　　　　　　　　烯醇式

用实验方法可以证明上述异构体的存在。

在乙酰乙酸乙酯中加入羰基试剂2,4－二硝基苯肼，可生成橙色的苯腙沉淀，表明含有酮式结构。

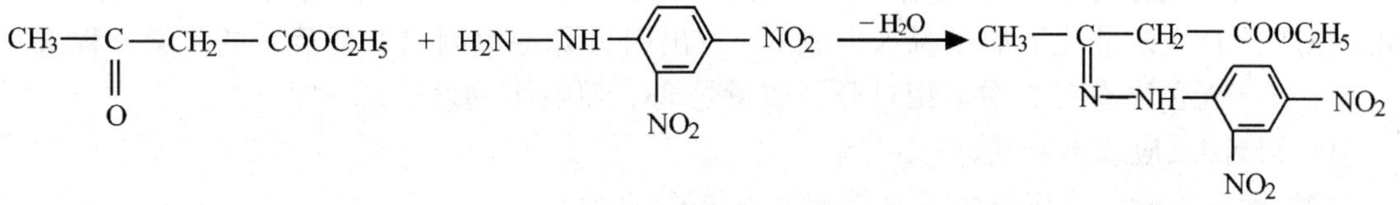

苯腙沉淀（橙色）

在乙酰乙酸乙酯中加 $FeCl_3$ 试剂，呈紫色，表明有烯醇式结构存在。

$$CH_3-\underset{\underset{\large OH}{|}}{C}=CH-COOC_2H_5 + FeCl_3 \longrightarrow \text{紫色配合物}$$

乙酰乙酸乙酯具有互变异构的原因，是在羰基和酯基的影响下，α－亚甲基上的氢原子在一定程度上质子化了，并在 α－碳原子和羰基氧原子之间进行了分子重排所造成的。一般分子中具有 $-\overset{\overset{\large O}{\|}}{C}-CH_2-$ 结构单元的化合物，都存在酮式－烯醇式互变异构。

互变异构不只限于酮式和烯醇式之间，互变异构现象在有机化合物，特别是复杂的大分子如糖、甾类化合物、生物碱中是常见的。

习　　题

1. 命名下列化合物

（1）$CH_3-\underset{\underset{\large C_2H_5}{|}}{CH}-COOH$　　（2）$CH_3-\underset{\underset{\large OH}{|}}{CH}-CH_2-COOH$　　（3）$CH_3-\underset{\underset{\large O}{\|}}{C}-COOH$

(4) 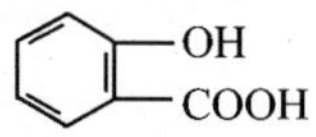　　(5) $HOOC-CH_2-CH_2-COOH$

2. 写出下列化合物的结构式

（1）草酸　（2）乙酸酐　（3）柠檬酸　（4）草酰乙酸　（5）α－酮戊二酸

3. 完成下列反应方程式

（1）$CH_3-CH_2-COOH + CH_3CH_2-OH \overset{H^+}{\rightleftharpoons}$

（2）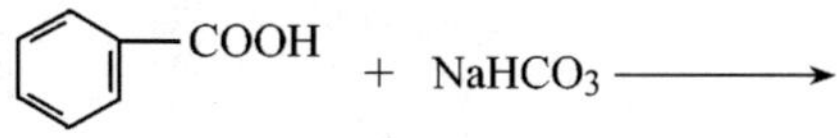

（3）$HOOC-COOH \xrightarrow{\triangle}$

（4）$CH_3-\underset{\underset{\large OH}{|}}{CH}-COOH \xrightarrow{-2H}$

（5） $CH_3-\underset{\underset{\displaystyle O}{\|}}{C}-CH_2-COOH \xrightarrow{\triangle}$

4. 用化学方法鉴别下列各组物质

（1）甲酸、乙酸、乙醇和乙醛

（2）苯甲酸、水杨酸

5. 何谓酮体？什么方法可以初步检验尿中的酮体？

6. 某碳氢化合物 A 在催化剂作用下与水加成生成有机物 B（C_2H_4O），B 的氧化产物 C 和还原产物 D 在酸催化下加热脱水生成 E。写出用 A 作原料制取 E 的反应的化学方程式。

7. 有一无色液态有机物，相对分子质量是 88，具有下列性质：

（1）与钠反应放出氢气；

（2）能发生酯化反应，生成有香味的液体；

（3）能与碳酸钠反应放出二氧化碳。

根据以上条件，写出：（1）该物质的分子式；（2）该物质可能的异构体的结构简式和名称。

第十一章 含氮有机化合物

分子中含有碳氮键的有机化合物称为含氮有机化合物。在这类化合物中，由于氮与碳、氢、氧及氮原子本身可以各种方式相互结合，使其具有多种类型，例如胺、酰胺、重氮化合物和偶氮化合物等。

含氮有机化合物在生物代谢过程及疾病防治中占有重要位置。例如，构成蛋白质的氨基酸，某些具有显著生理活性的生物碱以及抗菌消炎的磺胺类药物等，均属于此类化合物。

第一节 胺

一、胺的结构和命名

(一)胺的结构和分类

胺可看作是氨分子中的氢原子被烃基取代后的化合物。

NH_3 氨　　$R—NH_2$（或 $R—NH—R'$ ，$R—N(R'')—R'$ ） 胺

氨分子中的氮原子为 sp^3 杂化，其中 3 个 sp^3 杂化轨道分别与氢原子的 s 轨道形成 3 个氮氢 σ 键，每 2 个 N—H 键的键角均为 107.3°；另一个杂化轨道被孤对电子占领，整个分子呈三角锥形结构。脂肪胺的结构与氨类似，分子中的氮原子也是 sp^3 杂化。氨、甲胺、三甲胺的结构图示如下：

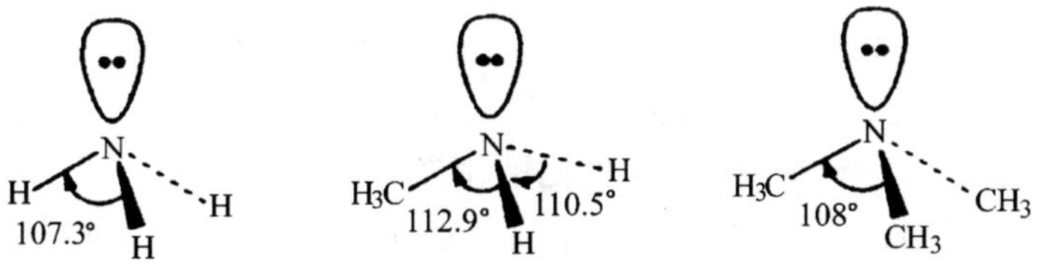

氨　　甲胺　　三甲胺

根据胺分子中与氮原子直接相连的烃基种类的不同，可将胺分为脂肪胺和芳香胺。

- 脂肪胺，例如：

CH_3NH_2 甲胺　　$CH_3—NH—CH_3$ 二甲胺　　$CH_3—N(C_2H_5)—CH_3$ 二甲乙胺

- 芳香胺，例如：

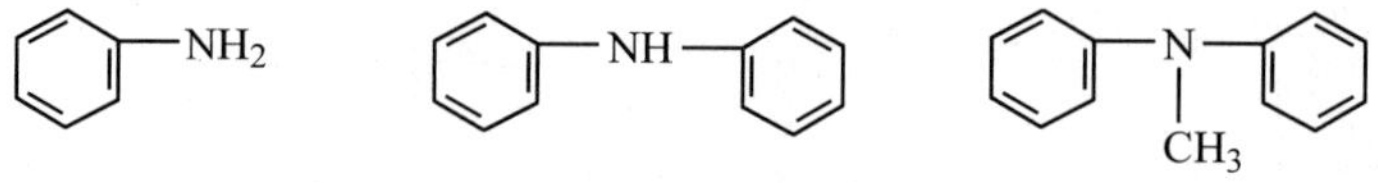

苯胺　　二苯胺　　二苯甲胺

根据与氮原子相连的烃基数目不同，可将胺分为伯胺、仲胺和叔胺。

- 伯胺 (Ar)R—NH_2，例如：

$CH_3CH_2NH_2$　乙胺

CH_3CHNH_2（CH_3 连在 CH 上）　异丙胺

$$\underset{\text{CH}_3}{\text{CH}_3\underset{|}{\text{C}}\text{HNH}_2}$$

- 仲胺 (Ar)R—NH—R′(Ar′)，例如：

CH_3NHCH_3　二甲胺

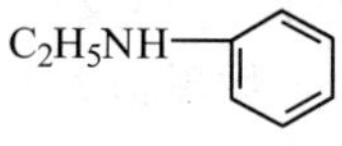

N-乙基苯胺

- 叔胺 (Ar)R—N—R′(Ar′)（N 上连 R″(Ar″)），例如：

$CH_3—N(CH_3)—CH_3$　三甲胺

$CH_3—N(CH_3)—C_2H_5$　二甲乙胺

在上述三类胺中，它们的官能团分别为氨基（—NH_2）、亚氨基（>NH）和次氨基（—N<）。

铵盐的铵离子上所连接的 4 个氢原子被烃基取代后形成的化合物称为季铵盐。

季铵盐分子中的 X^- 被 OH^- 取代后的化合物称为季铵碱。

$[R—N(R')(R''')—R'']^+ X^-$　($R_4N^+X^-$)　季铵盐

$[R—N(R')(R''')—R'']^+ OH^-$　($R_4N^+OH^-$)　季铵碱

式中的 X 可为卤素离子，也可为有机酸根。

季铵碱是一种强碱，其碱性强度与氢氧化钠相当。

胺还可根据分子中所含氨基数目不同而分为一元胺、二元胺和多元胺。

- 一元胺，例如：$CH_3CH_2CH_2NH_2$　丙胺
- 二元胺，例如：$H_2NCH_2CH_2CH_2CH_2NH_2$　丁二胺
- 多元胺，例如：$H_2NCH_2CH_2CH_2CH_2CH_2NH_2$　1,5－戊二胺

(二)胺的命名

1. 脂肪胺的命名

脂肪伯胺根据烃基的名称称为“某胺”。脂肪仲胺和叔胺分别写出几个取代基的名称，后面加上“胺”字，如有相同的取代基时，将其合并，用二、三表示其数目，若几个取代基不同，则简单的写前面，复杂的写后面（“基”字可省略）。例如：

CH_3NH_2　　　$(CH_3)_2NH$　　　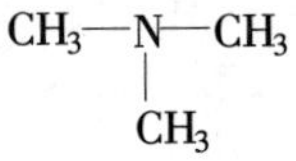

甲胺　　　二甲胺　　　三甲胺

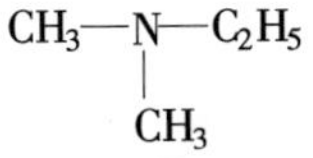

二甲乙胺

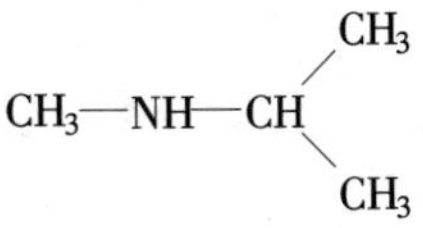

甲异丙胺

对于结构较复杂的胺可按系统命名法命名，即以烃为母体，氨基作为取代基，主链碳原子的编号从靠近氨基一端开始。例如：

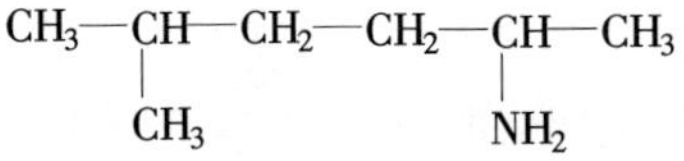

2 – 氨基 – 5 – 甲基己烷

2. 芳香胺的命名

最简单的芳香伯胺是苯胺。当芳香伯胺苯环上还连有其他取代基时，以苯胺为母体，将取代基的名称写在苯胺前面，并用邻（*o*）、间（*m*）、对（*p*）或数字标明取代基的位置。例如：

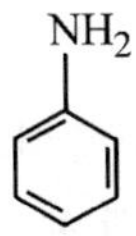

苯胺

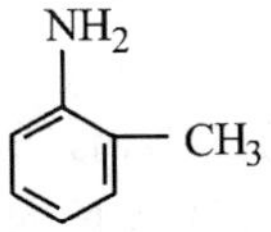

o- 甲基苯胺

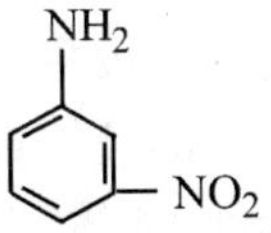

m- 硝基苯胺

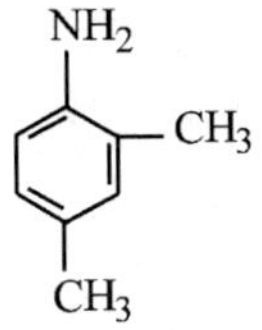

2,4 - 二甲基苯胺

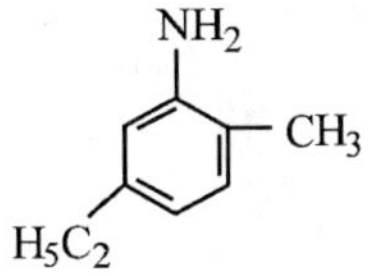

2-甲基-5-乙基苯胺

芳香仲胺和叔胺则以苯胺为母体，将烃基名称写在母体前面，并在名称前加字母"*N*"，以表示烃基连在氮原子上。例如：

N- 甲基苯胺

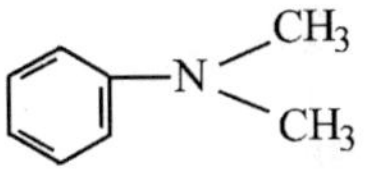

N,*N*- 二甲基苯胺

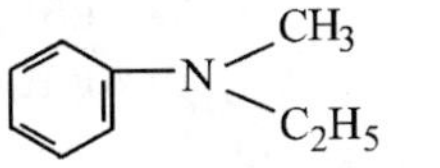

N-甲基-*N*-乙基苯胺

季铵盐、季铵碱的命名类似于铵盐。例如：

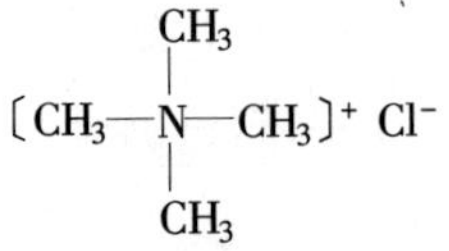

氯化四甲铵

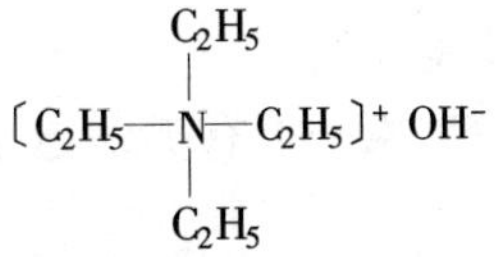

氢氧化四乙铵

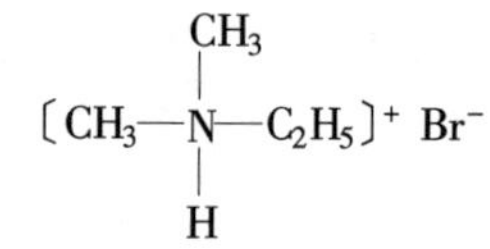

溴化二甲乙铵

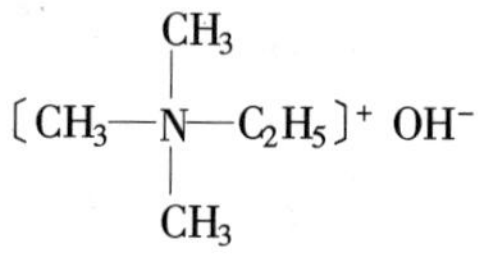

氢氧化三甲乙铵

在以上命名中，应注意“氨”、“胺”和“铵”字的正确用法。

二、胺的性质

(一)胺的物理性质

低级脂肪胺如甲胺、二甲胺、三甲胺和乙胺在常温下均为无色气体，丙胺至十一胺为液体，十一胺以上均为固体。低级胺有难闻的气味，三甲胺有鱼腥味，己二胺有腐肉的臭味，高级胺一般没有气味。

胺是极性分子，能与水形成氢键，因此，6个碳原子以下的胺均能溶于水。

伯胺和仲胺由于具有极性的氮氢键，能形成分子间氢键，因此，这些胺类的沸点都比与它们相对分子质量相近的烷烃高。由于氮的电负性小于氧，在伯胺、仲胺中，N—H 键的极性小于醇分子中 O—H 键的极性，它们形成的氢键比醇弱，因而其沸点比相对分子质量相近的醇低。叔胺由于氮原子上无氢原子，不能形成分子间氢键，因此，比相对分子质量相同的伯、仲胺具有较低的沸点，但比起相对分子质量相近的烷烃来说，仍具有较高的沸点。几种胺、烷烃和醇的有关物理性质的比较见表 11－1。

芳香胺为高沸点的液体或低熔点的固体，有特殊气味，一般均难溶于水，易溶于有机溶剂。芳香胺一般具有毒性，液体芳香胺透过皮肤或长期吸入蒸气都能引起中毒，某些芳香胺(如：联苯胺)还具有致癌作用。

表 11－1　几种胺与相对分子质量相近的烷烃、醇物理性质的比较

名称	结构式	相对分子质量	沸点(℃)	溶解度
乙烷	CH_3CH_3	30	－89	难溶
甲胺	CH_3NH_2	31	－7.5	∞
甲醇	CH_3OH	32	64.5	∞
丙烷	$CH_3CH_2CH_3$	44	－42	难溶
乙胺	$CH_3CH_2NH_2$	45	17	∞
二甲胺	$(CH_3)_2NH$	45	7.5	易溶
乙醇	CH_3CH_2OH	46	78	∞
正丁烷	$CH_3(CH_2)_2CH_3$	58	－0.5	难溶
正丙胺	$CH_3CH_2CH_2NH_2$	59	49	∞
甲乙胺	$CH_3CH_2NHCH_3$	59	35	易溶
三甲胺	$(CH_3)_3N$	59	3	易溶
正丙醇	$CH_3CH_2CH_2OH$	60	97	∞

(二)胺的化学性质

1. 碱性与成盐

胺分子中的氮原子上有孤对电子，能接受水中的质子(H^+)，因而显碱性。

$$R—NH_2 + H_2O \longrightarrow R—NH_3^+ + OH^-$$

胺的碱性强弱可用 pK_b 表示。pK_b 值越小，碱性越强，pK_b 值越大，碱性越弱。一些胺的

pK_b 见表 11－2。

表 11－2　常见几种胺的 pK_b 值(25℃)

名称	结构式	pK_b	名称	结构式	pK_b
氨	NH_3	4.76	二乙胺	$(C_2H_5)_2NH$	3.06
甲胺	CH_3NH_2	3.38	三乙胺	$(C_2H_5)_3N$	3.25
二甲胺	$(CH_3)_2NH$	3.27	苯胺	$C_6H_5NH_2$	9.4
三甲胺	$(CH_3)_3N$	4.21	*N*－甲基苯胺	$C_6H_5NHCH_3$	9.6
乙胺	$C_2H_5NH_2$	3.36	二苯胺	$(C_6H_5)_2NH$	13.8

从表 11－2 可知，胺的碱性大小次序为：脂肪胺 > 氨 > 芳香胺。这是因为脂肪胺氮原子上连的烃基是斥电子基，它能使氮原子上电子云密度增大，更有利于接受质子，因而碱性比氨强。苯胺则因为氮原子上的孤对电子所在的 sp^3 杂化轨道与苯环上的 p 轨道有一定程度的共轭，导致氮原子上的电子云密度降低，接受质子的能力减弱，因而碱性比氨弱。

由于胺具有碱性，能与强酸作用生成铵盐，例如：

$$CH_3—NH_2 + HCl \longrightarrow CH_3NH_3Cl$$

甲胺　　　　氯化甲铵

苯胺　　　　氯化苯铵

（难溶于水）　　（易溶于水）

但由于胺的碱性弱，铵盐与氢氧化钠等强碱水溶液作用，又能游离出原来的胺。

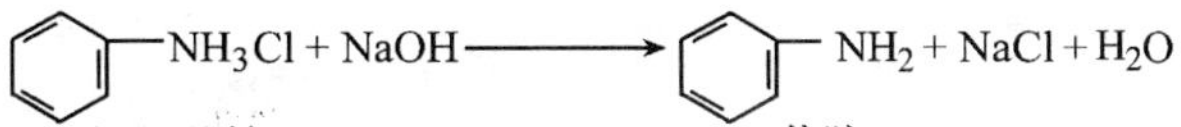

氯化苯铵　　　　苯胺

因此，利用胺的碱性与成盐的性质，可鉴别、分离胺类及难溶于水的非碱性化合物，也可用于胺的提纯。

在制药过程中，常将难溶于水的胺类药物制成盐，以增加其水溶性。例如，局部麻醉药——盐酸普鲁卡因。

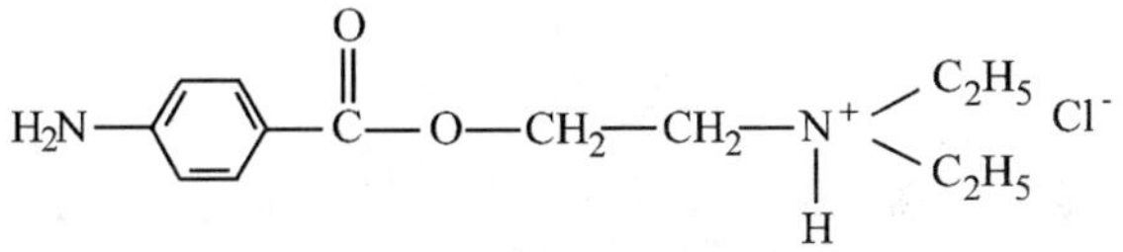

盐酸普鲁卡因

2. 与亚硝酸的反应

伯、仲、叔胺都能与亚硝酸反应，但反应现象和所得产物类型各不相同。

(1)伯胺与亚硝酸的反应　脂肪伯胺与亚硝酸反应的产物主要是醇，并定量放出氮气，故可用于伯胺的定量测定。由于亚硝酸不稳定，实验时常用亚硝酸钠和盐酸。例如：

$$R—NH_2 \xrightarrow{NaNO_2 + HCl} R—OH + N_2\uparrow + H_2O$$

芳香伯胺与亚硝酸反应，在低温(0～5℃)时，则生成性质很活泼的重氮盐，这一反应称为重氮化反应。例如：

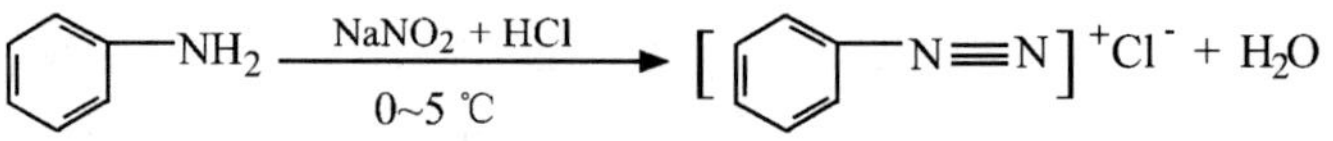

氯化重氮苯

重氮盐只有在水溶液和低温时才稳定，加热至室温即能分解放出氮气。

在合适条件下，芳香重氮盐还可以与酚类化合物发生偶联反应，生成偶氮化合物。例如：

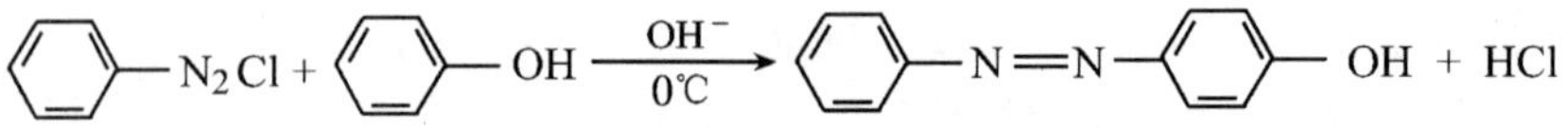

对羟基偶氮苯（桔黄色）

偶氮化合物结构中均含有偶氮基(—N=N—)，大都具有颜色，常可用作染料。

(2)仲胺和亚硝酸的反应　仲胺与亚硝酸反应时，生成黄色油状液体或固体 *N*－亚硝基胺。

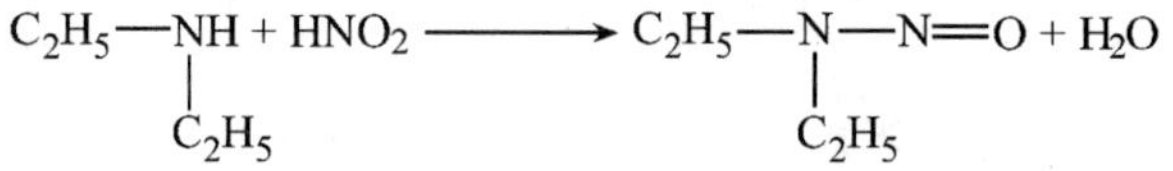

二乙胺　　　　*N*-亚硝基二乙胺

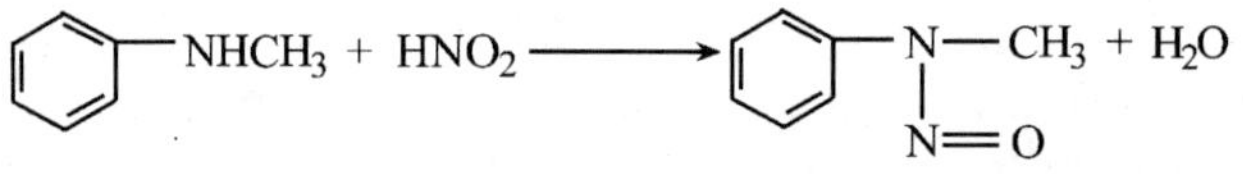

N-甲基苯胺　　　　*N*-甲基-*N*-亚硝基苯胺

亚硝基胺化合物有强烈的致癌作用，可引起动物多种器官和组织的肿瘤。在罐头食品和腌肉时常加入亚硝酸钠作防腐剂，在胃肠道会和仲胺作用生成亚硝胺，引发多种肿瘤。实验证明，维生素 C 能对亚硝酸钠起还原作用，阻断亚硝胺在体内的合成。

(3)叔胺和亚硝酸的反应　脂肪叔胺的氮原子上没有氢，只能和亚硝酸作用生成不稳定的亚硝酸盐。

$$R_3N + HNO_2 \longrightarrow R_3N \cdot HNO_2$$

芳香叔胺与亚硝酸不能生成盐，而是苯环对位上的氢被亚硝基取代，生成对－亚硝基胺。

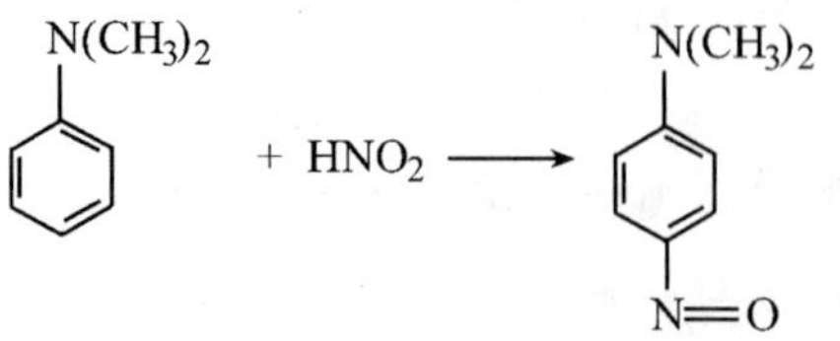

N,N-二甲基-对-亚硝基苯胺

N,N－二甲基对－亚硝基苯胺为翠绿色固体，它的盐酸盐是黄色固体。

由于亚硝酸与伯、仲、叔胺反应的现象不同，所以这个反应可用来鉴别伯、仲、叔胺。

3. 酰化反应

伯胺和仲胺能与酰氯（ $R-\overset{O}{\overset{\|}{C}}-Cl$ ）或酸酐（ $R-\overset{O}{\overset{\|}{C}}-O-\overset{O}{\overset{\|}{C}}-R$ ）作用生成酰胺。反应时，氨基或亚氨基上的氢原子被酰基（ $R-\overset{O}{\overset{\|}{C}}-$ ）取代。例如：

$$(CH_3)_2NH + CH_3\overset{O}{\overset{\|}{C}}-O-\overset{O}{\overset{\|}{C}}-CH_3 \longrightarrow (CH_3)_2N-\overset{O}{\overset{\|}{C}}-CH_3 + CH_3COOH$$

二甲胺　　乙酸酐　　乙酰二甲胺

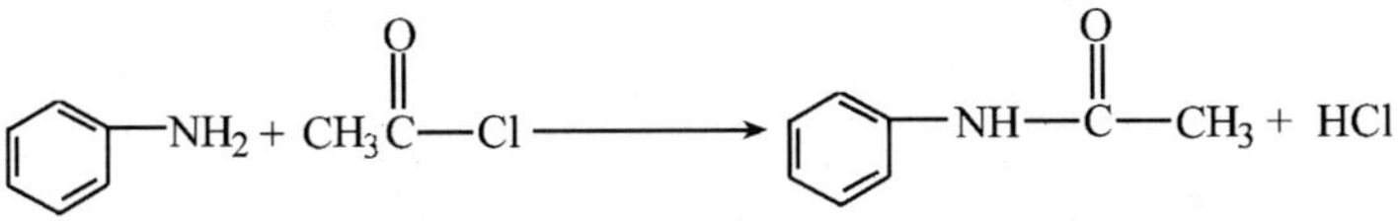

苯胺　　乙酰氯　　乙酰苯胺

在化合物分子中引入酰基的反应称为酰化反应。在酰化反应中，能提供酰基的化合物称为酰化剂。上述乙酰氯和乙酐是常用的酰化剂。

叔胺因氮上无氢原子，所以不能发生酰化反应。

酰化反应是一类很重要的反应。因为大多数胺是液体，经过酰化反应后生成的酰胺是具有不同熔点的结晶固体。所以这个反应常用来鉴别伯胺和仲胺。

在某些药物分子中引入酰基后，常可增加药物的脂溶性，有利于药物在体内的吸收，以提高或延长其疗效，并可降低药物的毒性。例如，对－氨基苯酚具有解热镇痛的作用，但因毒性强，不宜用于临床。若乙酰化成为对－羟基乙酰苯胺（即扑热息痛），则降低了毒性，增强了疗效。

在有机合成上，常利用此反应来保护氨基，因为酰胺在酸或碱的催化作用下能够水解而得到原来的胺。

4. 磺酰化反应

在碱存在下，伯胺或仲胺分子中氮原子上的氢原子可被苯磺酰氯或对甲苯磺酰氯的磺酰基取代，均生成 N－取代的苯磺酰胺或对甲苯磺酰胺。例如：

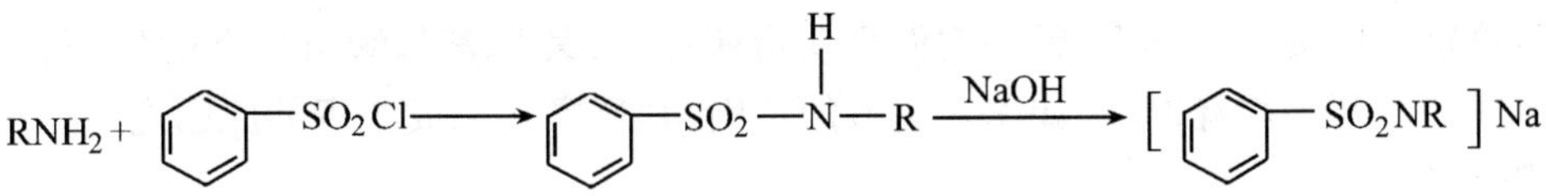

伯胺

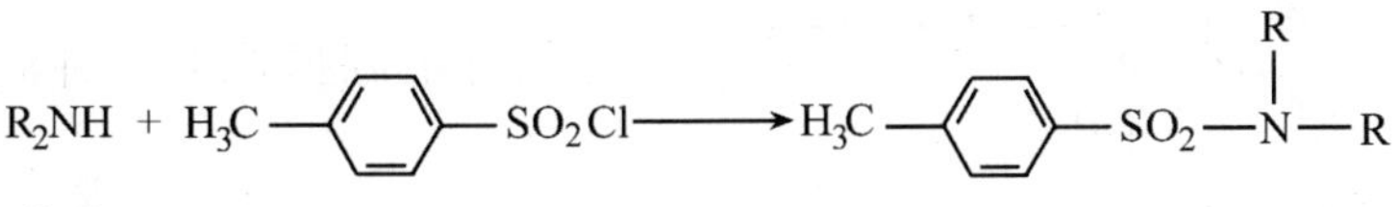

仲胺

叔胺由于分子中氮上无氢原子，故不能发生此反应。

伯胺生成的苯磺酰胺，由于亚氨基上的氢原子受苯磺酰基的影响呈弱酸性，故与碱成盐而能溶于水。

仲胺生成的苯磺酰胺，由于氮上未结合氢原子，故不能与碱成盐，而以结晶析出，且具有一定的熔点。

由于伯、仲和叔胺与上述试剂作用的不同，故常用来鉴别和分离这三种胺类化合物。

5. 芳胺的取代反应

苯胺可与溴水反应，生成 2,4,6 - 三溴苯胺的白色沉淀，此反应可用于苯胺的鉴定。

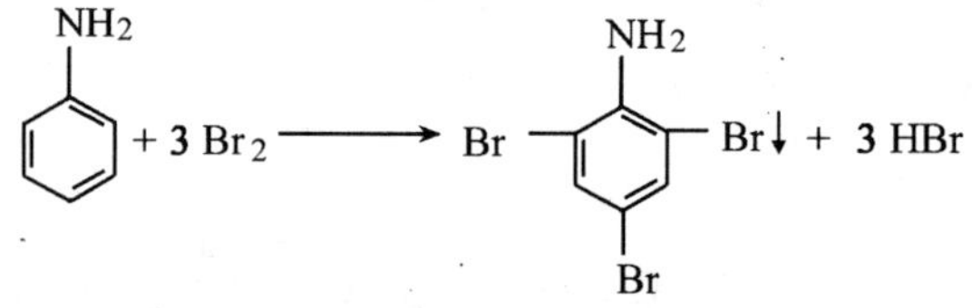

2,4,6-三溴苯胺

三、重要的胺

1. 甲胺、二甲胺、三甲胺

甲胺(CH_3NH_2)、二甲胺[$(CH_3)_2NH$]、三甲胺[$(CH_3)_3N$]在常温下都是无色气体，易溶于水，有氨和鱼腥臭味。蛋白质腐败往往有甲胺生成。在动物组织尤其鱼肉中含有三甲胺，鱼腐败时它就游离出来，它是生物体内含氮有机物的降解产物。甲胺、二甲胺、三甲胺都是有机合成原料。

2. 苯胺

苯胺(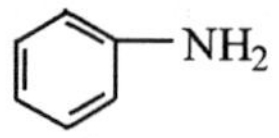)是最简单的芳香胺，常温下为无色油状液体，沸点 184.4℃，具有特殊气味，微溶于水，易溶于酒精和醚中。苯胺有毒，如空气中苯胺的浓度达到百万分之一，几小时后就会出现中毒症状，使人头晕、皮肤苍白和全身无力。原因是苯胺能使血色素变质。微生物学上，苯胺可供制备染色液，又是合成药物和染料的原料。

3. 腐肉胺和尸胺

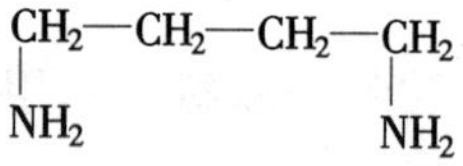

1,4 - 丁二胺(腐肉胺)

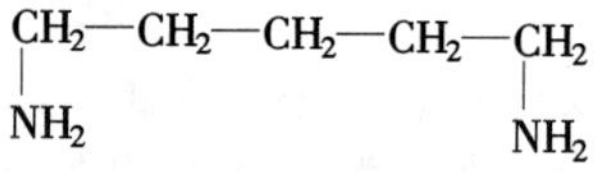

1,5 - 戊二胺(尸胺)

通常将这两种胺叫做尸毒，因为它们是动物死亡后，某些氨基酸由于酶的作用，在空气中脱羧而生成的。两者均有毒性，如误食腐败的鱼肉，其尸毒是造成中毒的原因之一。

4. 肾上腺素

肾上腺素(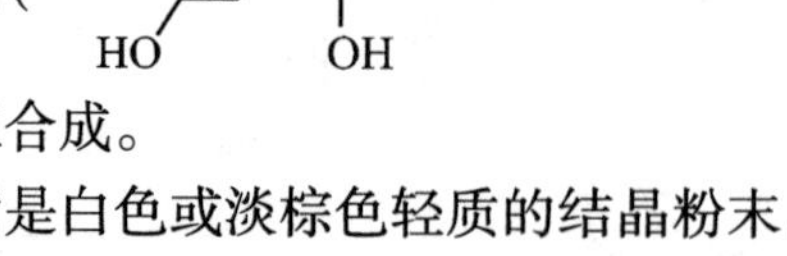)是从肾上腺提取的一种激素，故称肾上腺素。现已人工合成。

肾上腺素是白色或淡棕色轻质的结晶粉末，无臭，味稍苦，微溶于水及醇，易溶于盐酸及氢氧化钠溶液中。

肾上腺素能使血管收缩，心跳加快、加强，血压升高，是临床上常用的升压药物，又因肾上腺素能使支气管的平滑肌弛缓，所以对支气管痉挛性气喘有明显的止喘作用。

5. 新洁尔灭

新洁尔灭(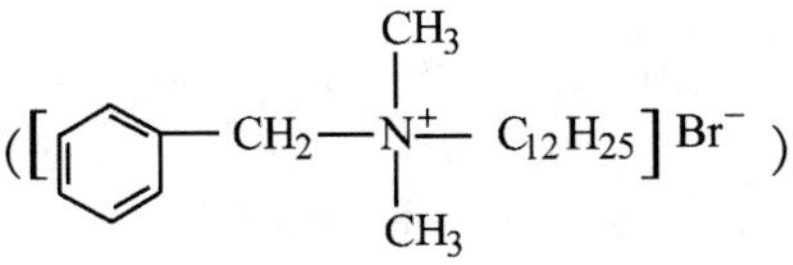)的化学名称叫溴化十二烷基二甲基苄铵,简称溴化苄铵,属于季铵盐类。它在常温下为微黄色胶体,吸湿性强,芳香而味苦,无刺激性,水溶液稳定,可保持较长时间效力不变。从结构上看,新洁尔灭为具有一个长链烷基的季铵盐,既含有憎水的烷基,又含有亲水的季铵离子,因此在水溶液中,可以降低溶液的表面张力,乳化脂肪,起到去污清洁作用;又能渗入细菌内部,引起细胞破裂或溶解,起到抑菌或杀菌作用,常以1∶1000~2000的稀释液用于外科手术前手消毒、皮肤消毒和手术器械消毒。由于它是表面活性剂,能破坏细胞膜而产生溶血,所以一般不作内服药物。

6. 胆碱和乙酰胆碱

$$[CH_3-\overset{CH_3}{\underset{CH_3}{N^+}}-CH_2CH_2OH]OH^- \qquad [CH_3-\overset{CH_3}{\underset{CH_3}{N^+}}-CH_2CH_2O-\overset{O}{\overset{\|}{C}}-CH_3]OH^-$$

胆碱　　　　　　　　乙酰胆碱

胆碱属于季铵碱类化合物。乙酰胆碱是胆碱羟基上的氢被乙酰基取代生成的酯。

胆碱最初从人的胆汁中发现,故而得名。乙酰胆碱是由胆碱和乙酰辅酶A在胆碱能神经末梢合成的,是一种具有显著生理活性的神经传导物质。

第二节　酰　　胺

一、酰胺的结构和命名

1. 酰胺的结构

酰胺可以看作是氨或胺分子中氮原子上的氢原子被酰基（$R-\overset{O}{\overset{\|}{C}}-$）取代后生成的化合物，亦可以看作是羧酸分子中羧基上的羟基被氨基或烃胺基取代后的化合物。酰胺的通式为：

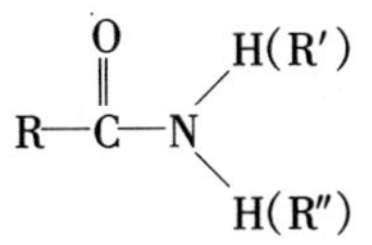

通常把酰胺分子中的“$-\overset{O}{\overset{\|}{C}}-\overset{H}{\overset{|}{N}}-$”称为酰胺键,它是酰胺的官能团。

2. 酰胺的命名

对于氮原子上没有取代基的简单酰胺的命名,可根据氨基所连酰基而称为“某酰胺”。例如:

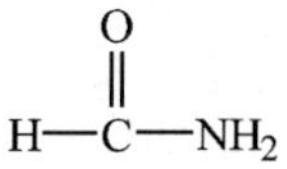

甲酰胺

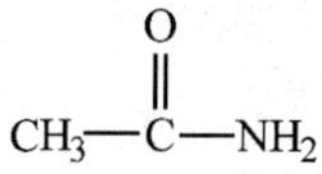

乙酰胺

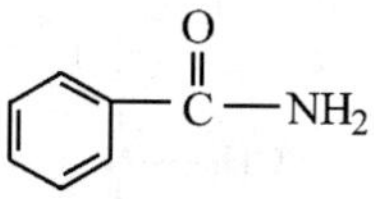

苯甲酰胺

对于氮原子上连有取代基的较复杂的酰胺，其命名方法有两种：一是称为“某酰某胺”，二是取代基名称放在“某酰胺”前面，并在取代基名称前加字母“*N*”，表示取代基连在氮原子上。例如：

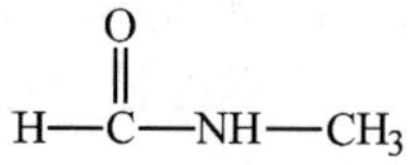

甲酰甲胺

（*N*-甲基甲酰胺）

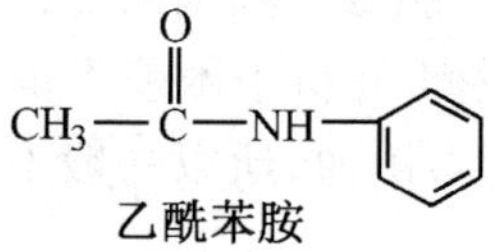

乙酰苯胺

（*N*-苯基乙酰胺）

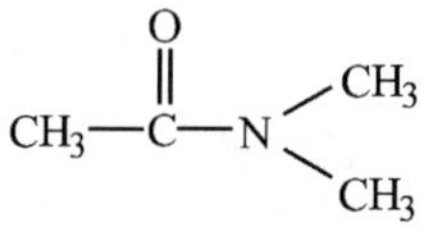

乙酰二甲胺

（*N*, *N*-二甲基乙酰胺）

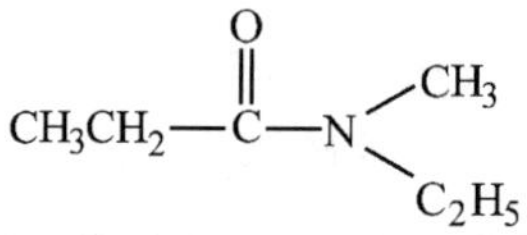

丙酰甲乙胺

（*N*-甲基-*N*-乙基丙酰胺）

二、酰胺的化学性质

1. 酸碱性

酰胺分子中虽有氨基，但其水溶液不显碱性（不能使石蕊试纸变色），而是近于中性的化合物。这是由于在酰胺分子中氨基和羰基直接相连，羰基有较强的吸电子能力，受羰基的影响，氮原子上的电子云密度降低，其吸引质子（H^+）的能力减弱，因而碱性减弱。

2. 水解反应

酰胺能够水解，但比较困难，要在酸或碱催化下长时间地加热回流。

酰胺在酸催化下水解，生成羧酸和无机盐；在碱催化下水解，生成羧酸盐并放出氨气。

$$R-\overset{\overset{\displaystyle O}{\|}}{C}-NH_2 + H_2O \xrightarrow{HCl} R-COOH + NH_4Cl$$

$$R-\overset{\overset{\displaystyle O}{\|}}{C}-NH_2 + H_2O \xrightarrow{NaOH} R-COONa + NH_3\uparrow$$

许多含酰胺结构的药物，在保存和使用时，应防止水解变质。例如，氨苄青霉素钠，通常将其制成粉针剂，且含水量规定在10%以内，配制成注射液后，需低温保存。

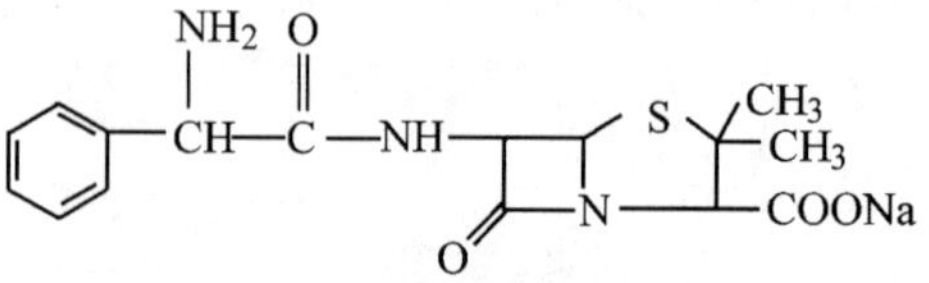

氨苄青霉素钠

三、尿素

尿素又称为脲,可理解为碳酸分子中的两个 —OH 基被 $—NH_2$ 基取代的产物。

碳酸　　　　尿素

尿素是人类和哺乳动物蛋白质代谢的最终产物,存在于尿液中。成年人每日从尿中排泄约 30g 尿素。

尿素为无色长菱形结晶,熔点 133℃,易溶于水和乙醇,难溶于乙醚。

尿素的主要化学性质如下:

1. 弱碱性

由于尿素分子中含有两个氨基,所以具有弱碱性,其水溶液不能使石蕊试纸变色,只能与强酸作用生成盐。例如,在尿素的水溶液中加入浓硝酸,则析出硝酸脲白色沉淀。

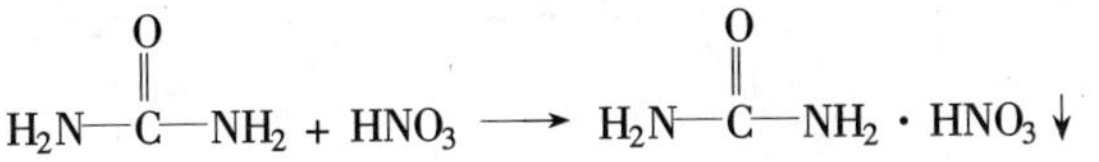

硝酸脲

2. 水解反应

尿素具有一般酰胺的性质,在酸、碱或尿素酶的催化作用下发生如下水解反应。

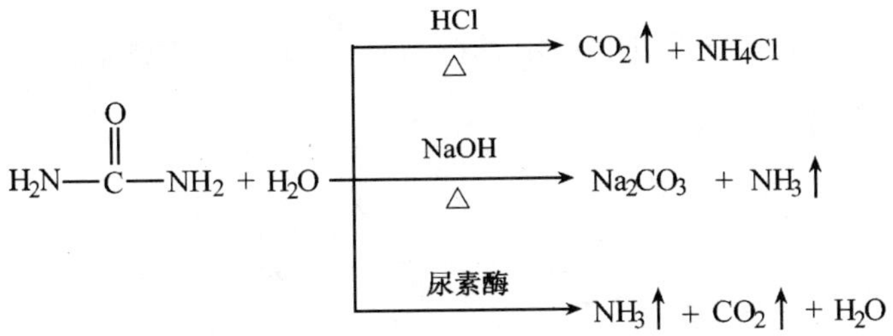

3. 与亚硝酸反应

尿素与伯胺相似,与亚硝酸反应放出氮气,同时生成二氧化碳和水。

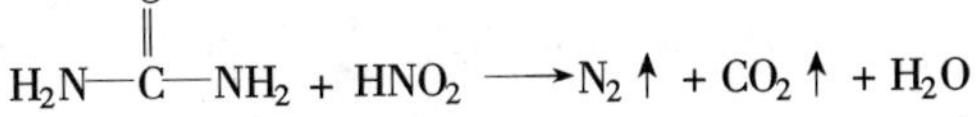

通过测定氮的体积,可进行尿素的定量测定。此反应也用于除去反应中的过量亚硝酸。

4. 缩二脲的生成和缩二脲反应

将固体尿素缓慢加热至 150 ~ 160℃,两分子尿素失去一分子氨缩合生成缩二脲。

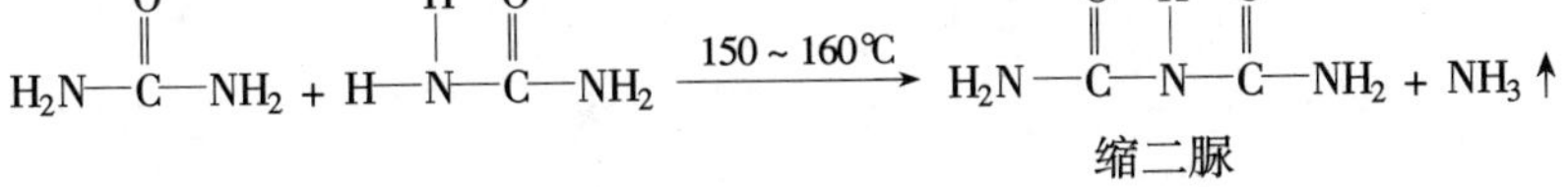

缩二脲

缩二脲难溶于水,由于互变异构现象,缩二脲有酮式和烯醇式两种异构体存在,而烯醇式结构具有微弱的酸性,故能溶于碱溶液。在缩二脲的碱溶液中加入少量硫酸铜溶液,溶液立即呈现紫色或紫红色。这个显色反应称为缩二脲反应。

$$缩二脲 + CuSO_4 \xrightarrow{OH^-} 紫色$$

凡分子中含有两个或两个以上肽键($-\overset{\overset{\large O}{\|}}{C}-\overset{\overset{\large H}{|}}{N}-$)结构的化合物(如多肽、蛋白质)都能发生缩二脲反应。

尿素在农业上用作氮肥,工业上作为合成塑料和药物的原料。临床上尿素注射液对降低颅内压及眼内压有显著疗效,可用于治疗急性青光眼和脑外伤引起的脑水肿等。

四、丙二酰脲

丙二酰脲可以由尿素与丙二酰氯,或在乙酸钠存在下与丙二酸二乙酯反应制得。

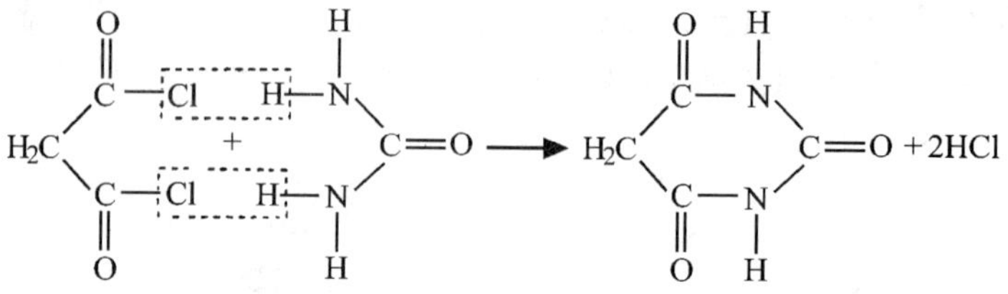

丙二酰氯　　　　丙二酰脲

丙二酰脲为无色结晶,熔点为 245℃,微溶于水。

丙二酰脲分子中含有一个活泼的亚甲基($>CH_2$)和两个二酰亚胺基($-\overset{\overset{\large O}{\|}}{C}-\overset{\overset{\large H}{|}}{N}-\overset{\overset{\large O}{\|}}{C}-$),存在酮式－烯醇式互变异构现象。

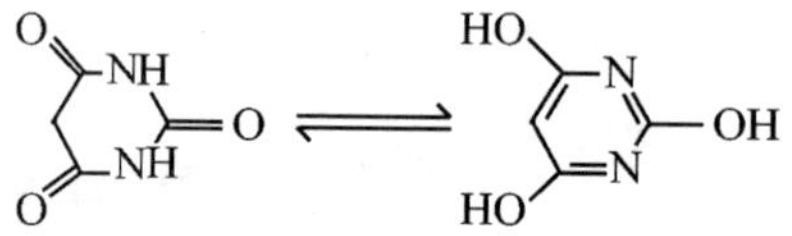

酮式　　　　烯醇式

烯醇式羟基上的氢原子在水溶液中能电离出 H^+ 而显酸性($pK_a = 3.85$),故常称为巴比妥酸。巴比妥酸本身无生物活性,其分子中的亚甲基上的两个氢原子被烃基取代后的化合物对中枢神经系统有抑制作用,临床上用作镇静和催眠药,总称巴比妥类药物。巴比妥类药物有成瘾性,用量过大会危及生命。

常见的巴比妥类药物有巴比妥和苯巴比妥,它们的结构式如下:

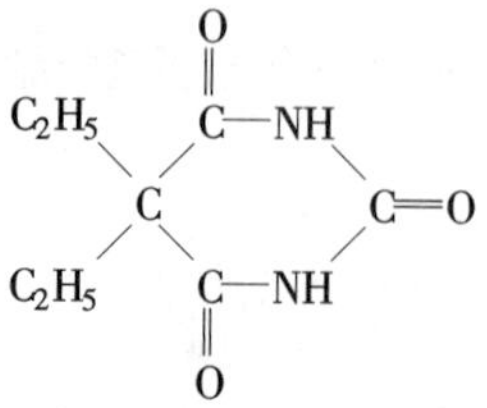

巴比妥

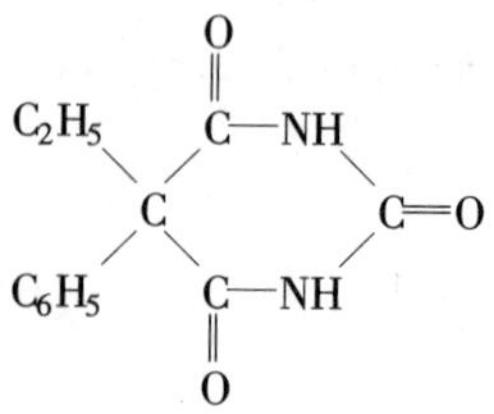

苯巴比妥

五、磺胺类药物

磺胺类药物在化学治疗史上曾占有很重要的地位，是治疗多种细菌感染疾病的药物。

磺胺类药物的基本结构是对氨基苯磺酰胺，简称磺胺。

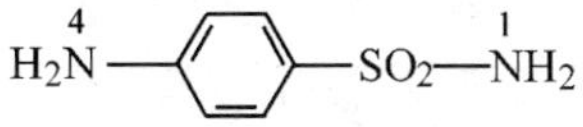

磺胺本身具有一定的抑菌作用。在磺胺基本结构中，有两个重要基团，即磺酰胺基（ $—SO_2NH_2$ ，其中氮原子定为 N^1）和对氨基（ $—NH_2$ ，其中氮原子定为 N^4），这两个基团必须处在苯环的对位才具有抑菌作用。研究发现，当 N^1 上的氢原子被其他基团取代后，将会使磺胺的抑菌作用不同程度地增强，而当 N^4 上的氢原子被其他基团取代后，则会降低甚至丧失其抑菌作用。

临床上从数千种磺胺衍生物中筛选出某些疗效好，副作用小的磺胺类药物。例如：

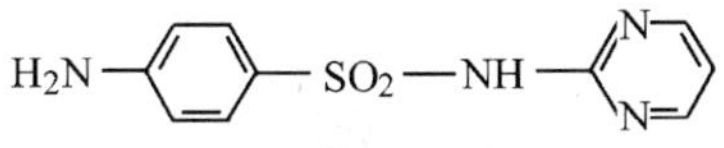

磺胺嘧啶 (SD)

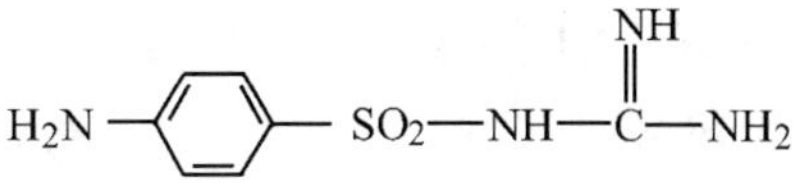

磺胺胍 (SG)

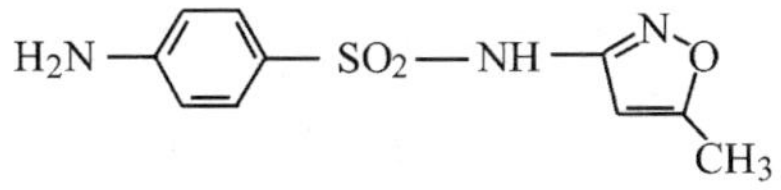

磺胺甲噁唑 (SMZ)

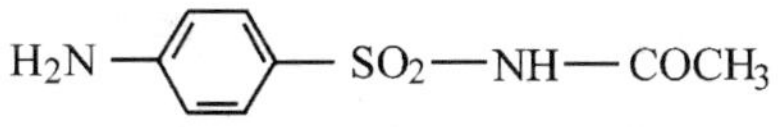

磺胺醋酰 (SA)

SD 和 SMZ 为全身感染用磺胺药，主要用于治疗流行性脑膜炎、肺部感染、急性支气管炎等。SG 由于口服后吸收少，主要在肠道中起抑菌作用，故为肠道磺胺药，用于治疗肠炎、细菌性痢疾和预防肠道手术感染。SA 的钠盐由于水溶液呈中性，局部刺激性小，穿透力较强，常用来治疗结膜炎及沙眼等。

习　　题

1. 命名下列各化合物

(1) 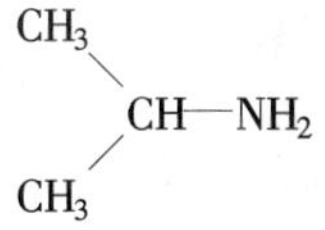

(2) 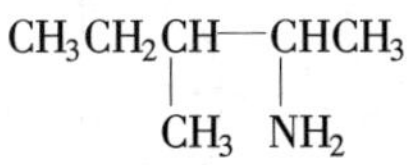

(3) $(CH_3CH_2)_2NCH_3$

(4) $H_2NCH_2(CH_2)_4CH_2NH_2$

(5) 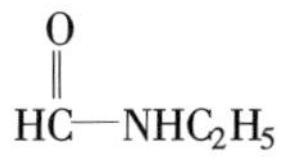

(6) 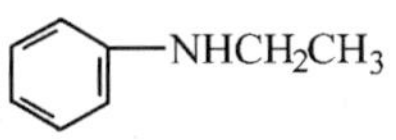

(7) 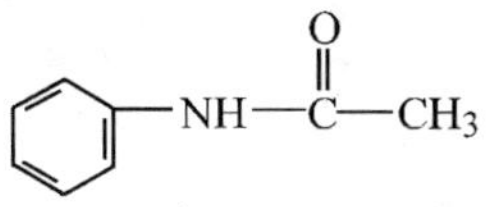

(8) 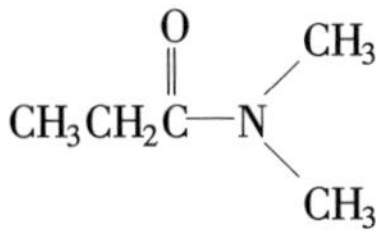

(9) $C_6H_5CH_2-\overset{\overset{CH_3}{|}}{\underset{\underset{CH_3}{|}}{N}}-CH_3I$　　　(10) $(CH_3)_4NOH$

2. 写出下列化合物的结构式

(1) 丁胺　　　　　(2) N－甲基－N－乙基苯胺

(3) 甲乙胺　　　　(4) 对－硝基苯胺盐酸盐

(5) 苄胺　　　　　(6) 2－甲基－4－乙基苯胺

(7) 甲酰苯胺　　　(8) 对－甲基苯胺

(9) 氯化二甲乙铵　(10) 乙酰胆碱

3. 完成下列反应方程式

(1) $CH_3CH_2NH_2 + HCl \longrightarrow$

(2) $CH_3NH_2 + CH_3\overset{\overset{O}{\|}}{C}Cl \longrightarrow$

(3) $CH_3CH_2NH_2 + HNO_2 \longrightarrow$

(4) $(CH_3CH_2)_2NH + HNO_2 \longrightarrow$

(5) $(CH_3CH_2)_3N + HNO_2 \longrightarrow$

(6) 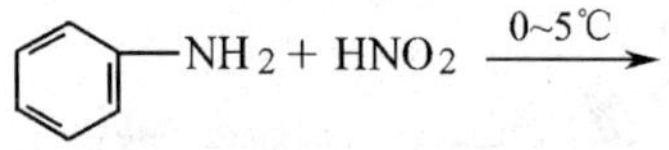

(7) $CH_3NH\overset{\overset{O}{\|}}{C}CH_3 + H_2O \xrightarrow{HCl}$

(8) $(H_2N)_2CO + HNO_3 \longrightarrow$

4. 试用化学方法鉴别下列各组化合物

(1) 丙胺、甲乙胺、三甲胺

(2) N－甲基苯胺、对－甲基苯胺、N,N－二甲基苯胺

5. 将下列各组化合物按其碱性强弱排列成序

(1) 氨、乙胺、乙酸、乙酰胺

(2) 苯胺、乙酰苯胺、氢氧化四甲胺、乙胺

6. 某化合物化学式为 C_6H_7N(A)，具有碱性，(A)的盐酸盐可与亚硝酸作用生成 $C_6H_5N_2Cl$(B)。在碱性溶液中，化合物(B)与苯酚作用生成具有颜色的化合物 $C_{12}H_{10}ON_2$(C)。根据以上性质，写出原化合物(A)的结构式，并写出各反应过程的反应式。

7. 某化合物化学式为 $C_7H_7O_2N$(A)，无碱性，还原后生成 C_7H_9N(B)则有碱性，使(B)的盐酸盐与亚硝酸作用，生成 $C_7H_7N_2Cl$(C)，(C)加热后能放出氮气而生成对－甲苯酚。在碱性溶液中(C)与苯酚作用生成具有颜色的化合物 $C_{13}H_{12}O_2N$(D)。试写出原化合物(A)的结构式，并写出各反应过程的反应式。

第十二章

糖　　类

糖类是自然界分布最广的一类重要有机化合物。从化学结构上看,糖类是多羟基醛、多羟基酮和它们的脱水缩合物。人们熟悉的葡萄糖、果糖、核糖、蔗糖、麦芽糖、淀粉、纤维素、糖原及肝素等都属于糖类。

糖类重要的生理作用是供给生命活动所需要的能量。1g 葡萄糖在体内完全氧化分解,可释放出 16.7kJ 热量。在我国居民普通膳食中,糖类氧化分解所供应的能量约占总能量的 50% ~ 70%,是最主要的供能物质。此外,糖类也是组织细胞的组成部分,例如核糖、脱氧核糖参与了核糖核酸(RNA)和脱氧核糖核酸(DNA)的合成;糖的复合物——蛋白多糖是结缔组织及滑液的重要成分,起支持、润滑和保护作用。红细胞膜上的糖蛋白及糖脂的糖链结构是决定血型的物质基础。因此,在人类生命活动过程中,糖类物质起着极其重要的作用。

由于最先发现的糖是由碳、氢、氧三种元素组成,而且分子中氢原子和氧原子的比例是 2:1,与水分子中的氢、氧原子之比恰好相同,可用分子式 $C_n(H_2O)_m$ 表示,所以糖类最早被称为"碳水化合物"。后来发现有些糖类化合物分子中氢氧之比不是 2:1,如鼠李糖($C_6H_{12}O_5$)和脱氧核糖($C_5H_{10}O_4$),有些物质如乳酸($C_3H_6O_3$)、醋酸($C_2H_4O_2$),虽然分子组成符合 $C_n(H_2O)_m$,但不属于糖类。因此,"碳水化合物"这个名称是不科学的,但因沿用已久,至今仍在使用。

糖类根据其是否水解和水解产物的不同可分为以下三类:

- 单糖:不能水解得到更简单的糖,如葡萄糖、果糖。
- 低聚糖:能水解生成 2 ~ 10 个分子单糖的糖,如蔗糖、麦芽糖、乳糖。
- 多糖:能水解生成多分子单糖的糖,如淀粉、糖原、纤维素。

第一节　单　　糖

从结构上看,单糖是多羟基醛或多羟基酮。其中多羟基醛称为醛糖,多羟基酮称为酮糖。根据分子中碳原子的数目,单糖可分为丙糖、丁糖、戊糖和己糖等。自然界中以含 5、6 个碳原子的戊糖、己糖最普遍,7 个碳原子以上的单糖少见。单糖中,与医学关系密切的有葡萄糖、果糖、核糖、脱氧核糖。下面主要以葡萄糖为例,讨论单糖的结构和性质。

一、单糖的结构

(一) 物质的旋光性

1. 偏振光和旋光性

光是一种电磁波,它的振动方向与其前进的方向垂直。普通光中含有各种波长的光,可以在空间各个不同的平面上振动。若让普通光通过一个由方解石晶体制成的尼科尔棱镜时,由于这种晶体只能使与其晶轴平行的平面内振动的光通过,因此通过尼科尔棱镜的光波只在一个平面上振动。这种仅在一个平面上振动的光叫做平面偏振光,简称偏振光,如图 12 - 1 所示。

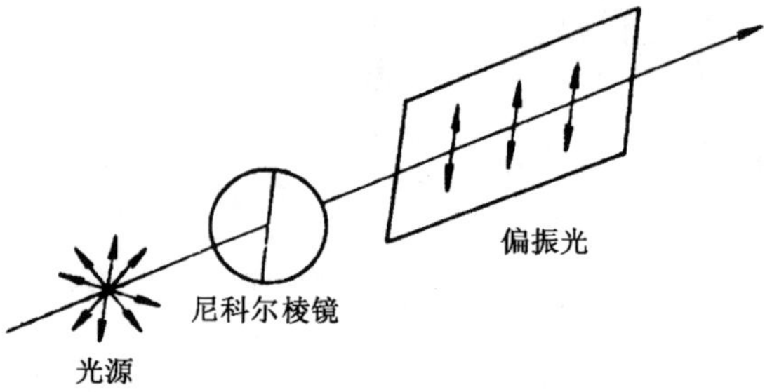

图 12－1　偏振光的产生

许多有机化合物如乳酸、葡萄糖等，具有使偏振光的振动平面发生旋转的性质，这种性质叫做物质的旋光性，或光学活性。具有旋光性的物质叫做旋光性物质或光活性物质。旋光性化合物存在旋光异构现象，反之亦然。

若在两个晶轴平行的尼科尔棱镜之间放置一测定管，管内装入醋酸或酒精等非旋光性物质，则从第一个棱镜出来的偏振光，保持原来的振动面，经过样品管后完全通过第二个棱镜，见图 12－2a。若管内装入乳酸或葡萄糖等旋光性物质的溶液，偏振光通过测定管后，其振动面被旋转了一定的角度，不能通过第二个棱镜，如图 12－2b 所示。要使其完全通过第二个棱镜，就必须把这个棱镜也旋转相同的角度，如图 12－2c 所示。

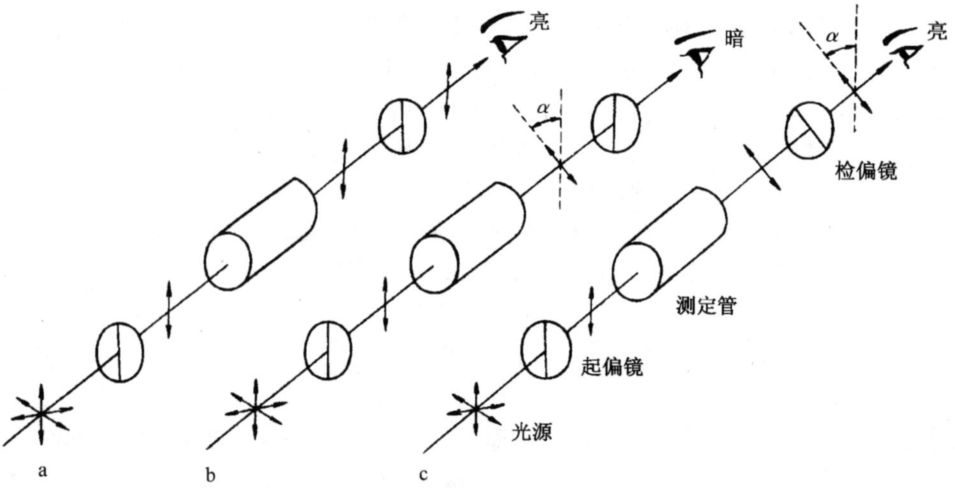

图 12－2　旋光度的测定

第二个棱镜旋转的方向即旋光性物质的旋光方向。能使平面偏振光的振动面向右即顺时针方向旋转的物质，称为右旋体，用“＋”或“d”表示；向左即逆时针方向旋转的物质为左旋体，用“－”或“l”表示。例如从肌肉取得的乳酸为右旋乳酸，表示为(＋)－乳酸或 d－乳酸，而从糖发酵得到的乳酸为左旋乳酸，表示为(－)－乳酸或 l－乳酸。

旋光性物质使偏振光振动平面旋转的角度称旋光度，以“α”表示。根据上述原理制成的旋光仪，可测定物质的旋光性。

2. 旋光度与比旋光度

物质的旋光性除与物质本身的特性有关外，还与测定时溶液的浓度、测定管的长度、温度、光波的波长及溶剂的种类等因素有关。如果把这些影响因素固定，不同的旋光性物质的旋光度各为 1 个常数，通常用比旋光度$[\alpha]_D^t$表示。比旋光度和旋光度之间的关系可用下式表示：

$$[\alpha]_D^t = \frac{\alpha}{\rho_B l}$$

式中 α 为被测溶液的旋光度；ρ_B 为被测物质 B 的质量浓度，$kg \cdot L^{-1}$，当测定物质是纯液体时，ρ_B 为该物质的密度；l 为测定管的长度，dm；D 为钠光波长；t 为测定时的温度，℃。

从上式可知，当 $\rho_B = 1kg \cdot L^{-1}$，$l = 1dm$ 时，则$[\alpha]_D^t = \alpha$。因此比旋光度的定义为：在一定温度下，测定管长度为 1dm，样品浓度为 $1kg \cdot L^{-1}$，以钠光灯作为光源时测得的旋光度。

如蔗糖的比旋光度$[\alpha]_D^{20} = +66.5°$，表示在 20 ℃时，用钠光灯光源 $\rho = 1kg \cdot L^{-1}$的蔗糖溶液的比旋光度为右旋 66.5°。

比旋光度是旋光性物质的一个物理常数，而且每种旋光性物质的比旋光度是固定不变的。测定旋光度可用于鉴定旋光性物质，也可确定旋光性物质的纯度和含量。

3. 旋光性与分子结构的关系

(1)分子的手性与对映异构体　有机化合物分子是否具有旋光性，决定于化合物本身的结构，因此可以从化合物的分子结构判断其旋光性。

乳酸是具有旋光性的化合物，其分子在空间有两种不同的排列方式，即有两种不同的构型，如图 12－3 所示。

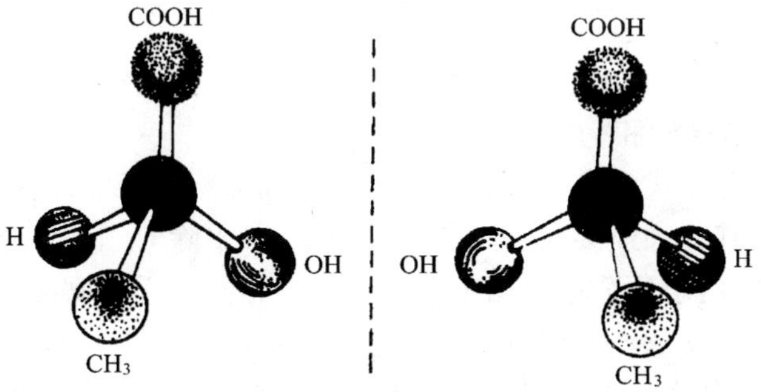

图 12－3　乳酸的立体结构模型

乳酸分子中的 α－碳原子分别与氢、甲基、羧基和羟基 4 个不同的基团相连接，这种与 4 个不同的原子或原子团相连的碳原子叫做手性碳原子，常用“ * ”标出。如

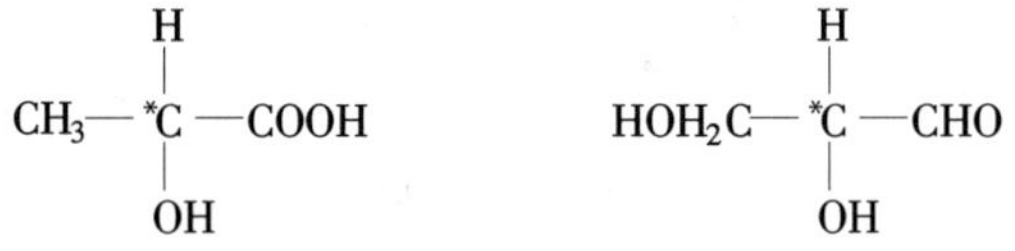

乳酸　　　　　甘油醛

乳酸的两个立体结构模型的构造相同，但无论怎样放置，都不能重合。正如人的左手与右手，或实物与镜像的关系一样，说明是两种不同的乳酸分子。它们互称为对映异构体，简称对映体。产生对映体的现象称为对映异构现象。

这种实物与镜像不能重合的性质称为手性，互为实物与镜像而又不能重合的分子称为手性分子。凡手性分子都具有旋光性和对映异构现象。

大多数有机化合物分子具有手性的原因是含有手性碳原子。

(2)对映体的构型及其命名法　一对对映体中的 2 个异构体之间的差别就在于构型不同，因此对映体的名称之前应注明其构型。对映体构型的命名有两种方法，即 D，L 命名法和 *R*，*S* 命名法，本节我们只介绍 D，L 命名法。

D，L 命名法是以甘油醛的两种构型为标准，人为地规定手性碳原子上所连接的羟基处于费歇尔投影式右边的称为 D－型，在左边的为 L－型。例如：

D－(＋)－甘油醛　　　　L－(－)－甘油醛

其他的旋光性化合物可与甘油醛相联系而确定其构型。例如：

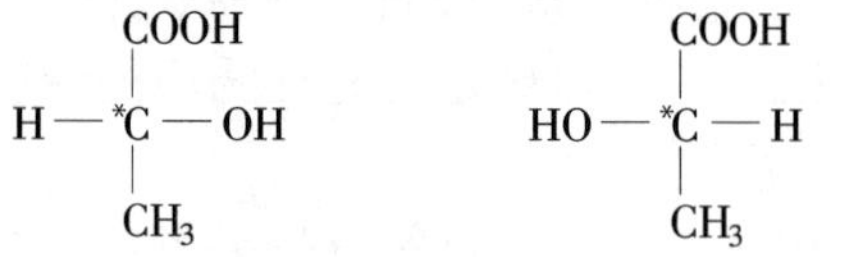

D－(－)－乳酸　　　　L－(＋)－乳酸

这里的 D，L 表示构型，(＋)、(－)表示旋光方向，旋光性物质的构型与旋光方向之间没有对应关系。D－型的旋光性物质中有左旋体，也有右旋体，L－型也是如此。如 D－甘油醛是右旋体，而 D－乳酸则是左旋体。在一对对映体中，若 D－型是右旋体，则对映体 L－型必然是左旋体；反之亦然。

D，L 命名法有一定局限性，多用于糖类和氨基酸构型的命名。

(二) 葡萄糖的开链结构和构型

葡萄糖是已醛糖，分子式为 $C_6H_{12}O_6$。实验证明，葡萄糖分子中含有一个醛基和五个羟基，醛基在第一位，五个羟基分别连接在不同的碳原子上，其中除 C_3 上的羟基排在碳链的左边外，其余羟基都排在右边。由于葡萄糖结构中含有 4 个不相同的手性碳原子(C_2，C_3，C_4，C_5)，应有 $2^4=16$ 个旋光异构体，在这 16 个旋光异构体中，有 8 个 D 型，8 个 L 型，形成 8 对对映体。自然界中存在的葡萄糖只是其中的一个。D－葡萄糖开链式结构的费歇尔投影式如下：

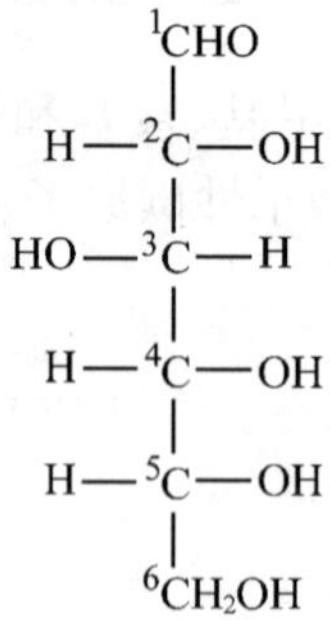

D-葡萄糖

单糖的构型用 D，L 命名法表示，这种方法只考虑与羰基相距最远的一个手性碳原子的构型。人为地规定与羰基相距最远的手性碳原子的羟基处于费歇尔投影式右边的称为 D－型，在左边的为 L－型。

自然界中存在的单糖大多数属于 D－型。

（三）葡萄糖的环状结构和变旋光现象

葡萄糖中有两种结晶，一种叫 α－型，另一种叫 β－型。α－型葡萄糖是从乙醇中结晶出来的，熔点 146℃，新配制的水溶液经测定比旋光度为＋112°，此溶液经放置后比旋光度逐渐下降至＋52.5°，不再改变。另一种是从吡啶中结晶出来的，熔点 150℃，新配制的水溶液比旋光度为＋18.7°，经放置后比旋光度逐渐上升至＋52.5°后维持不变。糖类在溶液中，比旋光度自行转变为定值的现象叫做变旋光现象。很显然，葡萄糖的开链结构不能解释此现象。

实验测定，结晶状态的单糖并不是开链结构，而是以环状结构存在的，且存在着互变平衡体系。在葡萄糖的结构中，既有醛基又有羟基，可以在分子内形成环状的半缩醛结构，即 C_5 羟基上的氢原子加到羰基氧原子上形成一个新羟基，称半缩醛羟基，这样形成的六元环体系稳定。

D－葡萄糖环状结构的形成，使 C_1 即开链式中醛基碳原子成为新的手性碳原子，C_1 上就产生了两种环状异构体。在 D－葡萄糖中，半缩醛羟基在投影式右边的称 α－型，半缩醛羟基在左边的称 β－型。

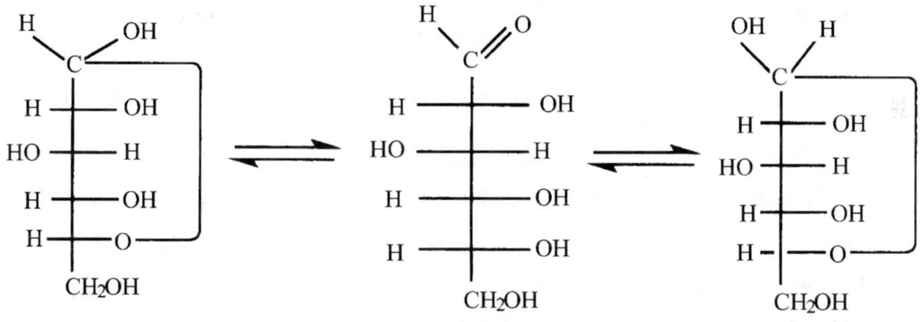

α-D-(+)-葡萄糖 $[\alpha]_D^{20}=+112°$ (36%)　　开链醛式（微量）　　β-D-(+)-葡萄糖 $[\alpha]_D^{20}=+18.7°$ (64%)

葡萄糖两种环状结构与开链结构的互变可以解释变旋光现象。

把 α－型葡萄糖溶于水，通过链状结构，可部分转化为 β－型，且该变化是可逆的。所以，α－型、β－型和开链式三种异构体可以互相转变达到平衡状态，在平衡体系中，α－型约占 36%，β－型约占 64%，而开链式仅有微量（约占 0.005%）。α－型葡萄糖的比旋光度为＋112°，经过一段时间，在与 β－型葡萄糖互变而趋向平衡状态的过程中，由于 α－型和 β－型的量在不断变化，其比旋光度逐渐下降至＋52.5°时，不再改变。这就是 α－型葡萄糖产生变旋光现象的原因。β－型葡萄糖亦如此，如将其溶于水，β－型葡萄糖的比旋光度开始为＋18.7°，经过一段时间后由于 β－型葡萄糖会通过链状结构与 α－型发生互变，并趋向平衡，最终达到组成固定不变的平衡状态，所以 β－型葡萄糖的水溶液的比旋光度从＋18.7°逐渐上升，最终固定在＋52.5°而不再变化。

综上所述，葡萄糖变旋光现象产生的原因是两种环状结构和开链结构互变的结果。对于具有环状半缩醛结构的单糖来说，变旋光现象是它们的共同性质。

（四）葡萄糖环状结构的哈沃斯式

上述葡萄糖环状结构是用费歇尔投影式表示的，此结构虽然能够说明许多反应，解释一些实验现象，但仍不能表示葡萄糖的真实结构。这是因为在环状结构中，碳原子不可能是直线排列，同时从环的稳定性来看，C_1 和 C_5 之间过长的氧原子价键显然也是不合理的。为了更接近真实地表示出糖的氧环式结构，英国学者哈沃斯（Haworth）提出用平面六元环的透视式代替费歇尔投影式,称哈沃斯式。由于葡萄糖的环状结构是一个含有五个碳原子和一个氧原子的六员杂环,和吡喃环(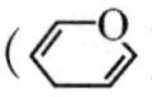)的结构相似,称为吡喃环。具有吡喃环的单糖称为吡喃糖。

哈沃斯式在糖化学中应用广泛。现将 D－葡萄糖开链投影式改变成哈沃斯式的过程表示如下：

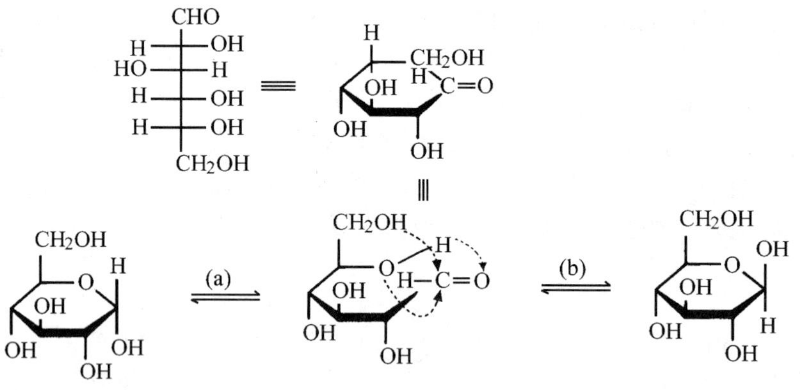

α-D-(+)-吡喃葡萄糖　　D-(+)-葡萄糖　　β-D-(+)-吡喃葡萄糖

先把 D－葡萄糖的链状结构式向左放倒成水平,然后向后弯曲成六边形,为了便于 C_5 上的羟基和 C_1 上的羰基接近,根据单键自由旋转不改变构型的原则,将 C_5 原子按箭头所指方向绕 C_4—C_5 键轴旋转 120°,D－型糖的尾端羟甲基便在 C_5 的上方,因此 C_5 上的羟基与 C_1 上的羰基加成成环,可生成 α－型和 β－型两种异构体。我们把 C_1 上新生成的半缩醛羟基在环上者称 β－型,在环下者称 α－型。

在哈沃斯式中,成环的原子在同一平面上,粗线表示环平面向前的边缘,细线表示向后的边缘。成环的碳元素符号不写出,连在手性碳原子上的氢原子也可省略。用哈沃斯式表示葡萄糖的环状结构时,通常把环上的氧原子写在右上角,碳原子编号按顺时针方向排列。于是,原来位于碳链左侧的基团,处于环平面的上方;原来位于碳链右侧的基团,处于环平面的下方。

(五) 果糖、核糖、脱氧核糖的结构

(1)果糖的分子式为 $C_6H_{12}O_6$,与葡萄糖是同分异构体,两者的结构或构型从 C_3 至 C_6 完全相同,所不同的是果糖的 C_2 为酮基,属己酮糖。果糖的开链式及哈沃斯式如下：

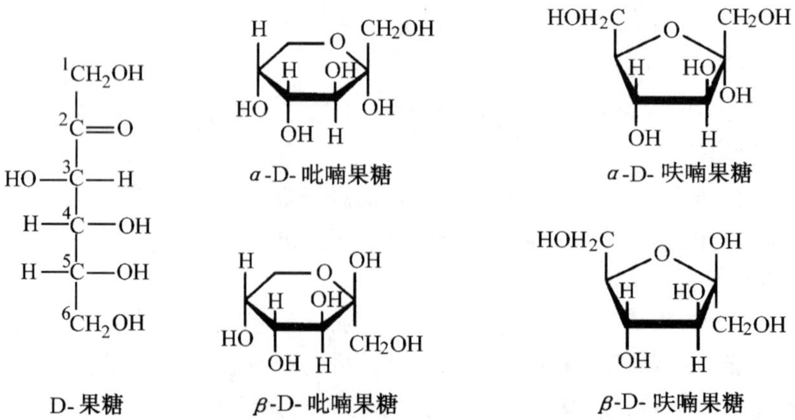

α-D-吡喃果糖　　α-D-呋喃果糖

D-果糖　　β-D-吡喃果糖　　β-D-呋喃果糖

果糖开链式中 C_5 或 C_6 上的羟基可与 C_2 上的酮基形成环状半缩酮结构，因而果糖 C_2 上也有 α、β 两种构型。果糖有两种不同的环状结构，一种是六元含氧杂环，比较稳定，称为吡喃果糖；另一种是五元含氧杂环，它和呋喃()环结构相似，称为呋喃环。具有呋喃环的单糖称为呋喃糖。自然界中以游离态存在的果糖为 β－D－吡喃果糖，而以结合态存在的果糖为 β－D－呋喃果糖。

上述果糖的环状结构，在溶液中都可以通过开链结构互变而成一平衡体系。果糖也有变旋光现象，各种异构体达到平衡时，比旋光度为－92°。

(2)核糖的分子式为 $C_5H_{10}O_5$，脱氧核糖的分子式为 $C_5H_{10}O_4$，它们都是极为重要的戊醛糖，两者在结构上的区别在于核糖 C_2 上有一个羟基，而脱氧核糖 C_2 的羟基上去掉了一个氧原子而只剩下氢。在核酸中的核糖和脱氧核糖是以 β－型的呋喃糖存在，称为 β－D－呋喃核糖和 β－D－呋喃脱氧核糖。其开链式和环状结构式如下：

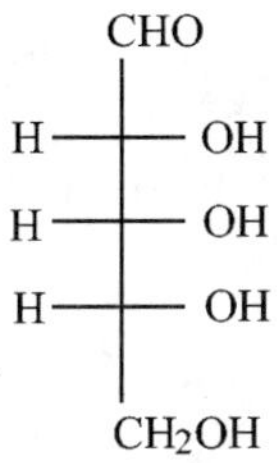

D-核糖

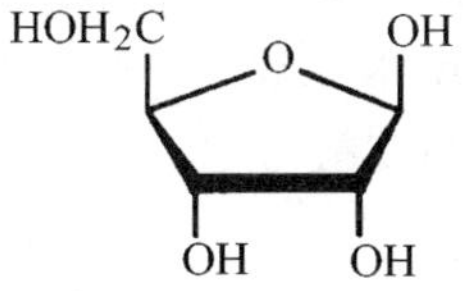

β-D-呋喃核糖

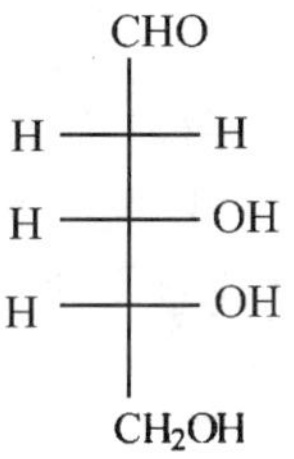

D-脱氧核糖

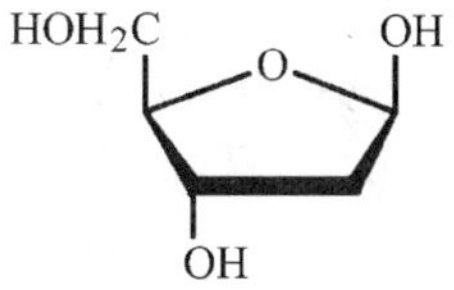

β-D-呋喃脱氧核糖

核糖为结晶，$[\alpha]_D^{20}$ = －21.5°；脱氧核糖的 $[\alpha]_D^{20}$ = －60°。

二、单糖的化学性质

单糖分子中既有醇羟基又有羰基(醛基和酮基)，不仅具有一般醇类和醛、酮的性质，而且具有两个功能基共存于同一分子中相互影响而产生的特殊性质。

1. 氧化反应(还原性)

单糖中，不仅醛糖能与托伦试剂、斐林试剂和班氏试剂反应，酮糖也能被弱氧化剂氧化。这是由于酮糖在碱性溶液中能发生互变异构：首先由酮式异构化成烯醇式，再由烯醇式转变成醛糖，三者在溶液中达成动态平衡。下面是果糖在碱性溶液中发生互变异构化反应的结构图式：

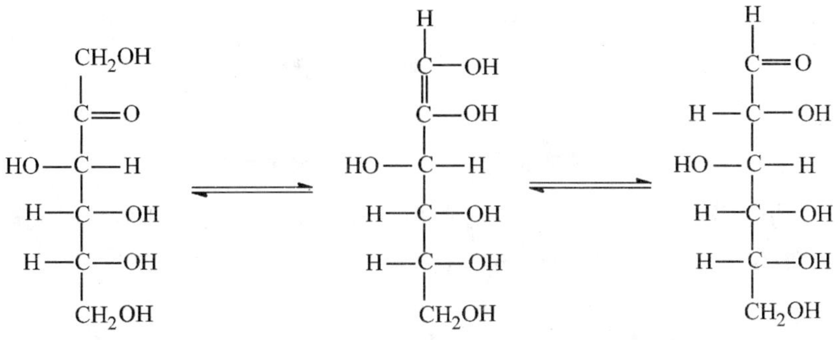

酮糖　　烯醇式　　醛糖

托伦试剂、斐林试剂和班氏试剂都是碱性溶液，所以这些试剂不仅能氧化醛糖，也能氧化酮糖。班氏试剂是由柠檬酸钠、碳酸钠和硫酸铜配制而成的，其主要成分是 Cu^{2+} 配离子，比斐林试剂稳定，不需临时配制，使用方便。单糖能将托伦试剂还原成单质银，能将斐林或班氏试剂还原成氧化亚铜砖红色沉淀。由于单糖在碱性、加热的条件下，生成复杂的混合物，其中含有各种醛类化合物，因此氧化产物较复杂。反应用简式表示如下：

$$\text{单糖} + \underset{\text{托伦试剂}}{Ag^{+}\text{配离子}} \xrightarrow{OH^{-},\text{加热}} Ag\downarrow + \text{复杂的氧化产物}$$

$$\text{单糖} + \underset{\text{斐林或班氏试剂}}{Cu^{2+}\text{配离子}} \xrightarrow{OH^{-},\text{加热}} \underset{\text{砖红色}}{Cu_2O\downarrow} + \text{复杂的氧化产物}$$

单糖易被碱性弱氧化剂氧化，说明单糖有还原性。具有还原性的糖称还原糖，单糖都是还原糖。临床上常用班氏试剂检验尿中是否含葡萄糖，并根据产生 Cu_2O 沉淀的颜色深浅及量的多少来判断尿糖的含量。

单糖在酸性的氧化剂作用下，醛糖能被氧化成相应的糖酸，酮糖则不能被氧化。葡萄糖加入溴水，稍加热后，溴水的红棕色可褪去，而果糖与溴水无反应，因此用溴水可区别醛糖和酮糖。如果用酸性强氧化剂硝酸氧化葡萄糖则得葡萄糖二酸。

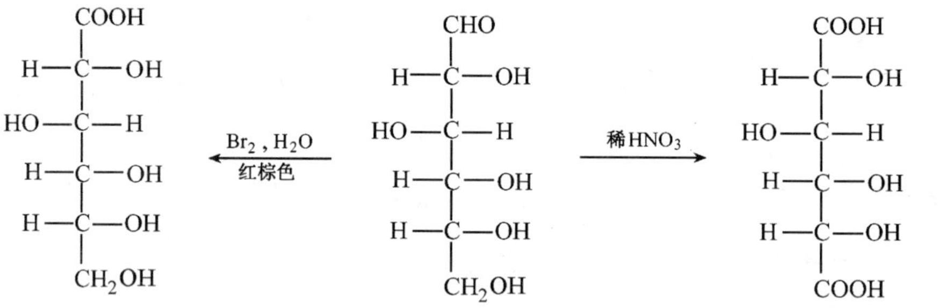

葡萄糖酸　　　　葡萄糖　　　　葡萄糖二酸

葡萄糖在肝内，在酶的作用下能氧化成葡萄糖醛酸，即葡萄糖末端上的羟甲基被氧化成羧基。葡萄糖醛酸的结构式如下：

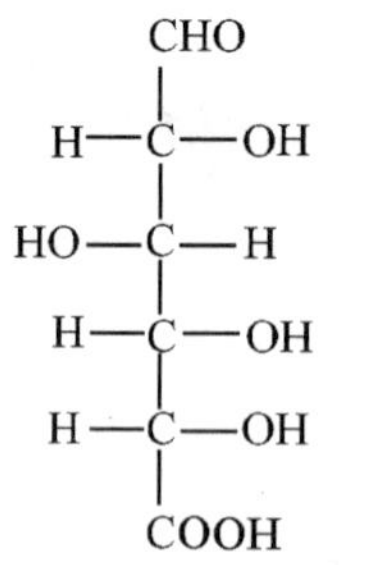

D-葡萄糖醛酸

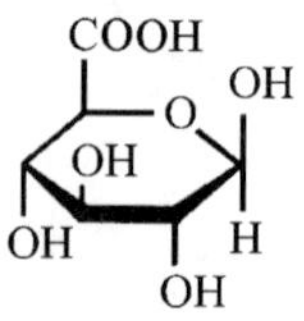

D-葡萄糖醛酸

葡萄糖醛酸药名叫“肝泰乐”，在肝内与一些有毒物质，如醇、酚等结合成无毒的化合物，由尿排出体外，从而起解毒和保护肝的作用。

2. *成酯反应*

单糖结构中的羟基可与酸作用成酯。人体内的葡萄糖在酶的存在下，与磷酸作用可生成葡萄糖－1－磷酸酯(俗称1－磷酸葡萄糖)和葡萄糖－6－磷酸酯(俗称6－磷酸葡萄糖)。单糖含多个羟基,可与酸作用生成多种不同的酯。

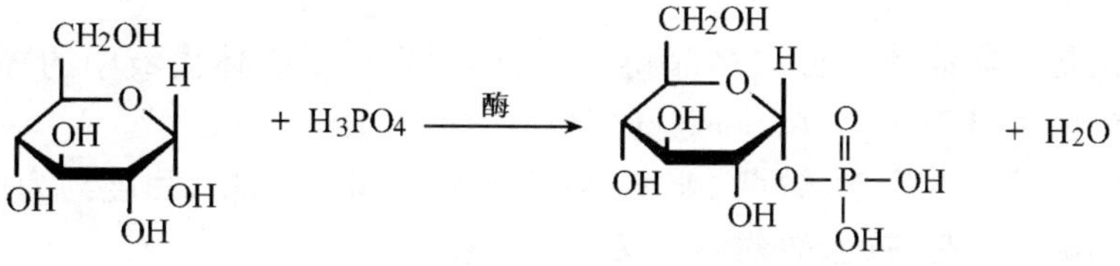

D-葡萄糖　　D-葡萄糖-1-磷酸酯

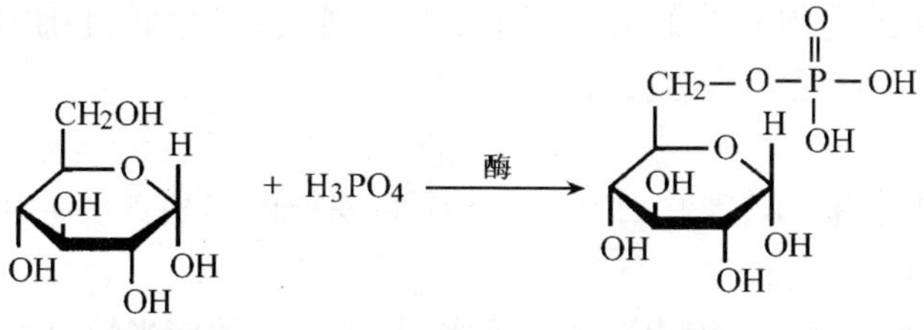

D-葡萄糖　　D-葡萄糖-6-磷酸酯

糖代谢首先要经过磷酸化,然后才能进行一系列化学反应。因此,糖的成酯反应是糖代谢的重要中间步骤。果糖亦如此。

3. 成苷反应

单糖环状结构中的半缩醛(酮)羟基,比较活泼,在干燥氯化氢的催化下易与醇或酚中的羟基脱水生成缩醛(酮)类化合物的反应称为成苷反应。糖的缩醛(酮)称为糖苷或糖甙。例如β－葡萄糖在干燥氯化氢催化下与甲醇反应,生成β－D－甲基－葡萄糖苷。

D-葡萄糖　　D-甲基葡萄糖苷

糖苷是由糖和非糖部分组成,糖的部分称为糖苷基;非糖部分称为配糖基或苷元。β－D－甲基－葡萄糖苷中,β－D－葡萄糖称为糖苷基,甲基为配糖基,两者通过氧原子结合成糖苷。由氧原子把糖苷基和苷元连结而成的键称氧苷键。此外,还有氮苷键、硫苷键等。

糖苷广泛分布在自然界,少数具有生理活性,是许多中草药的有效成分之一。例如,熊果苷即β－D－对苯二酚－葡萄糖苷,在许多植物的叶子中都存在,它的苷元部分即对苯二酚被空气氧化易呈黑色物,这就是秋天梨树叶变黑的原因。

熊果苷

糖苷在碱中稳定,在酸或酶的作用下则水解成原来的糖和非糖化合物。

三、重要的单糖

1. 葡萄糖

葡萄糖最初是从葡萄汁中分离结晶得到的，因而得名。人体血液中的葡萄糖称为血糖。正常人空腹的血糖含量为3.9～6.1mmol·L^{-1}或0.70～1.10g·L^{-1}。

葡萄糖为白色结晶性粉末，熔点146℃，易溶于水，难溶于酒精，甜度约为蔗糖的60%。葡萄糖的水溶液其旋光性是右旋，故葡萄糖又名右旋糖。

在医学上，葡萄糖用作营养品，具有强心、利尿和解毒的作用。50g·L^{-1}或0.278mol·L^{-1}的葡萄糖溶液是临床上常用的等渗液。葡萄糖用于治疗水肿、血糖过低、心肌炎等，在人体失血、失水时常用它补充体液，增加能量。

2. 果糖

果糖以游离态存在于水果和蜂蜜中，以结合态作为蔗糖的组成部分。果糖是天然糖中最甜的糖，甜度为蔗糖的170%。

果糖为白色晶体，熔点为103～105℃，易溶于水，其水溶液的旋光性是左旋，因此果糖又名左旋糖。

果糖与葡萄糖相似，在体内形成磷酸酯，如果糖－6－磷酸酯（俗称6－磷酸果糖）和果糖－1,6－二磷酸酯（又称1,6－二磷酸果糖）。

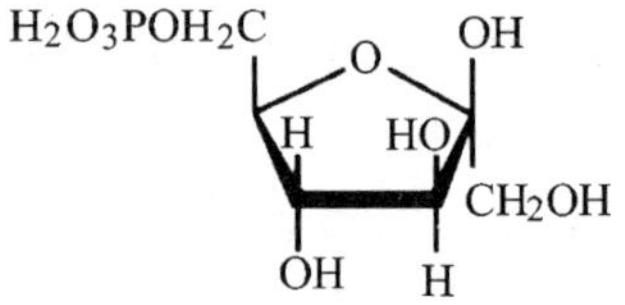

D－呋喃果糖－6－磷酸酯

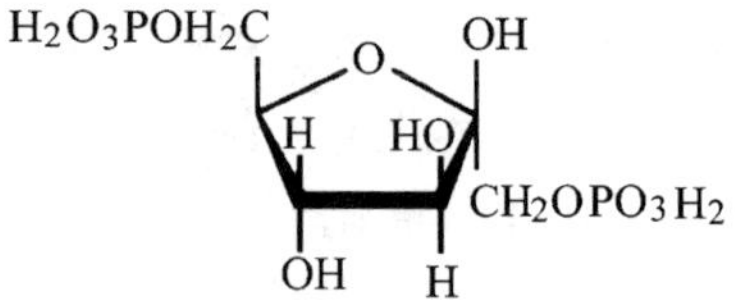

D－呋喃果糖－1，6－二磷酸酯

果糖的磷酸酯是体内糖代谢的中间产物，在糖代谢中占有重要地位。

3. 核糖、脱氧核糖

它们都是极为重要的戊醛糖，是核酸及某些酶和维生素的组成成分。

核糖和脱氧核糖的β－半缩醛羟基可与某些含氮杂环化合物氮上的氢原子脱去一分子水，以氮苷键结合成β－糖苷，分别称核糖核苷和脱氧核糖核苷。这些核苷C_5上的羟基经磷酸酯化所形成的酯称为核苷酸，是组成核酸的基本单位。核酸是生命的化学物质，具有储存、复制和转录遗传信息以及参与机体蛋白质合成的功能。

4. 氨基糖

氨基糖是己醛糖分子中C_2上的羟基被氨基取代的衍生物。氨基葡萄糖和氨基半乳糖是两个典型的氨基糖。氨基糖常以结合态存在于黏多糖和糖蛋白中，同时也是血型物质的组成成分。

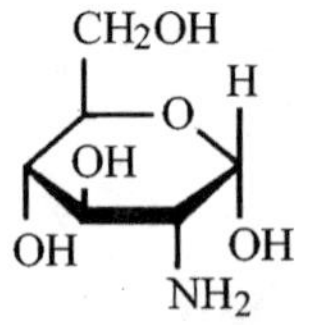

D－氨基葡萄糖
（α－D－葡萄糖胺）

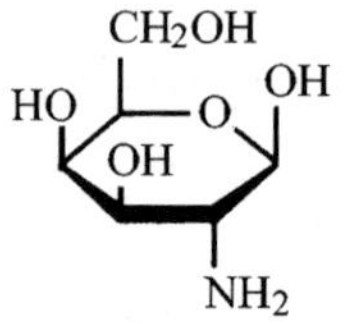

D－氨基半乳糖

第二节　二　　糖

糖类水解后能生成 2～10 分子单糖的糖称低聚糖(又称寡糖)。

水解后,能生成 2 分子单糖的糖称为二糖。二糖是最简单的寡糖。常见的二糖有蔗糖、乳糖、麦芽糖等。它们的分子式都为 $C_{12}H_{22}O_{11}$,互为同分异构体。

一、非还原性二糖

蔗糖是非还原性二糖,就是普通食用的白糖。它是从甜菜或甘蔗汁中提取得到的。

蔗糖水解后,生成一分子 D－葡萄糖和一分子 D－果糖。蔗糖可以看作是由一分子 α－D－吡喃葡萄糖 C_1 上的苷羟基与另一分子 β－D－呋喃果糖 C_2 上的苷羟基脱水形成的糖苷,分子中含有 α－1,2 苷键或 β－2,1－苷键。蔗糖的结构式如下:

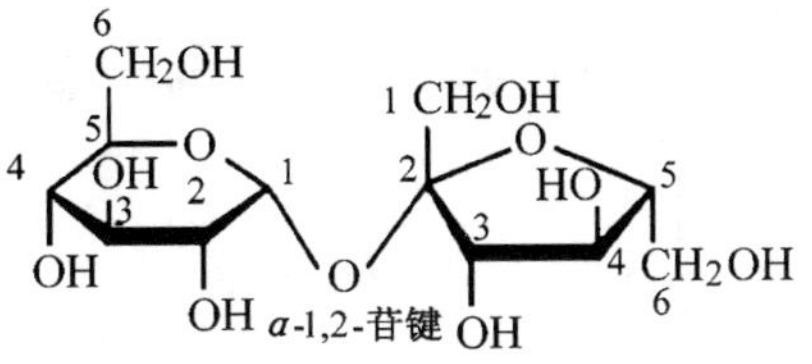

α-D-吡喃葡萄糖　　　　β-D-呋喃果糖

蔗糖

蔗糖分子中已无苷羟基,在水溶液中不能转变成含醛基或酮基的开链结构,因而无变旋光现象,也无还原性,属非还原性二糖。

蔗糖为白色晶体,熔点 186℃,易溶于水,水溶液的比旋光度为＋66.7°。蔗糖可被蔗糖酶或酸水解,生成等物质的量的 D－葡萄糖和 D－果糖的混合物,其比旋光度为－19.75°。这种等摩尔的混合物叫转化糖。蔗糖的水解过程称为转化。

蔗糖富于营养,主要供食用,在医药上用作矫味剂和配制糖浆。

$$\underset{\text{蔗糖}}{C_{12}H_{22}O_{11}} + H_2O \xrightarrow{H^+\text{或酶}} \underset{\text{D-葡萄糖}}{C_6H_{12}O_6} + \underset{\text{D-果糖}}{C_6H_{12}O_6}$$

转化糖(D-葡萄糖 + D-果糖)

$[\alpha]_D^{20} = +66.7°$　　　　$[\alpha]_D^{20} = -19.75°$

二、还原性二糖

1. *麦芽糖*

麦芽糖主要存在于发芽的谷粒和麦芽中。淀粉在体内的消化过程中,先经淀粉酶水解成麦芽糖,然后再经过麦芽糖酶的水解生成 D－葡萄糖,故麦芽糖是淀粉水解过程中的中间产物。

麦芽糖在酸的作用下,可水解生成两分子 D－葡萄糖。麦芽糖可以看作是一分子 α－D－葡萄糖 C_1 上的苷羟基与另一分子 D－葡萄糖 C_4 上的醇羟基脱水而成的糖苷,这种苷键叫做 α

-1,4-苷键。

在麦芽糖分子中保留有苷羟基，有 α-型和 β-型两种异构体。在水溶液中其环状结构可以转变成含醛基的开链结构，并存在 α-型和 β-型两种环状结构和开链结构的互变平衡。因此，麦芽糖的水溶液有变旋光现象，具有还原性，属于还原性二糖。

麦芽糖为白色晶体，易溶于水，比旋光度 $[\alpha]_D^{20}=+136°$，有甜味，甜度约为蔗糖的 70%。麦芽糖是市售饴糖的主要成分，有营养价值，可做糖果，也可作细菌的培养基。

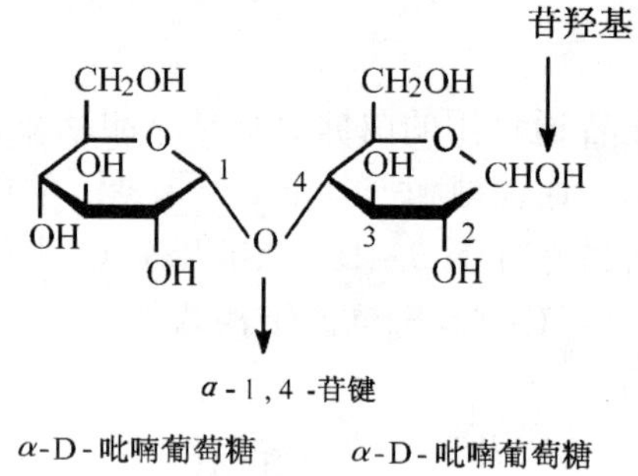

麦芽糖

2. 乳糖

乳糖存在于人和哺乳动物的乳汁中，人乳中含量约为 50～70g/L，牛乳中约为 40g/L。它是婴儿发育必需的营养物质。

乳糖水解后，生成一分子 D-半乳糖和一分子 D-葡萄糖。它是由一分子 β-D-半乳糖 C_1 上的苷羟基与另一分子 D-葡萄糖 C_4 上的醇羟基脱水而形成的二糖，这种苷键叫做 β-1，4-苷键。

半乳糖也是己醛糖，它与葡萄糖的区别仅在于 C_4 上的空间位置不同。乳糖的结构式如下：

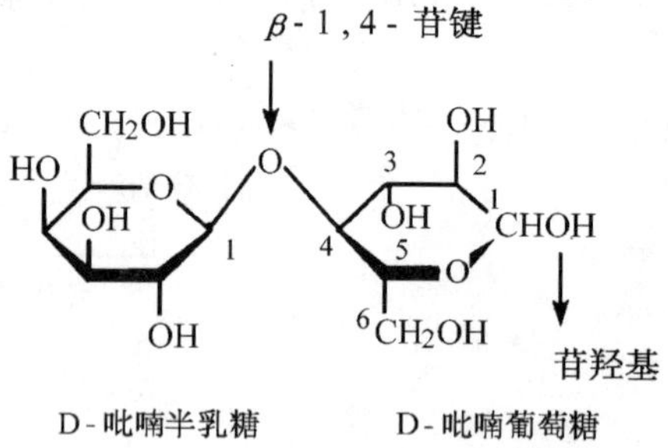

乳糖

乳糖为白色结晶，通常含一分子结晶水，易溶于水，微甜，比旋光度为 +52.5°。乳糖分子中仍保留有苷羟基，有变旋光现象和还原性，属于还原性二糖。

乳糖的吸湿性小，因而在医药上用作矫味剂和填充剂，如糖衣片等。

三、低聚糖与血型物质

在动物浆细胞膜上结合着大量的低分子量糖类物质，它们对细胞的彼此识别起一定作用，被称为生物化学标记。这些糖类物质是由许多单糖连接而成,其中有几种单糖显然占有优势地位。结合在红细胞表面的血型物质是人们研究最早、了解得最清楚的例子之一。人的血型按 ABO 分类法可以分为 A 型、B 型、AB 型和 O 型四类。相同血型的血液可以互相混合而不发生凝聚,而 A 型者的血清不能与 B 型血混合,否则将发生凝聚,O 型者的血清可引起 A 型和 B 型血发生凝聚。究其原因,从细胞水平上研究可知,它们互相区分的化学基础在于红细胞上结合的小分子糖类略有差别。

红细胞表面连接着一个带有一个侧链的四糖的寡糖链。示意图如下:

(4)—(2)—(1)—红细胞
　　　|
　　(3)

(1)位是 α – N – 乙酰基 – D – 葡萄糖胺;(2)位是 α – D – 半乳糖;(3)位是 α – L – 岩藻糖。四种血型的差异仅在于(4)位组成成分的不同。

- A 型　(4)位是 α – N – 乙酰基 – D – 半乳糖胺。
- B 型　(4)位是 α – D – 半乳糖。
- AB 型　兼有 A 型和 B 型(4)位的糖。
- O 型　(4)位是空的。

四种血型的单糖化学结构式如下:

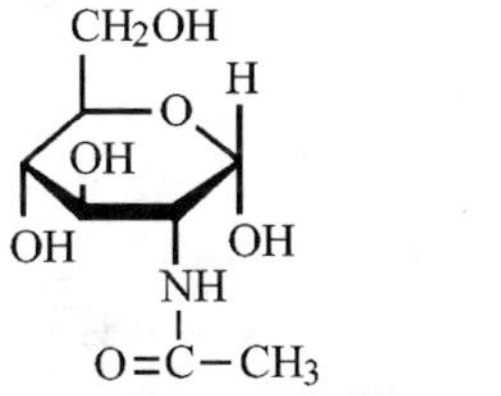

α-N-乙酰基-D-葡萄糖胺

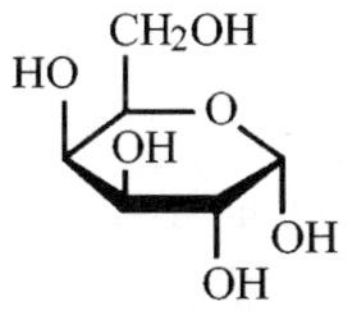

α-D-半乳糖

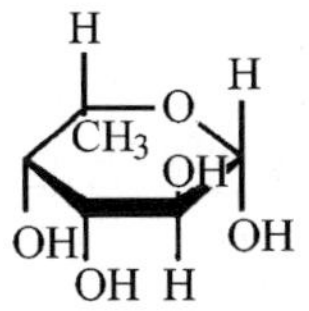

α-L-岩藻糖

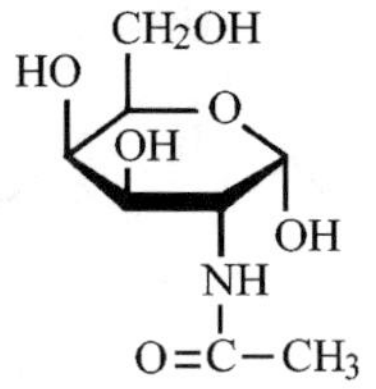

α-N-乙酰基-D-半乳糖胺

第三节　多　　糖

多糖是能水解成很多个单糖分子的糖。自然界存在的多糖,有的水解后只能生成一种单糖的称为均多糖,例如淀粉、糖原、纤维素等,水解的最终产物是 D – 葡萄糖,可用通式 $(C_6H_{10}O_5)_n$表示。而另一类多糖水解的最终产物是两种或两种以上的单糖或单糖衍生物,这类多糖称为杂多糖,如透明质酸、肝素等。

多糖也可以看作是由很多分子单糖脱水缩合而成的糖苷,属于天然高分子化合物。多糖的相对分子质量大到几万至几百万。多糖的结构单元是单糖,结构单元之间以苷键相连接,常见的苷键有 α – 1,4 – 苷键,α – 1,6 – 苷键和 β – 1,4 – 苷键。结构单元之间可连接成直链,也可连接成支链。

多糖一般为无定形粉末，没有甜味，大多不溶于水，少数能与水形成胶体溶液。多糖无还原性和变旋光现象，某些多糖分子链的末端虽有苷羟基，但因相对分子质量很大，故不显还原性。

多糖是糖苷，可以水解，在水解过程中往往生成一系列复杂的中间产物，从较小的多糖直到二糖，最终完全水解成单糖。

多糖与生命现象有着密切的关系。根据其功能可分为两类，一类是贮存多糖，如淀粉，是植物体内贮存的养料，也是人类食物的主要成分；糖原是动物体内血糖的贮存形式。另一类是结构多糖，如纤维素是构成植物骨干的原料，是植物体的支撑物质。

一、淀粉

淀粉大量存在于植物的种子和块根中，是绿色植物进行光合作用的产物，是植物贮存营养物质的一种形式，如大米中含25%～80%，小麦中含60%～65%，玉米中约含65%，马铃薯约含20%，红薯、芋头中含量也较丰富，约含20%。淀粉是白色、无臭、无味的粉末状物质。淀粉用热水处理后可分为两部分，可溶性部分为直链淀粉，不溶但可膨胀成糊状的部分称为支链淀粉。一般淀粉中含直链淀粉约20%和支链淀粉约80%。如玉米淀粉中，直链淀粉占27%；糯米中几乎全部是支链淀粉；有些豆类的淀粉则几乎全部是直链淀粉。直链淀粉比支链淀粉容易消化。两者水解的最终产物都是D－葡萄糖。直链淀粉和支链淀粉虽然都由D－葡萄糖组成，但两者在分子大小、苷键类型和分子形状上有所不同。

1. 直链淀粉

又称可溶性淀粉。直链淀粉的相对分子质量比支链淀粉小，其分子由3800多个α－葡萄糖单元组成。直链淀粉的分子是由许多α－D－葡萄糖经过α－1,4－苷键反复连接而成的线状聚合物。

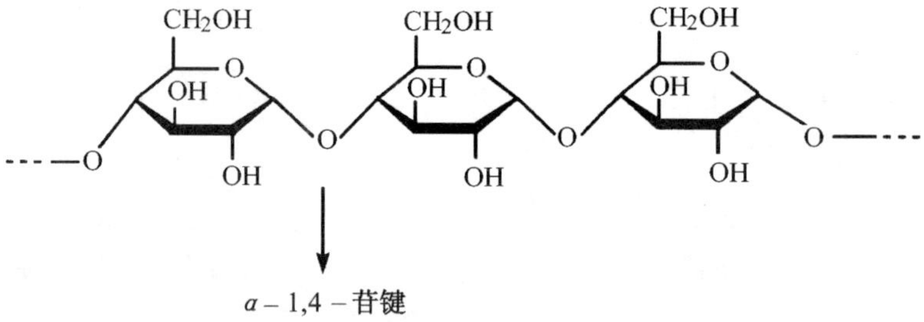

直链淀粉的结构

直链淀粉的形状并不是伸展状态的直链，而是有规律的卷曲成螺旋状，每一螺旋圈约有6个葡萄糖结构单元，图12－4是直链淀粉的形状示意图。

直链淀粉遇碘液显蓝色，加热煮沸时颜色消失，冷却后又重新显色。显色的原因是直链淀粉螺旋的中心正适合碘分子的大小，实际上碘以配离子I_3^-存在。碘分子嵌入螺旋中心，依靠分子间引力使碘和淀粉形成一种蓝色配合物，从而改变了碘原来的颜色。这个反应很灵敏，常用来检验淀粉或碘的存在。

2. 支链淀粉

支链淀粉是一种分支很多，分子的相对质量比直链淀粉更大的多糖。支链淀粉分子中大约有145万个葡萄糖单元，其连接方式与直链淀粉有所不同。支链淀粉中α－D－葡萄糖之间

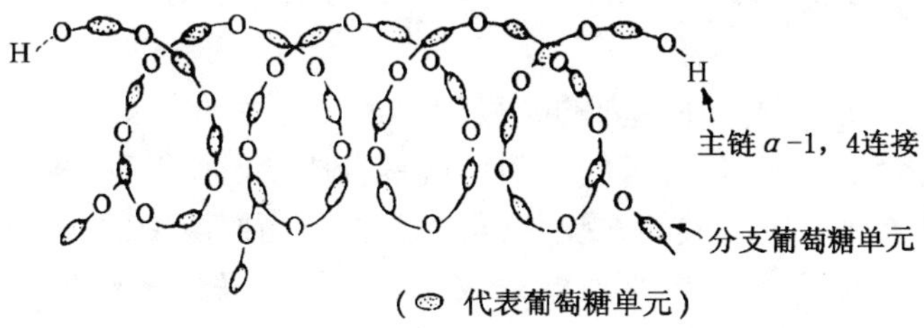

图 12－4　直链淀粉的形状示意图

以 α－1,4－苷键连接成主链，每隔 20～25 个葡萄糖单元便分支出 1 个支链，支链上还有分支，而支链的连接点即分支处为 α－1,6－苷键。因此支链淀粉的结构比直链淀粉复杂就在于它有支链，分子形状呈分支状，如图 12－5 所示。在黏性较大的糯米中，就含有较多的支链淀粉。

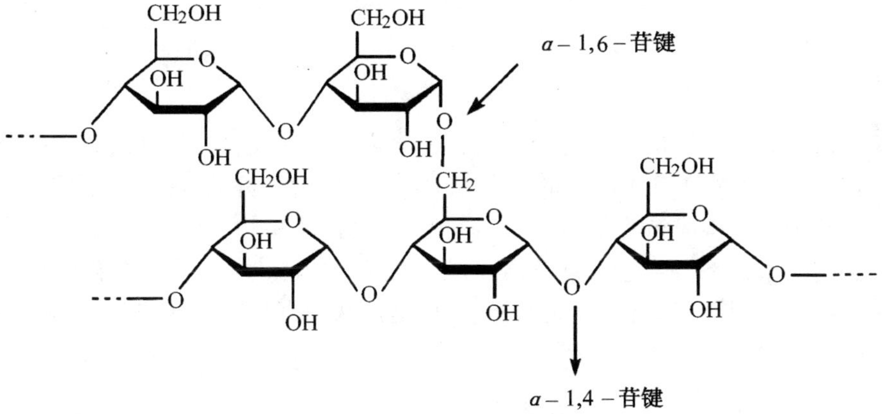

支链淀粉

以上两类淀粉，均可在稀酸或酶的作用下加热水解，生成糊精、麦芽糖等一系列中间产物，最终得到 D－葡萄糖。糊精是相对分子质量较小的多糖，包括紫糊精、红糊精、无色糊精等。糊精能溶于水，有黏性，可做浆糊。

淀粉在体内消化时，先经淀粉酶作用水解生成麦芽糖，再经麦芽糖酶作用才能最终水解成为 D－葡萄糖。淀粉的水解过程如下：

$$(C_6H_{10}O_5)_n \longrightarrow (C_6H_{10}O_5)_{n-x} \longrightarrow C_{12}H_{22}O_{11} \longrightarrow C_6H_{12}O_6$$

淀粉　　　　糊精　　　　麦芽糖　　葡萄糖

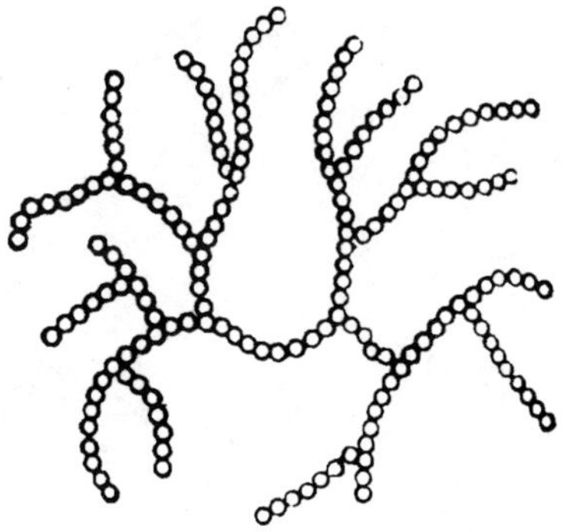

图 12－5　支链淀粉的分支状结构示意图

淀粉遇碘显蓝色，各种糊精遇碘呈现不同的颜色。碘与淀粉呈现的颜色与链的长短有关，链从长到短与碘呈现出蓝紫色、红色、棕色，短到一定程度则不显颜色。因此，根据淀粉与碘液呈现的颜色，可判断淀粉水解的程度。

二、糖原

糖原是人和动物体内贮存葡萄糖的一种形式，是葡萄糖在体内缩合而成的一种多糖，又称为动物淀粉。食物中的淀粉经消化后吸收的葡萄糖，可以糖原的形式贮存于肝和肌肉中，分别称为肝糖原和肌糖原。

人体内约含糖原 400g。糖原在体内的贮存有很重要的生理意义。

当血液中葡萄糖含量增高时，过量的葡萄糖就聚合成糖原而贮存，称为糖原的生成。糖原的生成是由一系列酶催化反应组成的，受胰岛素的调控。当血液中葡萄糖的浓度降低时(如低血糖)，机体刺激胰高血糖素分泌，胰高血糖素激发肝糖原分解成葡萄糖。从糖原代谢分解成葡萄糖称为糖原分解，糖原分解以保持血糖水平，葡萄糖再进一步分解代谢提供各组织所需的能量。肌糖原是肌肉收缩所需的主要能源。

糖原的结构单元是 D－葡萄糖，相对分子质量可达 1×10^8。糖原的结构和支链淀粉相似，D－葡萄糖单元之间以 α－1,4－苷键结合成链，每隔 12～18 个 D－葡萄糖单元就有 1 个以 α－1,6－苷键连接的分支，说明糖原比支链淀粉相对分子质量更大，分支更密，结构更为复杂。

糖原是无定形粉末，不溶于冷水，遇碘作用呈棕红色。糖原水解的最终产物也是 α－葡萄糖。

三、纤维素

纤维素是自然界蕴藏量最丰富的天然高分子化合物。绝大多数纤维素是由绿色植物通过光合作用合成的，如木材中纤维素含量约占 60%，棉花中含量高达 98%，脱脂棉、滤纸几乎全部是纤维素。纤维素是构成植物细胞壁网络的主要成分，是植物体的支撑物质。

纤维素的结构单元是 D－葡萄糖，葡萄糖单元之间以 β－1,4－苷键结合成长链。纤维素的相对分子质量很大，其形状与直链淀粉相似，也是链状的，但其分子链与链之间绞成绳索状，如图 12－6 所示。

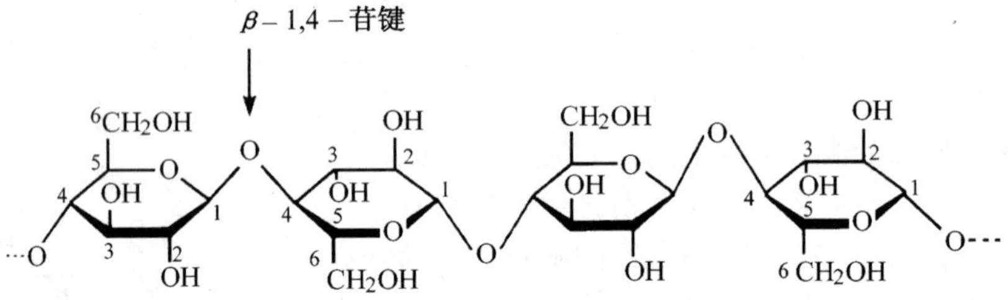

纤维素

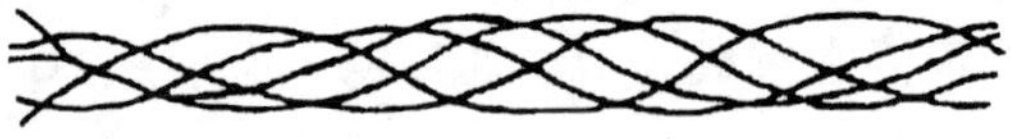

图 12－6　纤维素的绳索状结构示意图

纤维素为白色丝状物质，性质稳定，一般不溶于水和有机溶剂，韧性强。纤维素在高温、高压下经酸水解的最终产物是 β－葡萄糖。猪、马、牛、羊等食草动物的胃能分泌纤维素水解酶，能水解 β－1,4－苷键，所以纤维素可作为食草动物的饲料。人体内的淀粉酶只能水解 α－1,4－苷键而不能水解 β－1,4－苷键，因此纤维素不能直接作为人的营养物质。但食物中少量的纤维素能促进肠蠕动，有防止便秘等作用，所以纤维素在人类的食物里也是不可缺少的。因此，多吃蔬菜、水果以保持足量的纤维素对于人体健康具有重要的意义。

纤维素的用途很广，医用脱脂棉、纱布是临床必需品。纤维素还用来制造纸张、纺织品、火棉胶、电脑胶片等。

四、右旋糖酐

右旋糖酐是人工合成的 D－葡萄糖聚合物，因为它是右旋糖脱水产物，故名右旋糖酐。右旋糖酐的结构单元也是 D－葡萄糖，但 D－葡萄糖单元之间以 α－1,6－苷键连接成长链，杂有少量的 α－1,3－苷键和 α－1,4－苷键连接的分支。

在临床上，右旋糖酐作为血容量扩充剂使用，用于大量失血后补充血的容量。它的主要作用是提高血浆的胶体渗透压，将细胞间质的水和电解质渗入血管内，从而扩充血容量，维持血压；并有改善微循环等作用。医药用的右旋糖酐有相对分子质量为 75000 和 40000 两种，前者扩充血容量较持久，后者改善微循环和利尿作用较好。其结构式为：

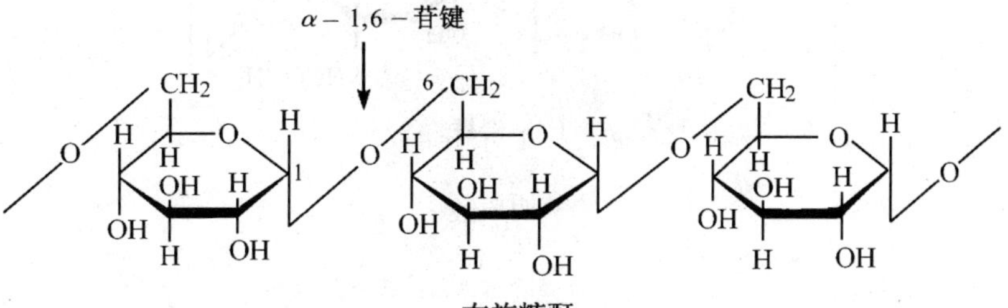

右旋糖酐

五、黏多糖

黏多糖是一类杂多糖，是由氨基己糖、己糖醛酸所组成的二糖结构单元聚合而成的直链高分子化合物。有些黏多糖还含有乙酰基、硫酸酯等结构。因其中很多具有黏性，所以称为黏多糖。黏多糖是结缔组织、细胞间质及腺体分泌的黏液的重要成分，常与蛋白质结合成黏蛋白而存在。

1. 肝素

肝素分布在肝、肺、血管壁、肠黏膜等组织中，因最初在肝中发现，故名肝素。肝素是人和动物体内的一种天然抗凝血物质，是凝血酶的对抗物。临床上利用肝素的抗凝血作用，广泛用作血液的抗凝剂，也用于防止某些手术后可能发生的血栓形成及脏器的粘连。

肝素的结构比较复杂，一般认为它由 L－艾杜糖醛酸－2－硫酸酯或 D－葡萄糖醛酸分别与 6－硫酸－N－磺酰－D－氨基葡萄糖以 β－1,4－苷键结合成两种二糖单元，它们交替地以 α－1,4－苷键连接成肝素。其结构可表示为：

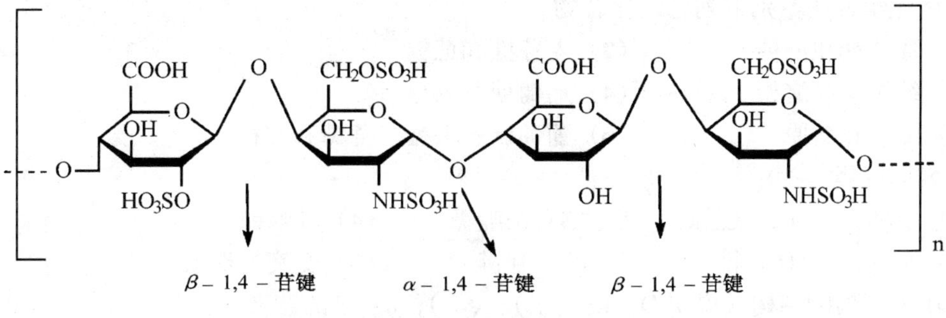

肝　素

2. 透明质酸

透明质酸存在于眼球的玻璃体、角膜和关节液中，与蛋白质结合后，是构成细胞间质的主要物质。它与水形成黏稠的凝胶，有很大的黏性，有黏合、润滑和保护细胞的作用。

透明质酸是黏多糖中结构较为简单的一种，由 β－D－葡萄糖醛酸和 N－乙酰基－β－D－氨基葡萄糖通过 β－1,3－苷键连接而成二糖单元，并以此为重复单元通过 β－1,4－苷键连接聚合而成的高分子化合物。其结构式如下：

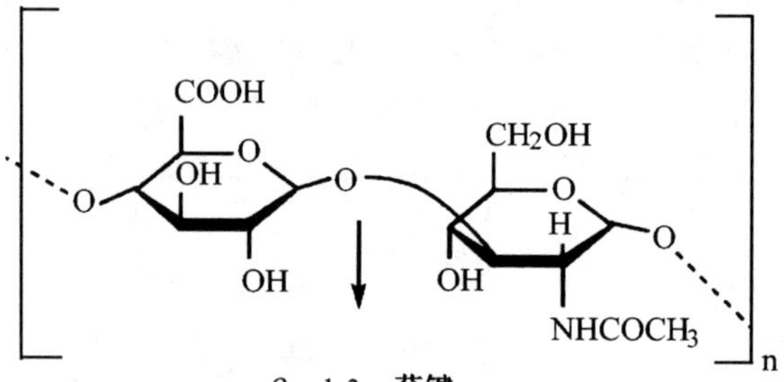

透明质酸

习　　题

1. 写出葡萄糖、果糖、核糖、脱氧核糖的开链式结构。

2. 写出下列糖的哈沃斯式

（1）α－D－呋喃果糖　　（2）β－D－呋喃核糖　　（3）α－D－吡喃葡萄糖

（4）蔗糖　　（5）麦芽糖　　（6）乳糖

3. 写出下列化合物的结构式

（1）α－N－乙酰基－D－葡萄糖胺　　（2）β－D－呋喃果糖－6－磷酸酯

（3）α－D－葡萄糖－6－磷酸酯　　（4）β－D－甲基葡萄糖苷

4. 完成下列化学反应方程式

（1）葡萄糖（开链式）与稀硝酸反应

（2）葡萄糖（开链式）与溴水反应

（3）β－D－吡喃葡萄糖在干燥氯化氢作用下与甲醇反应

（4）α－D－吡喃葡萄糖在酶作用下与磷酸反应生成 α－D－吡喃葡萄糖－6－磷酸酯

5. 用化学方法鉴别下列各组化合物

（1）葡萄糖和蔗糖　　（2）麦芽糖和蔗糖

（3）纤维素和淀粉　　（4）葡萄糖和果糖

（5）淀粉和糖原　　（6）葡萄糖、果糖、蔗糖和淀粉

6. 名词解释

（1）单糖　（2）还原糖　（3）呋喃糖　（4）吡喃糖

（5）血糖　（6）糖苷　（7）苷键　（8）变旋光现象

7. 用葡萄糖的结构式说明 D，L；（＋）、（－）；α，β 的意义。

8. 推导结构式

一单糖衍生物 A 的分子式为 $C_8H_{16}O_6$，无还原性，水解后生成 B 和 C 两种产物。B 用溴水氧化后生成 D－葡萄糖酸，C 的分子式为 C_2H_6O，且能发生分子内失水生成乙烯，试推测出 A 的可能结构式并写出有关反应式。

第十三章

杂环化合物和生物碱

分子中含有由碳原子和其他原子共同组成的环的化合物称为杂环化合物。这类化合物在自然界的分布非常广泛，其中很多具有明显的生理作用。例如，某些抗生素和维生素；血红蛋白中的血红素；绿色植物叶片中的叶绿素等分子结构中，都含有杂环。杂环化合物在医药上亦具有重要地位，诸如磺胺类、呋喃类、吡唑酮类及吡啶类等广泛使用的药物都是杂环化合物。

生物碱是存在于生物体内的、具有碱性和明显生理活性的有机化合物。中草药的有效成分，其分子中大都含有氮杂环。

第一节　杂环化合物

杂环上碳原子以外的其他原子称为杂原子。最常见的杂原子有 N、O 和 S。而环醚、内酯、内酐、内酰胺等化合物，虽然分子结构中也含有由 O、N 等原子组成的环，但它们的性质却与相应的开链化合物相似，且既可由相应的链状化合物得到，也可开环变成链状化合物，所以它们不在本章讨论之列。

一、杂环化合物的分类和命名

杂环化合物一般根据杂环母环的组成和结构来分类。按其结构形式，可分为单杂环和稠杂环两大类。杂环与碳环一样，最稳定的是五元环和六元环，因此，最常见的单环是五元杂环和六元杂环。稠杂环根据稠合的情况不同，分为苯稠杂环和杂环稠杂环。

杂环化合物的命名，应先确定杂环母环的名称，再将取代基的位置和名称写在母环之前，因此，杂环化合物的命名，首先是要掌握杂环母环的命名。杂环母环的命名主要有两种方法：第一种是音译法，即按外文名的译音，选用同音汉字，左边加上“口”旁。第二种方法是系统命名法，这种命名方法是将杂环看作是相应的碳环化合物中的碳原子被杂原子替代而成的产物。命名时在原碳环化合物名称前加上杂原子的名称，称为“某杂某”。例如，含一个氮原子的六元芳杂环化合物的外文名为 pyridine，按音译法命名为“吡啶”，而按系统命名法则将该化合物看作是由苯分子中一个碳原子被氮原子替代而成的，因此命名为“氮杂苯”。常见的杂环母环见表 13－1。

表 13－1　常见的杂环母环

类别	母体碳环	杂环母环
五元杂环	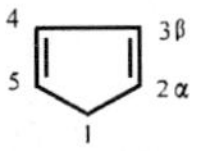 环戊二烯 cyclopentadiene	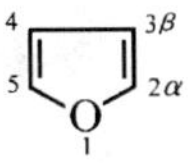 呋喃 furan 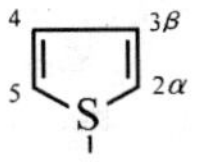 噻吩 thiophene 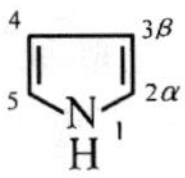 吡咯 pyrrole 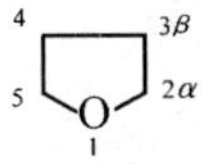 四氢呋喃 tetrahydrofuran 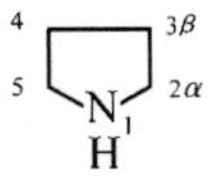 吡咯啶 pyrrolidine 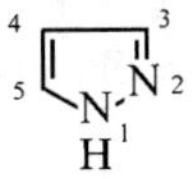 吡唑 pyrazole 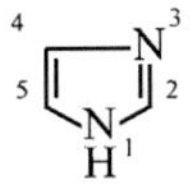 咪唑 imidazole 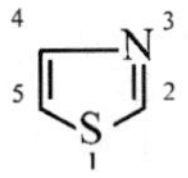 噻唑 thiazole 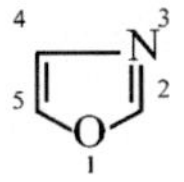 噁唑 oxazole 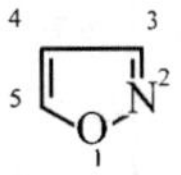 异噁唑 isoxazole
六元杂环	 苯 benzene	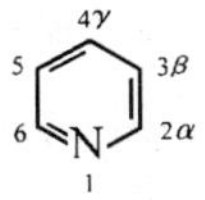 吡啶 pyridine 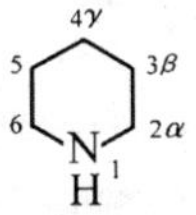 哌啶 piperidine 六氢吡啶 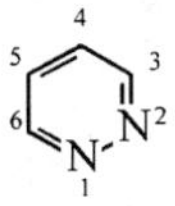 哒嗪 pyridazine 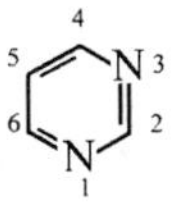 嘧啶 pyrimidine 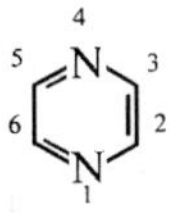 吡嗪 pyrazine 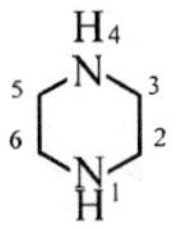 哌嗪 piperizine
	 1,4-环己二烯 1,4-cyclohexadiene	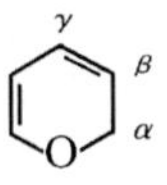 α－吡喃 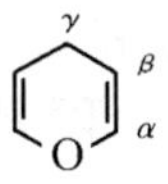 γ－吡喃 pyran 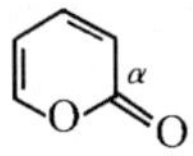 α－吡喃酮 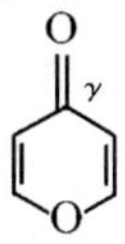 γ－吡喃酮 pyrone

（续表）

类别	母体碳环	杂环母环
稠杂环	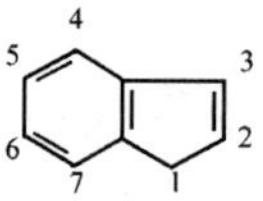 茚 indene	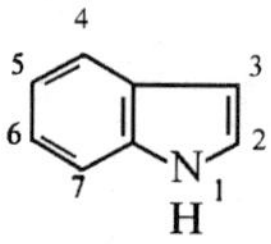 吲哚 indole 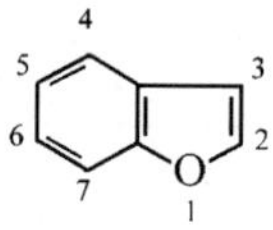 苯并呋喃 benzofuran 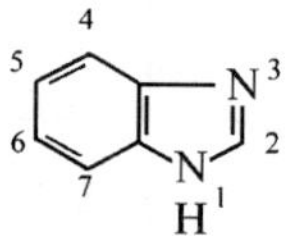 苯并咪唑 benzimidazole 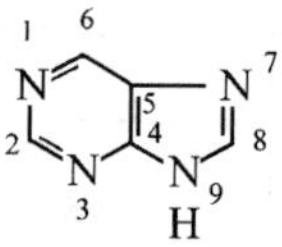 嘌呤 purine
	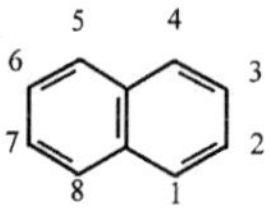 萘 napthalene	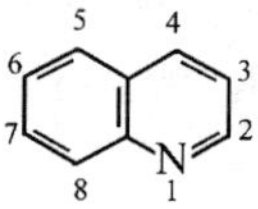 喹啉 quinoline 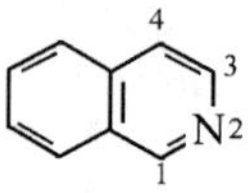 异喹啉 isoquinoline 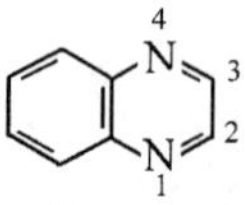 苯并吡嗪 quinoxaline 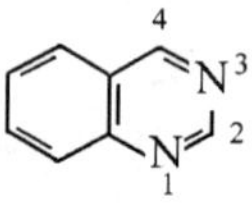 喹唑啉 quinazoline 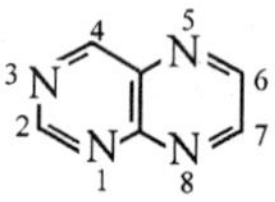 蝶啶 pteridine 1,3,5,8-四氮萘 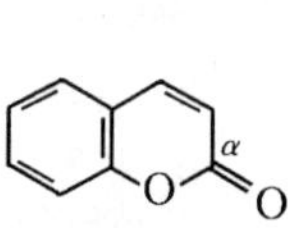 苯并α-吡喃酮 coumarin （香兰素） 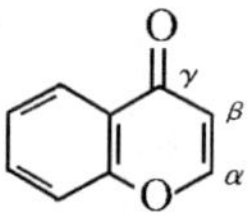 苯并γ-吡喃酮 chromone （γ-色酮）
	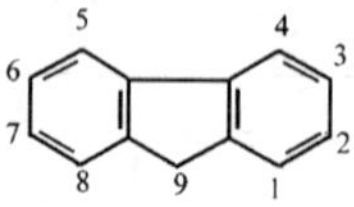 芴 fluorene 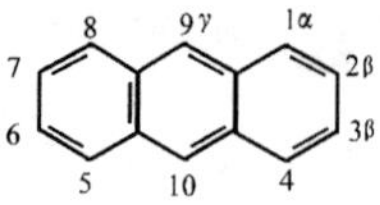 蒽 anthracene	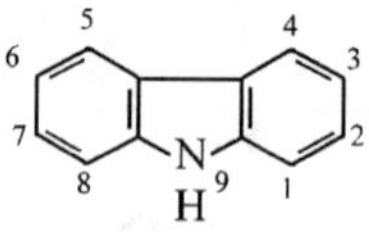 咔唑 carbazole 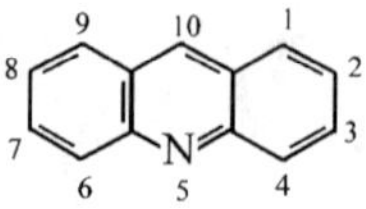 吖啶 acridine 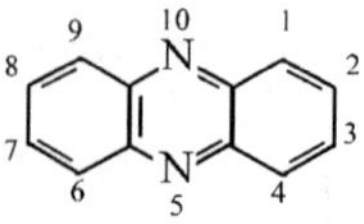 吩嗪 phenazine 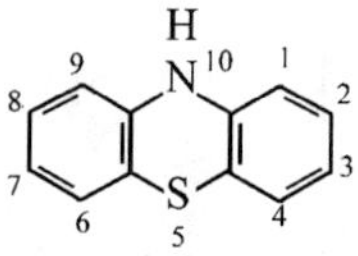 吩噻嗪 phenothiazine

二、五元杂环化合物及其重要的衍生物

吡咯、呋喃和噻吩是常见的五元杂环化合物，它们的衍生物的性质由母环和取代基两者来决定。

(一) 吡咯、呋喃和噻吩的结构和性质

含一个杂原子的五元杂环化合物主要有吡咯、呋喃和噻吩。

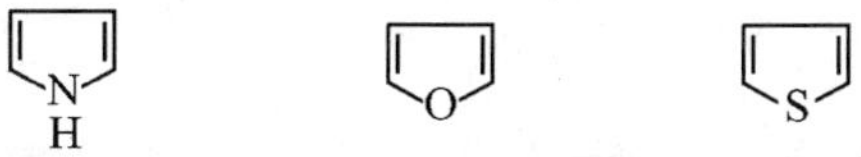

吡　咯　　　　呋　喃　　　　噻　吩

以上 3 种五元杂环化合物具有相似的分子结构，4 个碳原子和杂原子都以 sp^2 杂化，环上的 5 个原子各用两个杂化轨道与相邻的两个原子形成 σ 键构成平面五元环，而每个原子未参加杂化的 p 轨道，都垂直于该平面而相互平行，并两两侧面重叠形成一个环状大 π 键。因杂原子的 p 轨道上有 2 个电子，则环状大 π 键上共有 6 个电子，这样的环状共轭体系具有像苯分子那样的芳香性，即从分子组成上看是高度不饱和的，但性质上却易于发生饱和烃的特性反应(取代反应) 而难于发生不饱和烃的特性反应(加成反应)。

例如，以上 3 种五元杂环化合物分子中的杂原子提供了 2 个电子参与形成环状大 π 键，使环上碳原子电子云密度增大，因而亲电取代反应比苯易进行。

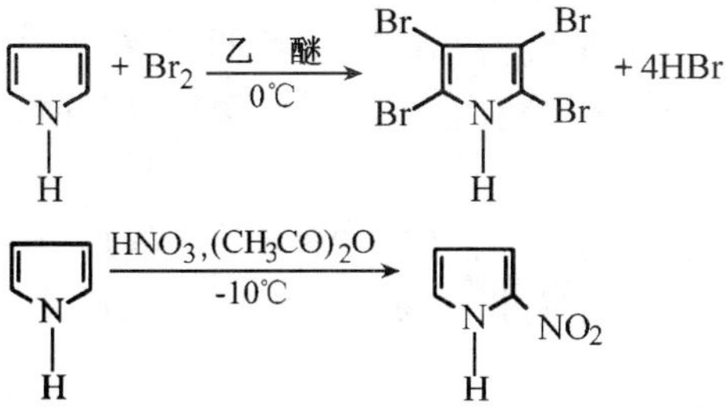

上面 3 种五元杂环化合物和它们的衍生物都具有芳香性，称为五元芳杂环。

(二) 吡咯和呋喃的重要衍生物

1. 重要的吡咯衍生物

(1)血红素　人和高等动物血液中起输送氧气和二氧化碳作用的血红蛋白，是由血红素与蛋白质结合而成的，存在于红细胞中。血红素的结构为：

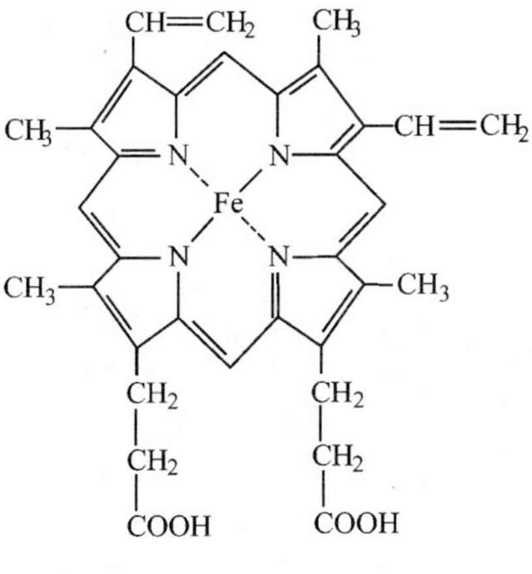

血红素

(2) 叶绿素　叶绿素存在于绿色植物的叶片中，与蛋白质结合成叶绿体，直接参与植物的光合作用，使太阳能转变为化学能，将二氧化碳和水在植物体内合成糖类。叶绿素有 a、b 两种，叶绿素 a 为蓝黑色晶体，叶绿素 b 为深绿色晶体，其结构为：

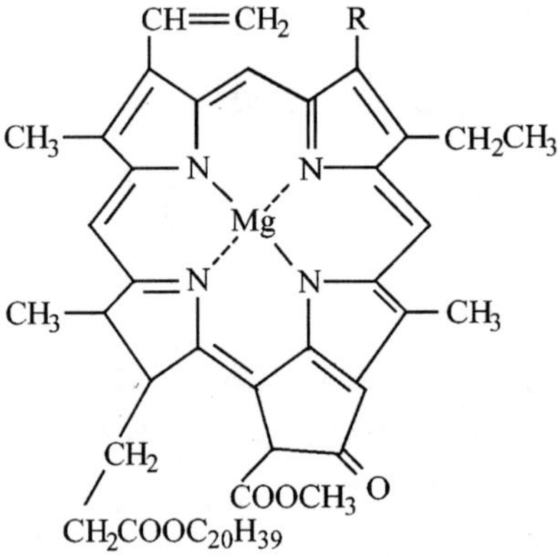

叶绿素 a　R＝$-CH_3$

叶绿素 b　R＝$-CHO$

叶绿素

2. 重要的呋喃衍生物

(1)糠醛　糠醛的化学名为 α－呋喃甲醛。纯糠醛为无色液体，有特殊香味，在光、热、空气和无机酸的作用下很快变成黄褐色。工业品为褐色液体，溶于水，可与乙醇和乙醚混溶。其蒸气与空气可形成爆炸性混合物。糠醛可溶解石油中的含硫物质及环烷烃等，常用作精炼石油的溶剂；还用于合成树脂、电绝缘材料、清漆、呋喃西林等，并用作防腐剂和香烟香料。糠醛可由米糠、棉子壳、花生壳和高粱杆等农业产品用稀酸加热蒸馏，使所含有的多糖水解为戊糖，再进一步脱水成糠醛。

(2)速尿　速尿化学名为 2－氯－4－(2－呋喃甲氨基)－5－羟基苯磺酰胺，是一种强利尿药，主要用于心源性浮肿、肝硬化引起的腹水、肾性浮肿、肺水肿等。与降压药合用，可增强降压作用。

(3)呋喃妥英　呋喃妥英又名呋喃坦啶，化学名为 1－{[(5－硝基－2－呋喃基)亚甲基]氨基}－2,4－咪唑烷二酮，主要用于泌尿系统感染，如膀胱炎、肾盂肾炎及尿道炎等。

(4)呋喃丙胺　呋喃丙胺化学名为 N－异丙基－E－β－(5－硝基－2－呋喃)丙烯酰胺，具有抗血吸虫病的作用，对急性血吸虫病的退热作用明显。

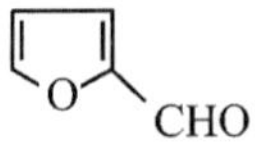

糠醛

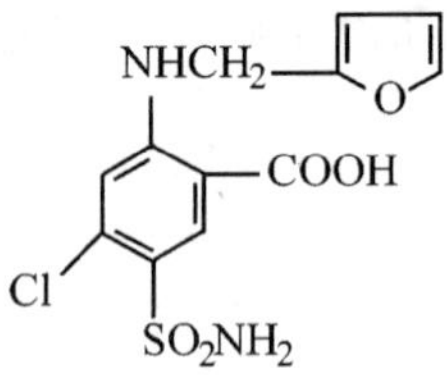

速尿

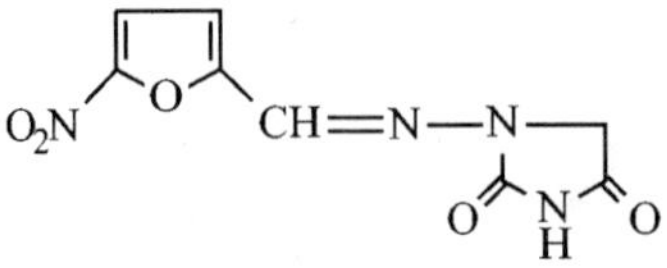

呋喃妥英

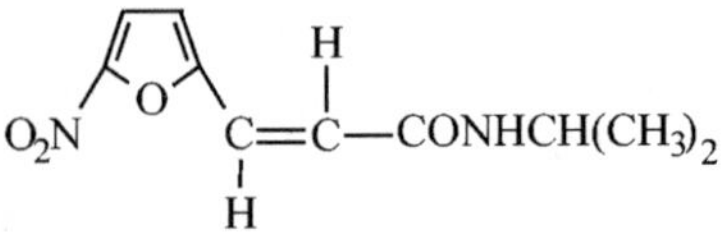

呋喃丙胺

三、六元杂环化合物及其重要的衍生物

六元杂环化合物种类很多,常见的六元杂环母环有吡啶、吡喃、嘧啶等。下面以吡啶为例做简要介绍。

(一) 吡啶的结构和性质

含一个杂原子的六元杂环化合物中最简单和最重要的是吡啶(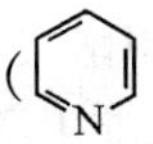)。吡啶的结构和苯的结构很相似,5 个碳原子和 1 个氮原子都以 sp^2 杂化,6 个原子都有一个未参加杂化的 p 轨道,且此 p 轨道上又都有一个电子,当这 6 个 p 轨道完全处于平衡状态时,则可两两相互侧面重叠形成一个环状共轭体系,即环状大 π 键。大 π 键上共有 6 个 π 电子,因此,吡啶也具有芳香性。吡啶分子中的氮原子最外层的 5 个电子中,有 2 个分别在 2 个 sp^2 杂化轨道上,与相邻的 2 个碳原子形成 2 个 C—N σ 键;有一个在未参加杂化的 p 轨道上,参与形成环状大 π 键,剩下 2 个在 sp^2 杂化轨道上,为孤电子对,因此吡啶与吡咯不同,氮原子上不连氢原子。由于此氮原子上的孤电子对具有结合质子的能力,因此,吡啶具有弱碱性,可与无机酸成盐。与苯相似,吡啶也能发生亲电取代反应,取代基进入氮原子的间位。例如:

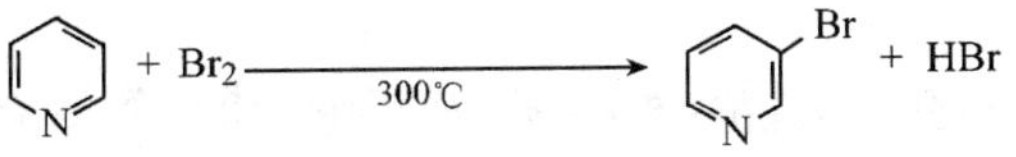

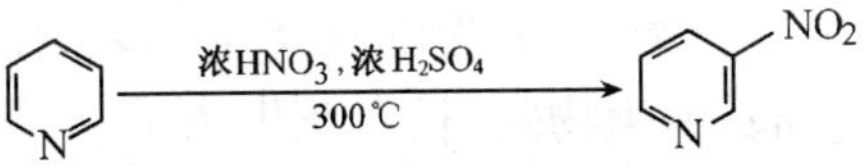

吡啶为无色或淡黄色液体,具有特殊气味,溶于水、乙醇、乙醚、苯和动植物油。吡啶是一种很好的有机溶剂,能溶解很多有机化合物和无机盐。

吡啶在医药上用于制维生素和药物。吡啶可从煤焦油中提取。

(二) 重要的吡啶衍生物

1. 烟酸和烟酰胺

烟酸学名 β－吡啶甲酸,是维生素 B 族中的一种,能促进细胞的新陈代谢,并有血管扩张作用。临床上主要用于防治癞皮病及类似的维生素缺乏症。烟酰胺化学名 β－吡啶甲酰胺,是辅酶Ⅰ的组成部分,作用与烟酸相似。

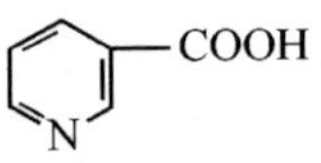

烟酸

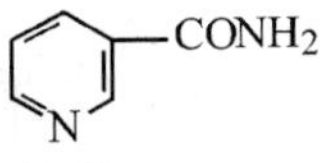

烟酰胺

2. 尼可刹米

尼可刹米又名可拉明,化学名 *N*,*N*－二乙基－3－吡啶甲酰胺,为呼吸中枢兴奋药,用于中枢性呼吸和循环衰竭。

3. 异烟肼

异烟肼又名雷米封,化学名为 4－吡啶甲酰肼,为抗结核病药。

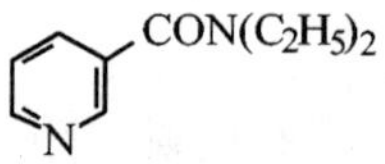

尼可刹米

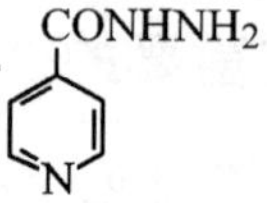

异烟肼

4. 维生素 B_6

维生素 B_6 包括吡哆醇、吡哆醛和吡哆胺三种化合物，它们的化学名分别为6－甲基－5－羟基－3，4－吡啶二甲醇、2－甲基－5－羟甲基－3－羟基－4－吡啶甲醛和6－甲基－4－氨甲基－5－羟基－3－吡啶甲醇。由于最初分离出来的是吡哆醇，因此一般以它作为维生素 B_6 的代表。维生素 B_6 是具有辅酶作用的维生素，可用于治疗妊娠呕吐，放射治疗引起的呕吐等。

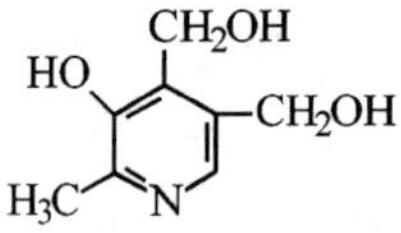

吡哆醇

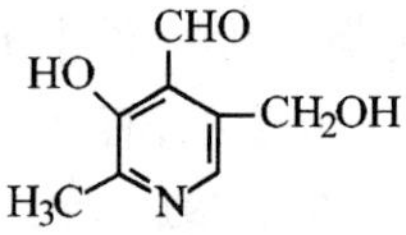

吡哆醛

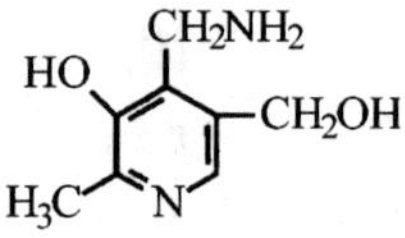

吡哆胺

第二节　生 物 碱

生物碱在植物体内常与酸(如乳酸、柠檬酸、苹果酸、磷酸等)结合成盐，有的以糖苷、有机酸酯和酰胺的形式存在。

生物碱以其分子中所含的杂环分类，可分为吡啶类生物碱、吲哚类生物碱、喹啉类生物碱等。但平常多按植物来源分类，如石蒜生物碱、长春花生物碱等。生物碱的命名一般也按植物来源命名。例如，烟草中的生物碱叫烟碱，咖啡中的生物碱叫咖啡碱等。有时也采用国际通用名称的译音，如烟碱又名尼古丁(nicotine)等。

生物碱一般为无色晶体，难溶于水，可溶于乙醇等有机溶剂。大多数生物碱能与单宁、苦味酸、磷钨酸、碘化汞钾等生物沉淀剂作用，形成难溶的沉淀，大都能与浓硫酸、浓硝酸、甲醛、浓氨水等试剂发生颜色反应。在实际工作中，常用沉淀剂和颜色反应来检验生物碱。下面简单介绍几种重要的生物碱。

一、烟碱

烟碱又名尼古丁，是存在于烟草中的一种吡啶类生物碱。

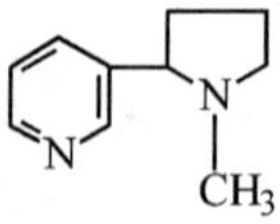

烟碱

烟碱为无色油状液体，沸点246℃，能溶于水和一般有机溶剂。烟碱有毒，少量可使中枢神经系统兴奋，呼吸增强，血压升高；大量则抑制中枢神经系统，出现恶心、呕吐、头痛，使心脏麻痹以致死亡。

二、咖啡碱

咖啡碱又称茶碱，是咖啡和茶叶中含有的生物碱，属于嘌呤类生物碱。

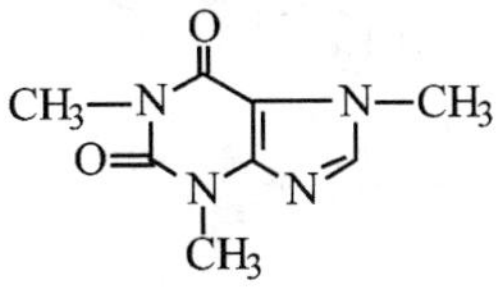

咖啡碱

咖啡碱为白色针状晶体，有苦味，能溶于热水，具有弱碱性，可与酸作用生成较稳定的盐。咖啡碱有兴奋中枢神经系统和利尿的作用，临床上用于呼吸衰竭及循环衰竭的解救和作利尿剂。

三、麻黄碱

麻黄碱是我国特产的一种中药麻黄的主要有效成分。

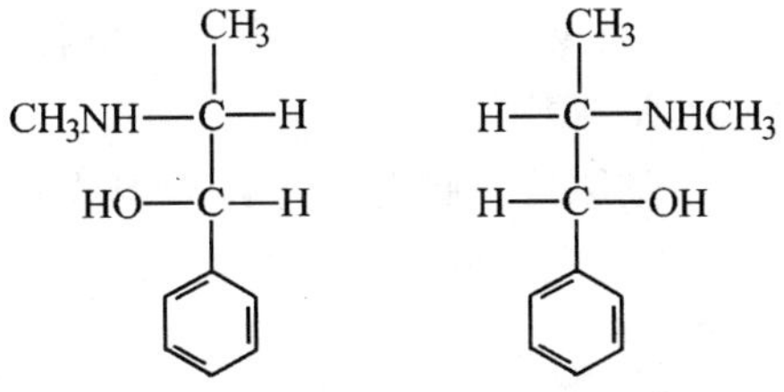

(+) 麻黄碱　　(−) 麻黄碱

游离的麻黄碱为无色蜡状固体或结晶形固体颗粒，无臭。常见的多含有半分子结晶水，熔点为40℃，易溶于水或乙醇，可溶于氯仿、乙醚及苯。其水溶液具有碱性，能与无机酸或强有机酸结合成盐。

麻黄碱属于芳胺类，氮原子连在苯环的侧链上，不含氮杂环，因此与一般生物碱的性质不完全相同。如游离的麻黄碱有挥发性，在水和有机溶剂中均能溶解，与多种生物碱沉淀剂不易产生沉淀等。

麻黄碱有类似肾上腺素的作用，能扩张支气管，收缩黏膜血管，兴奋交感神经，增高血压等。临床上常用其盐酸盐治疗支气管哮喘、过敏性反应、鼻黏膜肿胀和低血压等。

四、小檗碱

小檗碱又名黄连素，是黄连、黄柏、三颗针等中草药的主要有效成分，属于异喹啉类生物碱。游离的小檗碱主要以季铵碱的形式存在，在植物中常以盐酸盐的形式存在。

小檗碱为黄色针状结晶，能缓慢溶于水和乙醇，较易溶于热水和热乙醇，几乎不溶于乙醚。其无机盐类在水中的溶解度一般比较小，硝酸盐和氢碘酸盐极难溶于水，盐酸盐也只微溶于水，硫酸盐和枸橼酸盐较易溶于水。

小檗碱有显著的抗菌作用，对痢疾杆菌、葡萄球菌、链球菌均有抑制作用。临床上常用其盐酸盐来治疗细菌性痢疾和肠炎。

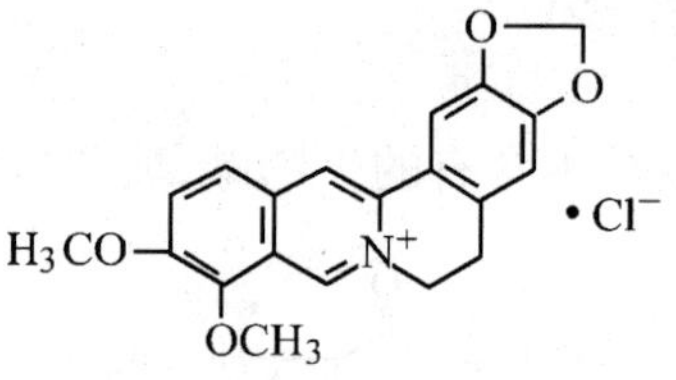
盐酸小檗碱

五、吗啡和可待因

吗啡和可待因是鸦片中含有的20多种生物碱中最重要的生物碱,都属于异喹啉衍生物。

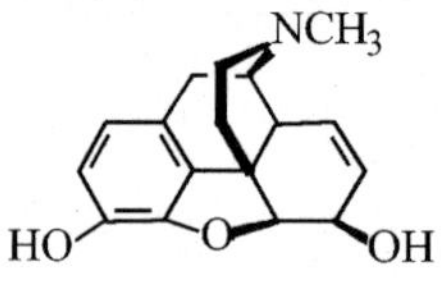
吗啡

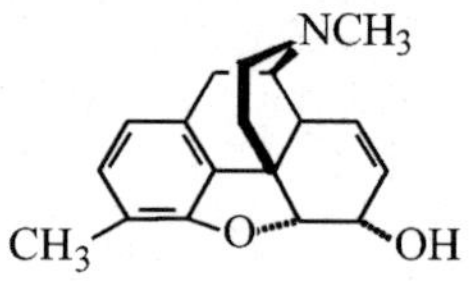
可待因

吗啡是白色晶体,微溶于水,水溶液有苦味。吗啡对中枢神经有麻醉作用,有极快的镇痛效力,但经常服用会成瘾。医药上常用盐酸吗啡。

可待因是吗啡的甲基醚,是甲基取代吗啡分子中酚羟基上的氢原子而成。可待因与吗啡具有相同的生理作用,可以镇痛,医药上用的是磷酸可待因,主要用作镇咳剂。

六、莨菪碱和阿托品

莨菪碱和阿托品是颠茄、莨菪、曼陀罗、洋金花等茄科植物中所含的生物碱,总称为颠茄生物碱。

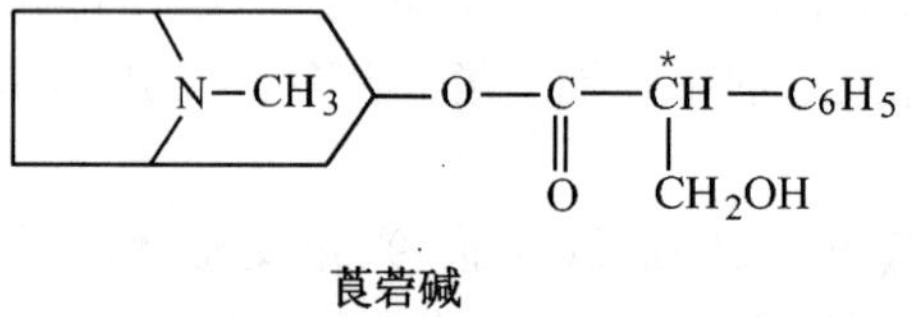
莨菪碱

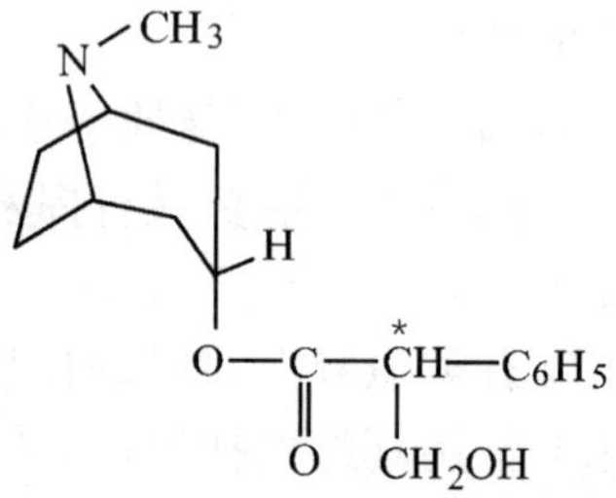
阿托品

莨菪碱是莨菪醇和莨菪酸所形成的酯。阿托品是人工合成的化合物,呈长柱状晶体,熔点118℃。其难溶于水,易溶于乙醇、氯仿中。阿托品具有解除平滑肌痉挛,抑制腺体分泌及扩大瞳孔的作用,临床上用于平滑肌痉挛、胃及十二指肠溃疡、散瞳、盗汗和胃酸过多等。此外,阿托品也可用于麻醉前给药、有机磷农药中毒和锑引起的阿斯综合征。阿托品的毒性比莨菪碱小,但作用强度只有莨菪碱的一半。

习　　题

1. 解释下列名词

(1) 杂环化合物　　(2) 芳杂环

(3) 稠杂环　　(4) 生物碱

2. 写出下列化合物的结构式

(1) 吡咯　　(2) 吡啶　　(3) 2-溴呋喃

(4) 3-硝基吡啶　　(5) 糠醛　　(6) 烟碱

3. 吡咯和吡啶都是含氮芳杂环化合物，为什么它们的性质却不同？用分子结构加以解释。

第十四章

酯、脂类和甾族化合物

第一节　酯

酯是羧酸与醇类发生酯化反应的产物。当醇与酰氯（$R-\overset{\overset{O}{\|}}{C}-Cl$）或酸酐（$R-\overset{\overset{O}{\|}}{C}-O-\overset{\overset{O}{\|}}{C}-R'$）作用时，也生成酯。酯的通式为 $R-\overset{\overset{O}{\|}}{C}-OR'$。

一、酯的命名

酯的命名是根据生成该酯的羧酸和醇的名称称为“某酸某酯”。例如：

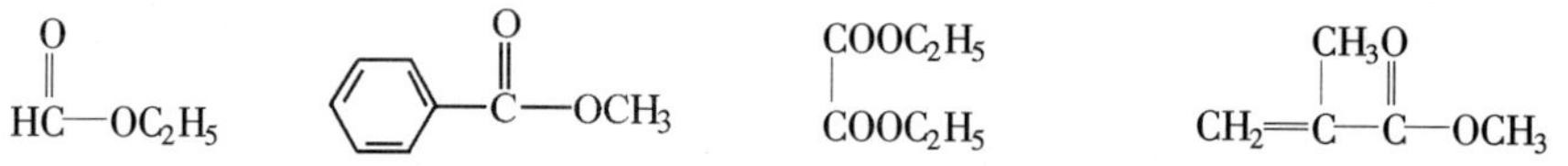

甲酸乙酯　　苯甲酸甲酯　　乙二酸二乙酯　　α－甲基丙烯酸甲酯

二、酯的性质

由低级的羧酸与低级的醇生成的酯大多数为有香味的液体，如乙酸乙酯有苹果香味，苯甲酸甲酯有茉莉香味，乙酸异戊酯有香蕉香味，高级酯是不溶于水的液体或固体。

酯的主要化学性质是水解反应，在少量酸或碱的催化作用下，酯水解生成羧酸和醇。因此，酯的水解反应是酯化反应的逆反应。

$$\underset{\text{酯}}{R-\overset{\overset{O}{\|}}{C}-OR'} + \underset{\text{水}}{H_2O} \underset{\text{酯化反应}}{\overset{\text{水解反应}}{\rightleftharpoons}} \underset{\text{羧酸}}{R\overset{\overset{O}{\|}}{C}-OH} + \underset{\text{醇}}{R'OH}$$

三、几种常见的酯

1．乙酸乙酯

乙酸乙酯（$CH_3COOC_2H_5$）为无色液体，有苹果香味，熔点 −83.6℃，沸点 71℃，微溶于水，溶于乙醇、乙醚和氯仿等有机溶剂。乙酸乙酯易燃，易发生水解反应和皂化反应。其蒸气与空气形成爆炸性混合物，爆炸极限为 2.2%～11.2%（体积）。乙酸乙酯用作清漆、人造革、硝酸纤维素塑料等的溶剂，也用于制造染料、药物、香料等。

2．苯甲酸乙酯

苯甲酸乙酯为无色液体，有芳香气味，熔点 −32.7℃，沸点 213℃，微溶于热水，可溶于乙醇和乙醚。用于制造香精和作纤维素酯、纤维素醚、树脂等的溶剂。

3. β－苯丙烯酸乙酯

β－苯丙烯酸乙酯俗名肉桂酸乙酯，为无色油状液体，有香莓的香气，熔点 7.5℃，沸点 271℃，不溶于水，溶于乙醇和乙醚等有机溶剂。存在于苏合香脂和樟脑油等之中。用于配制皂用香精、化妆品香精和食用香精。

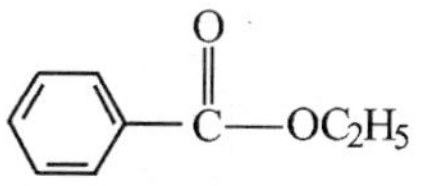

苯甲酸乙酯

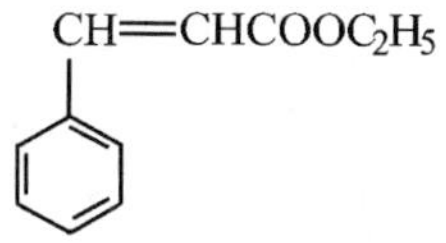

β-苯丙烯酸乙酯

第二节　脂　　类

脂类包括油脂和类脂。油脂是高级脂肪酸与甘油所形成的酯，根据高级脂肪酸饱和程度的不同，又把饱和程度较小的高级脂肪酸甘油酯称为油，是植物油的主要成分，在常温下为液态；把饱和程度较大的高级脂肪酸甘油酯称为脂，是动物脂肪的主要成分，常温下为固态或半固态。类脂是指在结构或性质方面与油脂类似的化合物，如糖脂、磷脂、蜡等。脂类广泛存在于生物体内，是生命活动不可缺少的物质。

一、油脂

从动物和植物中得到的油脂，都是多种物质的混合物，其中主要是高级脂肪酸甘油酯，另外还含有少量游离的脂肪酸、高级醇、维生素和色素等物质。

（一）油脂的组成和命名

油和脂肪具有相似的分子结构，都是由三个分子高级脂肪酸与甘油所形成的酯，油脂的通式为：

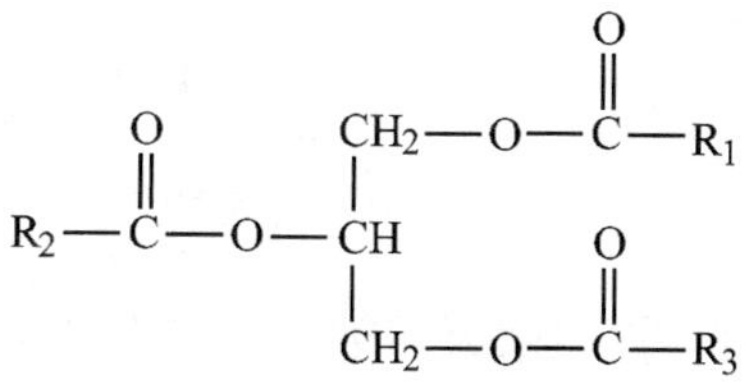

若 R_1，R_2 和 R_3 都相同，称为单甘油酯；R_1，R_2，R_3 不同时，称为混甘油酯，天然油脂大都为多种混甘油酯所组成的混合物。

油脂中高级脂肪酸的种类很多，但绝大多数是含偶数碳原子的直链羧酸，碳原子数一般都在 12～20 个之间，尤以 16 个和 18 个为多，有饱和脂肪酸，也有不饱和脂肪酸。饱和脂肪酸中，以软脂酸和硬脂酸分布最广；不饱和脂肪酸中，最常见的是烯酸，以油酸、亚油酸、亚麻酸和桐油酸分布最广。油脂中重要的高级脂肪酸见表 14－1。

多数脂肪酸在人体内可以合成，但亚油酸、亚麻酸和花生四烯酸等少数脂肪酸在人体内不能合成，而营养上又是不可缺少的，必须由食物供给，故称其为营养必需脂肪酸。

表 14-1　油脂中的重要高级脂肪酸

类别	名　　称	结　　构　　式
饱和脂肪酸	月桂酸（十二酸）	$CH_3(CH_2)_{10}COOH$
	蔻酸（十四酸）	$CH_3(CH_2)_{12}COOH$
	软脂酸（十六酸）	$CH_3(CH_2)_{14}COOH$
	硬脂酸（十八酸）	$CH_3(CH_2)_{16}COOH$
	花生酸（二十酸）	$CH_3(CH_2)_{18}COOH$
不饱和脂肪酸	棕榈油酸(9-十六碳烯酸)	$CH_3(CH_2)_5CH=CH(CH_2)_7COOH$
	油酸(9-十八碳烯酸)	$CH_3(CH_2)_7CH=CH(CH_2)_7COOH$
	亚油酸(9,12- 十八碳二烯酸)	$CH_3(CH_2)_4CH=CHCH_2CH=CH(CH_2)_7COOH$
	亚麻酸(9,12,15-十八碳三烯酸)	$CH_3CH_2CH=CHCH_2CH=CHCH_2CH=CH(CH_2)_7COOH$
	花生四烯酸(5,8,11,14- 二十碳四烯酸)	$CH_3(CH_2)_4(CH=CHCH_2)_4(CH_2)_2COOH$
	桐油酸(9,11,13- 十八碳三烯酸)	$CH_3(CH_2)_3(CH=CH)_3(CH_2)_7COOH$

单甘油酯命名时，根据脂肪酸的名称叫做“三某脂酰甘油”或“甘油三某酸酯”；混甘油酯命名时，则以 α，β，α' 分别标名脂肪酸的位次。例如：

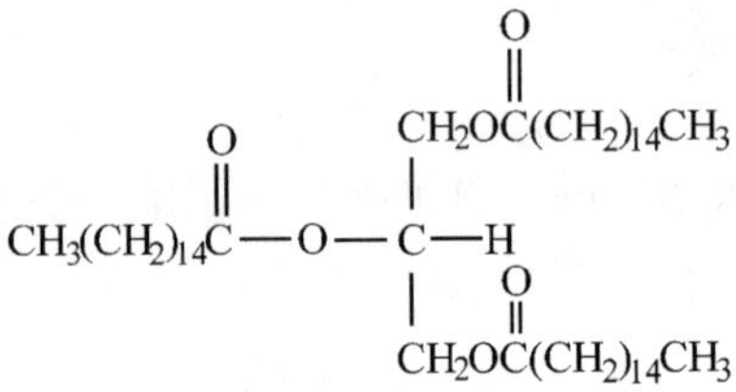

三软脂酰甘油
（甘油三软脂酸酯）

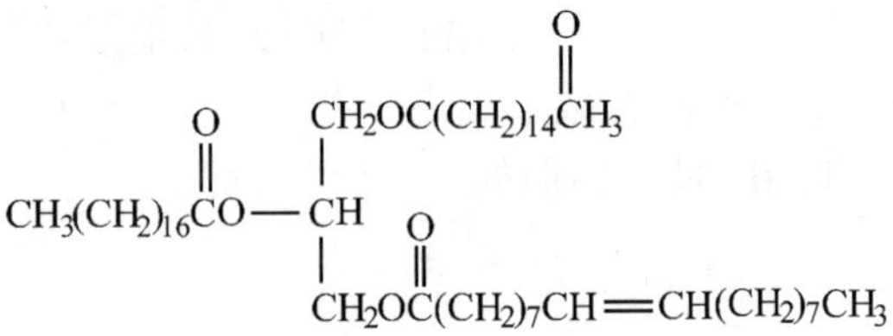

α-软脂酰-β-硬脂酰-α'-油酸甘油
（甘油 α-软脂酸-β-硬脂酸-α'-油酸酯）

（二）油脂的性质

纯净的油脂无色、无味、无臭，但因天然油脂含有色素和维生素等其他物质，因而常有颜色和各自特有的气味。油脂的密度均小于 1，难溶于水，易溶于氯仿、丙酮、乙醚和苯等有机溶剂。因为天然油脂为混合物，所以没有固定的沸点和熔点，只有熔点范围，如猪油的熔点范围是 36~46℃。

油脂的化学性质不活泼，在一定条件下可发生以下反应：

1. 水解和皂化

在酸、碱或酶的催化作用下，油脂可发生水解反应，生成甘油和相应的高级脂肪酸。油脂在碱性条件下水解，生成高级脂肪酸盐和甘油。高级脂肪酸的钠盐（或钾盐）就是肥皂。因此，油脂在碱性条件下的水解反应，称为皂化。例如：

$$C_3H_5(C_{17}H_{35}COO)_3 + 3NaOH \xrightarrow{\text{共煮}} 3C_{17}H_{35}COONa + C_3H_5(OH)_3$$

三硬脂酰甘油　　　　硬脂酸钠(肥皂)　　　甘油

日用化工厂就是利用这个反应用饱和程度较大的动物油脂生产肥皂，甘油是其副产物。

2. 加成

不饱和的高级脂肪酸甘油酯，其分子中的碳碳双键可与氢气、卤素单质等发生加成反应。如：

$$\underset{\text{甘油三油酸酯}}{C_3H_5(C_{17}H_{33}COO)_3} + 3H_2 \xrightarrow[250℃]{Ni} \underset{\text{甘油三硬脂酸酯}}{C_3H_5(C_{17}H_{35}COO)_3}$$

通过催化加氢，可使液态的油变为固态或半固态的脂肪，因此油脂的加氢又称为油脂的硬化。油脂硬化后，不易被空气氧化变质，也便于贮存和运输。用催化加氢的方法，还可把一些不能食用的油和油库的油脚等废油，变成动物油脂，用于生产肥皂。

3. 酸败

油脂存放过久，或因保存不当，会发生变质，产生难闻的气味，这种现象称为油脂的酸败，俗称变“酯”。油脂的酸败，是由于空气中的氧、水分和微生物的作用，使油脂中不饱和脂肪酸和双键被氧化成过氧化物，进一步分解或氧化产生具有臭味的低级醛和羧酸等化合物。酸败的油脂有刺激性并有毒，不可食用。为了防止酸败，油脂应放在密闭的容器中，置于阴凉、干燥的地方贮存。

4. 干性

不饱和程度较大的油，在空气中放置，会生成一层干燥而有韧性的薄膜，称为油脂的干性。桐油是最好的干性油，因此，给木制的小船、脚盆和木桶等长期与水接触的家具晒干后打上一层桐油，干化后形成一层不透水的膜，以保护木器。

二、类脂

类脂也广泛存在于生物体内，是生理上很重要的化合物，也是构成人体组织器官的重要成分，含量恒定。重要的类脂有糖脂、磷脂和蜡等，下面各举一例说明之。

1. 糖脂

糖脂一般为白色蜡状物，不溶于乙醚而易溶于苯、丙酮及热乙醇。糖脂是动物细胞膜的重要成分。红细胞膜表面的糖脂使血液有不同的血型；此外，糖脂在神经传导过程和组织免疫方面也起着重要的作用。

糖脂是含糖、脂肪酸和鞘氨醇的类脂，常与磷脂共同存在。它主要存在于脑和神经组织中。例如，脑中的脑苷脂就是一种重要的糖脂。脑苷脂水解后产生鞘氨醇、β－半乳糖和脂肪酸。β－半乳糖脑苷脂的结构式为：

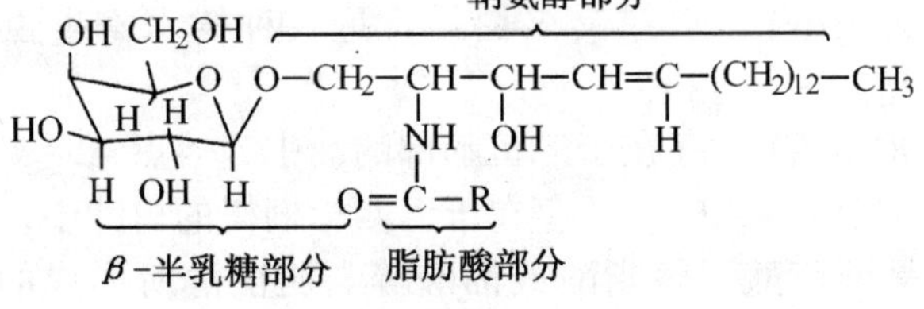

2. 磷脂

磷脂是一类含有磷酸基团的类脂化合物。它是构成动植物细胞的重要成分之一，主要存在于脑和神经组织、骨髓、心、肝、肾等器官中，蛋黄、植物的种子及胚芽、大豆中都含有丰富的磷脂。根据组成不同，磷脂可分为磷脂酰胆碱、磷脂酰乙醇胺及鞘磷脂等。下面简单介绍磷脂酰胆碱。

磷脂酰胆碱又称卵磷脂。它也是一种复杂的甘油酯，甘油分子中的 2 个羟基分别与高级脂肪酸结合，另一个羟基通过酯键与磷酸结合，磷酸又通过酯键与胆碱结合。根据磷酸与甘油结合的位置不同，磷脂酰胆碱有 α – 型和 β – 型两种异构体，自然界存在的是 α – 型。磷脂酰胆碱分子中一般含有 1 分子饱和脂肪酸和 1 分子不饱和脂肪酸，不饱和脂肪酸连在甘油分子中的第 2 号碳原子上，因此该碳原子为手性碳原子。磷脂酰胆碱又有 D – 型和 L – 型两种构型，自然界存在的是 L – 型。由于胆碱具有碱性，磷酸基具有酸性，结果在磷脂酰胆碱分子内形成带正电荷和负电荷的两性离子。

磷脂酰胆碱的新鲜制品为无色蜡状固体，极易吸水，以胶体状态在水中扩散，不溶于丙酮，易溶于乙醚、乙醇及氯仿。磷脂酰胆碱在空气中放置易变黄色或棕色，这是因为其分子中的不饱和脂肪酸在空气中被氧化，形成棕色或黄色过氧化物的缘故。

自然界存在的磷脂酰胆碱是几种异构体的混合物，主要是组分中的脂肪酸不同。常见的脂肪酸有软脂酸、硬脂酸、油酸、亚油酸及花生四烯酸等。胆碱是一种含氮的有机化合物，属于强碱性的季铵碱类。它在人体内与脂肪的代谢有密切关系，可促使油脂迅速生成磷脂，防止脂肪在肝内大量存积，能防治脂肪肝。

α – 磷脂酰胆碱（α – 卵磷脂）的结构式为：

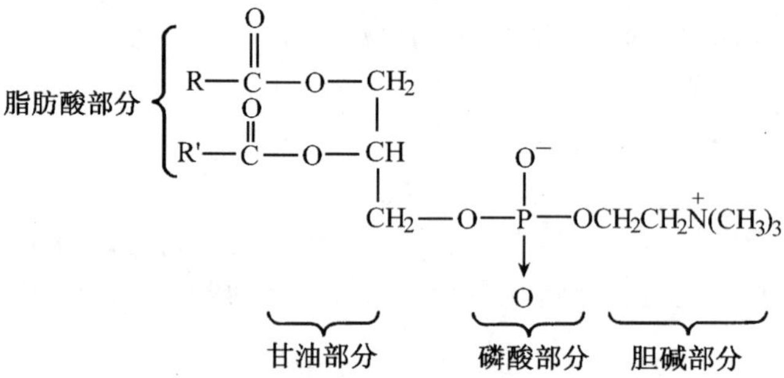

3. 蜡

由高级脂肪酸与高级一元醇所形成的酯称为蜡（习惯上把熔点在 37 ~ 100℃范围内的物质统称为蜡）。蜡多为固体，不溶于水，可溶于有机溶剂，化学性质稳定，不能皂化，不易水解，也不能消化吸收。

蜡广泛存在于动植物界，如蜂蜡、虫蜡、鲸蜡及羊毛脂等为动物蜡，棕榈蜡则为植物蜡。

- 蜂蜡（$C_{15}H_{31}COOC_{30}H_{61}$） 蜂蜡又名黄蜡，存在于蜂巢中，熔点 62 ~ 65℃。
- 虫蜡（$C_{25}H_{51}COOC_{26}H_{53}$） 虫蜡又名白蜡，是一种树木寄生虫（白蜡虫）的分泌产物，为我国西南特产，熔点 80 ~ 83℃。
- 鲸蜡（$C_{15}H_{31}COOC_{16}H_{33}$） 存在于鲸鱼脑部的油中，熔点 42 ~ 47℃。
- 巴西棕榈蜡（$C_{25}H_{51}COOC_{30}H_{61}$） 存在于巴西棕榈树的树叶中，熔点 83 ~ 90℃。
- 羊毛脂 羊毛脂是硬脂酸、软脂酸或油酸等与胆固醇所形成的酯，为淡黄色软膏状物，不溶于水，但可与 2 倍量水均匀混合。

蜡可用于制蜡纸、润滑油、防水剂、光泽剂以及作药用基质。

第三节　甾族化合物

甾族化合物简称甾体，是一类广泛存在于动植物组织中的重要化合物。这类化合物在结构上的共同特点是分子中都含有一个环戊烷并多氢菲的母核和3个侧链，常称之为"甾环"。甾环的碳架结构和编号如下：

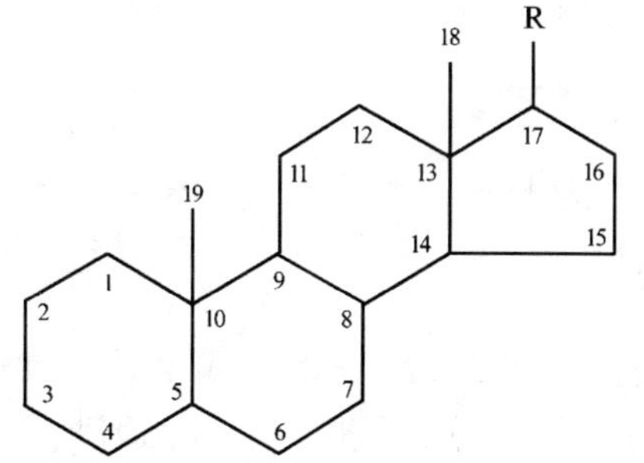

由于甾环或3个侧链上所连基团的不同，形成了一个庞大的系列，因此甾族化合物结构复杂、种类繁多。一般把甾族化合物分为甾醇类、胆甾酸、甾体激素和强心苷4类，并根据其来源命名。

一、甾醇类

甾醇为一类不饱和的醇类，在甾环的第3号碳原子上连有羟基，第5号和第6号碳原子之间为双键，广泛存在于动植物组织中，根据其来源分为动物甾醇和植物甾醇两类。

1. 胆甾醇

胆甾醇常称胆固醇，因最初是从胆石中发现的固体醇而得名。

胆甾醇通过羟基与脂肪酸形成胆甾醇酯而广泛存在于人及动物的血液、肝、肾、脑及神经组织中，蛋黄中含量较多。它为无色或略带黄色的晶体，熔点148℃，难溶于水，易溶于乙醚、氯仿、热乙醇等有机溶剂。

将胆甾醇溶于氯仿中，再加乙酐和浓硫酸，溶液逐渐由浅红色变为蓝色，最后变为绿色，颜色的深浅与胆甾醇的浓度有关。这是甾族母核的颜色反应，可作为强心苷、甾体皂苷等甾族化合物的定性检验反应。

2. 麦角甾醇

麦角甾醇是一种植物甾醇，存在于酵母和某些植物中，是合成维生素 D_2 的原料。

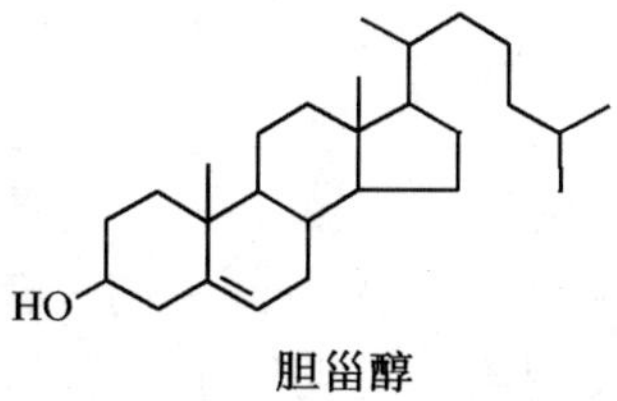

胆甾醇

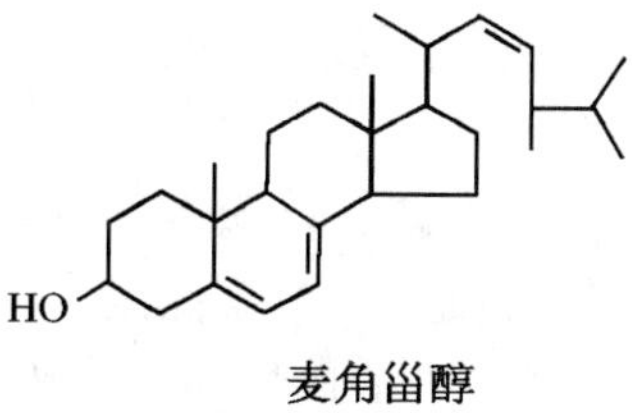

麦角甾醇

二、胆甾酸

动物胆汁中除了含有胆甾醇和胆色素外，还含有几种结构与胆甾醇相似的酸，统称为胆甾酸。胆甾酸有胆酸、脱氧胆酸（7－脱氧胆酸）、鹅胆酸（12－脱氧胆酸）和石胆酸（7，12－二脱氧胆酸）4种。其中重要的是胆酸和脱氧胆酸。

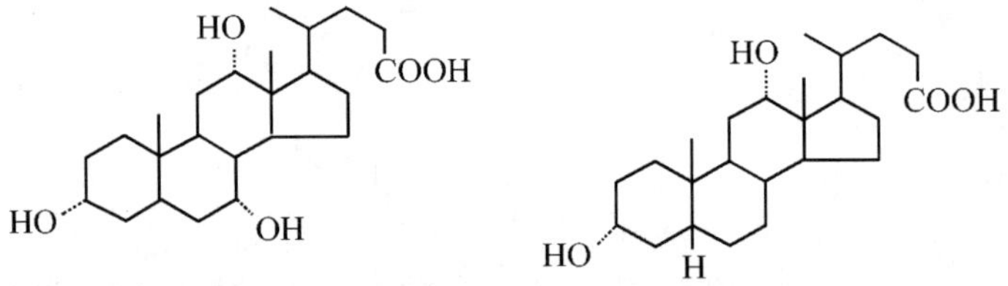

胆酸　　　　脱氧胆酸

胆甾酸在胆汁中多与甘氨酸（H_2NCH_2COOH）或牛磺酸（$H_2NCH_2CH_2SO_3H$）通过酰胺键结合成甘氨胆甾酸或牛磺胆甾酸，这些结合胆甾酸总称为胆汁酸。胆汁酸在小肠内的碱性条件下，大部分形成盐。胆汁酸盐是良好的乳化剂，其生理作用是使油脂乳化，并使其在肠中易水解而被吸收。临床上常用的利胆药胆酸钠，就是甘氨胆酸钠与牛磺胆酸钠的混合物。

三、甾体激素

激素是动物体内各种内分泌腺所分泌的一类化学活性物质。它们能直接进入血液和淋巴液中，虽然数量很少，但具有重要的生理作用。激素根据分子组成的不同，可分为含氮激素和甾体激素两类。甾体激素又根据来源和生理功能的不同，分为性激素和肾上腺皮质激素两类。

1. 性激素

性激素分为雄性激素和雌性激素两类，是性腺（睾丸或卵巢）所分泌的物质，具有促进性器官形成及第二性征（如声音、体形等）发育的作用。它们的生理作用很强，少量就能产生极大的影响。

（1）雄性激素　雄性激素由睾丸中产生，具有促进雄性动物的发育、生长及维持雄性特征的作用。雄性激素中活性最强的是睾丸素，它在消化道内易被破坏，口服无效，虽能制成油剂供肌肉注射，但作用也不持久。因此临床上多用甲基睾丸素及睾丸素酯，前者由于甲基的空间位阻作用在体内不易被氧化，性质较稳定，可供口服；后者的油剂供肌肉注射，可延长作用时间。

（2）雌性激素　卵巢中分泌出两类雌性激素，一类是由卵泡排卵后形成的黄体所产生的激素，称为黄体激素或孕激素，具有保胎作用，如黄体酮等；另一类是由成熟的卵泡产生的激素，称为卵泡激素或雌激素，能促进雌性动物第二性征的发育和性器官的最后形成，如β－雌二醇等。

黄体酮是自然界存在的黄体激素，有维持妊娠等黄体激素的活性，主要作用是促进子宫和乳腺的发育，对先兆流产、习惯性流产、子宫功能性出血及月经失调等有一定疗效。

β－雌二醇是自然界中活性最强的雌激素，主要用于卵巢功能不全引起的病症，如更年期综合征、子宫发育不全、月经失调等。

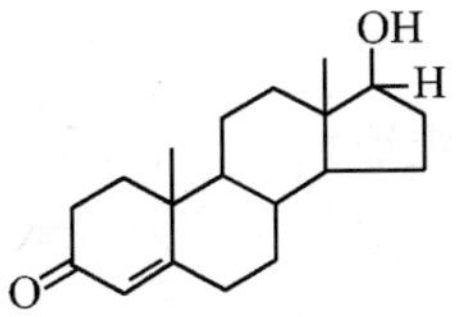

睾丸素

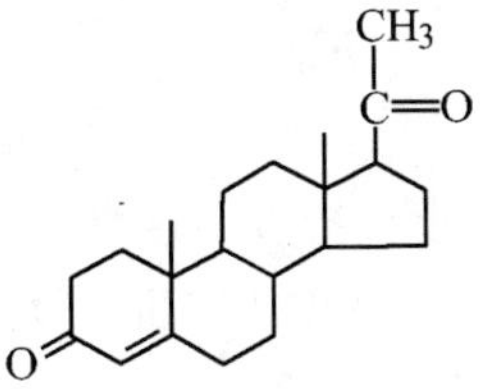

黄体酮

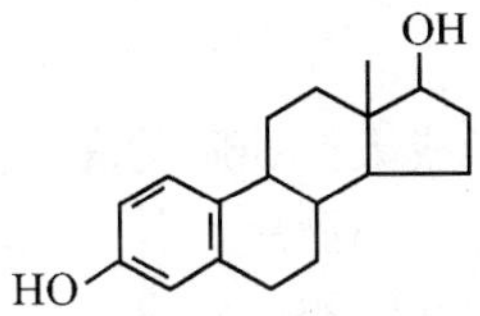

β-雌二醇

2. 肾上腺皮质激素

肾上腺皮质激素是由肾上腺皮质部分所分泌的一类激素。它们对体内水、盐、糖、脂肪和蛋白质的代谢，以及人体的生长发育都具有重要的意义。从肾上腺皮质部分分泌物中提取的肾上腺皮质激素种类很多，例如可的松和氢化可的松等。

可的松和氢化可的松等主要影响糖、脂肪和蛋白质的代谢，能促进蛋白质分解，然后转变为肝糖，以增加肝糖原，增强抵抗力，因此称为糖代谢皮质激素或促糖皮质激素；由于它们还有抗风湿和抗炎作用，所以也称为抗炎激素。

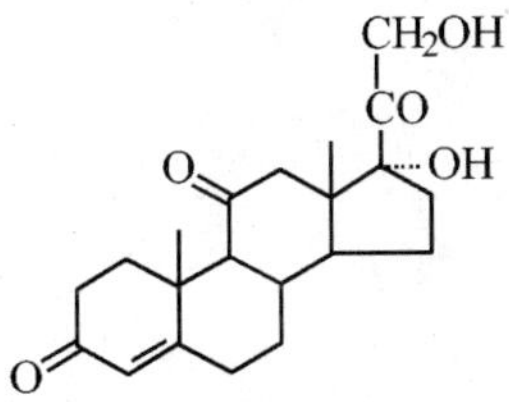

可的松

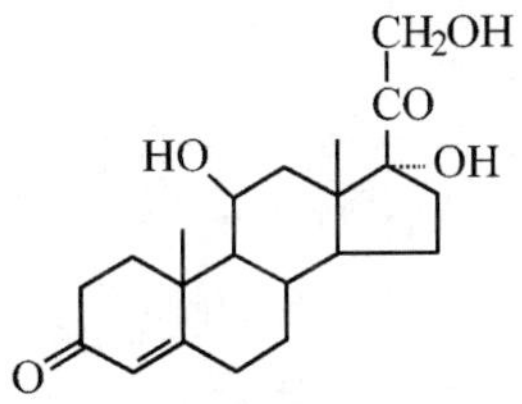

氢化可的松

四、强心苷和蟾毒

强心苷存在于许多有毒的植物中，特别以玄参科和夹竹桃科植物最为普遍。例如毛地黄叶中含有毛地黄毒苷，羊角拗种子中含有羊角拗苷等。它们能使心跳减慢，强度增加，因此称为强心苷。强心苷临床上用作强心剂，用于心力衰竭和心律紊乱的治疗，但超过安全剂量时，能使心脏中毒而停止跳动。

强心苷结构复杂，其中甾体部分为苷元。

蟾毒是蟾蜍的腮腺分泌的一种甾体激素，具有强心、消炎和止痛作用。中药蟾酥就是蟾蜍分泌液的一种制剂，可用于治疗牙痛。散瘀解毒药六神丸中也含有一定量的蟾酥。蟾毒的分子结构比较复杂，其中的甾体部分称为蟾毒苷元。

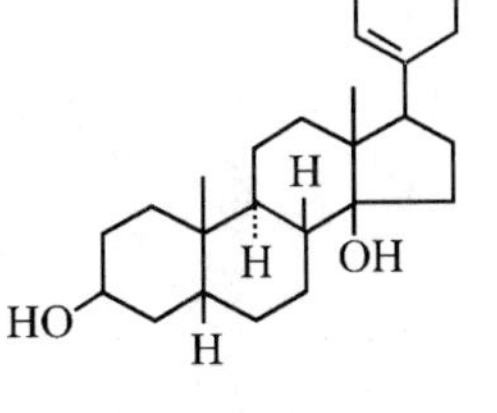

毛地黄毒苷元

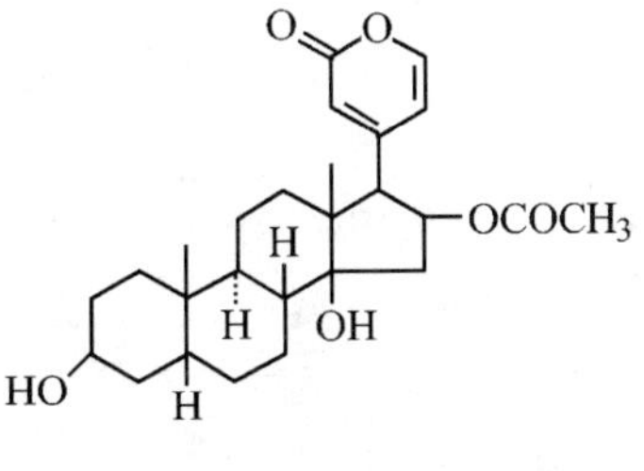

蟾毒苷元

习　题

1. 形成天然油脂的高级脂肪酸有什么特点？油酸和硬脂酸的组成和结构有何不同？
2. 什么叫肥皂？什么叫皂化反应？写出由甘油三硬脂酸酯制肥皂的反应方程式。
3. 什么叫类脂？在人体内类脂有何作用？
4. 写出甾环和胆甾醇的结构式。

第十五章

氨基酸、蛋白质和维生素

蛋白质普遍存在于生物界，从病毒到人体都有蛋白质。从量上看，蛋白质是人体中含量最多的有机成分，人体干重的45%是蛋白质；从质上看，不同生物含有各具特性不同的蛋白质，体现出自然界千变万化的功能，如大肠杆菌含有约3000种不同的蛋白质，组成人体的蛋白质约有10万种。蛋白质几乎参与机体的一切生理活动，并起着关键的作用。而氨基酸是蛋白质的基本组成单位，又是人体的重要营养成分。

维生素是机体维持正常代谢功能所必需的物质，是人体六大营养要素之一。

第一节 氨基酸

一、氨基酸的结构、分类和命名

1. 结构

分子中既含有氨基又含有羧基的多官能团化合物称为氨基酸。从蛋白质水解所得的氨基酸均为 α－氨基酸。它可用下列通式表示：

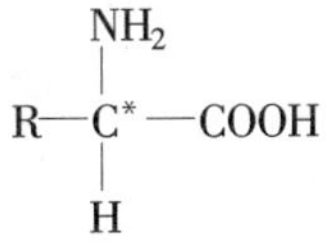

不同氨基酸中的 R—不同。自然界中的氨基酸大多数是 L－α－氨基酸：

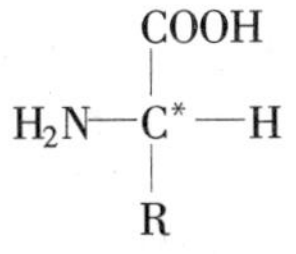

L－α－氨基酸

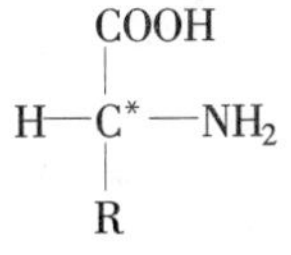

D－α－氨基酸

2. 分类

根据化学结构，氨基酸可分为脂肪族氨基酸、芳香族氨基酸和杂环氨基酸三大类。

根据氨基酸分子中所含氨基和羧基的相对数目，可将氨基酸分为中性氨基酸，分子中氨基与羧基的数目相等；碱性氨基酸，分子中氨基比羧基数目多；酸性氨基酸，分子中羧基比氨基数目多。碱性氨基酸一般显碱性，酸性氨基酸显酸性，但中性氨基酸不是显中性而显弱酸性，这是由于羧基比氨基的电离常数稍大所致。

3. 命名

氨基酸的系统命名法以羧酸为母体，氨基作为取代基，其位次以阿拉伯数字标示，也可用希腊字母 α，β，γ…标示。一些常见的氨基酸除系统命名之外，通常用俗名。例如：

$CH_3CHCOOH$
NH_2

2 - 氨基丙酸
α - 氨基丙酸
俗名:丙氨酸

$CH_2CH_2CH_2CH_2CHCOOH$
NH_2　　NH_2

2,6 - 二氨基己酸
α,ω - 二氨基己酸
俗名:赖氨酸

二、组成蛋白质的 20 种氨基酸

自然界有很多种不同的氨基酸，但构成蛋白质的氨基酸主要有 20 种，新近发现的硒代半胱氨酸，被列为第 21 种氨基酸，不过，目前仅在几种蛋白质中发现有这种氨基酸。

人们从营养角度出发，将 20 种氨基酸分为营养必需氨基酸（8 种）和营养非必需氨基酸（12 种）。必需氨基酸在人体内不能合成或合成量不足，只有依靠食物来供给；非必需氨基酸虽然都为体内蛋白质合成所必需，但在人体内可由糖等物质转变生成，不一定依赖食物提供；另外，婴幼儿体内组氨酸和精氨酸，尤其是组氨酸合成不足，故称之为半必需氨基酸，表 15 - 1 中列出了组成蛋白质的 20 种氨基酸，其中注有 * 号的为必需氨基酸。

表 15 - 1　组成蛋白质的 20 种氨基酸

名称	缩写符号			构造式	等电点
	中文	英文	字母代号		
甘氨酸 glycine （氨基乙酸）	甘	Gly	G	$CH_2—COOH$ NH_2	5.97
丙氨酸 alanine （α - 氨基丙酸）	丙	Ala	A	$CH_3CHCOOH$ NH_2	6.02
缬氨酸* valine （α - 氨基异戊酸）	缬	Val	V	$CH_3CH—CHCOOH$ CH_3　NH_2	5.96
亮氨酸* leucine （α - 氨基异己酸）	亮	Leu	L	$CH_3CHCH_2CHCOOH$ CH_3　NH_2	5.98
异亮氨酸* isoleucine （α - 氨基 - β - 甲基戊酸）	异亮	Ile	I	$CH_3CH_2CH—CHCOOH$ CH_3　NH_2	6.02
天冬氨酸 aspartic acid （α - 氨基丁二酸）	天	Asp	D	$H_2N—CHCOOH$ CH_2COOH	2.77
天冬酰胺 asparagine （α - 氨基丁酰氨酸）	天酰或天 - NH_2	Asn	N	$H_2N—C—CH_2—CH—COOH$ O（=C）　NH_2	5.41
谷氨酸 glutamic acid （α - 氨基戊二酸）	谷	Glu	E	$H_2N—CHCOOH$ CH_2CH_2COOH	3.22

（续表）

名　　称	缩写符号			构　造　式	等电点
	中文	英文	字母代号		
谷氨酰胺 glutamine （α－氨基戊酰胺酸）	谷酰或谷－NH_2	Gln	Q	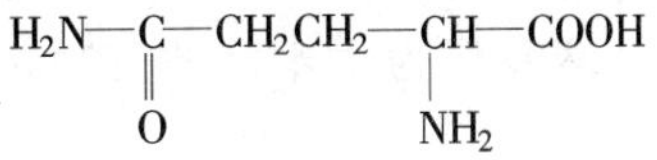	5.63
赖氨酸* lysine （α，ε－二氨基己酸）	赖	Lys	K	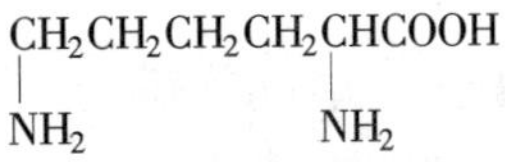	9.74
精氨酸 arginine （α－氨基－δ－胍基戊酸）	精	Arg	R	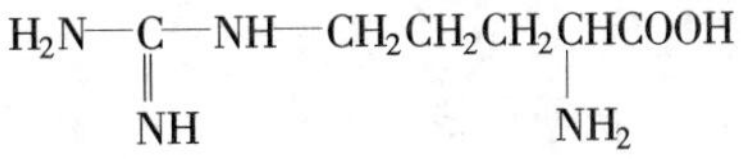	10.76
丝氨酸 serine （α－氨基－β－羟基丙酸）	丝	Ser	S	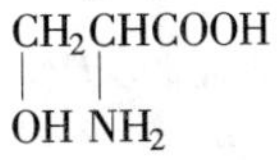	5.68
苏氨酸* threonine （α－氨基－β－羟基丁酸）	苏	Thr	T	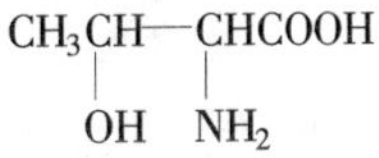	5.60
半胱氨酸 cysteine （α－氨基－β－巯基丙酸）	半胱	Cys	C	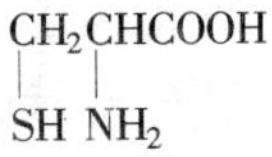	5.05
蛋氨酸* methionine （α－氨基－γ－甲硫基丁酸）	蛋	Met	M	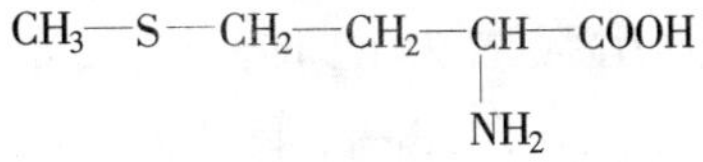	5.74
苯丙氨酸* phenylalanine （α－氨基－β－苯基丙酸）	苯	Phe	F	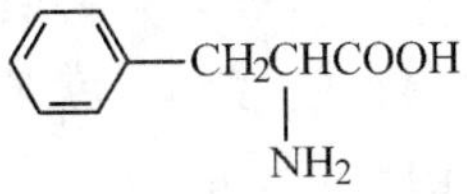	5.46
酪氨酸 tyrosine （α－氨基－β－对羟苯基丙酸）	酪	Tyr	Y	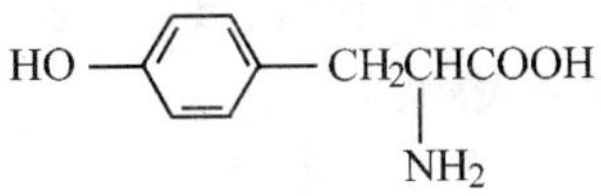	5.68
脯氨酸 proline （α－羧基四氢吡咯）	脯	Pro	P	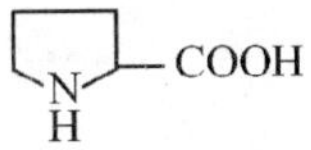	6.30
色氨酸* tryptophan [α－氨基－β－(3－吲哚基)－丙酸]	色	Try (Trp)	W	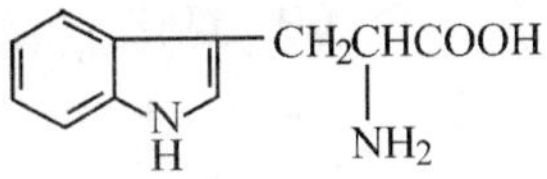	5.89
组氨酸 histidine [α－氨基－β－(4－咪唑基)－丙酸]	组	His	H	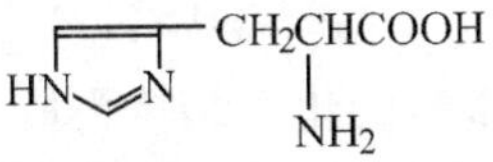	7.59

氨基酸既是蛋白质的构件分子，又是重要的营养成分。目前，氨基酸已广泛地应用于临床，尤其是用于那些不能摄食、严重腹泻、低蛋白质血症、烧伤、失血及手术后患者，以增

加患者的营养。如氨基酸结晶混合口服制剂分别由 8 种必需氨基酸按 1:1 的比例配以一些非必需氨基酸组成，这样可以减少机体从糖转变生成非必需氨基酸，从而更好地促进机体蛋白质的合成，促进术后病人的康复。有的在不同的中、西药物中分别加入一定量的必需氨基酸结晶制剂，更有配成高营养氨基酸混合静脉滴注液，供大手术后的外科患者及大面积烧伤、重症肝炎患者补液及作为手术前的支持治疗制剂，其临床效果较佳。

三、氨基酸的性质

氨基酸均为固体，熔点较高，一般在 200 ~ 300℃之间。易溶于水，但难溶于有机溶剂。

氨基酸具有氨基和羧基的一些典型性质。同时，由于两基团的相互作用和相互影响，还具有一些特殊性质。

1. 两性电离和等电点

氨基酸分子中，羧基是酸性基团，可以给出质子，氨基是碱性基团，能接受质子，两者相互作用而成盐，这种盐称为内盐。

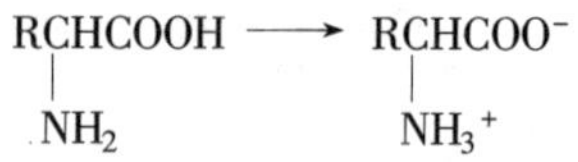

内盐

内盐分子中同时含有正离子和负离子，所以内盐又称为两性离子。氨基酸在晶体状态时以两性离子形式存在。这种特殊的离子结构，是氨基酸具有低挥发性、高熔点和易溶于水而难溶于有机溶剂的根本原因。

当氨基酸用强酸处理时，溶液中的羧基负离子（—COO^-）与 H^+ 结合成羧基（—COOH），于是，两性离子转变为正离子，在电场中向负极移动。若用强碱处理氨基酸，则带正电荷的铵离子（—NH_3^+）将 H^+ 交出并转变为氨基（—NH_2），此时，两性离子转变为负离子，在电场中向正极移动。就某一氨基酸来说，向溶液中加酸或碱调节到一定 pH 值时，氨基酸主要以两性离子的形式存在，在电场中既不向正极也不向负极移动，此时溶液的 pH 值称为该氨基酸的等电点，以 pI 表示。氨基酸在溶液中的存在形式与 pH 值的变化可以用下面的反应式来表示：

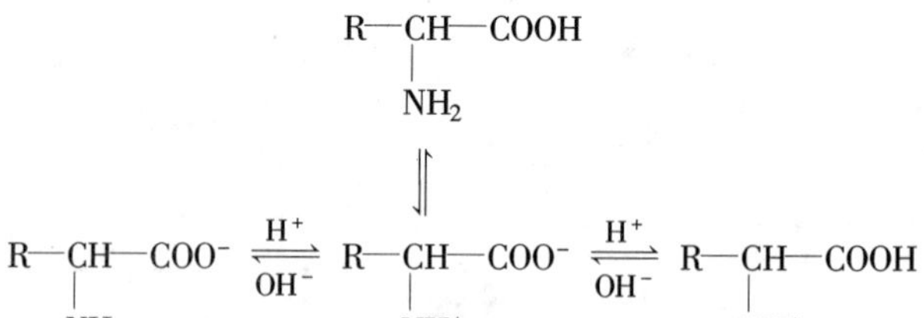

负离子 两性离子 正离子

溶液pH > pI 溶液pH = pI 溶液pH < pI

由于各种氨基酸的化学结构不同，因此它们的等电点也各不相同，中性氨基酸为 5.0 ~ 6.0 之间；酸性氨基酸为 2.7 ~ 3.2；碱性氨基酸为 9.5 ~ 10.7。中性氨基酸的等电点偏酸是由于羧基的解离度略大于氨基，因而溶液必须偏酸才能使两种解离的趋势恰好相当。

在等电点时，氨基酸的溶解度最小，最易从溶液中析出。利用这种性质，可以分离纯化氨基酸。

2. 脱水成肽

两个氨基酸分子在酸或碱的作用下，受热脱水，生成二肽。

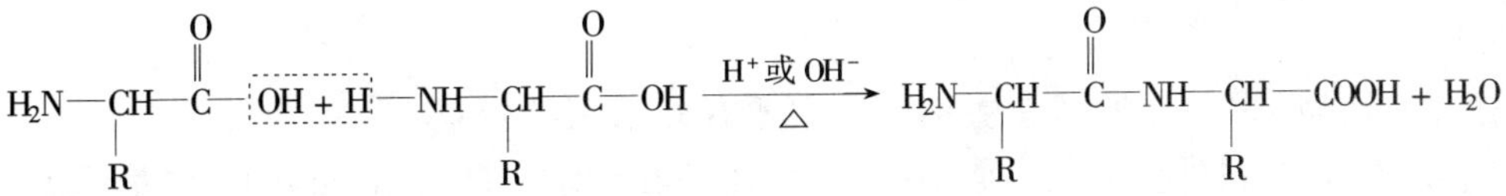

二肽分子中的酰胺键称为肽键。二肽分子中两端的自由氨基和羧基还可以继续与其他的 α - 氨基酸缩合成三肽、四肽乃至多肽。肽分子中保留游离氨基的部分叫 N—端，保留游离羧基的部分叫 C—端。在书写肽的结构式时，把 N—端写在左边，把 C—端写在右边。

多肽的命名是以 C—端氨基酸为母体，叫某氨酸，其他氨基酸残基从 N—端开始，依次叫某氨酰，放在母体名称的前面。例如：

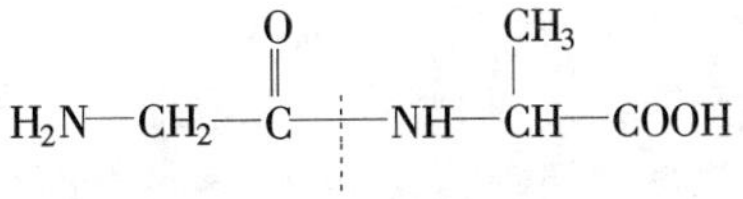

甘氨酰丙氨酸(简称甘丙肽)

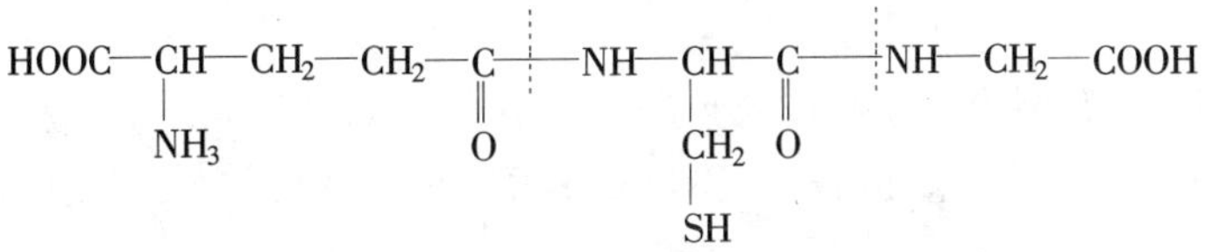

γ - 谷氨酰半胱氨酰甘氨酸(简称谷胱甘肽)

多肽类物质在自然界存在很多，它们在生物体中起着各种不同的生理作用。例如，存在于垂体后叶的催产素是由 8 种、9 个氨基酸组成的肽类激素，临床上用于促进分娩和产后止血等；存在于心脏和肺的激素——心钠素，是一种 28 肽，又叫 α - 人心房肽，具有很强的利尿、利钠、扩张血管、降低血压、改善心律、加强心肌营养等生理作用；胰岛分泌的胰岛素是由 16 种、51 个氨基酸组成的多肽类激素，为糖的正常代谢所必需。我国科学工作者，于 1965 年人工合成了含有 51 个氨基酸单位，与天然产品完全相同的牛胰岛素，这不仅是一项具有世界先进科学技术水平的卓越成就，更重要的是它使人类在认识生命、揭开生命奥秘的伟大历程中又前进了一大步。

第二节　蛋 白 质

一、蛋白质的组成、分类和结构

蛋白质是由 α - 氨基酸通过肽键连接而成的高分子化合物，也是多肽，通常把相对分子质量低于 10000 的视为多肽，高于 10000 的称为蛋白质。

1. 组成

蛋白质主要是由 C，H，O，N，S 等元素组成，有些蛋白质还含有 P，Fe，I，Co，Zn 等元素。天然蛋白质中各种元素含量为：

C：50% ~ 55%　　　　H：6.0% ~ 7.3%

O：19% ~ 24%　　　　N：13% ~ 19%

由于大多数蛋白质的含氮量都近似为16%，即任何生物样品中，每克氮相当于6.25g蛋白质。6.25称为蛋白质系数，只要测定生物样品的含氮量，就可以计算出其中蛋白质的大致含量。

2. 分类

蛋白质的种类很多，分类的方法不一，主要有以下两种：

（1）根据蛋白质的形状，分为纤维蛋白（如丝蛋白、角蛋白）和球蛋白（如酪蛋白、蛋清蛋白）。

（2）根据蛋白质的化学组成，分为单纯蛋白质和结合蛋白质。单纯蛋白质全部由氨基酸组成，如蛋清蛋白。结合蛋白质除氨基酸外，还含有糖、脂肪、色素等辅基，根据辅基的不同，结合蛋白质又可分为核蛋白、脂蛋白、糖蛋白、磷蛋白、色蛋白和金属蛋白等。

3. 结构

蛋白质的结构非常复杂，分为一级、二级、三级、四级结构。这里仅简单地介绍有关结构的基本概念。

（1）一级结构　蛋白质分子中氨基酸的连接方式和排列顺序叫做蛋白质的一级结构，氨基酸的排列顺序是决定蛋白质特性最重要的因素，若排列顺序稍有改变，蛋白质的功能也随之改变。

（2）二级结构　多肽链由于氢键的引力而卷曲盘旋成螺旋状的结构，叫做蛋白质的二级结构，如 α－螺旋、β－折叠（较少见）。

（3）三级结构　螺旋状的多肽链经分子内作用力（如二硫键、酯键、氢键、疏水键等）的作用，使 α－螺旋本身再卷曲折叠成特殊的层状、球状或纤维状等复杂的空间结构，叫做蛋白质的三级结构。

（4）四级结构　蛋白质的一级、二级、三级结构均为一条多肽链在空间的排列，四级结构是指由两条或两条以上具有三级结构的肽链，通过氢键、疏水键、静电引力等缔合而成的特殊结构，如图15－1所示。

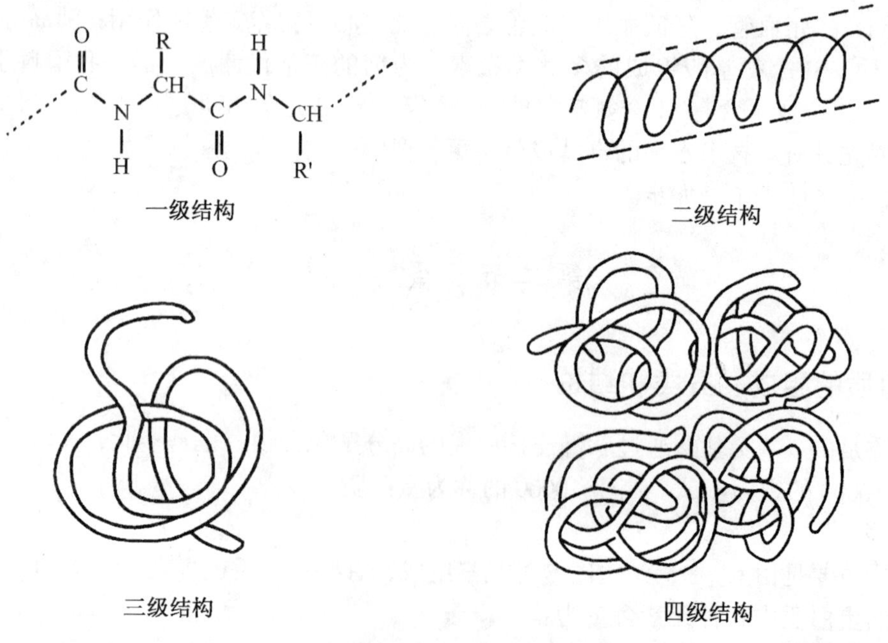

图15－1　蛋白质的一、二、三、四级结构示意图

蛋白质分子的形状、大小及表面性质都是其内部结构的反映，它的一系列理化性质都与它的结构密切相关。组成蛋白质的 α – 氨基酸只有 20 种，但由于蛋白质中所含氨基酸的种类、数目不同，氨基酸的排列顺序和方式又是多种多样的，加上多肽链盘旋折叠的情况不一，所以自然界就存在着种类繁多的、具有各种特殊生理功能的蛋白质。

二、蛋白质的性质

蛋白质分子中，存在着游离的氨基和羧基，因此，具有一些与氨基酸相似的性质，但由于蛋白质是高分子化合物，又具有高分子化合物的某些特性。

1. 两性电离和等电点

蛋白质分子与氨基酸一样，可以发生两性电离，形成两性离子。它在酸性环境中接受 H^+ 成为正离子，在碱性环境中失去 H^+ 成为负离子。若调节溶液的 pH 值，使蛋白质分子成为两性离子，其分子净电荷为零，在电场作用下，既不向正极移动，也不向负极移动，此时溶液的 pH 值称为该蛋白质的等电点，以 pI 表示。

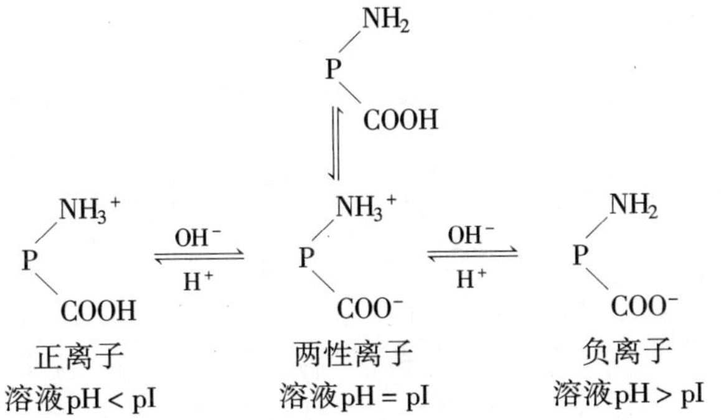

不同的蛋白质有不同的等电点，表 15 – 2 列出了一些常见蛋白质的等电点。多数蛋白质的等电点接近于 5.0。由于人体体液的 pH 值约为 7.4，所以体内蛋白质大多为负离子，并与 K^+，Na^+，Ca^{2+}，Mg^{2+} 等正离子结合成盐，称为蛋白质盐。蛋白质盐与蛋白质可构成缓冲对，在人体内起着重要的缓冲作用。

表 15 – 2　一些常见蛋白质的等电点（pI）

蛋白质	来源	等电点	蛋白质	来源	等电点
乳清蛋白	牛乳	5.12	胰蛋白酶	胰液	5
酪蛋白	牛乳	4.6	胃蛋白酶	猪胃	2.75 ~ 3
卵清蛋白	鸡蛋	4.84 ~ 4.9	丝蛋白	蚕丝	2 ~ 2.4
血清蛋白	马血	4.88	核糖核酸酶		9.5
肌球蛋白	肌肉	7	溶菌酶		2.4

2. 胶体性质

蛋白质是高分子化合物，其分子颗粒大小在胶体粒子范围（1 ~ 100nm）内，因此蛋白质溶液具有胶体溶液的性质，例如不能通过半透膜，能在电场中发生电泳等。同时，蛋白质溶液作为一种高分子化合物溶液，还有自己的特性，如稳定性大、扩散慢、黏度大、对溶胶有保护作用等。蛋白质溶液非常稳定，是因为蛋白质分子表面有很多亲水基团，如

$-COOH$，$-NH_2$，$-\overset{\displaystyle O}{\overset{\|}{C}}-$，$-OH$，$=NH$ 等。这些亲水基团强烈地吸引水分子，在蛋白质粒子外面形成一层较厚的水化膜，避免了蛋白质粒子因碰撞而聚集，发生沉淀；另一个原因是蛋白质在 pH 值为非等电点的溶液中，带有相同的电荷，互相排斥，阻止了蛋白质粒子的凝聚。

3. 盐析

在蛋白质溶液中加入一定量的电解质（如硫酸钠、硫酸铵等），蛋白质便沉淀析出，这种现象称为蛋白质的盐析。其原因是加入电解质，能中和蛋白质颗粒所带的电荷，同时盐类离子强烈的水化作用能破坏蛋白质颗粒表面的水化膜，从而使其凝聚。蛋白质的盐析是一个可逆过程，在一定条件下，盐析出来的蛋白质，仍然能够溶于水，并能恢复原来的生理活性。

使不同的蛋白质发生盐析所需要盐的浓度不同。例如，球蛋白在半饱和硫酸铵溶液中即可析出，而白蛋白却要在饱和硫酸铵溶液中才能析出。因此，可以用逐渐增大盐溶液浓度的方法，使不同的蛋白质从溶液中析出，从而得以分离，这种操作称为分段盐析。在临床检验上，利用分段盐析可以测定血清中白蛋白和球蛋白的含量，借以帮助诊断某些疾病。

4. 变性

蛋白质在某些物理或化学因素（如加热、高压、超声波、紫外线、X－射线、强酸、强碱、重金属盐、乙醇等）的影响下，分子内部结构发生改变，使其理化性质和生物活性随之改变。变性因素解除后，蛋白质结构得到恢复，并同时恢复其原有的生物活性，这种现象叫可逆变性；若用较强烈的处理方法，蛋白质的变性将是不可逆变性。

蛋白质的变性原理已广泛地应用于医学实践中，如用酒精、高温、紫外线照射等进行消毒灭菌；用热凝法检查尿蛋白；用放射性核素治疗癌症等。在制备和保存激素、疫苗、酶类、血清等制剂时，应避免其变性，以防止其失去生物活性。

5. 颜色反应

蛋白质分子中的肽链和氨基酸残基能与某些试剂发生作用，生成有颜色的化合物，利用蛋白质的这一性质，可对蛋白质进行定性鉴定和定量测定。

（1）缩二脲反应　蛋白质在强碱性溶液中与硫酸铜溶液作用，呈现紫色或紫红色，并且蛋白质的含量越多，产生的颜色也越深。医学上利用这个反应来测定血清蛋白质的总量及其中白蛋白和球蛋白的含量。

（2）黄蛋白反应　蛋白质分子组成中含有带苯环的氨基酸残基时，与浓硝酸作用呈黄色，再加碱则变为橙色。皮肤上沾有浓硝酸时会变黄，也就是这个原因。

第三节　维 生 素

一、维生素的概念及分类

1. 概念

维生素是维持机体正常生命活动不可缺少的一类小分子有机化合物，是人体不可缺少的营养素。一般具有以下特点：

（1）维生素在体内既非供给能量，也非构成组织成分。但许多维生素，特别是 B 族维生素是酶的辅酶成分，在调节物质代谢中具有十分重要的作用。

（2）维生素大部分在体内不能合成或合成量很少，不能满足机体需要，因此必需由食物供给。

（3）机体对维生素的需要量很少，但不可缺少，缺少时会产生维生素缺乏症。

2. 分类

维生素的种类很多，按化学结构不同，有脂肪族、芳香族、杂环和甾类等。一般按其溶解性分为脂溶性维生素和水溶性维生素两大类。

重要的脂溶性维生素有维生素 A、维生素 D、维生素 E、维生素 K 等。

重要的水溶性维生素有维生素 B_1、维生素 B_2、维生素 PP、维生素 B_6、维生素 B_{12}、泛酸、生物素、叶酸和维生素 C。

二、脂溶性维生素

脂溶性维生素易溶于有机溶剂，不溶于水，在食物中常与脂类共存，脂类吸收不好，可影响其吸收，甚至发生缺乏症，一般脂溶性维生素在体内有一定的贮存。

1. 维生素 A

维生素 A 是含有 β – 白芷酮环的不饱和一元醇类，包括 A_1 和 A_2 两种，维生素 A_1 又称为视黄醇，维生素 A_2 又称 3 – 脱氢视黄醇。

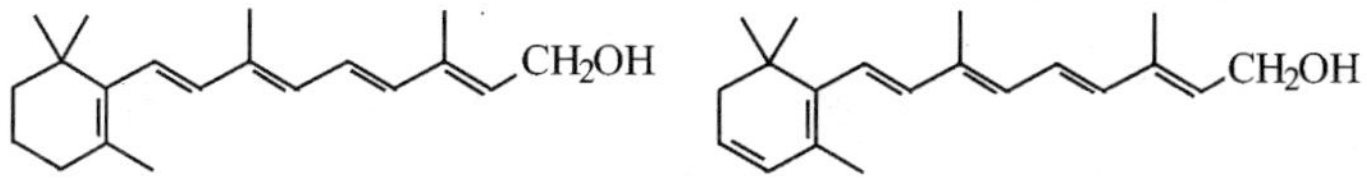

维生素 A_1（视黄醇）　　维生素 A_2（3-脱氢视黄醇）

维生素 A 主要来自动物性食物,以肝、乳制品及蛋黄中含量最多。植物性食物中没有维生素 A,但黄绿色植物中含有的胡萝卜素,在肠壁和肝中能转变为维生素 A,故称为维生素 A 原。

维生素 A 具有广泛的生理功能。它参与视网膜内杆状细胞中视紫红质的合成，增强视网膜的感光功能；参与间质组织黏多糖的合成；参与机体内许多氧化过程；维持上皮组织的正常功能；促进骨骼的生长发育等。维生素 A 在临床上适用于维生素 A 缺乏症，如干眼病、夜盲症、角膜软化症及皮肤干燥、粗糙等；防治儿童期缺乏维生素 A 所出现的发育不良、生长停滞；烫伤、冻伤及溃疡的局部用药；增强抗癌药的疗效。

2. 维生素 D

维生素 D 是类固醇的衍生物，现在已知的维生素 D 主要有 D_2，D_3，D_4 和 D_5。它们的结构很相似，只是侧链有差别。

四种维生素 D 都由相应的维生素 D 原经紫外线照射转变而来。人体皮肤中含有的 7 – 脱氢胆甾醇转变成维生素 D_3，酵母和低等植物中含有的麦角甾醇转变成维生素 D_2，22 – 脱氢麦角甾醇转变成维生素 D_4，7 – 脱氢谷甾醇转变成维生素 D_5。维生素 D 是无色晶体，不易被酸、碱及氧化剂所破坏。

维生素 D 的主要功能是促进钙和磷的吸收，促进骨盐更新，使骨骼正常发育。如果缺乏维生素 D，儿童发生佝偻病，成人发生软骨病，因此，维生素 D 在临床上用于治疗佝偻病和软骨病。但过量补充维生素 D 会引起中毒，造成骨化过度，严重时还可能出现肾功能不全。

3. 维生素 E

维生素 E 又称生育酚，是 6 – 羟基苯并二氢吡喃的衍生物。由于环上甲基的数目和位置

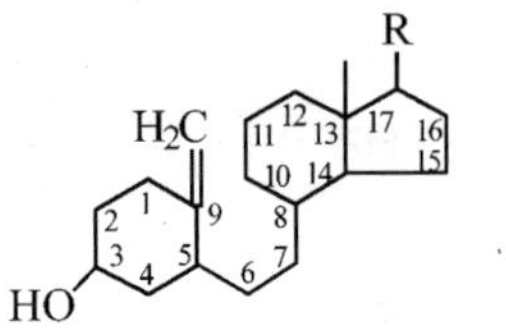

维生素D的结构通式

维生素 D_2 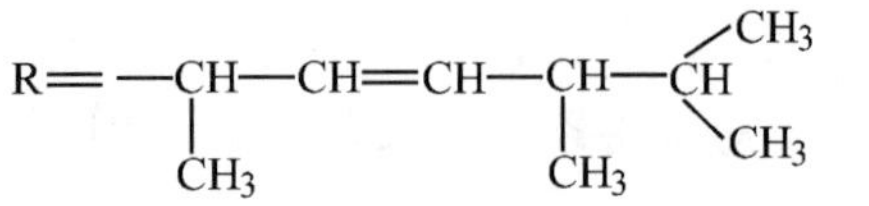

维生素 D_3 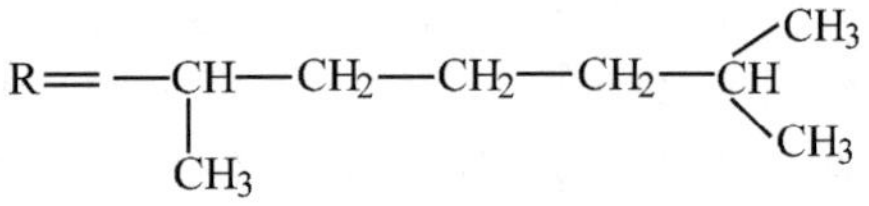

维生素 D_4 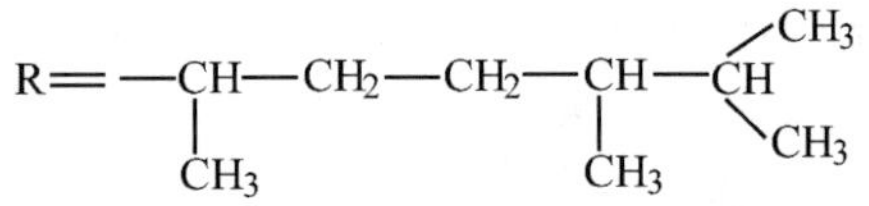

维生素 D_5 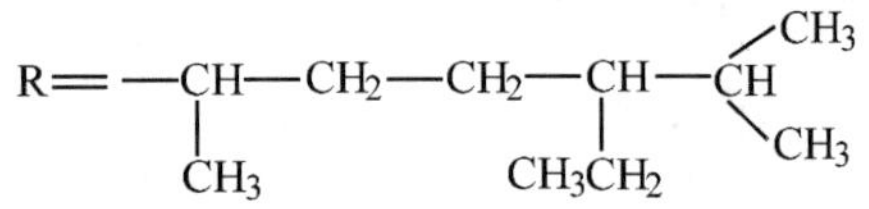

不同，有8种，其中 α，β，γ，δ 4种生育酚较为重要，α-生育酚活性最强。

维生素E存在于植物中，尤其是一些植物油中，如玉米油、葵花子油、麦胚油中含量最丰富。它是淡黄色油状物，对酸、碱和热都较稳定，但易被氧化，可作抗氧剂。

维生素E对糖、脂类及蛋白质的代谢都有影响，主要功能是抗氧化、抗衰老、保护生物膜、维持正常的生殖功能。临床上，维生素E主要用于流产、早产、进行性肌营养不良症、心脏病的防治及抗衰老。

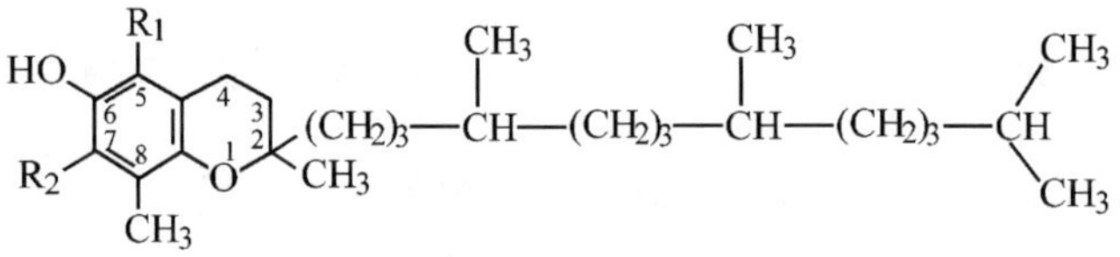

生育酚基本结构式

生育酚	R_1	R_2
α-	$-CH_3$	$-CH_3$
β-	$-CH_3$	$-H$
γ-	$-H$	$-CH_3$
δ-	$-H$	$-H$

4. 维生素K

维生素K又称凝血维生素，是2-甲基萘醌的衍生物，K_1 和 K_2 是天然存在的维生素，K_3 和 K_4 为人工合成产物。

维生素 K_1 存在于猪肝、蛋黄、苜蓿、白菜、菠菜及其他绿色植物蔬菜中，维生素 K_2 是人和动物肠道细菌合成的。维生素K耐热，但易被光和碱破坏。

维生素K的主要功能是促进凝血因子的合成并使凝血因子转变为凝血酶，而凝血酶可加速血液凝固。缺乏维生素K可引起凝血时间延长，易出血等。维生素K还参与细胞生物氧化过程，还可增强肠道蠕动和分泌，并有解痉止痛作用。维生素K可用于维生素K缺乏所致的出血症及胆道蛔虫引起的胆绞痛。

维生素K的基本结构

维生素K_1

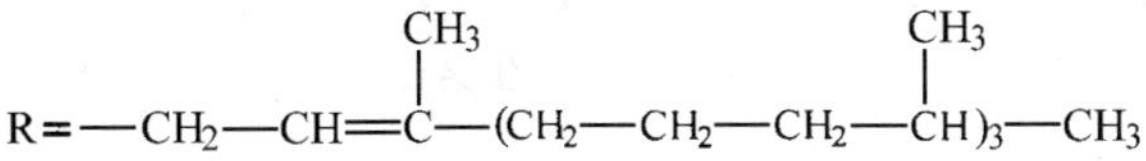

维生素K_2

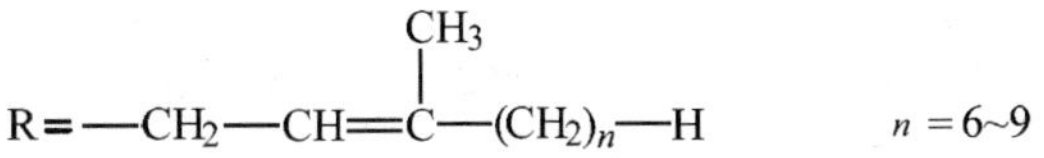

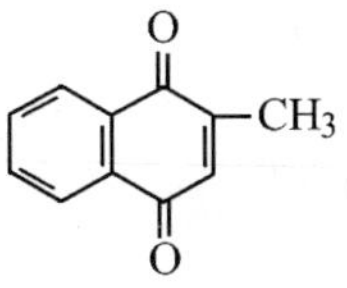

维生素 K_3

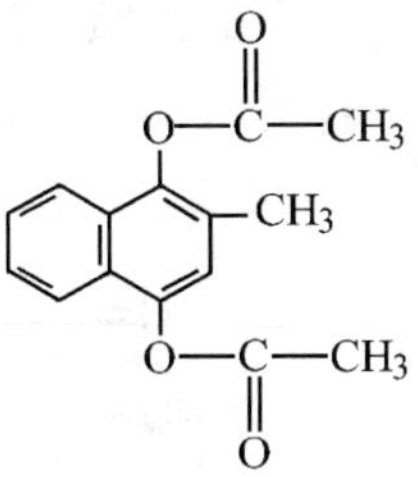

维生素 K_4

三、水溶性维生素

水溶性维生素均溶于水，不易在体内贮存，摄入量达饱和后，多余部分随尿排出。

1. 维生素 B_1

维生素 B_1 又名抗脚气病维生素，是由含硫的噻唑环和含氮的嘧啶环组成的化合物，亦称盐酸硫胺素。

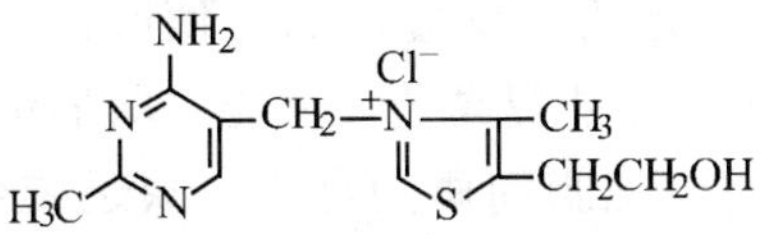

维生素 B_1（硫胺素）盐酸盐

维生素 B_1 存在于米糠中，在粗米、粗面粉、酵母和大豆中含量较多，中草药防风、车前子、槟榔里也都含有不少。它为无色片状固体，在碱性环境中易被破坏，酸性环境中稳定。

维生素 B_1 在体内形成硫胺素焦磷酸（TPP），参与丙酮酸氧化脱羧酶系的辅酶组成，为糖代谢所必需，它还能抑制胆碱酯酶活性，使乙酰胆碱促进胃肠蠕动和消化液分泌的作用增强。维生素 B_1 在临床上用于维生素 B_1 缺乏症和各种疾病的辅助治疗，如脚气病、周围神经炎、消化不良、心肌炎、慢性腹泻、慢性酒精中毒及甲状腺功能亢进等。

2. 维生素 B_2

维生素 B_2 又称核黄素，是 D－核醇和 7，8－二甲基异咯嗪的缩合物。

维生素 B_2 存在于绿色蔬菜、黄豆、稻谷、小麦、酵母、肝、心及乳类中。它为橘黄色针状晶体，在酸性溶液中稳定，在碱性溶液中或受光照射易被破坏。

维生素 B_2 为体内黄素酶的辅基，黄素酶在生物氧化还原中发挥递氢作用，参与蛋白质和脂肪的代谢，还能维持正常视觉功能。它在临床上用于维生素 B_2 缺乏引起的唇炎、舌炎、

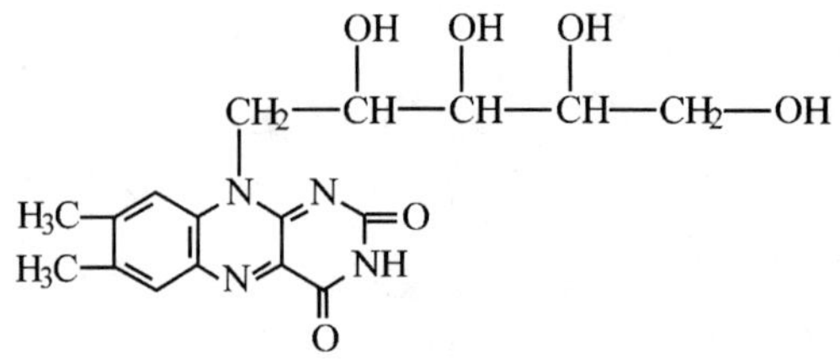

维生素 B_2

口角炎、眼角膜炎、皮炎等。

3. 维生素 C

维生素 C 又名抗坏血酸，是含 6 个碳原子的不饱和多羟基内酯化合物，其 C_2 和 C_3 烯醇式羟基上的氢，不仅可以离解出 H^+，也可以氢原子形式释放。因此，维生素 C 既有较强的酸性，也具有较强的还原性。

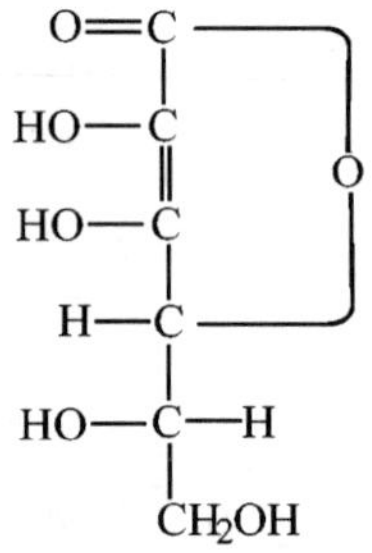

维生素 C

维生素 C 存在于各种新鲜蔬菜和水果中，它为无色晶体，味酸，易被热、光和某些金属离子（Cu^{2+}、Fe^{3+}等）破坏。

维生素 C 参与体内的许多氧化还原反应，如促使叶酸变成四氢叶酸，使 Fe^{3+} 还原成 Fe^{2+}，以利于肠道内铁的吸收。它还能提高免疫功能，增加机体抗癌能力，增强机体抗感染和解毒功能，促使胶原蛋白和组织细胞间质的合成。缺乏维生素 C 时，毛细血管通透性和脆性增加，易出血，而致坏血病。临床上，维生素 C 可用于治疗坏血病、慢性中毒、贫血、克山病、心肌炎、慢性肝炎、创伤愈合不良等。维生素 C 对人体很重要，但长期大量使用会引起维生素 C 中毒，导致疲乏、呕吐、荨麻疹、腹痛、尿结石等。

习　　题

1. 组成蛋白质的氨基酸有多少种？

2. 写出在下列介质中各氨基酸的主要存在形式

（1）丝氨酸在 pH = 1 时　　（2）赖氨酸在 pH = 10 时

（3）谷氨酸在 pH = 3 时　　（4）色氨酸在 pH = 12 时

3. 写出丙氨酸和苯丙氨酸脱水成肽的化学方程式。

4. 将酪氨酸（pI = 4.6）放在 pH 值为 6 的溶液中，其在电场作用下向何极移动？为什么？

5. 引起蛋白质变性的因素有哪些？蛋白质变性在医学上有哪些应用？

6. 蛋白质溶液为什么比溶胶稳定？

7. 维生素是一类什么样的化合物？有何特点？

8. 维生素是怎样分类的？各类维生素有何特点？

9. 缺乏何种维生素会引起下列疾病？

（1）夜盲症　　（2）佝偻病　　（3）坏血病　　（4）脚气病

第十六章 食品化学

人类为了生长发育和维持正常的生命活动，每天都必须补充营养，补充营养的主要方式就是饮食。因此食物是人们最关心的东西。本章将就人体从食物中摄取的六大营养素和食品添加剂等，简述与食品有关的化学知识。

第一节 人体所需的六大营养素

糖类、蛋白质、脂肪、矿物质、维生素和水分是人类每天从食物中摄取的六大营养素。

一、糖类

本书第十二章已对糖类化合物有较为详细的讲述，其中淀粉是人类每天必不可少的主要食品。淀粉在体内的变化是：

$$\underset{\text{淀粉}}{(C_6H_{10}O_5)_n} + nH_2O \xrightarrow[30 \sim 35℃]{\text{淀粉酶}} \underset{\text{葡萄糖}}{nC_6H_{12}O_6}$$

$$\underset{\text{葡萄糖}}{C_6H_{12}O_6} + 6O_2 \xrightarrow{\text{酶}} 6CO_2 + 6H_2O + \underset{\text{能量}}{Q}$$

通过上述化学变化，淀粉提供了人体活动和生活所需的能量。每克淀粉可提供 15kJ 左右的热能。

二、蛋白质

蛋白质是生命的物质基础，是存在于一切细胞中的生物高分子化合物。人类从食物中摄取蛋白质，供人体组织生长及代谢的需要。含蛋白质高的食品有禽蛋、肉类、大豆、绿藻、奶类及酵母等。

蛋白质在体内水解可得到 20 余种人体所需的 α – 氨基酸，也有部分蛋白质在体内氧化提供生命活动所需的能量。每克蛋白质氧化产生的热能与糖类相近。

三、脂肪

脂肪是高能食品，每克脂肪完全氧化可供给 38.9kJ 的热能，为糖类或蛋白质的两倍多。脂肪也是维生素 A，D，E，K 等许多活性物质的良好溶剂，在人体内的脂肪起着维持体温和保护内脏的作用。

四、矿物质

食物内所含的矿物质中的钙和磷为人体的骨骼、牙齿及神经系统正常发育所需的重要元素；铁为血红素不可缺乏的元素，可防止贫血；碘可防治甲状腺肿大。

含矿物质丰富的食品很多，如奶类、菠菜、海带及海鲜等，分别含有人体所需的各种矿物质。

五、水

水可帮助体内养分的输送、废物的排泄及新陈代谢等一切生命活动的进行，故水是人体所需的重要营养素。

人们除从食物、蔬菜、水果中摄取水分外，每天还需饮水，以补充水分，维持正常的生理功能。

六、维生素

维生素也是人体所需的营养素。维生素对维持身体健康、增强对疾病的抵抗力、保持正常的生理功能及新陈代谢起着重要的作用。缺乏维生素，常常会引起某种疾病，例如缺少维生素 A，会引起夜盲症；缺少维生素 C，会引起坏血病；缺少维生素 E，会引发不孕症及生殖系统组织退化现象等等。

人体所需的各种维生素普遍存在于食物中，特别是在蔬菜和水果中含量丰富。为了从食物中摄取人体所需的各种维生素，不致缺乏某种维生素而引起疾病，应多食用各种蔬菜、水果及其他食物，不要养成偏食习惯。

上面所述的六大营养素在人们的正常饮食中，是可以完全满足的。但是，随着社会的进步、经济的发展和生活水平的提高，人们的饮食也发生了很大的变化。从盼望吃饱到追求吃好，食品生产和加工都发生了很大的变化。例如，为了使食品具有更好的风味，常在其中加入一些化学添加剂；为了提高农作物的产量，而使用大量的化肥和农药；为了使家畜家禽长得更快、产蛋更大更多和防治其生病，而在喂养的饲料中加入抗生素和激素等物质；为了使生产的食品保存期限加长，而在食品中加入一些防腐剂等等。如果这些化学物质在食用前未能从食品中完全清除，或是摄入量超过人体所能承受的限度时，轻则产生病变，重则危及生命。这是人们在生产或加工食品和饮用食品时，必须慎重考虑的问题。

第二节　食品添加剂

在食品加工、制造或贮存过程中，为了增加食品的营养，或为满足人们对食品色、香、味的要求，或为延长食品的存放时间，而用添加、混合、浸渍等方法在食品中加入不可单独作为食品来食用的物质，称为食品添加剂，如调味剂、着色剂、保鲜剂、防腐剂、杀菌剂等。

一、调味剂

1. 味精

味精学名谷氨酸钠，为无色或白色晶体，易溶于水，微溶于乙醇，与食盐共用时，调味效果更佳。味精还有缓和酸味或苦味的作用，例如某些食品加了糖精后有点苦味，则可加入少许味精缓和苦味。为了保持冷冻鱼肉的鲜度，也可在冷冻前拌上少许味精。

但过多使用味精，调味效果适得其反，若空腹时大量食用味精会有头晕现象发生。

2. 糖精

糖精学名邻磺酰苯甲酰亚胺，为无色或白色晶体，味极甜，是常用的甜味剂。因糖精难溶于水，市面上销售的糖精均为其易溶的钠盐或钙盐，但碰到胃酸后立即变成糖精，并以此形式从尿中排泄。

食品中添加少许糖精，味甜可口，过多则苦，因糖精本身有苦味。糖精还可用作糖尿病患者的甜味剂，肥胖者的代用糖，在生产清凉饮料、冰淇淋、烘焙食品时，常用糖精作甜味剂。

但是，长期食用糖精对消化器官及肾是有害的。

3. 酸味剂

常用的酸味剂有柠檬酸、醋酸、苹果酸、酒石酸等。酸味剂除了让食品具有可口的酸味而让人在味觉上产生一种刺激性的快感外，还有香味剂、缓冲剂、保鲜剂和辅助抗氧化剂等功能。

4. 香料

人们都喜欢香味，花的芳香、苹果和香蕉的酯香等，都能使人心爽神怡、口味大增，因此香料被广泛使用。

就其用途而言，香料分为食品香料和调和香料两类。食品香料是用于制造糖果、酒类、香烟、饮料等食品以及牙膏等进入口腔的用品，使之具有芬芳味觉。调和香料是用于制备香水、化妆品、外用药品、杀虫剂等产品，以刺激嗅觉。

食品香料因其来源不同，又分为天然香料和合成香料。天然香料是由植物的花、种子、枝叶、根、皮和动物的分泌物（如麝香、灵猫香）提炼而得。合成香料是以石油化工产品作原料，通过一系列化学反应制得的具有明确化学结构和香味的有机化合物。在制备时，常选择与天然香料组成和结构相同或相似的有机化合物。例如，化学方法制备的异戊酸乙酯，具有香蕉的特异香味，桂皮酸具有凤仙花的香气，大茴香醛具有茴香油的山楂子花的香气等等。

二、着色剂

为了增加食品的美观，提高人们的食欲，商家在食品加工时，往往使用着色剂，即色素。早先使用于食品的着色剂为天然有机色素，无毒害。但因天然色素的色泽不理想，且来源极少，现多用人工合成的色素来作食品的着色剂。

一些不法厂商，特别是一些私办小作坊，在制作蛋糕、面包、卤肉、卤蛋、腊肉等食品时，将低价的劣质或变质原料，使用化学着色剂，制出外观漂亮的食品，坑害顾客，这是屡见不鲜的事。应该时时想到，着色剂对人是有害无益的。当食品看起来比实际上好看时，可能那就是危险食品了。

三、防腐剂

防腐剂是用来防止由于微生物的污染而致使食物腐败变质的化合物。防腐剂对微生物或霉菌具有杀灭、抑制或阻止其生长的作用，常用于食品、饮料、药物、木材等方面。

常用的防腐剂有硼砂、福尔马林、苯甲酸、苯酚、五氯酚钠、对氨基苯磺酰胺等。

对氨基苯磺酰胺是一种对人体无害的防腐剂，因它与细菌所必需的营养素很相似，而使得细菌误食，以抑制细菌的生长，起防腐作用。很多防腐剂是对人有害的，不可随便使用。

四、杀菌剂

杀菌剂是对真菌或细菌有杀灭作用和对孢子产生抑制力的药剂。杀菌剂与防腐剂的区别在于杀菌剂是完全杀死细菌，在短期内杀菌后不应再残存于食物内，而防腐剂只是抑制微生物的生长而没有完全把微生物杀死，故在食物中要维持一定浓度，否则微生物将会继续生长。

常用的食品杀菌剂如2,4－己二烯酸,因它的结构与细菌所喜欢的葡萄糖相似,细菌误食后会缺乏养分而死亡,但2,4－己二烯酸对人体无害。

杀菌剂的种类很多，有无机杀菌剂（如硫磺粉、硫酸铜等）、有机汞杀菌剂（如磺胺汞、乙汞化氯等）、有机氯杀菌剂（如五氯酚、二氯萘醌等）、酚类杀虫剂（如苯酚、水杨酰苯胺）等等，绝大多数杀菌剂是对人体有害的。

第三节　人体必需元素

近代科学证实，构成人体和维持机体正常生命活动的化学元素约有25种，称之为人体必需元素。人体必需元素存在于健康的机体中，若缺乏其中某种元素，则人体不能生长或不能维持正常的生命活动。每种人体必需元素在人体内有一个相当恒定的浓度范围，其在人体内的作用不能由别的元素所代替。每种人体必需元素都具有一定的生物功能或对生物功能有直接的影响，并参与机体的新陈代谢过程。若机体缺乏或排除某种元素，则会引起不正常的生理反应，而再摄入后，又可恢复。

一、宏量元素和微量元素

根据在人体中的相对含量，人体必需元素分为宏量元素和微量元素两类。宏量元素有C，H，O，N，Ca，P，S，K，Na，Cl，Mg；微量元素有Fe，Zn，Cu，Br，V，Mn，I，F，Cr，Si，Se，Sn，Mo，Co。宏量元素占人体总量的99.95%以上，而微量元素在人体中含量不到0.05%。

二、微量元素在人体内的作用

微量元素在机体内虽然含量微小，但它是参与人体代谢、生长、发育过程必不可少的元素，是机体生命过程中在生理、生化作用上具有重要意义的酶、激素、维生素等的组成部分。

微量元素在人体内作用很大，若体内缺乏某种元素，将会引起生理功能及结构异常，发生相应的疾病，但一般不危及生命。下面以几种微量元素为例说明微量元素在人体中的重要作用。

1. 铁

铁的二价正离子是人体血液中亚铁血红素的中心离子，铁是人体血液中交换与输送氧气所必需的，也是人体内许多氧化还原体系不可缺少的一种元素。人体缺铁致使氧的运输和供应不良、氧化还原及能量代谢等过程发生紊乱。体内含铁量不足的一般表现为缺铁性贫血和营养性贫血。缺铁还能使机体免疫机制受到损害，易受感染，并引起体内维生素及无机盐代谢紊乱，影响孕妇及婴幼儿的身体健康，使婴幼儿发育不良，甚至造成生化作用异常及形态变异。

为了防治缺铁，应经常食用含铁丰富的食品，如海带、木耳、猪肝、蛋黄、谷物、豆类、菠菜、水果等。

2. 锌

锌是人体内多种酶的组成成分，它直接参与蛋白质和核酸的合成，影响细胞的分裂、生长和再生。

孕妇缺锌可导致宫内胎儿生长缓慢、流产、死胎和先天性胎儿畸形。婴幼儿缺锌，可引起厌食、偏食、口腔溃疡、湿疹、发育缓慢、免疫力低下，甚至出现缺锌性侏儒综合征。成人缺锌可引起糖尿病、风湿性心脏病、性功能不全等疾病。

缺锌患者可服用硫酸锌、甘草锌等药物。多食用瘦猪肉、牛肉、猪肝、鱼、核桃、花生和海产品对补锌有益。

3. 碘

碘是人体中极为重要的微量元素。健康成人体内含碘平均值约为 30mg，其中一半含在甲状腺内，其余的碘分布在血液、肌肉和组织器官中。甲状腺中的碘形成具有多种重要生理活性的甲状腺激素。甲状腺激素对机体的生长发育以及对体内物质和能量的代谢两个方面都有十分重要的影响。人体缺碘将影响甲状腺激素的合成和分泌，使正常生理过程受到影响而导致疾病。碘缺乏病呈现多种不同的生理改变或疾病形式，最常见的碘缺乏病有地方性甲状腺肿、地方性克汀病和类克汀病。碘缺乏病的主要症状有甲状腺肿大、轻度智力落后（如儿童的计算能力、记忆力、认识能力、抽象思维能力和集中注意的能力较差）、轻微的神经损伤（如听力和语言能力障碍）、体格发育落后。严重的碘缺乏病则造成痴呆、聋哑、侏儒。

碘缺乏病是一种对人类健康造成严重威胁的疾病，分布广泛，患者甚多。根据联合国儿童基金会 1994 年的统计，全世界受碘缺乏病威胁的人口约 16 亿。我国也有 1/3 的人生活在缺碘地区，如果缺碘问题得不到解决，我国将有数千万儿童的智力达不到正常水平，还会出现一大批智力残疾病人。

为了防治碘缺乏病，近年来我国广泛使用加碘食盐，对碘缺乏病人使用含碘药物补碘。在日常生活中，多食用含碘较丰富的海带等食物也可补碘。

习　　题

1. 人体所需的六大营养素包括哪些？每种营养素在体内的作用如何？
2. 食品添加剂主要有哪些？是否都对人体有益？
3. 防腐剂为什么能防腐？
4. 微量元素在人体内有何作用？举例说明之。

第十七章

高 分 子 化 学

相对分子质量很大（通常在1万以上）的有机化合物称为高分子化合物，简称高分子或高聚物。高分子化合物与人们生活关系非常密切，无论是日常膳食的淀粉和蛋白质，衣着用的棉、麻、丝、毛和皮，维持生命的蛋白质和核酸或是用于建筑和制造工具的竹子和木材等，都是天然高分子化合物。淀粉、纤维素和蛋白质等，本书已在前面讲述，其他天然高分子化合物我们都很熟悉，这里不再赘述。

利用石灰石、煤、天然气、石油和农副产品作原料制成简单的有机化合物，再经聚合反应合成的高分子化合物，称为合成高分子化合物。近几十年来，随着科学的发展，人工合成了很多高分子化合物，其中有些是具有特殊功能的高分子材料，这些新材料在生命科学、信息科学和能源技术当今科学技术发展的三大领域，发挥着极其重要的作用。由于高分子科学的发展，促进了医学的进步，提供了很多医用材料、药用辅料和高分子药物，为防病治病提供了新的手段。

本章简要介绍高分子化合物的一般概念和常用的高分子化合物以及合成高分子化合物在医学上的应用。

第一节　高分子化合物概述

一、高分子化合物简介

高分子化合物的分子很大，但其分子组成有规律性。

从结构上看，高分子化合物是由许多结构单元重复而成，例如聚乙烯的分子结构为：

$$\left[\!-CH_2-CH_2-\right]\!_n$$

括号内部分就是聚乙烯的结构单元，常称为链节，伸出括号两边的横线表示每个链节两端与另一结构单元相连接。n 表示一个高分子由 n 个结构单元连接而成，n 称为聚合度。

高分子化合物的相对分子质量等于其结构单元的式量与聚合度的乘积。因经聚合形成的高聚物，各分子链的聚合度总是不同的，高分子化合物的聚合度是指平均聚合度，所以由此得出的相对分子质量也是该高分子化合物的平均相对分子质量。

二、高分子化合物的命名

天然高分子化合物都有其专门名称。例如淀粉、纤维素、蛋白质等。合成高分子化合物则有习惯命名法和系统命名法两种命名方法。表17－1列举了几种高分子化合物用两种命名方法命名的对比。

表 17－1　几种高分子化合物的命名

习惯命名法	结构重复单元	系统命名法
聚乙烯	$-CH_2-CH_2-$	聚亚甲基
聚氯乙烯	$-CH(Cl)-CH_2-$	聚［1－氯代乙烯］
聚苯乙烯	$-CH(C_6H_5)-CH_2-$	聚［1－苯基乙烯］
聚甲基丙烯酸甲酯（有机玻璃）	$-C(CH_3)(COOCH_3)-CH_2-$	聚［1－（甲氧基羰基）－1－甲基乙烯］

三、高分子化合物的合成方法

由单体合成高分子化合物的过程称为聚合反应。按单体的聚合方式不同，聚合反应又分为加成聚合反应（简称加聚反应）和缩合聚合反应（简称缩聚反应）。

1. 加聚反应

单体经加成而聚合成高分子的反应称为加聚反应。加聚反应只生成高聚物，反应前后单体和高聚物的化学组成没有变化。这是制备高分子化合物应用最广泛的一类反应。分子中含有活泼的重键（双键或叁键）的化合物大都可以发生加聚反应。例如，乙烯、氯乙烯、苯乙烯、异戊二烯、甲醛、甲基丙烯酸、甲酯等，都可以发生加聚反应。

$$nCH_2{=}CH_2 \xrightarrow[TiCl_4]{Al(C_2H_5)_3} {\{CH_2-CH_2\}}_n$$

乙烯　　　　　聚乙烯

$$nCH_2{=}O \longrightarrow {\{CH_2-O\}}_n$$

甲醛　　　　聚甲醛

2. 缩聚反应

由一种或几种单体聚合成高分子化合物时，伴随有低分子化合物（如水、卤化氢、氨、醇等）析出的反应，称为缩聚反应。缩聚反应所生成的高分子化合物与单体的化学组成发生了变化。例如：

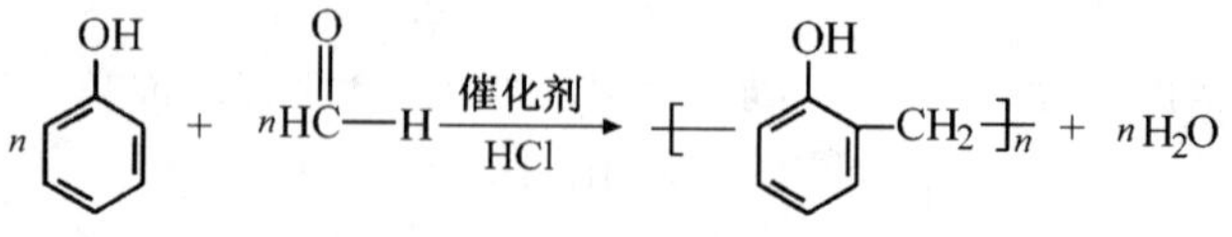

苯酚　　甲醛　　　　酚醛树脂　　水

$$nH_2N(CH_2)_6NH_2 + nHOOC(CH_2)_4COOH \xrightarrow{催化剂} H{\{NH(CH_2)_6NHCO(CH_2)_4CO\}}_nOH + (2n-1)H_2O$$

己二胺　　己二酸　　　　尼龙－66　　　水

第二节　三大合成材料

高分子化合物的种类繁多，分类的方法各异，最常见的是按其机械性能或用途将高分子化合物分为塑料、纤维、橡胶三类，并将它们称为三大合成材料。

一、塑料

塑料是以合成高分子化合物（即合成树脂）为主要成分，加入增塑剂、稳定剂、着色剂等添加剂，在一定温度和压力等条件下具有可塑性的高分子材料。塑料按受热后性能的不同，可分为热塑性塑料和热固性塑料两类。

热塑性塑料的特点是在一定温度范围内能反复加热软化和冷却硬化，在软化状态能用模塑或挤出等方法成型为所需制品的塑料。其优点是加工成型简便，具有耐腐蚀、耐磨、高绝缘等优良性能，可热合修补和回收再生，缺点是耐热性和刚性较差。热塑性塑料的典型代表有聚乙烯、聚氯乙烯、聚苯乙烯、聚丙烯、ABS 树脂、聚甲醛、聚酰胺、聚四氟乙烯等。

热固性塑料的特点是在特定温度下受热或以其他方法可以固化成不溶不熔的塑料制品。其优点是耐热性高，在负荷作用下不易变形，其缺点是只能一次加工成型，不能热合修补和回收再生。这类塑料典型代表有酚醛树脂（电木）、脲醛树脂、环氧树脂、呋喃树脂、聚硅醚树脂等。

塑料添加剂包括增塑剂、稳定剂、润滑剂、着色剂和填充料。塑料的基本性能主要决定于树脂的本性，但有时添加剂起着重要作用。增塑剂的作用是改进塑料的柔软性，使塑料易于加工成型。稳定剂的作用是为了防止塑料在加工和使用过程中在受热或光等外界因素影响下性能变坏。着色剂的作用是使塑料具有一定的色彩。填充料既降低成本，同时也影响塑料的机械性能和耐热性等。表 17－2 列出了几种常用塑料的性能、缺点及用途。

表 17－2　几种常用塑料的优良性能、缺点及用途

类　别	优良性能、缺点	用　　途
聚乙烯（聚丙烯、聚丁烯等）	既轻又坚韧，无毒，耐腐蚀，长期浸水不腐烂，柔软不易碎裂，可抽丝，在常温下不溶于目前已知的任何溶剂 缺点：耐热性、耐老化性差，透明度比较差	可作食物包装，作化学药品试剂瓶，能织成纺织品，制造日用品 医疗上用作人工髋关节的髋臼、输液容器、各种医用导管、引流管、整形材料、缝合线
聚氯乙烯	耐酸、碱、盐的腐蚀，不易燃，耐磨、耐油性能好，抗拉强度较好，有良好的热成型性能，不易碎裂，价格低廉 缺点：耐热性、透气性差	硬聚氯乙烯塑料作化工、纺织工业用管道及制成板材供各方面使用；软聚氯乙烯塑料用于工业包装、农业育秧薄膜以及雨衣、台布等 医疗上用作输血袋、输液袋、心导管、体外血液导管、各种医用导管等
聚苯乙烯	透明度高，色泽鲜艳，刚硬、无毒、无味 缺点：脆性大，冲击强度低，耐油性差，表面硬度低	广泛用以制造高频绝缘材料、化工设备衬里以及各种文具及日用品，制泡沫塑料，用于防震、防湿、隔音、隔热、包装垫材等

（续表）

类　别	优良性能、缺点	用　　途
脲醛树脂	表面硬度高，能耐弱酸、碱，比电木着色力好，不易燃烧，绝缘性能好 缺点：不能制作造型复杂的用品	广泛用于压制各种生活日用品，大量用于制作胶合板、刨花板、纤维板，用作粘合剂，用于胶接各种木质农具
酚醛树脂（电木）	耐热、耐寒性能好，受热不熔化，遇冷不发脆，表面硬度高，耐腐蚀性好，绝缘性能好，可长期使用温度在 273 ~ 383 K 左右 缺点：色泽单调，韧性差	广泛用来制造各种电器和电讯材料，代替金属制作各种耐腐蚀的零件及日常用品
ABS 树脂	表面硬度、光亮度高，尺寸稳定性好，吸水性小，可以电镀，耐各种酸、碱的腐蚀，化学稳定性好，无毒、无味 缺点：与冰醋酸和某些植物油等接触会引起开裂	广泛用于制造电讯器材，汽车、飞机上的零部件，可代替金属制作电镀工件或代替木材作装潢材料
聚四氟乙烯（塑料王）	具有高度的化学稳定性、耐热和耐老化性、疏水性，对生物体无副作用，不受生物体侵蚀，在生物体内不老化及消毒方便等优点，在王水中煮沸也不起变化，电性能和机械性能也很好	用于性能要求高的耐腐蚀管、泵、雷达、高频通讯器材和无线电器材 医学上可制造各种医疗器具、注射针、缝合针、消毒垫等，还可制外科手术用的皮肤覆盖材料、烧伤创面的覆盖材料、人造皮以及作为膜式人工肺的透析膜
聚甲基丙烯酸甲酯（有机玻璃）	透光度极好（能透过 92% 的光线），质轻，不易破碎，耐稀酸、稀碱和乙醇，介电性能较高	用于制造光学和照明工具，如航空窗玻璃、汽车玻璃、仪表盘、外科照明灯等 医疗上用作人工颅骨、肢体的人工关节、人工骨骼、补牙材料
环氧树脂（万能胶）	无臭无味，耐碱和大部分溶剂，对金属和非金属具有优良的粘合力，耐热性、绝缘性、柔韧性好，硬度高	作陶瓷、玻璃、木材、金属的粘合剂，制造涂料、增强塑料或浇铸成绝缘制件等 医疗上用作口腔材料、牙齿修补医用胶粘剂，电子显微镜技术中作超薄切片的包埋剂
聚砜（包括双酚 A 聚砜和聚醚砜）	具有耐酸碱性、热稳定性、抗氧化性、卫生性、透明性和耐触蠕变等优良性能	制造医疗器械，主要有防毒面具、喷雾器、接触眼镜片的消毒器皿、内视镜零件、人工心脏瓣膜、假牙等；广泛用于各种医疗器械，如人工呼吸器、血压检查管、齿科用反射镜支架、外科容器、注射器等
聚芳酯	优异的透明性、耐热、耐磨、有阻燃性及水蒸气屏蔽性	制造多种药品中空容器，制假牙及眼、耳、鼻、喉科医疗器械

二、合成纤维

根据来源不同，纤维可分为天然纤维、人造纤维和合成纤维三大类。天然纤维是指棉、麻、丝、毛等动植物纤维。人造纤维是将一些不能直接用于纺织的纤维经机械加工和化学处理而得到可用于纺织的纤维。合成纤维是利用天然气、煤、石灰石和农副产品作原料制成单体，单体通过聚合反应得到线型高分子化合物，再加入添加剂加工而得的纤维。合成纤维品种很多，几种常用的合成纤维见表 17－3。

表 17－3　几种常用合成纤维的性能、缺点及用途

类　别	性能、缺点	用　　途
聚酯纤维（包括涤纶、的确良等）	性能：强度大、耐磨（仅次于聚酰胺纤维）、富有弹性、不易皱、吸水性小、耐光、耐腐蚀（可耐漂白剂、氧化剂、醇、烃、酮、石油产品及无机酸等），绝缘性好，是很理想的纺织材料 缺点：耐碱性稍差，不溶于一般有机溶剂	用于纯纺或混纺，轮胎帘子布、电绝缘材料、传动带、绳索、水龙带和滤布 医疗上用于制作人工血管
聚酰胺纤维（包括尼龙、锦纶）	性能：高强度、有一定弹性、耐磨、耐油、耐腐蚀、耐细菌；最突出的是耐磨性优于其他一切纤维 缺点：耐光较差，在长期光照下强度下降	制衣、袜、渔网、降落伞、绝缘材料和轮胎帘子布
聚丙烯腈纤维（腈纶，即合成羊毛）	性能：外观和性能酷似羊毛，其特点是柔软蓬松，强度比羊毛高 1 ~2.5 倍，保暖性及弹性比羊毛好，是优良的天然毛代用品。其耐光性和耐气候性除了含氟纤维外，是一切天然纤维和化学纤维中最好的 缺点：耐磨性能不及羊毛好	与羊毛混纺成毛纺制品
聚四氟乙烯纤维（特氟纶）	性能：耐热性、耐化学腐蚀性和介电性好	用作工业过滤材料

三、合成橡胶

橡胶是一类具有高弹性的网状结构高分子化合物，按来源不同分为天然橡胶和合成橡胶。天然橡胶来源于橡胶树，合成橡胶是用人工方法由煤、石油、天然气等经过一系列化学方法合成的。可按人们的不同需要合成具有各种特殊性能（如耐热、耐寒、耐磨、耐油等）的橡胶，合成橡胶与医药的关系也很密切，因此大力发展合成橡胶具有特别重要的意义。几种常见的合成橡胶的性能、缺点、用途见表 17－4。

表 17－4　几种常见合成橡胶的性能、缺点及用途

类　别	性能、缺点	用　　途
顺丁橡胶	具有各种良好的物理机械性能，最突出的是弹性好，耐低温性能特别优越，耐磨性、耐热性和耐老化性都比丁苯橡胶和天然橡胶好	主要用于制轮胎，可单独使用，也可与天然橡胶或其他合成橡胶掺和使用

（续表）

类　别	性能、缺点	用　　途
丁苯橡胶	耐磨、耐自然老化、耐臭氧、耐水、耐热、气密性均比天然橡胶好 缺点：弹性和机械强度较差，粘合性不好	丁苯橡胶是一种综合性能较好的通用型橡胶，主要用于汽车轮胎，还用于轻质海绵制品
氯丁橡胶	由于氯原子的存在，赋予氯丁橡胶良好的耐油性和其他物理机械性能，除了弹性和耐寒性比天然橡胶差外，耐磨性、耐油性、耐热性、耐燃性、耐化学试剂、气密性、耐臭氧等性能均比天然橡胶好；耐气候性（即耐老化性）特别好	可代替天然橡胶作一般橡胶使用，还广泛用作海底电缆绝缘材料、化工防腐材料
异戊二烯橡胶	由于它的化学组成、分子结构和性能类似天然橡胶，是天然橡胶的最好代用品，故有“合成天然橡胶”之称。它的力学性能及加工工艺性能与天然橡胶非常接近，还具有优良的粘结性能	广泛用于轮胎制造和其他橡胶制品工业；作轮胎用胶，既可单独使用，也可与其他合成橡胶混用
丁腈橡胶	是特别耐油的合成橡胶之一。它的耐磨性、耐热性，都比天然橡胶和氯丁橡胶好 缺点：弹性、耐臭氧能力以及多次挠屈性能较差	主要用于制造各种耐油制品，如胶管、密封垫圈、贮槽衬里等，又由于它的耐热性能良好，可以用于制造运输热物料（140℃以下）的皮带等

习　　题

1. 什么叫高分子化合物？
2. 什么叫聚合反应？加聚反应和缩聚反应有什么不同？
3. 三大合成材料包括哪些？各举两例说明之。

第十八章 环境化学

本章所指的环境，就是人类生活的空间，也是一切生物生存、发展乃至灭亡的空间。从最初的生物在地球上出现到现在，地球的环境已经过几亿年的演化了，而人类在地球上的出现，加速了整个环境的变化。近代，随着人类文明的进步，导致消费的增加，而使环境发生不可逆的变化，对环境的破坏愈演愈烈。环境的污染、自然资源的用罄，迫使人们开始意识到，保护自然环境、维护生态平衡是关系到人类生存的重大问题。

本章将从人类的生活环境、环境污染与防治等方面学习环境化学的基本知识。

第一节 生态环境

一、生态平衡

生态平衡是指生物与生物、生物与环境之间相互作用达到平衡的一种状态。这种平衡状态，是一种动态平衡。例如，人和动物通过饮食摄入糖类、水、蛋白质等营养素，吸入空气，在体内各种酶的作用下通过新陈代谢而变成生命活动所需的能量和促进生长发育，并将废物和二氧化碳排出体外。而绿色植物则由根部吸收水分和其他营养成分，从叶片吸入二氧化碳，在阳光的照射和叶绿素作生物催化剂的条件下，发生光合作用，得到并贮存糖类，放出氧气。就这样，通过动物的新陈代谢和植物的光合作用，使地球环境的糖类物质和空气中的氧、二氧化碳的比值，基本保持平衡，使整个生态系统基本保持稳定。

二、生态环境

生态系统存在于地球的大气圈、陆地和水圈组成的环境之中，这个环境称为生态环境。如果生态环境中的某些因素发生变化，将会对生态系统造成影响，使生态平衡向着对人类有利或有害的方向移动。例如，随着人口的急剧增加，为了建房和扩大耕地而大量砍伐树木，破坏森林，使绿地减少，则打破了动物与植物相互之间的生态平衡；随着工业的发展，大量的废水、废气和废渣给周围环境造成严重污染；制冷机具的冷媒以及各种溶剂的使用，也威胁着人类生存的空间环境，甚至破坏了太空中的臭氧层，使地球受到太阳所辐射出的紫外线的侵害等等。人类为了生存，必须保护自然环境，维护生态平衡。

第二节 环境污染

环境污染是指生态环境受到干扰，而使某种或某些物质出现不正常的数量，甚至威胁生态系统的生存。环境污染的主要原因是由于工厂的废水、废气、废渣的向外排放和人们的任意抛弃废物。

环境污染可分为生物性污染（如病菌与病媒）、物理性污染（如噪音与振动）和化学性污染三大类，而最普遍、最复杂、最严重的是化学性污染。根据污染的自然环境不同，化学性污染又分成空气污染、水污染和土壤污染。

污染物被排放到环境中后，由于外界的作用和污染物本身的特性，可能扩大污染的范围，因此排放到空气中的污染物，也可能造成水污染或土壤污染，水中的污染物亦可能造成空气污染或土壤污染。污染物在自然界，还会因阳光、温度、湿度、微生物及其他污染物的影响，而使污染复杂化，甚至产生新的污染物，也可能因为生物累积或浓缩作用，造成更大的危害。

一、水污染

污染物进入自然界的水中后，可能进行一系列物理、化学和生物作用而影响水质，使水的色、味、酸碱度发生改变，特别是会降低水中溶氧量，导致厌氧菌的大量繁殖，使水腐败。另一方面，水中的污染物进入生物体内，因其不易被代谢而浓度增高，发生生物累积，或因食物链的关系，使污染物的浓度经由营养层的上升而增大。水中污染物的浓度增大，被土壤吸收后，造成对环境品质长期的影响。

随着工业的发展，人口的增加和人口的过度集中，致使排放的废水量与浓度超过了自然水源本身所具有的自净能力，而产生了日益严重的水污染问题。工业废水种类很多，其特性也不同，包括溶解的矿物、毒性化学品和毒性沉积物。某些工业有机废水和家庭废水，如果充分供给氧，可为水中微生物所分解。不可分解的工业废水包括盐类和其他化学品，这些物质进入水中会提高水的酸碱度，有时达到生物不能生存的程度。对生态环境造成重大影响的水污染主要有有毒废水、重金属废水、病毒污染等。

1. *有毒废水污染*

某些工业废水和科研单位研制或开发的新物质，因使用或处理不当，造成对生态环境的严重破坏。由于这些物质由人类创造出来，大自然的生态系统无法将之分解利用，日积月累，对生态环境的影响愈来愈大。

例如，一些小金矿，都使用氰化钾或氰化钠溶解矿石中的金。其废水中含有剧毒的氰化物，且废水量大，流入沟河之后，造成鱼虾等水生动物的死亡，人若食用则危及生命。由于长期生产，将会造成大面积的长期毒害。

2. *重金属废水污染*

金、银、汞、铅、锑、铬、镉等重金属离子，对生态系统是有毒害的。在开采和冶炼重金属时，特别是用湿法提炼和电镀重金属时，所排放的废水中含有大量的有害重金属元素。这些重金属元素可与生物系统中的酶或蛋白质紧密结合，在体内积蓄，再经由食物链的浓缩作用，危害生态系统。

例如，电镀厂、炼锌厂及油漆制造厂为含镉废水的主要来源。镉的毒性极高，被镉污染的废水，经农作物、鱼类、饮用水为媒介而积蓄在人体肾而侵害肾功能，造成骨骼变脆、骨骼酥软，导致长期痛苦。

又如汞离子，在水中可因微生物的作用而进行生物甲基化作用，生成甲基汞〔$(CH_3)_2Hg$〕，而更易为生物所累积。有机汞可刺激中枢神经尤其是脑神经；甲基汞在人体积蓄量达25mg时，则知觉失常，达55mg时则有步行障碍，90mg时有听觉障碍，170mg时则听觉消失。

3. 病毒污染

人和动物的排泄物中，除有一般正常菌群细菌外，还含有致病的细菌或微生物，如传染性肝炎病毒、蛔虫卵、钩虫卵等寄生虫。由于城市中人口密集，彼此间接触频繁，如果污水处理不当，就可能造成大规模的流行病传染。如霍乱乃经由患者的粪便污染饮用水而传播致病。这种情形经常发生在排水沟渠设备不善的地区。但是即使在发达地区，引起肠内疾病的微生物依然可能经由饮水传播，这通常是因为都市的废水管道和供水管道距离太近，水管腐蚀破裂，污染就可能发生。

二、空气污染

空气污染是指空气中各种组分气体含量发生改变和有害气体的释放对生物及环境造成不良影响的现象。主要包括一氧化碳、硫的氧化物、氮的氧化物、碳氢化合物、氟化物、有毒气体和浮尘等对空气的污染。污染物的来源主要为燃烧作用和工业生产过程所产生。

1. 有害气体污染

化工厂的电解食盐水车间泄漏的氯气和合成氨车间泄漏的氨气、炼金时释放出的氰化氢，做化学实验时产生的氯化氢、一氧化氮、硫化氢等有害气体，都会对周围环境造成严重影响。

2. 臭氧层危机

在赤道附近的上空，由于氧分子受高能辐射而分解为游离的氧原子，氧原子再与氧分子结合生成臭氧。通过大气的运动，臭氧向两极方向移动，在高空形成臭氧层。而臭氧分子又会与游离的氧原子、氯原子、一氧化氮或其他游离物质发生反应使之分解消失。由于这种反复不断的生成和分解，使大气层中臭氧的量维持在一定的均衡状态，并在高空形成一个臭氧层。

科学证明，臭氧能吸收波长 230 ~ 350nm 的紫外线，其中波长比 315nm 短的紫外线对生物有害，会伤害生物细胞中的重要遗传物质——脱氧核糖核酸（DNA），也可能造成人体免疫系统和眼睛的伤害，妨碍植物的生长而影响农产品的产量。在生态方面，最令人担心的是对浮游生物藻类等生存于海面附近的生物的影响。这些生物在海洋食物链中非常重要，如果大量死亡，将对整个海洋生态系统带来深远的不良影响。臭氧层的破坏与气候变化也有关系。臭氧能吸收紫外线，同时将太阳光的能量转变成热能。臭氧减少后，大气温度结构随之变化，可能影响到大气环流结构。

长期以来，世界各国都用氟里昂（即氟氯烷，如一氟三氯甲烷、二氟二氯甲烷、三氟一氯甲烷、1,1,2,2 - 四氟 - 1,2 - 二氯乙烷等）作电冰箱和其他制冷设备的制冷剂、喷雾器的喷射剂、电子装置的清洁剂和灭火剂等。由于氟里昂非常稳定，在大气层中越积越多，并受紫外线的照射而分解放出游离的氯原子。氯原子与臭氧反应使臭氧分解变成氧气，这样使臭氧层逐步变薄，甚至穿透出现空洞，破坏了臭氧层。臭氧层的变薄或出现空洞，使有害的紫外线辐射增加，会导致皮肤癌的增加，还对人的免疫系统和眼睛造成伤害，对农作物、动物和海生动植物造成一系列的影响。这是人们非常担心的问题，称之为臭氧层危机。

据推测，氟里昂和其他对臭氧层起破坏作用的有害化学物质从地面上升到大气层高处，需要 7 ~ 10 年时间，而在过去 10 年中这些化学物质的使用还在不断增加，由此造成的损害将日趋严重。

3. 温室效应

太阳光中的短波和可见光，通过大气层而到达地球表面后，其中小部分被大气层吸收，大部分被地面吸收。被地面吸收的太阳光一部分使地面温度升高，另一部分以长波的红外线辐射的形式反射回去。由于大气中含有二氧化碳和水蒸气，将一部分的红外线辐射阻挡吸收，没有回到太空。正如温室中玻璃窗能使太阳辐射通过，但能阻止一部分从室内向外辐射的红外线透过玻璃窗，这就造成室内温度高于室外的温度，故称为温室效应。

由于工业的发展和人口的增加，特别是大量燃烧植物和矿物燃料，使大气中的二氧化碳含量不断地增加，因此温室效应越来越明显。因地表的温度是由吸收的太阳能和反射回去的能量的平衡所控制的，由于二氧化碳的吸收现象，导致地球表面温度上升，同时造成空气中水蒸气含量、云量的改变和两极地带冰帽融解，所以，温室效应将会对全球的气候造成一定的影响。

4. 酸雨

空气中含有二氧化碳、硫化氢、氯化氢等酸性气体，空气中的氮在高温火焰中会与氧结合生成氮的氧化物，含硫燃料燃烧时产生二氧化硫，氮和硫的氧化物、二氧化碳等酸性气体与云层的水蒸气结合成为硝酸、硫酸、盐酸和碳酸。降雨时，云层中的酸随同降下，使雨水呈现酸性，称为酸雨。据有关报道，一些发达国家的降雨平均 pH 值为 4.3 ~ 5.6，而美国洛杉矶地区雾中水滴的 pH 值为 2.2 ~ 4.0。而 pH 值低于 5.6 的降雨，称为酸雨。

酸雨对农业、林业、水产资源以至整个生态系统都有危害。特别是对土壤贫瘠地区的水中生物危害更大。不仅酸性本身具有害处，酸化的水还会溶解土壤中的金属氧化物，而释出锌、铁、锰和铝等，这些金属的含量过高时，对水生物均有剧毒。酸性雨妨碍各种植物叶片固定氮并滤取植物叶片中的养分。由于酸性雨水的侵蚀，使自然界的奇峰异石、极有价值的大理石雕塑和建筑物受到破损。

5. 浮尘污染

燃油汽车的尾气，是一种严重的污染源。人们为了增加发动机的效率，在汽油中加入四乙基铅，同时为了不阻塞发动机又加入二卤乙烷使发挥作用后的四乙基铅反应生成挥发的二卤化铅从尾气中排出。二卤化铅在空气中形成气溶胶，悬浮于空气中。长期呼吸这种空气，会在人体组织内产生铅积蓄，引起铅中毒。铅中毒会造成脑损伤及神经系统、消化系统和造血组织等方面的病变。

燃烧植物和矿物燃料时产生的黑烟及浮尘，会刺激肺及呼吸道。农药中的除草剂和杀虫剂中的六氯酚、防腐剂中的多氯苯基类物质和塑料燃烧的生成物中，常含有多氯联苯，多氯联苯在受热至200℃时，产生剧毒的多氯氧联苯。

以上浮尘污染物经由空气和饮食进入人体后，对神经系统、肝、肺、胃、肠的功能具有破坏力，引起皮肤病、流产以及生育缺陷。而且这些剧毒物质对人体造成的毒害，至今无法医治。

三、土壤污染

土壤是生态环境中重要的组成部分，因其具有物理、化学和生物三种性能，通过过滤、溶解、吸附、氧化、还原、沉淀、分解、合成等方式，维持一个平衡的自然生态环境。

土壤也是一个自然的废弃物存放和消化场所。一部分废弃物被土壤转化成生态系统中的有用物质，过剩的废弃物则对环境造成污染。

1. 工业废物

工业废物对土壤造成的污染是多方面的。有的工业废物中含有重金属残留，如冶金废渣、电镀废水等，给土壤造成重金属污染；有的工业废水具有明显的酸碱性，造成土壤的酸碱度失调；有的工业废物中含有容易分解的固体，使土壤产生耗氧作用，而难分解的固体又会堵塞土壤孔隙。

2. 家庭垃圾

早先，人们抛弃的垃圾少，且容易在环境中分解利用，如菜叶、果皮等沤烂作肥，破布、废纸可回收造纸等，因此，当时的生活垃圾对环境造成的污染较小。

今天，随着人口的增加和生活水平的提高，特别是化学合成的日用品、包装盒、包装袋的大量出现，人们抛弃的生活垃圾愈来愈多，愈来愈复杂而且愈来愈难处理，无论是掩埋或焚烧，都会给生态环境造成严重的破坏。

例如，一次性塑料饭盒，造价低廉，用后即扔，但给环境造成了难以消除的污染，称之为白色污染。还有塑料袋和坏灯头开关等塑料废弃物、废电池、废尼龙袜等等，没有回收利用价值，有些不能燃烧，能燃烧的燃烧时又产生有毒的化学物质，造成二次污染。若将这些生活垃圾掩埋，则要浪费不少土地，而这些东西埋在地下几年甚至几十年也不发生变化。因此，生活垃圾的处理，已成为当今严重的社会问题。

四、噪音

音高和音的强度变化混乱，听起来不和谐的声音，称为噪音。

汽车的马达声和喇叭声、机器的隆隆声、金属的敲击声、商场和集市的噪杂声、大喊尖叫声等等，都会对生态环境造成污染，称之为噪音污染。

噪音使人感到烦躁不安，心慌意乱，吃睡不香，多梦，易惊醒。长期受噪音干扰，可导致忧郁症、食欲不振、消化不良等神经系统和消化系统的疾病。

第三节　环境污染的防治

环境污染危害生态平衡，影响人们的正常生活和身体健康。控制和治理污染是人们最关心的事情。控制污染必须用法律、制度、科学技术等手段来达到目的。例如新办一个工厂，特别是冶炼厂和化工厂，在设计时就必须有废水、废气、废渣的处理措施和配套设备；在投产前必须经环境保护部门检查和检验，达到三废排放标准时，方可正式投产；投产过程中，还要定期检查和不定期抽查，绝不让污染物排放到外界环境中。对“三废”处理不当，给环境造成污染的单位和负责人，要用法制手段从快从严进行制裁，以此来控制污染源及污染的扩散。

一、废水处理

工厂和医院的废水，含有大量的污染物和病菌，需经过处理后才能向外排放。废水处理一般分为初级处理、二级处理、三级处理三个步骤。

初级处理是除去废水中的固体物质，是用物理处理法。二级处理是除去废水中的耗氧物，采用生物处理法。三级处理是采用物理、生物或化学处理方法，除去废水中的重金属、含磷、含硫等有害物质和病菌。

（一）物理处理法

1. 沉淀法

将废水引入沉淀池中，让其停留一段时间，将泥沙、固态无机物和悬浮性有机物除去。除去悬浮物，让废水从沉淀池的上部流出，并定期排干池水，收集下层沉淀，施行进一步处理。

2. 浮除法

将空气压注入废水中，使气泡附着于固体颗粒表面，以减小颗粒密度，而浮于废水表面。这种方法可除去废水中的悬浮固体和矿物油、脂肪、碳氢化合物等。

3. 过滤法

让废水通过一层或多层滤网，将悬浮物和固态物质滤除。

4. 干燥、焚烧

沉淀池中的污泥，经干燥后焚烧，以分解有害物质和杀灭病菌。

（二）化学处理法

化学处理是将化学药剂加入废水中，通过化学反应，对废水中的有害物质进行处理。

1. 中和法

炼钢厂、造纸厂、电镀厂、炼油厂等的工业废水，多偏酸性。印染厂、制革厂、日用化工厂等的工业废水，多偏碱性。对 pH 值偏低和偏高的废水，可用中和法来进行调节，控制处理后的水 pH 值维持在 7.8～8.0。

对酸性废水，一般用石灰水处理，对碱性废水，可用碳酸氢钠处理。

2. 吸附法

选用适当的吸附剂，将废水中的清洁剂、杂环化合物、色素等有机化合物除去。

常用的吸附剂有活性炭、黏土、白胶泥、骨炭、矽石等。

3. 离子交换法

用离子交换树脂，将废水中的有害离子交换除去。

4. 电解氧化法

对电镀厂的废水，用电解氧化法处理，既除去了废水中的有害重金属离子，又可回收贵金属。

5. 氧化还原法

用氯气、氧气、漂白粉、高锰酸钾、臭氧等作氧化剂；用硫酸亚铁、二氧化硫等作还原剂，将废水中的有害物质氧化或还原成无害物质。

例如，用氯气处理皮革厂、纺织厂、食品厂的废水，可消毒和减少臭味；用氯气处理医院废水可杀灭病菌，防止硫化氢的生成，减少臭味；用硫酸亚铁处理镀铬厂的废水，能将正 6 价铬离子还原成正 3 价的铬离子，既可减少毒性，又便于回收高价的铬。

6. 混凝沉淀法

分散在废水中的胶状污染物，可用破坏胶体溶液的方法，使胶状污染物变成沉淀除去。

应根据废水的组成选用胶体沉淀剂，常用的胶体沉淀剂有动物胶、淀粉、硫酸铝、硫酸亚铁、盐酸、氢氧化钠、碳酸钠、活性硅藻土等。

（三）生物处理法

利用微生物将废水中复杂的有机化合物（如糖类、蛋白质、脂肪等）分解为简单的化合物（如二氧化碳、硫酸盐、硝酸盐、硫化氢、甲烷等），并以此作为微生物自身的食物和能量来源以生成新细胞。

生物处理法分两大类，在含氧的情况下，微生物使有机物分解的过程称为嗜氧作用；微生物在无氧状态下，分解有机物的过程称为厌氧作用。

例如，活性污泥处理居民区家庭废水，就是利用嗜氧作用分解经初步沉淀后流入曝气槽的废水中的有机物，此法微生物来源于已经发酵的池内污泥，称为活性污泥。

而一般废水的消化处理则是利用厌氧微生物，将初步沉淀后流出的废水在缺氧状态下分解其中的有机物质。

二、废气处理

废气中常含有粉尘和有特殊气味或有毒的气体，应在向大气排放前除去这些有害物质。

（一）除尘

让废气通过集尘装置，将其中的固体尘埃收集分离。常用的集尘装置有以下几种：

1. 过滤式集尘器

让废气通过装有过滤装置，如用布料、合成纤维、玻璃纤维等做成的滤网，将尘埃滤集排出。

2. 离心分离器

离心分离器又称旋风分离器，由上部为圆筒形，下部为圆锥形两部分组成。含尘气体从上部入口以切线方向进入，并在圆筒内旋转而下。到达圆锥部分后，因回旋半径变小，在圆筒与圆锥内形成涡流，由于离心力的作用，固体尘埃沿筒壁沉下，而气流行至锥体下端后，反转上升由分离器顶部中央的出气口排出。离心分离器装置简单，维修容易，除尘效果较好，是常用的除尘装置。

（二）有害气体的消除

由于燃料燃烧不完全或因工厂操作不当，可能产生 CO，H_2S，SO_2，NH_3 等具有恶臭味或有刺激性气味的气体。必须采用适当方法将这些有害气体除去。

1. 湿式吸收法

选用适当的液态试剂，在气态和液态的平衡体系中，由液态试剂吸收废气中的某种成分的方法称为湿式吸收法。其主要装置为湿式吸收器。废气从塔的下部进入，向上经过液体吸收剂，让气体与液体充分接触，废气中的有害气体被吸收后，从塔顶排出。

2. 干式吸附法

利用固态吸附剂，将废气中的有害气体吸附在固体表面而使气体净化。

常用的吸附剂有活性炭、硅胶、骨炭、硅藻土等。

3. 氧化法

将废气通过燃烧室，使恶臭物质氧化分解为无毒无臭的二氧化碳和水蒸气，或用铬、铂、铱等金属的化合物或氢氧化铝作催化剂，使恶臭气体及甲烷等有害气体催化氧化成二氧化碳和水。

三、固体废物的处理

生活垃圾、工业废渣、废料等固体废物，成分复杂，数量很大，处理困难。

首先应将固体废物分类，将可回收利用的物质（如废纸、烂布、热塑性塑料、废金属配件等）回收，将废电池和不能回收的废塑料等集中待后处理。分检后的废物再用堆肥法或焚化法处理。

堆肥法是利用微生物使废物中的有机物质发生嗜氧性分解反应，分解为可被农作物吸收的肥料和具有改良土壤功能的物质。

焚化法是将固体废物放入焚烧炉中焚烧。用这种方法处理既可破坏废物中的生物毒性物质和有机毒性物质，焚烧后的残渣过筛除去砖瓦石块后，可作肥料；又可将废物中能燃烧的物质燃烧产生的热能转变成电能。

但是用堆肥法和焚化法处理固体废物时，都有产生有害气体或尘埃对空气造成二次污染的可能。

习　　题

1. 名词解释

(1) 生态平衡　　(2) 生态环境　　(3) 温室效应　　(4) 酸雨

2. 臭氧层危机是怎样造成的？有何危害？

3. 常见的空气污染有哪些？如何防治？

4. 常见的水污染有哪些？如何防治？

5. 常见的固体污染有哪些？如何防治？

第十九章

药 物 化 学

用于防病治病的物质称为药物。当今医院使用的药物，主要来源于化学合成，人们常称之为西药。而闻名中外的“中草药”，则来源于植物、动物和矿物，以植物为主。中草药资源丰富，种类繁多，价格低廉，药效显著，是中华民族数千年来得以繁衍昌盛的一个重要原因，它与中医一起，构成了中国民族文化的瑰宝。

医师给患者开处方，无论是中药还是西药，用药必须正确，用量必须适当，方可解除病痛。若使用不当，不但达不到治疗效果，有时还适得其反，伤害病人身体，甚至危及生命。医师还要嘱咐病人按时按量服药，如不按时服药，药物在体内达不到治疗浓度，疗效不好；反之，若服药过量，又可造成中毒现象。例如毛地黄毒苷，其有效治疗剂量与中毒剂量很接近，量少了疗效不大，过量则引起中毒。因此正确使用药物，对医师是一个很重要的课题。本章将对药物结构与药效活性的关系，药物调剂时的化学配伍与禁忌及有关药效的问题，作简要介绍。

第一节　药物分子结构与药效活性的关系

药物绝大多数是有机化合物，有机化合物结构复杂，同分异构现象繁多，除前面叙及的碳链异构、官能团种类异构、官能团位置异构等构造异构外，还能产生顺反异构和光学异构等立体异构现象。具有立体异构的药物其异构体对生物体的生理作用不同，也就是说，药效是不同的。

一、具有顺反异构的药物

1. 顺反异构

分子中含有双键（或碳环）的有机化合物，如果双键（或碳环）上两个碳原子各连有两个不同的原子或原子团时，由于键的旋转受到阻碍，使分子中原子或原子团在空间的排列出现两种不同的方式，则可产生两种不同的异构体，即顺反异构体。这种异构现象称为顺反异构。

当有两个相同的基团在双键（或碳环）的同侧时，为顺式；两个相同的基团在双键（或碳环）的异侧时，为反式。

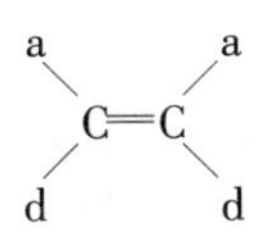

顺　式

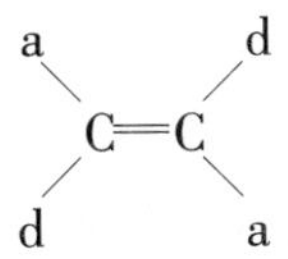

反　式

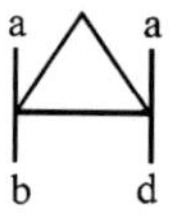

顺式

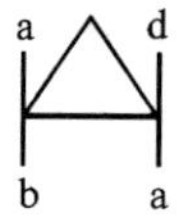

反式

如果在双键的某个碳原子上，连有两个相同的原子或原子团，则不能产生顺反异构。

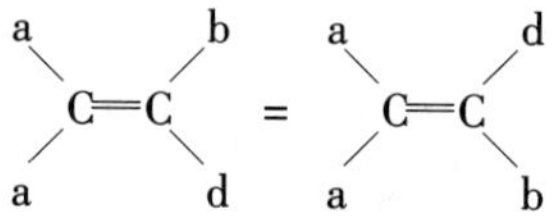

顺反异构体的化学组成和构造相同，但构型不同，是两种不同的物质。这两种物质的化学性质基本相同，但某些物理性质和生理功能不同。例如：

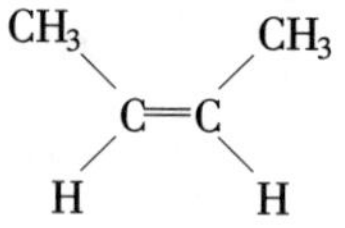

顺　式

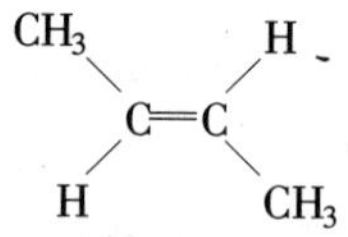

反　式

	顺式	反式
熔点	-139.4℃	-105.4℃
沸点	4℃	1℃
相对密度	0.621	0.604

又如，顺-1,2-环丙二甲酸的熔点为137℃,而反-1,2-环丙二甲酸的熔点为178℃。

2. *具有顺反异构的药物*

顺反异构体除某些物理性质不同外，在生理活性和药理作用上也有很大的差别。例如己烯雌酚（卵巢素）有顺反两种异构体。

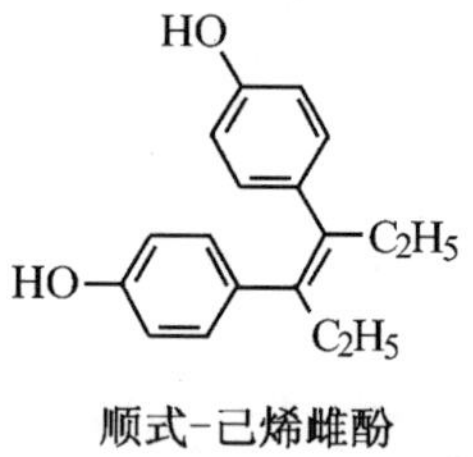

顺式-己烯雌酚

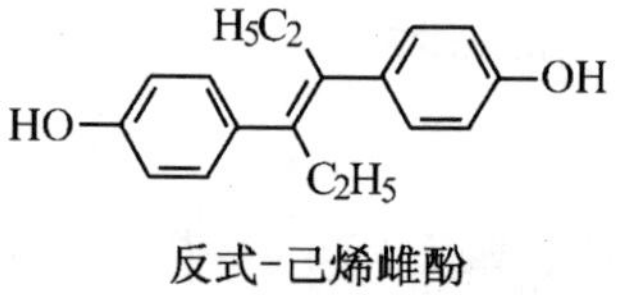

反式-己烯雌酚

反式-己烯雌酚是生理活性较强的雌性激素，而顺式-己烯雌酚的生理活性却很弱。又如维生素A分子中的双键全部为反式构型；具有降血脂作用的花生四烯酸，则分子中的4个双键全部为顺式构型。若上述两种药物中有一个或全部双键的构型发生改变，将导致生理活性降低甚至丧失。

二、具有旋光异构的药物

旋光异构体除旋光方向相反外，其他的理化性质基本相同。经大量的事实证明，一些具有旋光异构的药物，两种异构体的生理活性显著不同，药理作用差别较大。例如，交感神经兴奋剂麻黄素，其左旋体的血管收缩作用为右旋体的5倍以上；左旋氯霉素具有杀菌作用，而右旋氯霉素则完全无效；右旋维生素C疗效显著，而左旋维生素C却无疗效。

三、药物构造与药效活性的关系

同类型化学结构的药物，常具有相似的药理作用，若改变药物结构上的基团，能直接改变药物的效能。这种改变药物的分子结构进而观察其结构与药效的关系，称为药物分子结构与药效活性的关系。

例如，阿司匹林是一种解热、镇痛及治疗风湿病的良药。但是，长期服用阿司匹林常有过敏反应及刺激肠胃等副作用。这是因为阿司匹林遇水时发生水解，生成水杨酸和醋酸，而水杨酸对肠胃有副作用。另一方面，阿司匹林在体内发生化学变化产生水杨酸酯，水杨酸酯在肠胃中会改变肠胃黏膜细胞的穿透性，使已分泌在胃腔中的胃酸倒灌回去，若同时服用碳酸氢钠、柠檬酸钠、氢氧化铝等制酸剂，可减低阿司匹林的副作用。但是这些制酸剂也有导致碱中毒、便秘等副作用。因此，人们开始寻找通过改变阿司匹林本身分子结构的方法，来直接减低其对肠胃的刺激，降低其副作用。最初是将阿司匹林分子中的羧基变成铝盐或钙盐，继而是将羧基酯化，生成乙酰水杨酸甲酯。前者可作外用药剂；后者为内服药，具有与阿司匹林一样的解热镇痛作用，但对肠胃的刺激减少了许多。这说明同类型化学结构的药物，常具有相似的药理作用，若对药物的结构做一些修饰，有时可收到更好的效果，但也有出现不良效果的可能，不能一概而论。

第二节　药品调剂时的化学性配伍禁忌

医师在开处方时，往往都同时开出几种药物，各种药物都具有自己的物理化学性质，如若同一处方上的药物之间能发生相互作用，或药效相抵触，将会影响医疗效果，这称为配伍禁忌。

一、配伍禁忌的种类

1. 化学配伍禁忌

处方中两种或多种药物之间，能发生化学反应，因而降低药物之功效，或生成有毒的物质，这属于化学配伍禁忌。如碳酸氢钠与酸配伍时，发生化学反应而产生二氧化碳气体，失去了原药物的功效。

2. 物理配伍禁忌

在药品调剂时，若发生吸潮或不溶解等现象，属于物理配伍禁忌。如一处方中有阿司匹林（乙酰水杨酸）、咖啡因（咖啡碱）、苯甲酸钠和非那西汀（*N*－乙酰基对乙氧苯胺），而前三种药物混合时，产生共熔而潮解，严重影响药效。在发药时，必须分开包装，以免潮解。

3. 药效配伍禁忌

同一处方中有几种药理作用相反的药物时，将严重影响药效，这属于药效配伍禁忌。如中枢神经兴奋药不可与中枢神经抑制药同时配伍；吗啡不能与酒精配伍，因酒精会加强吗啡的刺激作用。

二、化学配伍禁忌

上述三种配伍禁忌中，本书只讨论化学配伍禁忌。常见的化学配伍禁忌有如下几种情况：

1. 产生沉淀

若硼砂和硫酸锌共一处方，配制溶液时，硫酸锌与硼砂（四硼酸钠）反应即生成硼酸锌沉淀，不能得到均一的液态试剂。为避免这种现象，可用硼酸代替硼砂，且不影响疗效。又如，柠檬酸钠与溴化钙配伍，则产生柠檬酸钙沉淀。改用溴化钠或溴化钾，则可避免。

2. 产生气体

若一处方中，同时有胃散和阿司匹林，胃散含有碳酸氢钠，可与阿司匹林发生反应，产生二氧化碳气体。避免的方法是将两者分开包装。

碳酸盐或酸式碳酸盐与酸配伍时，会产生二氧化碳气体；铵盐与碱配伍会产生氨气；硝酸盐与酸配伍，会产生一氧化氮和二氧化氮气体。对于会产生气体的配伍，应告诉病人不要振摇，以免产生大量气体。若有酸性药物与碱性药物配伍，应分开包装，或调剂时待其气体放尽后才装入容器内。

3. 变色

当大黄粉与氧化镁配伍时，大黄粉中所含的蒽醌与氧化镁反应，生成暗棕色的化合物，但不影响药效。

又如用作缓泻剂的酚酞，在酸性和中性条件下无色，若与碱性药物配伍，则呈现红色。还有些药物，可因氧化或光照发生分解反应而变色。若变色不影响药效，可事先告诉病人，或用避光容器盛装，或加着色剂以免引起错觉。

4. 氧化还原反应

当水杨酸钠与碳酸氢钠（小苏打）配伍时，碳酸氢钠的碱性可使水杨酸钠氧化成醌而颜色变暗。可加入0.1%亚硫酸氢钠作为抗氧化剂或加入0.5%柠檬酸钠作稳定剂，以防止水杨酸钠氧化。

药物被氧化可因贮藏环境不当或配伍中有催化氧化作用的药物而引起。为防止药物发生氧化反应，可加入螯合剂如EDTA（乙二胺四乙酸），以防止其受金属催化而被氧化。对于维生素 B_1、B_2 等对氧化剂和还原剂都非常敏感的药物，应尽量减少与氧化剂和还原剂配伍。

能发生还原反应的药物较少，但银盐（如硝酸银）、汞盐（如氯化汞）、金盐等不活泼金属的盐类，遇光易被还原成金属态，应避免光照。

5. 消旋化

具有旋光性的有机化合物，在酸性或碱性条件下，发生化学变化转变成了另一种无旋光性的化合物，称为消旋化。例如，左旋性莨菪碱在碱性溶液中，很快变成无旋光性的阿托品，旋光性消失，药效活性降低。另如左旋性肾上腺素、左旋性麻黄素等，在一定的条件下，也会发生消旋化。

6. 粘固结块

因水合作用、聚合作用或产生新结晶，使药物由粉状结成块状，也有可能影响药效。例如，氧化镁在散剂或胶囊中常吸收水分和二氧化碳，而变成块状。若处方中同时有氧化镁和碳酸氢钠时，则氧化镁吸水变成氢氧化镁，再与碳酸氢钠反应变成块状的碳酸镁。

7. 凝胶化

某些处方因配伍不当在调配成溶液时，产生凝胶状沉淀，称为凝胶化。如阿拉伯胶分子中的酸性基团与离子性盐类（如铁盐）配伍时，产生凝胶状沉淀。又如火棉胶与苯酚配伍时，也会凝胶化。

8. 生成有毒物质

有些药物在调配时，会相互发生化学反应而生成有毒物质。例如溴化钾（或碘化钾）与甘汞配伍时，会生成有毒的溴化汞（或碘化汞）。

9. 其他变化

有些处方在调配时，外观无明显变化，但疗效受到严重影响。如碳酸氢钠与胃蛋白酶或糖精配伍则无效。维生素 B_1 与碳酸氢钠配伍，维生素 B_1 会分解而失效。

三、配伍禁忌的更正

综上所述，由于药物配伍不当，往往会影响药效，甚至造成医疗事故。处方中若发现有配伍禁忌时，应设法避免。配伍禁忌的更正原则有：

（1）咨询原处方医师，商讨更正方法；

（2）变更成分的混合顺序；

（3）改变药物用量；

（4）改变溶剂；

（5）更换处方中的某种药物；

（6）添加制止变色的稳定剂或掩饰变色的着色剂；

（7）选加乳化剂，制成乳浊液，防止产生沉淀；

（8）分开调剂或分开包装。

以上更正原则不只惟一选择，有时可同时选用两种或几种方法，以避免配伍禁忌，保证医疗效果。

习　　题

1. 具有什么结构特征的化合物才能出现顺反异构？写出2,3－二氯－2－丁烯顺反异构体的结构式。

2. 什么叫化学配伍禁忌？举两例说明之。

医用化学实验

化学实验基本知识

一、化学实验的目的

1. 认识化学实验的常用仪器并掌握其用途和使用方法。
2. 掌握化学实验的基本方法和基本技能。
3. 培养严谨的科学态度，实事求是的工作作风，准确、细致、整洁的良好实验习惯。

二、实验室规则

1. 实验前要先预习实验教材，了解实验内容、步骤、方法和基本原理。

2. 遵从教师指导，严格按操作规程和实验步骤进行实验，未经老师许可，不得擅自更改。

3. 实验时要集中思想，保持安静，仔细观察，认真记录，注意安全。

4. 注意保持实验台和实验室的整洁。火柴梗、废纸屑、废玻璃等须投入废纸篓；废液、废固体残渣应倾入废液缸；以上物质都不得倒入水槽，以防水管堵塞或腐蚀金属管道。

5. 爱护公物，小心使用仪器和实验设备。

6. 实验完毕，将玻璃仪器洗净，放回原处。搞好实验台和实验室的整洁工作，关好水电。将实验记录交指导教师审阅，得到教师允许后，才能离开实验室。

三、实验室安全守则和事故救护措施

（一）安全守则

1. 随时注意实验安全，严格遵守操作规程，听从教师指导。

2. 对易燃易爆物质的实验要远离火源。有毒和有腐蚀性的药品要高度注意使用安全，取用后盖好瓶塞放回原处。

3. 实验室内严禁饮食，不准吸烟。实验完毕，必须洗净双手。

4. 产生有刺激性或有毒气体的实验，必须在通风橱内进行。需闻气体气味时，试管口应离面部20cm左右，用手轻轻扇向鼻孔，不能对着管口去闻。

5. 实验室所有仪器药品，不得带出室外，用剩或制得的有毒药品，交给指导教师处理。

（二）安全事故的救护措施

1. 玻璃割伤　先挑出玻璃碎片，轻伤可涂抹红药水并包扎。

2. 烫伤　切勿用水冲洗。可在烫伤处用高锰酸钾溶液擦洗，再涂抹凡士林、烫伤膏或万花油。

3. 酸（或碱）溅入眼内　立刻用大量水冲洗，再用饱和碳酸氢钠（或硼酸）溶液冲洗，最后再用水冲洗，并立即就医。

4. 吸入刺激性或有毒气体　吸入氯气、氯化氢气体时，可吸入少量酒精和乙醚的混合蒸气使之解毒。吸入硫化氢气体而感到不适时，立即到室外呼吸新鲜空气。

5. 毒物进入口内　把 10ml 5%硫酸铜溶液加入到一杯温开水中，内服后，用手指伸入咽喉部，促使呕吐，然后立即送往医院。

实验一　化学实验的基本操作

［2 小时］

实验目的

1. 熟悉化学实验的常用仪器。

2. 掌握玻璃仪器的洗涤、干燥、酒精灯和酒精喷灯的使用、塞子钻孔等基本操作和药品取用规则。

实验步骤

一、常用仪器

化学实验主要使用的玻璃仪器、加热器具和固定台夹等，见图实验 - 1 所示。

（一）玻璃仪器

1. 反应容器　用作反应容器的玻璃仪器有试管、烧杯、烧瓶、锥形瓶等。试管可直接用火加热，烧杯、烧瓶和锥形瓶加热时，均应放在石棉网上，使受热均匀。加热后不能骤冷，否则容易破裂。以上各类容器，按容量大小均有多种规格，应根据实验中药品用量适当选用。

此外，用于蒸发液体的还有蒸发皿；用于灼烧固体的有坩埚。两者都是用瓷、石英或铂制成，都可直接用火加热或灼烧至高温。

2. 定量容器或管具　量筒、量杯、容量瓶、移液管、滴定管等是用于定量配制或定量移取液体试剂的仪器，都不能作为反应容器，不能加热。度量液体时，应使视线与液面的弯月形最低点保持水平（图实验 - 2）。

3. 其他玻璃仪器　漏斗、吸滤瓶、称量瓶、滴瓶、启普发生器等，在一些实验中用到，它们均不能加热。

（二）常用实验用具

试管夹、铁架台、铁夹、铁圈、坩埚钳等，用于试管、坩埚加热和装配成套实验装置。

以上是常备的仪器，清点仪器柜，对照清单，查看是否备齐，如有破损或缺少，申请补发。

二、玻璃仪器的洗涤

玻璃仪器使用前都应洗涤干净。仪器是否干净，将直接影响实验结果的准确性。洗涤玻璃仪器的方法，应根据实验要求、污物的性质和沾污程度来选用。

1. 用水刷洗　在试管内装约 1/3 的自来水，振摇片刻，倒掉。如此反复 1 ~ 2 次，若管壁能均匀地被水所湿润而不沾附水珠，则已基本洗净。再用少量蒸馏水漂洗一次即可。若上

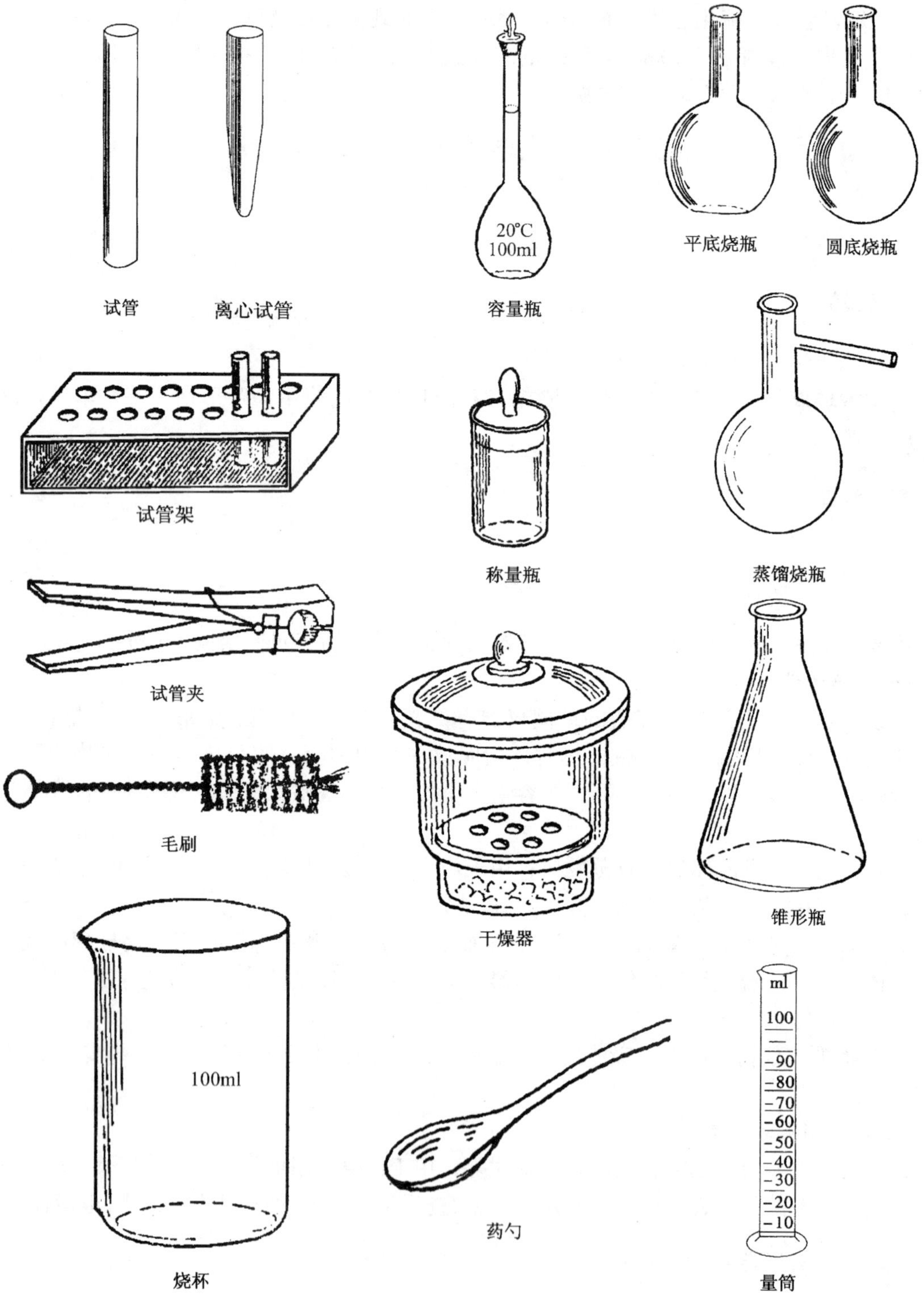

图实验－1　化学实验常用仪器（之一）

述方法不能洗净，可用试管刷刷洗。将试管刷前部的毛捏住放入盛水的试管内，使试管刷旋转和小心推拉刷洗，注意不要被试管刷戳破试管底部。如有油污和有机物，可将试管刷沾附

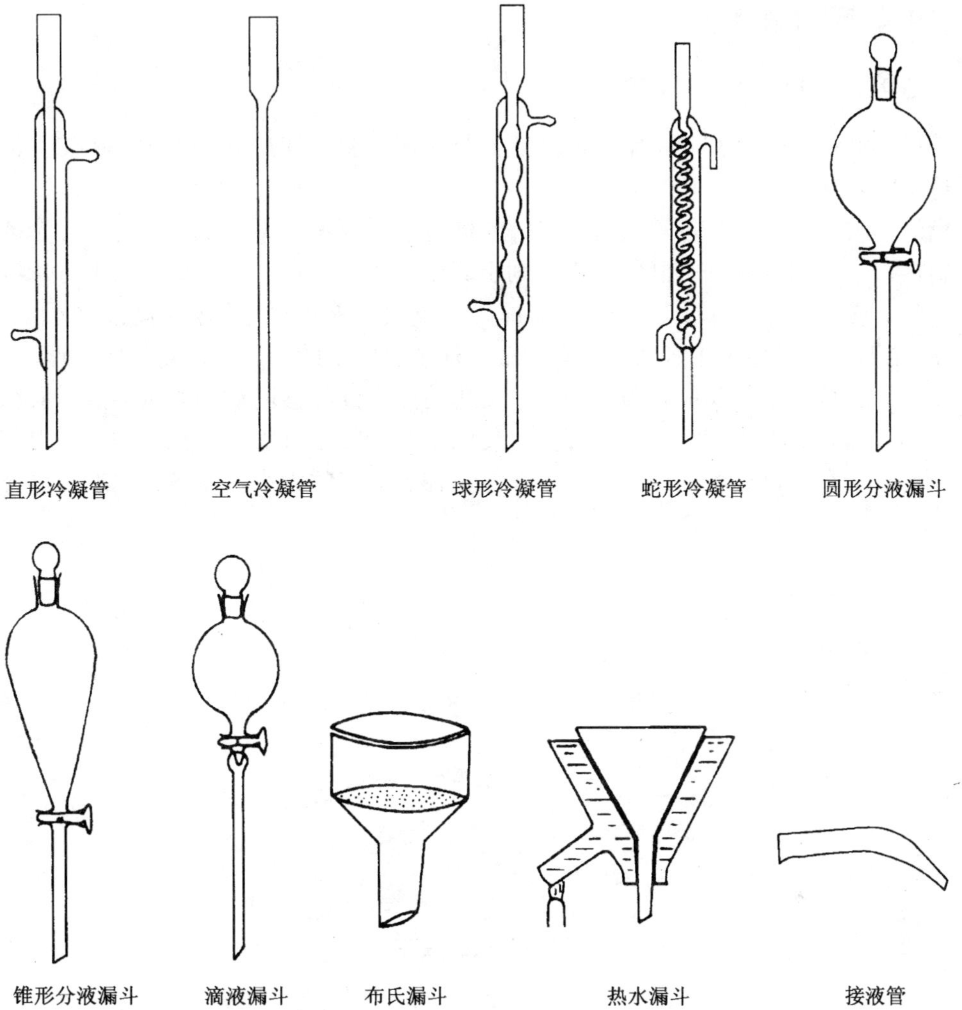

图实验－1　化学实验常用仪器（之二）

去污粉、肥皂或合成洗涤剂擦洗，然后用水冲洗干净，再用蒸馏水漂洗。

2. 用铬酸洗液洗　对沾污严重和口小管细的仪器（如滴定管），可用铬酸洗液洗。铬酸洗液是由等体积的浓硫酸和饱和重铬酸钾溶液混合配成的，具有很强的氧化性，去油污和有机物的能力很强，洗涤时，向仪器内加入少量洗液，将仪器倾斜并慢慢转动，让仪器内壁全部被洗液润湿。转几圈后，将洗液倒回原瓶内，再用自来水冲洗几次，最后用蒸馏水漂洗干净。

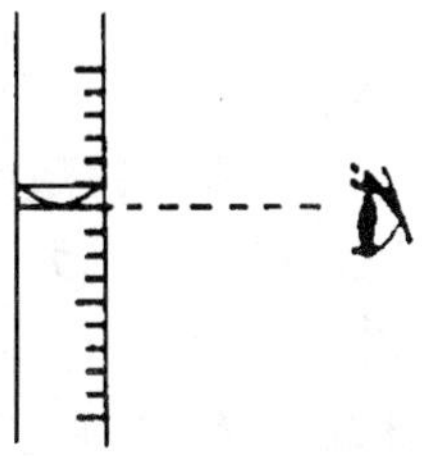

图实验－2　视线与度量的关系

如将仪器浸泡在热的（70℃左右）洗液中10min左右，再取出冲洗干净，效果更佳。使用铬酸洗液时，应注意安全，因洗液有强烈的腐蚀性，防止溅在皮肤和衣服上。

洗液可反复使用多次，直到洗液变为绿色才失去去污能力。但在回收洗液时，不能将水掺入，以免降低洗涤效力。

三、酒精灯和酒精喷灯的使用

酒精灯和酒精喷灯是实验室常用的加热器具。用酒精灯加热可达 400～500℃，酒精喷灯加热可达 700～1000℃。

酒精灯为玻璃制品，其灯罩带有磨口，点燃灯芯时要用火柴，绝不能与另一个燃着的酒精灯倾斜接火，否则一旦灯内酒精逸出，则引起燃烧发生火灾。用毕后，盖上灯罩，使火熄灭。不用时，必须将灯罩罩上，以免酒精挥发而下次不能点燃。当灯内酒精少于总容量的 1/4时，应先熄灯再用小漏斗将酒精加入，最多加至总容量的 2/3，不能加得太满。

酒精喷灯有挂式喷灯和座式喷灯两种。使用前先在预热盆内注满酒精，点燃酒精使灯管受热，待盆内酒精接近烧完时，开启开关，使酒精在灼热的灯管内汽化，并与来自气孔的空气混合，用火柴在管口点燃，调节开关螺丝，可控制火焰的大小。用毕，向左旋紧开关，可使火焰熄灭。

四、台秤的使用

（一）台秤的构造

台秤的构造如图实验－3 所示。

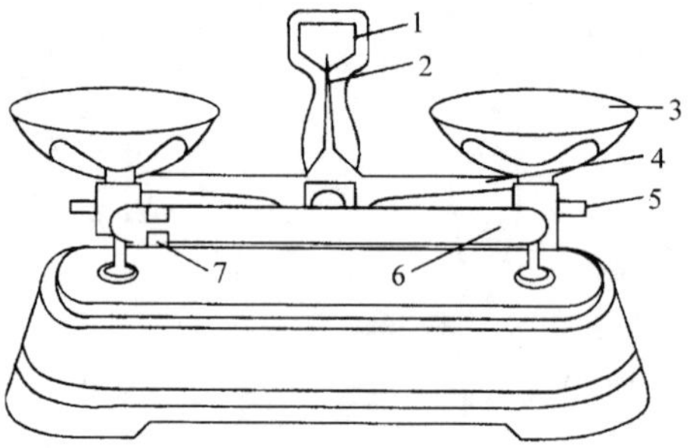

图实验－3　台秤

1. 标尺；2. 指针；3. 托盘；4. 横梁；5. 平衡调节螺丝；
6. 游码标尺（每一大格为 1g，每一小格为 0.1g）；7. 游码

（二）台秤的使用方法

1. 零点调节　台秤称量的精确程度是 0.1g，台秤的托盘上未放物体时，先将游码拨至刻度尺左端的零处，观察指针的摆动情况。若指针在标尺中线的左右摆动的弧度几乎相等或静止时指针指在标尺的中线上（即零点），即表示台秤可以使用；如果指针在标尺中线左右的摆弧相差较大，则应调零点调节螺丝，使指针指正零点或左右摆弧相等。

2. 称量　称量时应将被称的物品放在左盘,砝码放在右盘。称量药品时,药品不能直接放在托盘上,应放在称量纸或表面皿上。右盘放砝码时,应先加大砝码,再加小砝码,10g 以内用游码调节,至指针左右摆弧相等为止。称量完毕后,记录砝码的质量,把砝码定位放回砝码盒中,将游码退到刻度零处,取下盘上的药品,注意保持台秤清洁,如果不小心把药品撒在台秤上,必须立即清除。实验结束时,将一托盘取下,或将两盘叠放在一端,再收藏。

五、塞子钻孔

在装配制备实验仪器时，常需有孔塞。根据实验需要，可选用软木塞或橡胶塞。软木塞易被酸碱损坏，但与有机物作用较小，橡胶塞可把瓶子塞得很紧密，并可耐强碱腐蚀，但易被强酸和某些有机物所侵蚀。

塞子钻孔需要打孔器，它是一组直径不同的金属管，一端有柄，另一端很锋利。另外还有一根铁丝通条，用来捅出钻孔时进入钻孔器中的橡皮或软木。

橡胶塞打孔时，应选用比插入塞子的玻璃管（或温度计）稍粗一点的打孔器，将塞子小的一头向上，平放在桌面上，左手拿住塞子，右手按住打孔器的手柄，在选定的位置上，沿一个方向垂直地边旋转边往下钻。钻到一半深时，将打孔器反方向旋转并拔出打孔器，把塞子换一头，对准原孔打通为止。用通条将打孔器中的橡皮条捅出。

软木塞打孔时，先将软木塞在压塞机上滚压，无压塞机可用纸将塞包住放在平地上用脚踩住滚动，把软木塞压紧一些，以免打孔时开裂。在选用打孔器时，应选比插入的玻璃管（或温度计）稍细的打孔器，打孔操作与橡胶塞打孔相同。

每个学生根据教师的要求，将两个橡胶塞和软木塞打单孔或双孔，并留作后用。

六、化学药品取用规则

（一）液体试剂的取用规则

1. 从滴瓶中取用试剂时，滴管不能接触所使用容器的器壁，以免沾污。滴管放回原瓶时，不得放错，不准用其他滴器或自己的滴管到瓶中吸取试剂。

2. 从小口瓶中倒取试剂时，先将瓶塞倒放在桌面上，以免弄脏。手拿小口瓶倒试剂时，瓶上的标签应朝向手心，逐渐倾斜瓶子，让试剂沿管壁慢慢流入试管中，或沿干净的玻璃棒慢慢注入烧杯。取出所需量后，用干净的滤纸吸干瓶口的流出试液，注意瓶塞不能换错。

3. 用量筒或移液管定量取用试剂时，过量的试剂不能倒回原瓶，应倒入指定的容器内。

（二）固体试剂的取用规则

1. 取用固体试剂时要用干净的角匙，用过的角匙必须洗净擦干后才能再使用，以免沾污试剂。

2. 取出试剂后要立即盖紧瓶盖，不要盖错盖子。

3. 定量称取固体药品时，多余的药品，不能倒回原瓶，可放在指定容器中。固体试剂一般可以用干净的纸或表面皿盛药品称量。具有腐蚀性、强氧化性或易潮解的固体试剂，应使用干净的表面皿或称量瓶盛试剂称量。

4. 有毒药品应在教师指导下取用。不能将药品撒落在实验台和地面上。

实验二　溶液的配制和稀释

［3 学时］

实验目的

1. 掌握溶液浓度的表示方法和医院一些常用试剂的配制方法。
2. 掌握台秤、量筒、容量瓶和比重计的使用方法。

实验原理

配制一定浓度的溶液，应先根据所需配制溶液的浓度、所需配制溶液的量和溶质的摩尔质量三者的关系，计算出所需溶质的质量。这样计算出来的是纯溶质的质量，如果溶质是含有结晶水的，则应把结晶水计算进去。如果溶质是浓溶液，则应用浓溶液的浓度和密度计算出所需浓溶液的量。因量取液体体积比称取质量的操作方便，所以常把浓溶液的量换算成体积，再量取该体积的浓溶液，稀释至所需的体积。

1. 质量分数溶液的配制　将所需配制溶液的质量乘以质量分数计算出溶质和溶剂的质量，称取所需量的溶质溶于所需量的溶剂中即成。

2. 质量浓度溶液的配制　将所需配制溶液的体积乘以质量浓度计算出所需溶质的质量，再用台秤称取所需溶质的质量，加水溶解，再加水至所需体积即成。

3. 物质的量浓度溶液的配制　配制物质的量浓度溶液时，应先计算出所需溶质的物质的量，再按物质的量换算成质量。称取所需的溶质的量，在烧杯中加少量蒸馏水溶解，然后倾入欲配体积的容量瓶中，小心加蒸馏水至刻度摇匀即成。若用已知密度的浓溶液稀释来配制一定物质的量浓度的稀溶液，则可根据浓溶液的密度和质量——质量百分浓度计算出浓溶液的物质的量浓度。根据稀释前后溶液中溶质的量不变的原则，利用稀释公式 $c_1V_1 = c_2V_2$ 计算出所需浓溶液的体积，量取所需体积的浓溶液，在容量瓶中加水稀释成欲配体积，摇匀即可。

注意稀释浓硫酸时，应将浓硫酸慢慢注入盛有蒸馏水的烧杯中，冷却后再倒入容量瓶中加蒸馏水配成一定体积，切不可将水注入浓硫酸中，也不能直接在容量瓶中稀释。

仪器与药品

台秤，10ml、50ml、500ml 量筒，比重计，100ml 容量瓶

氯化钠（晶体）、氢氧化钠（晶体）、已知浓度的浓硫酸（98%）、浓盐酸、葡萄糖（晶体）、95%酒精、未知浓度的浓盐酸

实验步骤

一、容量瓶的用法

容量瓶是单一刻度的容量仪器，常用来配制体积浓度（物质的量浓度、质量分数）的溶液。先称取一定质量的溶质，在烧杯中用少量蒸馏水溶解，然后移入容量瓶中[1]，用少量的蒸馏水洗涤烧杯和玻棒 2~3 次，洗涤液一并倒入容量瓶中，再慢慢加水至刻度（视线与液体弯月面的下线相切）。为避免加水过量，当液面接近刻度时，改用滴管逐滴加入。最后塞紧瓶塞，用右手握紧瓶颈，食指按住瓶塞，左手托住瓶底，将容量瓶反复颠倒及摇动多次，使瓶内溶液浓度均匀，即得一定体积浓度的溶液，倾入贴有标签的试剂瓶中保存[2]。

二、比重计的用法

比重计是一种用来测定溶液密度的仪器。测定溶液的密度时，先把被测的溶液倒入大量筒中，再将比重计小心放入液体中，为了避免比重计与量筒接触，在放入时要用手指夹住比

重计的上端等到它完全稳定时为止[3]。液体的密度不同，比重计悬浮在溶液中的深度也不同。从液体凹面最低处的水平方向，读出比重计上的读数。先试用比重计测定水和有关实验溶液的密度。

三、试剂的配制

1. 生理盐水的配制　0.9%（g/ml）的氯化钠溶液称为生理盐水。欲配制 100ml 生理盐水，则先计算出配制 100ml 生理盐水所需 NaCl 的克数，并将在台秤上称得的 NaCl 放入 100ml 烧杯内，用少量水溶解后倒入 100ml 容量瓶中，用蒸馏水洗烧杯和玻棒 2～3 次，洗涤液一并倒入容量瓶，再慢慢加水至刻度，摇匀。将配好的生理盐水倒入指定的回收瓶中。

2. 5%（g/ml）葡萄糖溶液的配制　医院常用的葡萄糖溶液为 5%（g/ml）葡萄糖注射液，有的标签上为 5% *W/V* 葡萄糖注射液。用葡萄糖（晶体）配制 5%（g/ml）葡萄糖溶液 100ml。

3. 用 95%的酒精配制 75%的外用消毒酒精　医院外用消毒酒精为 75%（ml/ml），试用 95%的浓酒精配制外用消毒酒精 50ml。

4. 配制 $0.2mol \cdot L^{-1}$NaOH 溶液 100ml　计算出配制 $0.2mol \cdot L^{-1}$NaOH 溶液 100ml 所需固体 NaOH 的克数。取一个干燥的 100ml 烧杯，用台秤称其重量后，加入固体 NaOH，迅速称出所需 NaOH 的克数。用 50ml 水使称得的固体 NaOH 溶解，冷却后，倒入干净的 100ml 容量瓶中，按照以上方法，配成 100ml $0.2mol \cdot L^{-1}$的 NaOH 溶液，倒入指定的回收瓶中。

5. 配制 $0.1mol \cdot L^{-1}$HCl 溶液 100ml　用比重计量出所准备的浓盐酸的密度，从溶液的密度与浓度对照表查出浓盐酸的质量分数（即旧表中的质量—质量百分浓度），再计算出配制 $0.1mol \cdot L^{-1}$HCl 溶液 100ml 所需的浓盐酸的体积。用小量筒量取所需浓盐酸的体积，倒入 100ml 干净的容量瓶中，按上述方法配制成 100ml $0.1mol \cdot L^{-1}$HCl 溶液，倒入指定的回收瓶中。

注　释

[1] 用容量瓶配制溶液时，先要在烧杯中将溶质溶解，冷却后再倒入容量瓶，不能在容量瓶中溶解，因物质溶解时有放热或吸热现象。

[2] 用容量瓶配好所需浓度的溶液，摇匀后倒入试剂瓶中，洗容量瓶的水不要倒入试剂瓶中。

[3] 用比重计测定溶液密度时，待测溶液必须有足够的深度，一定要使比重计全部浮在液体中，不能与容器底部接触，比重计不可突然放入液体中，以免撞击容器底部而被损坏。

思考题

1. 使用台秤称量，应注意些什么？怎样调节台秤的零点？

2. 为什么配制稀硫酸和氢氧化钠溶液时，不能在量筒或容量瓶中将浓硫酸稀释或将固体氢氧化钠溶解？

3. 在用容量瓶配制溶液时，洗溶解溶质时用的烧杯的洗涤液一并倒入容量瓶，而将容量瓶中配好的溶液倒入试剂瓶后，洗容量瓶的水不要倒入试剂瓶，这是为什么？

实验三　卤　　素

［3学时］

实验目的

1. 比较卤素的氧化性和卤素离子的还原性的强弱。
2. 了解氯的含氧酸及其盐的性质。
3. 掌握卤素离子的鉴定方法。

实验原理

卤素是ⅦA族元素，易获得一个电子而达8电子稳定结构，因此卤素都是氧化剂。但由于原子核外的电子层数不同，卤素氧化性的强弱和卤素离子还原性的强弱也不相同。

次氯酸和次氯酸盐都是强氧化剂，氯酸盐在中性溶液中，没有明显的氧化性，但在酸性介质中能表现出明显的氧化性。

卤素离子（Cl^-、Br^-、I^-）能和Ag^+生成难溶于水且颜色不同的沉淀，这些沉淀又都不溶于稀硝酸。AgCl能溶于氨水和碳酸铵溶液，这是因为：

$$AgCl + 2NH_3 = [Ag(NH_3)_2]^+ + Cl^-$$

而AgBr和AgI则不溶。利用这个性质，可以将AgCl与AgBr、AgI分离，再在分离出AgBr和AgI后的溶液中加入硝酸酸化，AgCl又重新沉淀：

$$[Ag(NH_3)_2]^+ + Cl^- + 2H^+ = AgCl\downarrow + 2NH_4^+$$

Br^-和I^-可以用Cl_2氧化为Br_2和I_2后，再加以鉴定。

仪器与药品

H_2SO_4(浓,1:1)，HNO_3(2 $mol\cdot L^{-1}$和6 $mol\cdot L^{-1}$)，NaOH(2 $mol\cdot L^{-1}$)，NaCl(0.1 $mol\cdot L^{-1}$)，KBr(0.1 $mol\cdot L^{-1}$)，KI（0.1 $mol\cdot L^{-1}$），$Na_2S_2O_3$（0.5 $mol\cdot L^{-1}$），$MnSO_4$(0.5 $mol\cdot L^{-1}$)，KIO_3(0.1 $mol\cdot L^{-1}$)，$NH_3\cdot H_2O$(浓,6$mol\cdot L^{-1}$)，氯水，溴水，碘水，H_2S水溶液，淀粉溶液，NaCl(固)，NaBr(固)，NaI(固)，$KClO_3$(固)，红磷，pH试纸，淀粉碘化钾试纸，醋酸铅试纸，硫粉，锌粉，HCl(浓,2 $mol\cdot L^{-1}$)，$AgNO_3$(0.1$mol\cdot L^{-1}$)，$NaNO_2$(0.1$mol\cdot L^{-1}$)，$(NH_4)_2CO_3$(12%)，品红溶液，CCl_4，$KClO_3$（饱和溶液）

实验步骤

一、卤素的氧化性

1. 取3支试管，分别加入：

（1）1滴KBr（0.1$mol\cdot L^{-1}$），5滴CCl_4；再滴加新制的氯水[1]，边加边振荡。观察CCl_4层中的颜色。

（2）1滴KI（0.1$mol\cdot L^{-1}$），5滴CCl_4；再滴加氯水，边加边振荡，观察CCl_4层中的颜

色。

(3) 1 滴 KI ($0.1mol\cdot L^{-1}$)，5 滴 CCl_4；再滴加溴水[2]，边加边振荡。观察 CCl_4 层中的颜色。

以上实验得出什么结果？写出反应式。

2. 取 2 支试管，各加入 5 滴碘水，然后分别滴加 $Na_2S_2O_3$ ($0.5mol\cdot L^{-1}$) 和 H_2S 水溶液，观察现象，这说明碘具有什么性质？写出反应式。

3. 在试管中加入 1ml KBr ($0.1mol\cdot L^{-1}$) 和 2 滴 KI ($0.1mol\cdot L^{-1}$)，并加入 1ml CCl_4。逐滴加入氯水，边加边振荡，仔细观察 CCl_4 层颜色的变化，这一实验说明了什么问题？写出反应式。

二、卤素离子的还原性

在 3 支试管中，分别加入少许 NaCl，NaBr，NaI 固体，再各加入 1ml 浓 H_2SO_4，微热。观察每支试管中的颜色变化。用 pH 试纸、醋酸铅试纸、淀粉碘化钾试纸检验各试管中产生的气体。写出 H_2SO_4 与 HBr，HI 反应的方程式，并比较 HCl，HBr，HI 的还原性。

三、次氯酸盐的氧化性

在试管中加入 2ml 氯水，再逐滴加入 NaOH ($2mol\cdot L^{-1}$) 至溶液呈现碱性（用 pH 试纸检查）。将所得溶液分盛于 3 支试管中，在第 1 支试管中加入 4 滴 HCl ($2mol\cdot L^{-1}$)，用淀粉碘化钾试纸检验有何现象，写出反应式。在第 2 支试管中加入 KI ($0.1mol\cdot L^{-1}$) 5 滴，再加入淀粉溶液 4 滴，观察有何现象，写出反应的离子方程式。在第 3 支试管中加入品红溶液 4 滴，观察品红颜色是否褪去。

四、氯酸盐的氧化性

1. 在试管中加入 $KClO_3$ 饱和溶液，再加入 3 滴浓 HCl，用淀粉碘化钾试纸检验，有何气体产生？写出反应式。

2. 在试管中加入 3 滴 KI ($0.1mol\cdot L^{-1}$) 溶液，再加入 4 滴饱和 $KClO_3$ 溶液，然后逐滴加入 1:1 的 H_2SO_4，并不断振荡试管，观察颜色的变化过程。写出反应的离子方程式。

3. 取绿豆大小干燥的 $KClO_3$[3] 晶体与硫粉在纸上混合均匀（$KClO_3$ 和 S 的重量比约为 2:3），用纸包好，用铁锤在指定地点锤打，注意锤打时即爆炸。

4. 取 0.5ml $0.1mol\cdot L^{-1}$ KIO_3 溶液，滴加 4 滴 1:1 的 H_2SO_4 和淀粉溶液，再逐滴加入 $0.1mol\cdot L^{-1}$ Na_2SO_3 溶液，边加边振荡，观察溶液颜色的变化，写出反应式。

五、卤素离子的鉴定

1. 在试管中加入 2 滴 $0.1mol\cdot L^{-1}$ NaCl 和 1 滴 $2mol\cdot L^{-1}$ HNO_3，再加 2 滴 $0.1mol\cdot L^{-1}$ $AgNO_3$，观察沉淀的颜色。离心沉降后，弃去上清液，在沉淀中加入数滴 $6mol\cdot L^{-1}$ 氨水，振荡后，有何变化？然后再加入 $6mol\cdot L^{-1}$ HNO_3 酸化，又有何变化？证明有哪种离子存在？

2. 在试管中加入 2 滴 $0.1mol\cdot L^{-1}$ KBr、1 滴 $2mol\cdot L^{-1}$ 的 H_2SO_4 和 5 滴 CCl_4，然后逐滴加入新配制的氯水，边加边摇荡，观察 CCl_4 层颜色的变化，证明有哪种离子存在？

3. 在试管中加入 2 滴 $0.1mol\cdot L^{-1}$ KI、1 滴 $2mol\cdot L^{-1}$ H_2SO_4、1 滴淀粉溶液。然后加入 1

滴 0.1mol·L^{-1} $NaNO_2$，有何现象发生？证明何种离子存在？

4. Cl^-，Br^-，I^-混合物的分离和鉴定：在试管中加入 0.1mol·L^{-1}NaCl，KBr，KI 溶液各 4 滴，摇匀后加入 4 滴 6mol·L^{-1}HNO_3，再加入 0.1mol·L^{-1}$AgNO_3$ 溶液至沉淀完全，离心沉降弃去上清液，用水洗沉淀两次，弃去洗涤液。

（1）在上述沉淀中加入 20 滴 12%（NH_4）$_2CO_3$ 溶液，充分搅动，并温热 1min，部分沉淀溶解，离心沉降将沉淀与清液分开。在清液中加入 0.1mol·L^{-1}KI 数滴，若有黄色沉淀生成（或加入 6mol·L^{-1}HNO_3 酸化，若有白色沉淀生成），则表示有哪种离子存在？

（2）将（1）分离出的沉淀用水洗 2～3 次，弃去洗液，在沉淀中加 10 滴水和少量锌粉，再加入 7 滴 1mol·L^{-1}H_2SO_4，加热，搅动，离心沉降。吸取清液于另一试管中，加入 20 滴 CCl_4，再加入 4 滴氯水，摇动后，若 CCl_4 层呈红紫色，则证明有哪种离子存在？继续加入氯水至红紫色褪去，若 CCl_4 层呈橙黄色，则表示有哪种离子存在？

注　释

[1] 氯气是有毒和刺激性的气体，吸入人体会刺激喉管，引起咳嗽和喘息，制取氯气或用氯气进行实验时，必须在通风橱中操作。闻氯气时，不能直接对着管口或瓶口。

[2] 溴蒸气对气管、肺、眼、喉都有强烈的刺激性。进行有产生溴气的实验，应在通风橱中进行，不慎吸入溴蒸气时，可吸入氨气和新鲜空气解毒。液溴具有很强的腐蚀性，能灼伤皮肤。取液溴时，须带橡皮手套，若不慎把溴或溴水溅在手上，先用大量水冲洗，再用酒精洗涤。

[3] $KClO_3$ 是强氧化剂，保存不当易爆炸。它与 S，P 混合即成炸药。$KClO_3$ 易分解，不宜烘干或烤干。进行使用 $KClO_3$ 的实验后，应把剩下的产物回收，不要倾入酸缸中。

思考题

1. 卤素的氧化性和卤离子的还原性有什么递变规律？怎样用实验证实？
2. 如何用简便的方法鉴别以下四种气体：氯气、氯化氢、溴化氢和碘化氢？
3. 溴能从含有碘离子的溶液中置换出碘，而碘又能从溴酸钾溶液中置换出溴。两者有无矛盾？为什么？

实验四　化学反应速率与化学平衡

[3 学时]

实验目的

1. 通过实验证实浓度、温度、催化剂对化学反应速率的影响和浓度、温度对化学平衡移动的影响。
2. 练习水浴中保持恒温的操作。

实验原理

化学反应速率是指在单位时间内任何一种反应物或生成物浓度的变化。影响化学反应速率的主要因素有浓度、温度、压强和催化剂等。

对于基元反应，一定温度下，化学反应速率与各反应物浓度指数的乘积成正比——质量作用定律，因此增大反应物的浓度可使化学反应速率加快。温度升高，活化分子所占的比例增大，活化分子总数增多，反应速率显著加快。催化剂能降低反应的活化能，活化分子大大增多，能使化学反应速率加快。

对于可逆反应，当正、逆反应速率相等时，即达到了化学平衡。当外界条件发生改变时，平衡发生移动。如果改变平衡体系的条件之一（如浓度、总压力或温度），平衡就向能减弱这个改变的方向移动——吕·查德里原理。如增大反应物的浓度，平衡就向减小反应物浓度（即增大生成物浓度）的方向移动；升高温度，平衡就向降低温度（即吸热）的方向移动。

仪器与药品

秒表(或手表),量筒(100ml及10ml),烧杯(100ml,500ml),装有NO_2和N_2O_4混合气体的有塞锥形瓶(公用),洗瓶,温度计(100℃),草酸(0.05mol·L^{-1}),硫酸(0.1mol·L^{-1}和3mol·L^{-1}),碘酸钾(0.01mol·L^{-1})，高锰酸钾（0.01mol·L^{-1}），硫酸锰(0.1mol·L^{-1}),硫氰酸铵(0.1mol·L^{-1}),硫代硫酸钠（0.1mol·L^{-1}），亚硫酸钠试液[1]，硝酸铅（固），过氧化氢（3%），二氧化锰（固），锌粒，锌粉，硫酸铜（0.1mol·L^{-1}），三氯化铁（0.1mol·L^{-1}），碘化钾（固）

实验步骤

一、浓度对反应速率的影响

在100ml烧杯中，用量筒[2]量取5ml 0.01mol·$L^{-1}$$KIO_3$溶液和45ml蒸馏水注入后，再加入10ml亚硫酸钠试液，并立即用玻璃棒搅拌均匀。注意观察，记录混合溶液从开始混合至出现蓝色所需的时间（秒）（为便于观察颜色，可在烧杯下垫一张白纸）。

实验编号	用量（ml）		变色时间（s）
	KIO_3溶液	水	
(1)	5	45	
(2)	10	40	
(3)	15	35	
(4)	20	30	

按同样操作，改变KIO_3和水的用量，并各加入10ml亚硫酸钠试液。将每次反应所需的时间对应记入上表。

根据实验结果，总结出浓度与化学反应速率的关系。

二、温度对反应速率的影响

1. 取3支大试管，第1支试管中加入6ml 0.1mol·$L^{-1}$$H_2SO_4$溶液；第2支试管中加入2ml 0.1mol·$L^{-1}$ $Na_2S_2O_3$溶液及4ml蒸馏水；第3支试管中加入6ml蒸馏水。将3支试管同时插入盛有冷水的大烧杯中，并在第3支试管中插入一支100℃温度计。1～2min后，待试管中溶液的温度与烧杯中水的温度相同时，记下此时的温度。将第1支试管中的硫酸溶液倒入第2支试管中，振摇均匀，立即将试管插回水浴中。记录溶液从开始混合到出现浑浊所需的时间（s）。

往烧杯中加入热水，使水浴温度每次升高10℃，按上述操作再进行两次实验[3]，记录于下表。

实验编号	实验温度（℃）	从开始混合到开始出现浑浊所需的时间（s）
1		
2		
3		

根据实验结果，说明温度与化学反应速率的关系。

2. 按前面实验内容一（浓度对化学反应速率的影响），向1只100ml小烧杯中加入5ml 0.01mol·L^{-1}KIO_3溶液及45ml水，向1支试管中加入10ml Na_2SO_3试液，将该烧杯及试管放入水浴中升温（可用400ml烧杯作水浴容器，加入热水，或用小火加热，水浴温度可高于测定温度约10℃），待溶液温度高于室温10℃时，将两溶液混合，搅拌均匀。记录从开始混合至出现蓝色所需的时间，并与实验内容一中测得的室温时所需时间做比较。若室温高于30℃，测定温度可低于室温10℃，用冰水浴代替热水浴。

三、催化剂对反应速率的影响

1. 均相催化　取2支试管，向1支试管中加入1ml 3mol·L^{-1}H_2SO_4、0.5ml 0.1mol·L^{-1} $MnSO_4$、3ml 0.05mol·L^{-1}$H_2C_2O_4$溶液。向另1支试管中加入1ml 3mol·L^{-1} H_2SO_4、0.5ml蒸馏水、3ml 0.05mol·L^{-1} $H_2C_2O_4$溶液。然后于此2支试管中各加入3滴0.01mol·L^{-1} $KMnO_4$溶液，摇匀，比较2支试管中紫色褪去的快慢。

2. 多相催化　在1支试管中加入5ml 3% H_2O_2溶液，观察有无气泡产生。然后往试管中再加入少量二氧化锰粉末，观察有无气泡放出，用留有余烬的细木条插入试管中，检验放出的气体是什么[4]。

四、接触面对反应速率的影响

1. 取少量干燥的碘化钾与硝酸铅晶体，置于硬纸片上，用玻璃棒轻轻搅动，观察有无变化。再将上述混合物倒入研钵中，研磨之，观察颜色有无变化。

2. 取2支试管，各加入1～2ml0.1mol·L^{-1}$CuSO_4$溶液，然后向1支试管中加入少量锌粉，向另1支试管中加入几粒锌粒，观察两溶液颜色的变化，并比较两者的反应速率。

五、浓度对化学平衡的影响

向1只小烧杯中加入15ml蒸馏水，再加入0.1mol·L^{-1}$FeCl_3$及0.1mol·L^{-1}NH_4SCN溶液各3滴，得到浅血红色溶液，溶液中的红色物质主要是$[Fe(SCN)]^{2+}$离子。

$$Fe^{3+} + SCN^- \rightleftharpoons [Fe(SCN)]^{2+}$$

当红色不变时，即表示反应达到平衡。将所得溶液等分于4支试管中，然后向第1支试管中加入 4 滴 0.1mol·$L^{-1}FeCl_3$ 溶液，第 2 支试管中加入 4 滴 0.1mol·$L^{-1}NH_4SCN$ 溶液，第 3 支试管中加入少量氯化铵固体，第 4 支试管留作比较用。观察前 3 支试管中溶液颜色的变化，从而说明浓度对化学平衡的影响。

六、温度对化学平衡的影响

取 2 只密闭有塞锥形瓶，装入处于平衡状态的 NO_2 和 N_2O_4 混合气体（实验前准备好，公用）。将一只锥形瓶浸在盛有热水的烧杯中，另一只锥形瓶浸在盛有冷水的烧杯中，观察两锥形瓶中气体颜色的变化，从观察到的现象，指出锥形瓶中气体的平衡向哪个方向移动：

$$\underset{\text{（红棕色）}}{2NO_2} \rightleftharpoons \underset{\text{（无色）}}{N_2O_4} + 66.94kJ$$

从而得出温度对化学平衡的影响的结论。（每次观察完毕应立即将锥形瓶从水中取出，以便恢复到室温，供其他学生使用。）

注 释

［1］亚硫酸钠试液的配制　此试液要实验前新配制，配制方法是：将 0.5gNa_2SO_3 或 1g$Na_2SO_3 \cdot 7H_2O$、2.5g 可溶性淀粉、2ml 浓硫酸配成 500ml 溶液。

［2］不同的试剂应用不同的量筒量取，可在量筒上做好标记而公用，以免混淆。

［3］试管中溶液混合后，盛混合溶液的试管仍然放在烧杯内的热水中，以保持一定温度。若要求水温度高于室温，在反应过程中应经常用小火加热，以防止温度下降。

［4］若试管中产生的氧气太少，余烬难以复燃，可用大拇指按紧试管口片刻以积聚氧气，然后再试验。

思考题

1. 影响化学反应速率的因素有哪些？这些因素怎样影响反应速率？
2. 什么叫化学平衡的移动？如何判断化学平衡移动的方向？

实验五　酸 碱 滴 定

［3 学时］

实验目的

1. 掌握酸碱滴定的原理和滴定的操作方法。
2. 熟练掌握滴定管和移液管的使用方法，了解使用指示剂判定反应终点的方法。

实验原理

根据物质发生化学反应时的定量关系，可将一定体积未知浓度的某溶液与另一已知浓度的溶液发生反应，测出消耗已知浓度溶液的体积，再通过化学反应方程式进行计算，可得出未知浓度溶液的浓度，这一操作称为滴定。如利用酸碱中和反应，可以测定酸或碱的浓度。

在计算时，必须根据反应方程式找出定量关系，再根据已知值和测定值计算出未知溶液的浓度。

酸碱滴定时，可用指示剂的变色来确定反应终点。用强碱滴定强酸时，常以酚酞作指示剂；用强酸滴定强碱时，常以甲基橙作指示剂。

在用物质的量浓度（$mol \cdot L^{-1}$）进行滴定时，应根据此中和反应化学反应方程式中酸和碱分子式前的系数进行计算。

值得注意的是，我国原用的当量浓度，对于滴定计算非常简便，根据当量定律：

$$N_{酸} \cdot V_{酸} = N_{碱} \cdot V_{碱}$$

$$N_{酸} = \frac{N_{碱} \cdot V_{碱}}{V_{酸}} \qquad (N \text{ 为当量浓度})$$

此计算公式可适合于任何酸碱中和反应，因为任何物质相互反应时，总是等当量数发生反应。现在当量和当量浓度的概念虽然已废除，但在实际工作中还时常用到。

仪器与药品

酸式和碱式滴定管，25ml 移液管，洗耳球，250ml 锥形瓶，已知浓度的 NaOH 溶液，未知浓度的 NaOH 溶液（以上约为 0.2 ~ 0.3$mol \cdot L^{-1}$），酚酞指示剂，未知浓度的盐酸溶液（0.2$mol \cdot L^{-1}$左右），甲基橙指示剂

实验步骤

一、仪器的准备和使用

1. 滴定管　滴定管分酸式滴定管和碱式滴定管两种（图实验 - 4）。

酸式滴定管的下端具有玻璃旋塞，开启旋塞，酸液即自管内滴出。使用前，应先检查旋塞是否漏水和旋转是否灵活，如发现漏水或旋转不灵，则将旋塞取下，洗净后用滤纸吸干，再在旋塞的大的一端和小的一端分别涂上很薄的一层凡士林（不可涂得太多，以免将旋塞的小孔堵塞）。将旋塞塞好，旋转，使凡士林均匀地涂在磨口上，最后再检查旋塞是否漏水。

碱式滴定管的下端是用橡皮管连接一支玻璃管嘴，橡皮管内装有一个玻璃圆珠以代替旋塞。使用前，将拇指和食指轻轻往一边挤压玻璃圆珠，使管内形成一条窄缝，溶液即从玻璃嘴中滴出。注意挤压玻璃圆珠时，手指要捏在玻璃圆珠旁边的橡皮管上，否则在放手时会在玻璃管嘴中出现气泡。

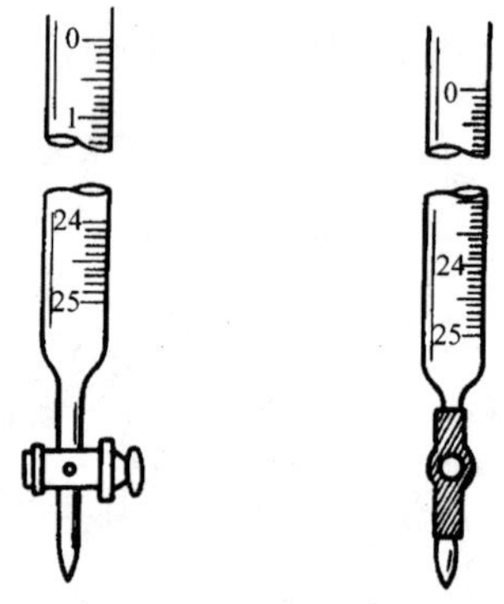

酸式滴定管　　碱式滴定管

图实验 - 4　滴定管

使用前应按实验一介绍的方法将滴定管洗净，将标准溶液加入到滴定管中的刻度“0”以上，小心缓慢地开启旋塞或挤压玻璃圆珠，把管内液面的位置调节到刻度“0”或略低于刻度“0”。必须注意，滴定管下端不应留有气泡，否则会造成读数误差。如在装满溶液后在调“0”时，下端玻璃管嘴内有气泡，必须将气泡逐出。酸式滴定管逐气泡的方法是将滴定管倾斜，再启开旋塞，气泡可被流出的溶液逐出。碱式滴定管可把橡皮管稍向上弯，然后挤压玻璃圆珠，气泡也可被逐出。

滴定管的读数是从上到下，刻度每小格为 0.1ml，通过观察，可读到小数点后两位。读

数时，视线应与管内液体弯月面的下线相切，视线偏高偏低都会带来误差。为了便于观察，读数时可在滴定管后面衬一张白纸。

使用酸式滴定管进行滴定操作时，用左手拇指、食指及中指控制活塞，旋转活塞的同时应稍稍向里（左方）用力，以使玻璃塞保持与塞槽的密合，防止溶液漏出。必须学会慢慢地旋开活塞以控制溶液的流速。

使用碱式滴定管时，用左手拇指和食指捏住橡皮管中的玻璃球所在部位稍上处，向右方挤橡皮管，使橡皮管与玻璃球之间形成一条缝隙，溶液即可流出，要能掌握缝隙的大小以控制溶液流出的速度。

滴定时，将滴定管垂直地夹在滴定管夹上，下端伸入锥形瓶或烧杯口约 1cm，锥形瓶下放一块白瓷板，以便于观察溶液颜色的变化。左手操作滴定管，右手的拇指、食指和中指拿住锥形瓶颈，沿同一方向按圆周摇动锥形瓶，不要前后振动（用烧杯滴定时则用玻棒向同一方向作圆周运动）。开始滴定时，无明显的变化，液滴流出的速度可以快一些，但必须成滴而不是一股水流。随后，滴落点周围出现暂时性的颜色变化，但随着摇动锥形瓶，颜色变化很快消失。当接近滴定终点时，滴落点周围颜色变化消失较慢，这时就应逐滴加入，加 1 滴后摇匀溶液，观察溶液变化情况，再决定是否还要滴加溶液。最后应控制液滴悬而不落，用锥形瓶内壁把液滴沾下来（这时加入的是半滴溶液），用洗瓶冲洗锥形瓶内壁，摇匀。如此重复操作直到颜色变化不再消失为止，即可认为到达滴定终点。

在正式滴定前，应进行以上操作练习，以免在滴定时操作失误。

2. 移液管　移液管是用来准确移取一定体积液体的仪器。移液管的上端有一刻度线，是指在特定的温度（一般是 25℃）下，液体吸至刻度线时的体积是一定的，如有 5ml，10ml，25ml 等多种移液管。

使用时右手把移液管的尖端伸入到移取的液体中，左手拿洗耳球，吸取溶液。当溶液吸至刻度以上时，马上用右手食指替换洗耳球按住管口，然后稍微放松食指，同时以拇指和中指转动管身，使液面缓慢而平稳地下降，直至液面弯月面的下线与刻度线平行，立即用食指把移液管口按紧，不让液体继续滴出（图实验－5a）。再将移液管的尖端靠在接受容器的壁上，放松食指，让液体流入接受容器（图实验－5b）。液体流完后，稍待片刻，再将移液管拿开，此时移液管的尖端还会剩有少量液体，但不要用嘴将它吹到接受容器内，因在校正移液管的容积刻度时，并未把这些液体计算在内。

无洗耳球时，也可用口吸取对人无害的液体，但注意不要吸入口内。

滴定操作前，练习用移液管吸取蒸馏水 2～3 次。

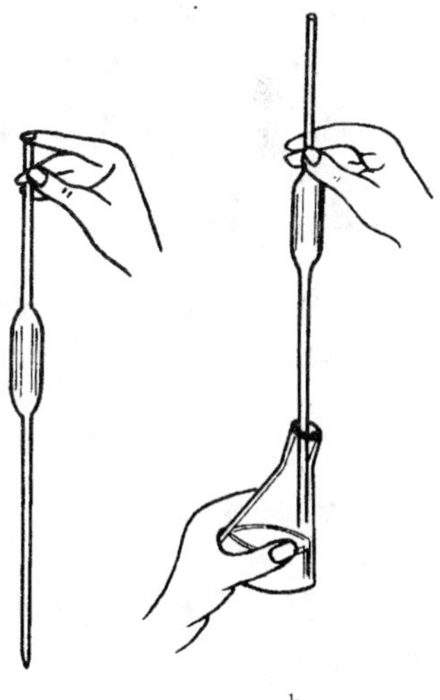

图实验－5　移液管的用法

a. 调节液面　b. 放出液体

二、用已知浓度的碱溶液标定未知浓度的盐酸溶液

在洗净的酸式滴定管中加入 3～5ml 未知浓度的盐酸溶液，倾斜并旋转滴定管，让盐酸浸润整个滴定管内壁，然后竖立滴定管，开启旋塞，弃去盐酸，如此洗涤 2～3 次，以免加入滴定管的溶液被管壁上的蒸馏水稀释而改变浓度。再装入未知浓度的盐酸溶液，调“0”，记下液面读数。用右手持锥形瓶，用左手的大拇指、食指和中指

旋转旋塞，让盐酸慢慢放入洗净的锥形瓶中，准确地放出25.00ml盐酸后，再向锥形瓶中加入2~3滴酚酞指示剂。

将洗净的碱式滴定管用已知浓度的NaOH标准溶液洗涤2~3次后，装入NaOH标准溶液，调“0”，逐出滴定管下端的气泡，记录液面读数。用右手持盛有25.00ml盐酸的锥形瓶，用左手的大拇指和食指挤压玻璃圆珠外面的橡皮管，让碱液逐滴滴入锥形瓶内，同时不断摇动锥形瓶，使溶液混合均匀。在开始时，碱液滴出的速度可稍微快些。碱液滴入酸内，出现的粉红色会很快消失。当接近终点时，粉红色就消失较慢。此时应每加入一滴碱液后，把溶液摇匀，观察红色褪去后再加入第二滴碱溶液。如果加入一滴碱液，摇匀后，粉红色不立即褪去，可将锥形瓶静置，若半分钟内红色仍不消失，即可认为已达滴定终点[1]。记下滴定管内液面的读数。它与滴定前液面读数之差，即为滴定过程中所用去的氢氧化钠溶液的量[2]。

如果滴入的碱过量，可用未知酸回滴至酸性（溶液变为无色），记录加入酸的量。再用碱溶液滴定至终点。如果在滴定过程中有碱液滴在锥形瓶的瓶壁上，应立刻用洗瓶吹出少量蒸馏水洗下去。

重复上述操作一次，直到两次实验所用碱液的量相差小于0.05ml为止，否则应重做。

三、用测得浓度的酸溶液标定未知浓度的氢氧化钠溶液

用洗净和用未知浓度的NaOH溶液洗涤2~3次后的移液管，移取25ml未知浓度的NaOH溶液于锥形瓶中，并加入2滴甲基橙指示剂。

在酸式滴定管中，装入上面测得浓度的盐酸溶液，逐去滴定管下端的气泡后，记下液面读数，用右手持盛未知浓度碱溶液的锥形瓶，用左手的大拇指、食指和中指旋转旋塞，使酸液逐滴滴入瓶内，并不断摇动锥形瓶，当溶液由黄色变为橙色时，即可认为已达终点，记下滴定管中液面的读数。

重复实验，直至两次实验数据相差不超过0.1ml为止，否则应重做。

通过以上实验数据，计算未知NaOH溶液的浓度。

注　释

[1] 滴定完成后，玻璃尖嘴外不应留有液滴。

[2] 由于空气中二氧化碳的影响，已达终点的溶液放久后会褪色，这并不是中和反应没有完全。

思考题

1. 移液管和滴定管都要用被计量的溶液洗2~3次，锥形瓶需不需要用被装入的溶液洗？为什么？

2. 下列情况对实验结果有何影响？

（1）观察滴定管读数时，视线在液面弯月面的上方。

（2）滴定完成后，下端尖嘴外留有液滴。

（3）滴定过程中，锥形瓶摇荡太剧烈，以致有些液体飞溅出去。

（4）滴定过程中，向锥形瓶中加入少量蒸馏水。

实验六　缓冲溶液

［3学时］

实验目的

1. 加深对缓冲溶液原理和性质的理解。
2. 掌握缓冲溶液的配制方法。

实验原理

能对抗外来少量强酸、强碱或稀释的影响，而使其 pH 值不发生明显改变的作用，叫做缓冲作用。具有缓冲作用的溶液称为缓冲溶液。缓冲溶液常由弱酸及其盐、弱碱及其盐或酸式盐及其次级盐组成。缓冲溶液的 pH 值计算公式为：

$$pH = pK_a + \lg \frac{c_{盐}}{c_{酸}} \tag{1}$$

而

$$c_{盐} = \frac{cV_{盐}}{V_{缓冲液}} \qquad c_{酸} = \frac{cV_{酸}}{V_{缓冲液}}$$

代入式（1）得

$$pH = pK_a + \lg \frac{V_{盐}}{V_{酸}} \tag{2}$$

根据（2）式可配制具有一定 pH 值的缓冲溶液，也可计算缓冲溶液的 pH 值。

仪器与药品

5ml，10ml 刻度移液管，$0.1mol \cdot L^{-1}NaOH$，$0.1mol \cdot L^{-1}NaCl$，$0.1mol \cdot L^{-1}HCl$，$0.06mol \cdot L^{-1}Na_2HPO_4$，$0.06mol \cdot L^{-1}KH_2PO_4$，$0.1mol \cdot L^{-1}NH_4Cl$，pH 试纸，混合指示剂[1]

实验步骤

一、缓冲溶液的配制

取干净大试管 3 支，标号，置于试管架上，然后用 10ml 刻度移液管按下表所示的数量，吸取 $0.06mol \cdot L^{-1}Na_2HPO_4$ 及 $0.06mol \cdot L^{-1}KH_2PO_4$ 加入试管中。

试管号	1	2	3
Na_2HPO_4（ml）	9.5	6.2	1.2
KH_2PO_4（ml）	0.5	3.8	8.8
pH 值			

计算所配缓冲溶液的 pH 值。

二、缓冲溶液的稀释

按下表所列顺序，做如下实验，观察现象并解释原因。

试管号	加缓冲溶液量	蒸馏水量	加混合指示剂	颜色变化
1		4ml	2 滴	
2	自制缓冲液（1）4ml		2 滴	
3	自制缓冲液（1）2ml	2ml	2 滴	
4	自制缓冲液（1）1ml	3ml	2 滴	

三、缓冲溶液的抗酸抗碱作用

按下表所列顺序，做如下实验，观察颜色的变化，并解释原因。

试管号	蒸馏水、溶液或缓冲液量	酸或碱量	颜色变化
1	蒸馏水 2ml，万能指示剂 1 滴	0.1mol·L^{-1}HCl 1 滴	
2	蒸馏水 2ml，万能指示剂 1 滴	0.1mol·L^{-1}NaOH1 滴	
3	自制缓冲液（1）2ml，万能指示剂 1 滴	0.1mol·L^{-1}HCl 数滴	
4	自制缓冲液（1）2ml，万能指示剂 1 滴	0.1mol·L^{-1}NaOH 数滴	
5	自制缓冲液（3）2ml，万能指示剂 1 滴	0.1mol·L^{-1}HCl 数滴	
6	自制缓冲液（3）2ml，万能指示剂 1 滴	0.1mol·L^{-1}NaOH 数滴	
7	0.1mol·L^{-1}NaCl 2ml，万能指示剂 1 滴	0.1mol·L^{-1}HCl 1 滴	
8	0.1mol·L^{-1}NaCl 2ml，万能指示剂 1 滴	0.1mol·L^{-1}NaOH 1 滴	
9	自制缓冲液（1）2ml，万能指示剂 1 滴	0.1mol·L^{-1}HCl 1 滴	
10	自制缓冲液（1）2ml，万能指示剂 1 滴	0.1mol·L^{-1}NaOH 1ml	
11	自制缓冲液（3）2ml，万能指示剂 1 滴	稀释 3 倍	

注　释

[1] 混合指示剂（万能指示剂）的配制：称取甲基红 0.2g、甲基黄 0.3g、麝香草酚蓝 0.5g、溴麝香草酚蓝 0.4g、酚酞 0.1g 混合溶于 500ml 酒精中，再逐滴加入 0.01mol·L^{-1}NaOH 溶液，至溶液呈橙黄色。

思考题

1. 为什么缓冲溶液能抵抗少量酸或碱而 pH 值基本不变？

2. 将 10ml 0.2mol·L^{-1}HAc 溶液和 10ml 0.1mol·L^{-1}NaOH 溶液混合，所得溶液是否具有缓冲能力？将 10ml 0.2mol·L^{-1}NaAc 溶液和 10ml 0.2mol·L^{-1}HCl 溶液混合，所得溶液是否具有缓冲能力？

实验七　水的纯化和水质检测

［2 学时］

实验目的

1. 学习用离子交换法纯化水的原理和方法。

2. 学习水质检测的原理和方法。

实验原理

离子交换法是纯化水的有效方法。通过离子交换树脂与水中所含的有害离子发生离子交换，而使水纯化。离子交换树脂是带有交换活性基团的多孔网状结构的高分子化合物。根据所含活性基团的不同，分为阳离子交换树脂和阴离子交换树脂两大类。

1. 阳离子交换树脂　这类离子交换树脂含有的交换活性基团多为 Na^+ 或 H^+，通过与水中的 Ca^{2+}，Mg^{2+} 等发生离子交换，使水的硬度降低，纯度提高。

2. 阴离子交换树脂　这类离子交换树脂含有的交换活性基团多为 OH^-，通过与水中的 Cl^-，SO_4^{2-}，HCO_3^- 等阴离子发生离子交换，而将有害阴离子除去，使水纯化。

用离子交换法纯化水，一般都通过阳离子交换、阴离子交换和阴阳离子混合交换三个步骤。有时还通过多组阴、阳离子交换柱（或阴阳离子交换树脂混合柱）使水的纯度提高。通过这种方法纯化的水，通常叫做高纯水或去离子水，可供医药卫生、科学实验、化学化工和电子工业等对水的纯度要求高的部门使用。这里所说的高纯水，不是绝对的纯水，一般把 1L 水中剩余含盐量在 0.1mg 以下的水称为高纯水。

水质检测是通过化学方法或物理方法，测定水样中有害离子的含量、pH 值和电导率，确定水的质量。

仪器与药品

离子交换器、阳离子交换树脂、阴离子交换树脂

NH_3-NH_4Cl 缓冲液，铬黑 T 指示剂[1]，$0.1mol \cdot L^{-1}$ $AgNO_3$ 溶液，0.1%甲基红指示剂，0.1%酚酞指示剂

实验步骤

一、水的纯化

1. 自制离子交换器　取三根口径 30mm 左右，长约 400mm 的玻璃管，两端各配一个能插一支细玻璃管（口径约为 8mm）和能插两支细玻璃管的橡胶塞。第一根大玻璃管的上端配两孔橡胶塞，插两支短细玻璃管，一支为进水口，一支为放气口，下端插一支露出橡胶塞、伸入大玻璃管 3mm 左右，并用泡沫塑料或尼龙纱布包住管口的细玻璃管。第二根和第三根大玻璃管上端配一个插有一支短细玻璃管的单孔橡胶塞作放气孔，下端的两孔塞分别插伸入管内 350mm 和 3mm 的两支细玻璃管，伸入大玻璃管的管口用泡沫塑料包住。再用乳胶管将

第一根大玻璃管的下端与第二根伸入管内350mm的细玻璃管相连接，第二根大玻璃管下端的另一支细玻璃管与第三根大玻璃管伸入管内350mm的细玻璃管相连接。第三根大玻璃管下端的另一支细玻璃管为出水口。装配好后通水看三支大玻璃管的下端是否漏水，若不漏水，则取下大玻璃管上端的橡胶塞向第一根大玻璃管内装入阳离子交换树脂，第二根大玻璃管内装入阴离子交换树脂，第三根大玻璃管内装入混合的阴阳离子交换树脂，每种树脂装入的高度约320mm，让伸入管内的长细玻璃管的上端露出约20mm，而此细玻璃管与大玻璃管上端的橡胶塞隔开约10mm。注意在装离子交换剂时，不可进入细玻璃管，通水时，防止大小玻璃管内产生气泡，以免造成树脂层紊乱、水流断路或水流阻力过大而不畅通。

2. 纯水的制备　将自来水（或经沉降过滤的河水或井水）从第一根大玻璃管上端的进水细玻璃管流入，依次通过阳离子交换柱、阴离子交换柱和混合阴阳离子交换柱，弃去最初流出的200ml后，取流出的纯水做水质检测，直至合格为止。

二、水质检测

1. 化学检测

（1）用2支试管分别取经纯化的水和未经纯化的水各10ml，各加入NH_3-NH_4Cl缓冲溶液0.5ml及1滴铬黑T指示剂。观察试管内液体的颜色，若纯化水呈蓝色，表示已基本不含Ca^{2+}和Mg^{2+}。

（2）用2支试管，分别取纯化水和未经纯化的水10ml，各加1滴$0.1mol\cdot L^{-1}$ $AgNO_3$溶液，若纯化水不出现白色沉淀，表示已基本不含Cl^-。

（3）用6支试管分别取8ml纯化水，未经纯化的水和标准纯净水（蒸馏水）各两份，并分成两组。第一组各加1滴0.1%甲基红指示剂。第二组各加1滴0.1%的酚酞指示剂。各组进行比较，若纯化水与标准纯净水（或蒸馏水）滴加指示剂后的颜色基本相同，表示已近中性。

通过上述检测，若纯化水已达到实验要求，表示此时制备的纯化水，已达高纯水的标准。

2. 物理检测[2]　水的纯度越高，其中所含离子越少，电导率也就越小。因此通过电导率的大小也可看出水的纯度。水的电导率可用电导仪测定。一般用电阻率（电导率的倒数）表示水的纯度。

电阻率在25℃时为$18\times10^6\ \Omega\cdot cm$的水为理想的纯净水。一般化学实验用水的电阻率在$1\times10^5\ \Omega\cdot cm$即可。

三、离子交换树脂的再生

离子交换树脂具有一定的交换量，超过交换量则失效，但可用再生处理的方法恢复其交换能力。再生处理过程是交换反应的逆过程。处理时，将三根交换柱下端的连接乳胶管拆开，第一根交换柱中的H型阴离子交换树脂，可用7%～10%的盐酸淋洗，从下部放出，再用高纯水洗掉树脂的酸性。第二根交换柱中的OH型阴离子交换树脂，可用3%～5%氢氧化钠溶液淋洗，再用高纯水洗掉碱性。混合柱中阴阳离子交换树脂的混合物，则用5%食盐水浸泡，因两者比重不同而在盐水中分层，将两者分离后，再按上述方法分别处理，冲洗净后，再按原比例混合装柱。

按上述过程再生处理后，再将交换柱下端的乳胶管按原有方式连接，又可继续制备高纯水。

注　释

[1] 铬黑 T 试剂的配制：将 0.3g 铬黑 T 和 3g 盐酸羟胺溶解于 50ml 乙醇中。

[2] 纯净水的检测一般用化学检测方法，如实验室有电导仪，也可用物理检测方法。

思考题

1. 普通水中所含的有害离子主要有哪些？用离子交换法如何除去它们？
2. 怎样用化学方法检测水的纯度？
3. 失效的离子交换树脂怎样再生处理？

实验八　熔点的测定

[3 学时]

实验目的

掌握用毛细管测定固体化合物熔点的原理和方法。

实验原理

固体化合物当受热达到一定温度时，即由固态转变成液态，这时的温度就是该化合物的熔点。严格地说，物质的熔点是该物质在大气压下，固液两态达到平衡状态时的温度。由于大多数有机化合物的熔点都在 400℃以下，较易测定，所以在科学研究、有机化学实验中都把熔点的测定作为检验纯度的方法之一。

每种纯有机化合物都有自己独特的晶形结构和分子间的作用力，要熔化它，需要一定的能量，所以纯粹的固体有机化合物都有一定的熔点，即在一定压力下，固液两态之间的变化非常敏锐，从开始熔化（始熔）至完全熔化（全熔）的温度范围（称为熔点范围、熔点距或熔程）很小，一般不超过 0.5～1℃，因此，在其熔解温度时若维持一段时间，则可以观察到由固态转变成液态的全过程。利用熔化时温度的恒定与否就可以鉴定物质的纯度。在准确测定熔点时，当温度接近熔点时加热升温速度一定要慢，温度升高每分钟不能超过1～2℃。不纯品即当有少量杂质存在时，则熔点往往下降，熔点距拉长。这对于鉴定有机化合物的纯度有很大价值。

熔点测定的方法有多种，如毛细管法、电热熔点测定法和放大镜式微量熔点测定法等。但仪器简单，操作简便者为毛细管法，尽管它有结果偏高和不能观察到熔化过程中晶体的变化的缺点，但仍可作为物质纯度的鉴定方法，所以我们这里介绍毛细管法。

仪器与药品

温度计、自制的毛细管、梯利管（即 b 形管）、表面皿

液体石蜡[1]、苯甲酸[2]、冰、水杨酸

实验步骤

一、毛细管（熔点管）的制备

将自拉的毛细管截取约 4.5cm 长，口径约 1mm 的均匀部分，一头在酒精灯上烧结封口即成熔点管。

二、样品的填装

取 0.2g 干燥的样品，放在洁净的表面皿或玻片上，用玻棒研成粉末后聚成小堆。将熔点管开口的一端倒插入样品堆中，反复插取多次，即有样品进入毛细管口，再将熔点管封口端向下，通过一根长约 40cm 垂直于一玻片上的玻璃管自由落下，使药品下沉至熔点管的底部，反复多次，让样品紧密填装到毛细管的底部。再将熔点管口在样品堆中插取和通过玻璃管自由落下，直到装入 3～4cm 高的紧密样品为止。

三、仪器的装配

将装有试样的熔点管下端用少许液体石蜡润湿后粘附在温度计上，使装试样部分正靠在温度计水银球的中部，用橡胶管剪成小橡皮圈将熔点管和温度计固定。温度计用一个刻有沟槽的单孔塞固定在试管中，再将试管固定在一个盛有约 1/2 液体石蜡的 250ml 长颈圆底烧瓶上（试管和烧瓶固定处要有空隙通气），组成双浴式熔点测定装置，这种装置效果较好。或将套有熔点管的温度计悬吊在铁架台上、下部浸入盛热浴的烧杯中，组成热浴式熔点测定装置。也可将套有熔点管的温度计通过刻有沟槽的单孔塞固定于盛有液体石蜡的梯利管中，组成梯利式熔点测定装置，这种装置受热快，操作方便，但管内温度分布不均匀，测得的熔点不够准确。

三种熔点测定装置如图实验－6 所示。注意温度计和橡皮圈等的位置，温度计不应接触管底，橡皮圈不应浸入液体石蜡中。

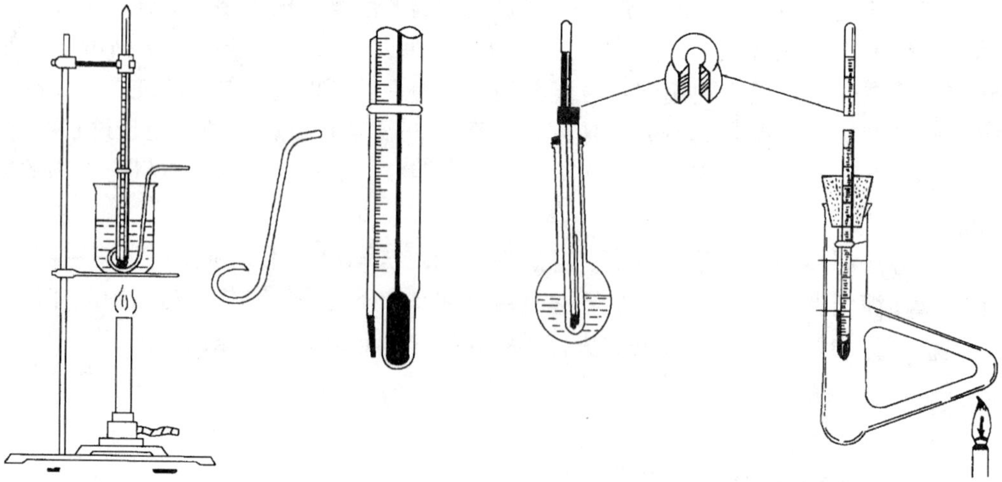

（1）热浴式　　（2）双浴式　　（3）梯利管

图实验－6　三种熔点测定装置

四、测定熔点

给圆底烧瓶、梯利管或烧杯加热。为了准确地测定熔点，加热时，特别是加热到接近试样熔点时，必须使温度上升的速度缓慢而均匀。对于每一试样，至少要测定两次。第一次可升温稍快，每分钟上升 5℃左右，得到一个近似的熔点。然后把热浴冷却下来，换一根装有同样试样的熔点管，进行第二次测定。开始加热时，升温可稍快，待温度达到比近似熔点低约 10℃时，调小火焰，使温度缓慢而均匀地上升（每分钟上升 1℃），注意观察熔点管中试样的变化，记录下熔点管中刚有小滴液体出现和试样恰好完全熔融这两个温度读数，不可仅记录这两个温度的平均数值。真实的熔点是熔完时的温度。

注　释

[1] 用于测定熔点的热浴有多种，最常用的是液体石蜡和浓硫酸。液体石蜡使用安全，可加热到 220～230℃，但易变黄，最好在 170℃以下使用。浓硫酸价格便宜，易传热，但腐蚀性强，危险性大，可在 200℃以下使用，超过 250℃时，浓硫酸产生白烟，妨碍温度读数。此外，硅油（可达 350℃）、植物油（如茶油可达 220～230℃）也可作热浴。

[2] 常用于测定熔点的试样可选用乙酰苯胺（熔点 114℃）、苯甲酸（熔点 122℃）、己二酸（熔点 153℃）、水杨酸（熔点 159℃）等。

思考题

1. 熔点与熔点距有何区别？真实的熔点如何确定？

2. 测定熔点时，遇到下列情况，将产生什么结果？

(1) 熔点管壁太厚；

(2) 熔点管不洁净；

(3) 样品研得不细；

(4) 样品未完全干燥；

(5) 加热太快；

(6) 浴液循环不好；

(7) 熔点管底部未完全封闭；

(8) 样品混有无机盐。

3. 为什么每支毛细管只能进行一次熔点的测定，不能重复使用？

实验九　常压蒸馏及沸点的测定

[3 学时]

实验目的

1. 掌握蒸馏的原理和常压蒸馏的基本操作。

2. 掌握测定液态有机化合物沸点的方法和纯化液态有机化合物的方法。

实验原理

给液态物质加热，随着温度的升高，液态物质的蒸气压逐渐增大，当液体蒸气压与外界气压相等时，气态和液态达到动态平衡，液体开始沸腾，此时的温度称为该液态物质在此压力下的沸点。将液体加热至沸变成蒸气，又将其蒸气冷凝为液体的这两个过程的联合操作称为蒸馏。通过蒸馏可以把沸点差别较大的两种或多种液体的混合物分离，也可将易挥发物质与难挥发物质分开，从而达到分离和提纯的目的。同时，利用蒸馏的方法可测定液态有机化合物的沸点范围（即沸程）。纯粹液态有机化合物在一定压力下具有一定的沸点，沸程很小（0.5～1℃），若沸程较大，则不纯。所以蒸馏可用来测定沸点，还可根据沸程的大小鉴定有机化合物的纯度。但是有些物质之间，可组成共沸混合物，此混合物具有固定的沸点，但不是纯粹的化合物。蒸馏时，必须注意以下几个问题：

1. 蒸馏系统必须连通大气，决不能用密闭的磨口尾接管配磨口锥形瓶造成封闭体系，否则将会爆炸。

2. 加热之前，应在蒸馏烧瓶内加入几粒沸石或素烧瓷片等作止暴剂。因大多数液体在加热时会产生局部过热现象，液体在此温度时的蒸气压已远远超过大气压，但液体还未沸腾。过热的液体往往突然猛烈沸腾，大量蒸气带着液体向上冲，发生“暴沸”。加入止暴剂，它可在受热后产生细小的空气泡，成为液体分子的汽化中心，从而避免蒸馏过程中的跳动暴沸现象，保持蒸馏过程的平稳状态。在持续沸腾时，沸石可继续有效，若中途停止蒸馏，在重新进行蒸馏前应补加新的沸石。若在加热蒸馏后忘记加沸石，决不能在液体近沸腾时加入沸石，而应先停止加热，待液体冷至沸点以下 20℃之后才加入沸石，否则将会引起剧烈暴沸，使液体冲出瓶外，有时还会发生着火事故。

3. 在蒸馏瓶中只有少量液体时，应停止加热，不能蒸干，否则，蒸馏烧瓶会破裂而发生事故。

仪器与药品

蒸馏烧瓶、温度计、冷凝管[1]、锥形瓶、尾接管、漏斗、水浴锅

纯四氯化碳和不纯四氯化碳

实验步骤

一、常压蒸馏法测沸点

按图实验－7 装配好仪器。注意装配蒸馏装置的顺序是从热源开始，“由上而下，由左到右”依次安装。装好后，冷凝管应与蒸馏烧瓶的支管同轴，各处铁夹不应夹得太紧或太松，以夹住后稍用力尚能转动为宜。

取下蒸馏烧瓶塞和温度计，将待测沸点的纯四氯化碳 20ml，加入到蒸馏烧瓶中，注意不要让液体沿支管流出，再加入 2 至 3 粒沸石，盖上塞子，温度计的水银球中部应与支管的下沿相平。检查整套装置不漏气后，通入冷却水，开始加热蒸馏[2]。随着温度的升高，可见液体逐渐沸腾，蒸气逐渐上升，当蒸气上升到温度计水银球周围时，温度计水银柱就急剧上升。这时应调小火焰，调节蒸馏速度，使每秒钟蒸出 1～2 滴[3]。记下第 1 滴蒸馏液落入接

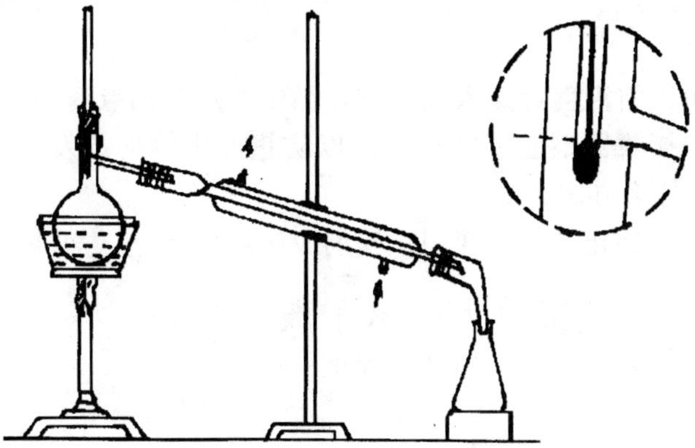

图实验－7　常压蒸馏装置

收器时的温度，当温度计读数恒定时，记录此温度，此恒定温度即为该物质的沸点。在蒸馏烧瓶中只剩少量液体时，停止蒸馏，并记下温度。这两个温度之差应在1～2℃范围内。蒸馏完毕，应先停火，后停冷却水。

按以上同样操作，将40ml不纯的四氯化碳进行蒸馏，并收集75～78℃馏分，量出它的体积，倒入指定的回收瓶中，温度高于78℃时，停止蒸馏。

实验完毕，按与装配时相反的顺序，拆下仪器，洗净仪器。

二、微量法测沸点

用玻璃管拉成内径约3mm的细管，截取约8cm长、直而均匀的一段，将其一端封闭作装试料的外管。另拉一根内径约为1mm、长8cm的毛细管，一端封闭，作为内管。

把外管稍加热，迅速把开口一端插入试料中，便有少量试料吸入管内。将外管直立，让液体流到管底，试料高度应约为7mm（也可用细吸管把试料装入外管）。然后把内管开口的一端插入外管内，用橡胶管剪成的小橡皮圈或细铜丝将外管固定在温度计上，试料位置与温度计水银球齐平，与前面熔点测定实验一样，把沸点管和温度计放入盛有液体石蜡的梯利管（或圆底烧瓶）中，用刻有沟槽的单孔塞固定。

给热浴慢慢加热，使温度均匀上升。当温度比试料的沸点稍高时，可看到内管中有一连串的小气泡不断地逸出。停止加热，让热浴慢慢冷却。注意当液体开始不冒气泡和气泡将要缩入内管时的温度，此温度即为该试料的沸点。

注　释

[1] 蒸馏沸点在130℃以上的液体可用空气冷凝管，蒸馏沸点在130℃以下的液体，用水冷凝管。

[2] 蒸馏沸点在80℃以下的液体时，用热水浴作热源，蒸馏沸点较高的液体时，可将蒸馏烧瓶放在石棉网或铁丝网上直接用火焰加热，石棉网可使其受热均匀，扩大受热面，但不能把蒸馏烧瓶直接在火焰上加热，这样会使液体产生过热蒸气，而使指示温度升高，同时有些液体会发生分解。

[3] 在蒸馏过程中，温度计的水银球上，应始终附有冷凝的液滴，以保持气液两相平衡。若蒸馏速度太慢，易使水银球周围的蒸气短时间中断，导致温度计读数不规则地变动。

思考题

1. 蒸馏时，是否可以将温度计插入到液体样品中测定其沸点？为什么？

2. 为什么尾接管与接收器不能紧密相连，以防止馏出物的挥发？若蒸馏的是易挥发的低沸点易燃液体，你有什么办法？

3. 蒸馏时为什么必须加止暴剂？使用止暴剂应注意什么？

实验十　苯甲酸的提纯

［3学时］

实验目的

1. 学会重结晶提纯晶态物质的方法。

2. 练习过滤、结晶、萃取等基本操作及离心机的使用。

实验原理

利用被提纯化合物与杂质在某种溶剂中，不同温度时溶解度的不同，以达到分离提纯的方法，叫重结晶。重结晶是纯化固体有机化合物的重要方法之一。其步骤为：

（1）选择适当的溶剂。

（2）将粗产品溶于选定的热溶剂中制成饱和溶液。

（3）趁热过滤，除去不溶性杂质。若溶液颜色较深，则先脱色再过滤。

（4）将此饱和溶液冷却，或蒸发溶剂，使结晶慢慢析出，而杂质则留在母液中；或者杂质析出，而欲提纯的化合物留在溶液中。

（5）抽滤分离母液，洗涤并分出结晶或杂质，进行干燥。

（6）测定熔点。

（7）回收溶剂。

重结晶一般只适用于含杂质较少的固体有机物。若含杂质较多，必须根据不同情况，采用其他方法进行初步提纯（如水蒸气蒸馏、减压蒸馏、萃取等），然后再进行重结晶。

重结晶选用的溶剂必须符合以下条件：

（1）不与被提纯化合物起化学反应；

（2）在升降温度时，被提纯化合物的溶解度应有较大的差别；

（3）被提纯的物质能生成较整齐的晶体；

（4）溶剂的沸点不宜太高或太低。因沸点过低时，溶解度改变不大，操作不易；沸点过高时，附着在晶体表面的溶剂不易除去。

常用的溶剂有水、乙醇、丙酮、苯、乙醚、氯仿、石油醚、醋酸和乙酸乙酯等。

仪器和药品

漏斗和滤纸、分液漏斗、锥形瓶、表面皿、天平、酒精灯、石棉网、玻勺、抽滤装置

苯甲酸（粗品或不纯品）和乙醚

实验步骤

一、重结晶提纯法

1. 称取粗苯甲酸 2g，放入 250ml 烧杯中，加入 100ml 蒸馏水，在石棉网上加热至沸，待完全溶解后，用菊花形滤纸趁热过滤[1]。过滤时，应分多次少量倒入漏斗，以免苯甲酸在漏斗中结晶出来，其余的溶液仍放在石棉网上用小火继续加热，不让其冷却。滤液用干净的 250ml 锥形瓶接收。

2. 将滤液冷却，即有片状晶体析出。待晶体完全析出后，抽滤，将晶体与母液分离，并用母液将锥形瓶中的所剩晶体冲洗干净，倒入布氏漏斗，抽干。将布氏漏斗中的晶体和滤纸取出，放在干滤纸上压干，得到较纯净的苯甲酸，称重。

二、萃取提纯法

1. 取上面抽滤瓶中的母液 15ml，放入洁净的分液漏斗中，再加入 15ml 乙醚，塞好玻塞，倒置并轻轻摇动分液漏斗，不时打开活塞让乙醚蒸气逸出，使内外压力达到平衡。再剧烈振摇 2～3min，将分液漏斗放在铁圈上静置。

2. 待分液漏斗的液体明显分为两层后，取下上面的玻塞，小心启开下面的活塞，让下层水液慢慢放出，分完后，关上活塞。

3. 将上层（乙醚层）从漏斗上端倒出，取 1～2ml 此液放入干净的表面皿上，待乙醚挥发后，观察表面皿上有无苯甲酸。

注　释

[1] 为了避免过滤时溶剂冷却使结晶析出，除使用菊花形滤纸过滤增大面积外，还可使用热水漏斗。热水漏斗是把玻璃漏斗套在一个金属制的热水漏斗套中，套的两壁间充热水。如果重结晶的溶剂是水，可加热热水漏斗的侧管。若所用溶剂是易燃性溶剂，则不能直接加热。

思考题

1. 重结晶提纯固体有机化合物的基本原理是什么？萃取提纯法的基本原理是什么？

2. 有一有机化合物极易溶于热乙醇中，而难溶于冷乙醇或水中，你如何对其进行重结晶？叙述操作过程。

3. 在萃取提纯法使用分液漏斗时，水层从漏斗下方放出，而乙醚层又必须从漏斗上口倒出，这是为什么？

实验十一　醇、酚、醛、酮的性质

[3学时]

实验目的

1. 加深和巩固醇、酚、醛、酮的主要化学性质。

2. 掌握醇、酚、醛、酮的鉴别方法。

实验原理

醇和酚分子中都含有羟基，但由于烃基对羟基的影响不同，因此醇类和酚类在性质上有很大的差异，而且伯醇、仲醇和叔醇的性质也有所不同。

醇分子中的 O —H 键较难断裂，而在酚分子中，由于羟基中的氧原子与苯环形成 p – π 共轭，电子云向苯环转移，在溶液中可电离出质子，显示弱酸性。又由于羟基对苯环的影响，使苯环活化，易于发生环上亲电取代反应。

醛和酮分子中都含有羰基,化学性质有许多相似之处。它们都能与羰基试剂(如2,4 – 二硝基苯肼)作用，醛类和甲基酮都能与亚硫酸氢钠发生加成反应，一端具有 3 个 α – H 的醛和酮都能发生卤仿反应等。

但由于醛和酮结构不同，性质上又有较大的差异。醛比酮活泼，醛具有还原性，能被弱氧化剂如托伦试剂或斐林试剂（芳香醛不能）氧化，析出银镜或氧化亚铜沉淀，而酮则无此反应。

仪器与药品

甲醇、无水乙醇、正丙醇、正丁醇、正戊醇、醇溶性染料苏丹Ⅲ、金属钠、酚酞、席夫试剂、铜丝、仲丁醇、叔丁醇、1% 三氯化铁溶液、苯酚、饱和溴水、苦味酸饱和溶液、0.5%高锰酸钾溶液、卢卡斯试剂

浓硫酸、40% 甲醛、40% 乙醛、丙酮、汽油、2,4 – 二硝基苯肼、5% 氢氧化钠溶液、10%氢氧化钠溶液、95%乙醇、异丙醇、品红醛试剂、碘 – 碘化钾溶液、苯甲醛、2%氨水、亚硫酸氢钠的饱和溶液、2%硝酸银溶液、斐林试剂 A 和 B、重铬酸钾硫酸溶液

实验步骤

一、醇的性质

1. 醇在水中的溶解性　在 5 支试管中，分别加入 0.5ml 甲醇、乙醇、正丙醇、正丁醇及正戊醇，并在各试管中加入 2 滴醇溶性染料苏丹Ⅲ，使醇显红色。然后向每支试管中各加入 2ml 水，振荡后，观察其溶解的情况，说明溶解的规律。

2. 醇与水的缔合　在一个 25ml 量筒的 20ml 刻度线之上贴一圈有色纸条（不要用红色）。先注入 10ml 水，然后沿器壁小心地加入用苏丹Ⅲ染料染红的乙醇（不要倾斜量筒），使水与醇有明显的分层而不混淆起来，将乙醇加至刻度处。看清量筒内液体的总体积和分层现象。然后摇动，使水醇混合，这时分界面消失，全部溶液均显红色，观察液面有无变化，说明什么问题?

3. 醇钠的生成与水解　在一支大试管中，加入 2ml 无水乙醇，再把切去表皮绿豆大小的金属钠加入，观察有何现象，试管是否发热，管内溶液有何变化，试管下部有无结晶析出。当金属钠溶完后，冷却，管内物质状态又有何变化?

在上面的试管中，小心地加入 4ml 水[1]，管内物质状态又有何变化? 加 2 滴酚酞指示剂，溶液是否显色?

4. 醇的氧化反应

(1) 方法一：将一根绕成螺旋状的粗铜导线，用镊子夹住在酒精灯上烧红，待铜线表面生成黑色的氧化铜，趁热立即插入浸在冷水浴中的盛有3ml甲醇[2]的长试管中，可看到铜丝上的氧化铜立即变为光亮的铜。反复操作4~5次。冷却后，取此氧化液少许（用药用滴管吸取），逐滴加入到盛有2ml席夫试剂[3]的试管中，直至有红色出现为止。

用未进行反应的甲醇与席夫试剂反应，两者进行比较，得出什么结论？

(2) 方法二：在试管中加入0.5%高锰酸钾溶液1ml和乙醇0.5ml，摇动试管，并用小火加热，观察有什么变化。

5. 伯、仲、叔醇中羟基活泼性的比较（卢卡斯试验） 在3支干燥试管中，分别加入0.5ml正丁醇、仲丁醇和叔丁醇，立即各加入1ml卢卡斯试剂[4]，剧烈振荡，观察3支试管中的变化。若不出现浑浊，则置于25~30℃水浴中，观察其变化。记下混合液变浑浊和出现分层的时间和顺序，并给以解释。

二、苯酚的性质

1. 苯酚的酸性

(1) 用玻璃棒分别蘸取苯酚和苦味酸的饱和水溶液，在蓝色石蕊试纸和刚果红试纸上检验它的酸性。

(2) 在2支试管中分别加入苯酚1g、正丁醇2ml，再各加入5%氢氧化钠溶液2ml。观察哪支试管中发生了反应（由不溶于水的物质反应后生成了可溶于水的物质）。

2. 苯酚与溴的反应 在一支盛有6ml水的试管中，加入一小粒（约0.1g）苯酚，振荡至苯酚溶解。分成两份，在一份中滴加饱和溴水，有何反应现象？

3. 苯酚与三氯化铁的显色反应 在一支盛有上述制得的苯酚溶液的试管中，加入2~3滴1%三氯化铁溶液，有何现象产生？

三、醛和酮的性质

1. 醛、酮与羰基试剂的反应 在3支试管中各加入1ml 2,4-二硝基苯肼试剂[5]，再分别加入1~2滴40%甲醛、40%乙醛和丙酮，摇动3支试管，观察并记录反应现象。

2. 醛和甲基酮与亚硫酸氢钠的加成反应 在2支试管中分别加入1.0ml新配制的饱和亚硫酸氢钠溶液[6]，再分别加入0.5ml丙酮或新蒸馏的苯甲醛，振荡，然后将试管放入冰水中冷却，有何现象发生[7]？

3. 碘仿反应 在3支试管中，分别加入3ml水和3~4滴甲醛溶液、乙醛溶液和丙酮。再各加入0.5ml碘-碘化钾溶液[8]；然后滴加10%氢氧化钠溶液，振荡至碘的颜色呈淡黄色[9]，观察3支试管中的不同现象并说明其原因。若不出现沉淀，可在温水浴中温热几分钟，冷却后再观察。

再用乙醇、异丙醇重复上述实验，得出什么结果？为什么？

4. 醛的银镜反应 在3支用热重铬酸钾硫酸溶液洗涤并用蒸馏水冲洗干净的试管中，分别加入2%硝酸银溶液2ml，滴加1滴5%氢氧化钠溶液，摇动试管，逐滴加入2%氨水至氧化银沉淀恰好完全溶解，可再滴加1滴2%硝酸银溶液。然后在3支试管中分别加入甲醛、乙醛和丙酮3滴，置水浴中温热，静置，观察试管壁上有什么现象发生。

5. 醛与斐林溶液[10]反应 在大试管中，将斐林溶液A和B各3ml混合均匀，再平均分装到3支小试管中，然后分别加入3～4滴甲醛溶液、乙醛溶液和丙酮。振荡后，把试管放在沸水浴中加热。注意观察颜色变化以及是否有砖红色沉淀生成。

6. 醛与品红醛试剂（席夫试剂）的反应　在2支小试管中，加入品红醛试剂2～3ml，再加入甲醛溶液（或乙醛溶液）和丙酮4滴，摇匀，放置1min，观察现象。

7. 乙醛的醇醛缩合反应　在小试管中，加入2ml 10%氢氧化钠溶液和1ml乙醛溶液，在不断加热过程中，可以看到溶液的颜色逐渐加深，黏度增大，生成了相对分子质量较大的棕黄色黏稠缩聚产物。

8. 几种未知物的鉴别　在4个无标签的试剂瓶中，分别盛有乙醛溶液、甲醛溶液、丙醛溶液、乙醇溶液，用化学方法将它们一一鉴别出来。写出设计步骤、实验方法和观察到的现象。

注　释

[1] 加水前一定要检查试管中是否有残存的钠，若有钠存在，应该用镊子先取出放酒精内破坏，然后加水。否则，不仅影响实验效果，而且不安全。

[2] 使用甲醇应注意安全，不要闻气味或对着眼睛，因甲醇有毒。也可用乙醇代替，较安全。

[3] 席夫（Schiff）试剂即品红醛试剂。配法如下：将0.2g碱性品红溶于100ml水中，加入2～5g亚硫酸氢钠及2ml浓盐酸，搅拌，静置，若呈粉红色则加入少量活性炭振荡过滤，再稀释至200ml，密封于棕色瓶中。

[4] 卢卡斯（Lucas）试剂系盐酸－氯化锌溶液。配法如下：将200g无水氯化锌在蒸发皿中熔融至无气泡出现为止。放入干燥器中冷却。冷却后打碎放入瓶中，加入132ml浓盐酸，塞好后摇动，放置让其慢慢溶解，并密封。

[5] 2,4－二硝基苯肼试剂的配制：将3g 2,4－二硝基苯肼溶于15ml浓硫酸中。再将此酸性溶液慢慢加入70ml 95%乙醇中，然后加蒸馏水稀释到100ml，过滤。滤液保存于棕色试剂瓶中。

[6] 饱和亚硫酸氢钠溶液的配制：在100ml 40%的亚硫酸氢钠溶液中加入25ml不含醛的乙醇，滤去析出的结晶。此试剂应使用前配制。

[7] 芳香族甲基酮和相对分子质量小的醛，此反应现象不太明显。

[8] 碘－碘化钾溶液的配制：把25g碘化钾溶于100ml蒸馏水中，再加入12.5g碘，搅拌使其溶解。

[9] 碘仿反应时应注意：①滴加碱后溶液必须呈淡黄色，应有微量碘存在，若已成无色可反滴碘－碘化钾溶液；②醛、酮不能过量，否则会使碘仿溶解；③碱不可过量，否则会使碘仿水解，特别是在加热时。

[10] 斐林试液的配制：①斐林试液A——将34.6g硫酸铜晶体（$CuSO_4 \cdot 5H_2O$）溶解于500ml蒸馏水中，混合均匀。②斐林试液B——将173g酒石酸钾钠晶体（$KNaC_2H_4O_6 \cdot 4H_2O$）和70g氢氧化钠溶于500ml蒸馏水中。两种溶液分别保存，使用时取等体积混合。

思考题

1. 苯酚和乙醇分子中都含有羟基，为什么两者具有不同的性质？

2. 如何鉴别下列各组物质，写出所用试剂和实验步骤。

（1）稀盐酸、稀氨水、苯酚溶液；

（2）乙醇溶液、苯酚溶液。

3. 鉴别醛和酮有哪些操作简便、现象明显的方法？

4. 哪一种丁醇能起碘仿反应？

5. 久置的甲醛溶液会出现白色沉淀，40%的乙醛溶液会出现分层现象，这是什么原因？能否用来进行实验或经如何处理后才可用于实验？

实验十二　从茶叶中提取咖啡碱

［3学时］

实验目的

1. 学习从茶叶中提取咖啡碱的实验方法。

2. 巩固萃取、蒸馏、抽滤等基本操作。

实验原理

咖啡碱又称咖啡因，具有兴奋大脑皮层、利尿、刺激心脏等功能。咖啡碱是茶叶、咖啡、可可等植物所含的主要的生物碱。咖啡碱为白色针状晶体，溶于水、乙醚和丙酮，在178℃时升华。

利用咖啡碱能溶于水的性质，可用热水从茶叶中提取，再加入适当的溶剂（如乙醚、氯仿等）抽提，然后蒸去溶剂，即得粗咖啡碱，最后利用升华将咖啡碱与其他生物碱和杂质分离而提纯。

仪器和药品

抽滤装置、蒸馏装置

茶叶、氯仿、10%醋酸铅

实验步骤

称取10g茶叶用双层纱布包扎好，放入盛有130ml水的250ml烧杯中加热煮沸15min。取出茶叶包并将包内的水压榨到烧杯中，加入10%醋酸铅溶液[1]20ml，用玻棒搅拌后抽滤。

将滤液加热煮沸，浓缩至25ml，冷却后，加入等体积的氯仿，充分摇荡，如有沉淀物则再抽滤一次。然后移到分液漏斗中，静置分层后，将下层溶液放入50ml蒸馏烧瓶中。上层溶液再加15ml氯仿萃取2次[2]，下层溶液放入蒸馏瓶中。蒸馏，将62℃的馏出液（氯仿）回收，而蒸馏瓶底部的固体物质即为粗咖啡碱产品，刮出后置于空气中干燥、称重。粗产品可再升华提纯一次。产品交指导教师查看后统一收存。

注　释

［1］加入醋酸铅溶液，可将溶液中的单宁等杂质除去。

[2] 为了避免乳化而难以分层，可加入少量氯化钠晶体。

思考题

1. 为什么从茶叶中提取咖啡碱时先用热水提取再用氯仿萃取？
2. 怎样将咖啡碱粗产品升华提纯？

实验十三　阿司匹林的制备

[3学时]

实验目的

1. 学习酰化反应的基本原理和实验方法。
2. 巩固固体有机化合物的提纯方法。

实验原理

乙酰水杨酸俗称阿司匹林，是解热镇痛的常用药。通常由水杨酸（邻羟基苯甲酸）与乙酐发生酰化反应来制取。为了加速反应的进行，常加入少量磷酸或浓硫酸作催化剂。

阿司匹林为白色片状晶体，熔点136℃，易溶于乙醚、苯、热乙醇。在冷水中难溶，在37℃（相当于体温）水中微溶，因此口服后在肠内开始分解为水杨酸，起退热止痛作用。

仪器与药品

锥形瓶、抽滤装置、水浴锅

水杨酸（干燥）、醋酸酐（新蒸）、石油醚、85%磷酸、乙醚、乙醇、1%三氯化铁溶液、浓硫酸、苯

实验步骤

在干燥的50ml锥形瓶中放入2g干燥的水杨酸，慢慢加入5ml新蒸的醋酸酐，摇匀后再滴入5滴85%的磷酸（或0.5ml浓硫酸）。将锥形瓶放入80～90℃的热水浴中加热[1]并振荡5min，取出趁热加入2ml水，分解过量的醋酸酐[2]。

冷却后再加入20ml水，将锥形瓶放在冷水中静置。用玻璃棒摩擦瓶壁，当有晶体析出时，再加入20ml冷水，并置于冰水浴中以加速晶体析出。抽滤，用少量水洗涤晶体两次，将粗制品放在滤纸上干燥。

按1:10的比例，将干燥的粗产品（留有少量）溶于乙醚中，温热摇荡后若还不澄清，则过滤去杂质。然后加入等体积的石油醚，加塞后在冰水浴中静置1h。待结晶完全，抽滤，用少量石油醚洗涤晶体，干燥后称量，计算产率，并测其熔点。

取少量粗制品和精制品分别溶于乙醇中，各加入2滴1%三氯化铁溶液，观察现象并比较纯度。

注　释

[1] 反应温度不宜过高，否则将有副反应发生，生成水杨酰水杨酸等副产物。

[2] 此时反应产生的热量，可能会使瓶内液体沸腾，蒸气快速外逸，因此加水时脸部不要对着瓶口，以免发生意外。

思考题

1. 为什么制备阿司匹林时要用干燥的锥形瓶和新蒸的醋酸酐?

2. 阿司匹林在沸水中受热后得到的溶液，滴入三氯化铁溶液时呈现紫红色，为什么?写出反应方程式。

3. 写出用乙酰氯作酰化剂制备阿司匹林的反应式。

附录 1　国际原子量表

原子序数	英文名称	名称	读音	符号	原子量
1	Hydrogen	氢	轻	H	1.008
2	Helium	氦	亥	He	4.003
3	Lithium	锂	里	Li	6.941 ± 2
4	Beryllium	铍	皮	Be	9.012
5	Boron	硼	朋	B	10.81
6	Carbon	碳	炭	C	12.01
7	Nitrogen	氮	淡	N	14.01
8	Oxygen	氧	养	O	16.00
9	Fluorine	氟	弗	F	19.00
10	Neon	氖	乃	Ne	20.18
11	Natrium	钠	纳	Na	22.99
12	Magnesium	镁	美	Mg	24.31
13	Aluminum	铝	吕	Al	26.98
14	Silicon	硅	圭	Si	28.09
15	Phosphorus	磷	磷	P	30.97
16	Sulfur	硫	流	S	32.07
17	Chlorine	氯	绿	Cl	35.45
18	Argon	氩	亚	Ar	39.95
19	Kalium	钾	甲	K	39.10
20	Calcium	钙	丐	Ca	40.08
21	Scandium	钪	亢	Sc	44.96
22	Titanium	钛	太	Ti	47.88 ± 3
23	Vanadium	钒	凡	V	50.94
24	Chromium	铬	各	Cr	52.00
25	Manganese	锰	猛	Mn	54.94
26	Ferrum	铁	铁	Fe	55.85
27	Cobalt	钴	古	Co	58.93
28	Nickel	镍	臬	Ni	58.69
29	Cuprum	铜	同	Cu	63.55
30	Zinc	锌	辛	Zn	65.39 ± 2
31	Gallium	镓	家	Ga	69.72
32	Germanium	锗	者	Ge	72.59± 3
33	Arsenic	砷	申	As	74.92
34	Selenium	硒	西	Se	78.96 ± 3
35	Bromine	溴	嗅	Br	79.90
36	Krypton	氪	克	Kr	83.80

原子序数	英文名称	名称	读音	符号	原子量
37	Rubidium	铷	如	Rb	85.47
38	Strontium	锶	思	Sr	87.62
39	Yttrium	钇	乙	Y	88.91
40	Zirconium	锆	告	Zr	91.22
41	Niobium	铌	尼	Nb	92.91
42	Molybdenum	钼	目	Mo	95.94
43	Technetium	锝	得	Tc	98.91
44	Ruthenium	钌	了	Ru	101.1
45	Rhodium	铑	老	Rh	102.9
46	Palladium	钯	巴	Pd	106.4
47	Argentum	银	银	Ag	107.9
48	Cadmium	镉	隔	Cd	112.4
49	Indium	铟	因	In	114.8
50	Stannum	锡	锡	Sn	118.7
51	Stibium	锑	梯	Sb	121.8
52	Tellurium	碲	帝	Te	127.6
53	Iodine	碘	典	I	126.9
54	Xenon	氙	仙	Xe	131.3
55	Cesium	铯	色	Cs	132.9
56	Barium	钡	贝	Ba	137.3
57	Lanthanum	镧	兰	La	138.9
58	Cerium	铈	市	Ce	140.1
59	Praseodymium	镨	普	Pr	140.9
60	Neodymium	钕	女	Nd	144.2
61	Promethium	钷	叵	Pm	144.9
62	Samarium	钐	杉	Sm	150.4
63	Europium	铕	有	Eu	152.0
64	Gadolinium	钆	轧	Gd	157.3
65	Terbium	铽	特	Tb	158.9
66	Dysprosium	镝	滴	Dy	162.5
67	Holmium	钬	火	Ho	164.9
68	Erbium	铒	耳	Er	167.3
69	Thulium	铥	丢	Tm	168.9
70	Ytterbium	镱	意	Yb	173.0
71	Lutetium	镥	鲁	Lu	175.0
72	Hafnium	铪	哈	Hf	178.5
73	Tantalum	钽	坦	Ta	180.9
74	Wolfram	钨	乌	W	183.9

原子序数	英文名称	名称	读音	符号	原子量
75	Rhenium	铼	来	Re	186.2
76	Osmium	锇	娥	Os	190.2
77	Iridium	铱	衣	Ir	192.2
78	Platinum	铂	伯	Pt	195.1
79	Aurum	金	金	Au	197.0
80	Hydrargyrum	汞	拱	Hg	200.6
81	Thallium	铊	它	Tl	204.4
82	Plumbum	铅	铅	Pb	207.2
83	Bismuth	铋	必	Bi	209.0
84	Polonium	钋	坡	Po	210.0
85	Astatine	砹	艾	At	210.0
86	Radon	氡	冬	Rn	222.0
87	Francium	钫	方	Fr	223.0
88	Radium	镭	雷	Ra	226.0
89	Actinium	锕	阿	Ac	227.0
90	Thorium	钍	土	Th	232.0
91	Protactinium	镤	葡	Pa	231.0
92	Uranium	铀	又	U	238.0
93	Neptunium	镎	拿	Np	237.0
94	Plutonium	钚	不	Pu	239.1
95	Americium	镅	眉	Am	243.1
96	Curium	锔	局	Cm	247.1
97	Berkelium	锫	培	Bk	247.1
98	Californium	锎	开	Cf	252.1
99	Einsteinium	锿	哀	Es	252.1
100	Fermium	镄	费	Fm	257.1
101	Mendelevium	钔	门	Md	256.1
102	Nobelium	锘	诺	No	259.1
103	Lawrencium	铹	劳	Lr	260.1
104	Unnilquadium	𬬻	卢	Rf	261
105	Unnilpentium	𬭊	罕	Ha	262
106	Unnihexium	𬭳	喜	Sg	263
107		𬭛	波	Bh	262
108		𬭶	黑	Hs	265
109		鿏	麦	Mt	266

注：本表系依据 1983 年国际纯粹及应用化学联合会（IUPAC）化学教育委员会（CTC）公布之 4 位有效数字原子量表。本表之原子量系以 $^{12}C = 12$ 整数的相对原子质量，除了五种元素（Li，Ti，Zn，Ge，Sc）之外，所引用的原子量皆为四位有效数字最后一位的 ± 1 误差。不稳定的同位素，或自然界不存在的元素，则在其符号左上角注明其质量数。

附录 2　碱、酸和盐的溶解性(20℃)

原子或原子团＼氢或金属		氢	金属															
		H^+	K^+	Na^+	Ba^{2+}	Ca^{2+}	Mg^{2+}	Al^{3+}	Mn^{2+}	Zn^{2+}	Cr^{3+}	Fe^{2+}	Fe^{3+}	Sn^{2+}	Pb^{2+}	Cu^{2+}	Hg^+	Hg^{2+}	Ag^+
氢氧根	OH^-		溶	溶	溶	微	不	不	不	不	不	不	不	不	不	不	—	—	—
酸根	NO_3^-	溶、挥	溶	溶	溶	溶	溶	溶	溶	溶	溶	溶	溶	溶	溶	溶	溶	溶	溶
	Cl^-	溶、挥	溶	溶	溶	溶	溶	溶	溶	溶	溶	溶	溶	溶	溶	溶	不	溶	不
	SO_4^{2-}	溶	溶	溶	不	微	溶	溶	溶	溶	溶	溶	溶	溶	不	溶	微	溶	微
	S^{2-}	溶、挥	溶	溶	溶	微	溶	—	不	不	—	不	—	不	不	不	不	不	不
	SO_3^{2-}	溶、挥	溶	溶	不	不	微	—	不	不	—	不	—	—	不	不	不	不	不
	CO_3^{2-}	溶、挥	溶	溶	不	不	不	—	不	不	—	不	不	—	不	不	不	不	不
	SiO_3^{2-}	微	溶	溶	不	不	不	不	不	不	不	不	不	—	不	不	—	—	不
	PO_4^{3-}	溶	溶	溶	不	不	不	不	不	不	不	不	不	不	不	不	不	不	不

说明:“溶”表示物质可溶于水,“不”表示不溶于水,“微”表示微溶于水,“挥”表示挥发性酸,“—”表示物质不存在或碰到水即分解。

从表中可以看出:

①钠盐、钾盐、硝酸盐都溶解于水(铵盐均溶于水,表中未列出);

②盐酸盐除氯化银、氯化亚汞不溶于水,氯化铅微溶于水外,一般都溶解于水;

③硫酸盐除硫酸钡、硫酸铅不溶于水,硫酸钙、硫酸亚汞、硫酸银微溶于水外,一般都溶解于水;

④碳酸盐除碳酸钾、碳酸钠、碳酸铵溶解于水外,一般都不溶于水。

附录3 本课程教学课时安排（供参考）

章次	内容	授课时数
一	化学基本概念	6
二	溶液	10
三	原子结构与元素周期律	6
四	分子结构	6
五	化学反应速率与化学平衡	10
六	电解质溶液	10
七	烃	14
八	醇、酚、醚	6
九	醛和酮	6
十	羧酸、羧基酸和酮酸	6
十一	含氮有机化合物	6
十二	糖类	8
十三	杂环化合物和生物碱	3
十四	脂类	5
十五	氨基酸、蛋白质和维生素	6
十六	食物化学	2
十七	高分子化学	2
十八	环境化学	2
十九	药物化学	4
实验部分		
实验一	化学实验的基本操作	2
实验二	溶液的配制和稀释	3
实验三	卤素	3
实验四	化学反应速率与化学平衡	3
实验五	酸碱滴定	3
实验六	缓冲溶液	3
实验七	水的纯化和水质检测	2
实验八	熔点的测定	3
实验九	常压蒸馏及沸点的测定	3
实验十	苯甲酸的提纯	3
实验十一	醇、酚、醛、酮的性质	3
实验十二	从茶叶中提取咖啡碱	3
实验十三	阿司匹林的制备	3

注：本书按140学时编写，其中理论课118学时，学生实验32学时，各校可根据实际情况安排教学。